经以致也
热诚而来
贺教育部
人文社会科学
重点项目
　　　李瑞林
　　　乙酉六月八

教育部哲学社会科学研究重大课题攻关项目
"十三五"国家重点出版物出版规划项目

民办学校分类管理政策研究

RESEARCH ON CLASSIFIED MANAGEMENT
POLICY OF NON-PUBLIC SCHOOL

周海涛 等著

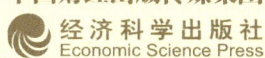

中国财经出版传媒集团
经济科学出版社
Economic Science Press

图书在版编目（CIP）数据

民办学校分类管理政策研究/周海涛等著.—北京：经济科学出版社，2016.12
教育部哲学社会科学研究重大课题攻关项目
ISBN 978-7-5141-7637-7

Ⅰ.①民… Ⅱ.①周… Ⅲ.①民办学校-学校管理-研究-中国 Ⅳ.①G522.74

中国版本图书馆 CIP 数据核字（2016）第 322093 号

责任编辑：刘　茜　张伟利
责任校对：刘　昕
责任印制：邱　天

民办学校分类管理政策研究

周海涛　等著

经济科学出版社出版、发行　新华书店经销
社址：北京市海淀区阜成路甲 28 号　邮编：100142
总编部电话：010-88191217　发行部电话：010-88191522
网址：www.esp.com.cn
电子邮件：esp@esp.com.cn
天猫网店：经济科学出版社旗舰店
网址：http：//jjkxcbs.tmall.com
北京季蜂印刷有限公司印装
787×1092　16 开　23 印张　430000 字
2016 年 12 月第 1 版　2016 年 12 月第 1 次印刷
ISBN 978-7-5141-7637-7　定价：57.00 元
（图书出现印装问题，本社负责调换。电话：010-88191510）
（版权所有　侵权必究　举报电话：010-88191586
电子邮箱：dbts@esp.com.cn）

首席专家、顾问和课题组主要成员

首席专家 周海涛
顾　　问 钟秉林
主要成员（按姓氏拼音排序）
　　　　　　方　芳　景安磊　李　虔　刘　侠
　　　　　　卢　威　马艳丽　史少杰　施文妹
　　　　　　王一涛　闫丽雯　张墨涵　张利国

编审委员会成员

主　任　周法兴

委　员　郭兆旭　吕　萍　唐俊南　刘明晖
　　　　　刘　茜　樊曙华　解　丹　刘新颖

总　序

哲学社会科学是人们认识世界、改造世界的重要工具，是推动历史发展和社会进步的重要力量，其发展水平反映了一个民族的思维能力、精神品格、文明素质，体现了一个国家的综合国力和国际竞争力。一个国家的发展水平，既取决于自然科学发展水平，也取决于哲学社会科学发展水平。

党和国家高度重视哲学社会科学。党的十八大提出要建设哲学社会科学创新体系，推进马克思主义中国化时代化大众化，坚持不懈用中国特色社会主义理论体系武装全党、教育人民。2016年5月17日，习近平总书记亲自主持召开哲学社会科学工作座谈会并发表重要讲话。讲话从坚持和发展中国特色社会主义事业全局的高度，深刻阐释了哲学社会科学的战略地位，全面分析了哲学社会科学面临的新形势，明确了加快构建中国特色哲学社会科学的新目标，对哲学社会科学工作者提出了新期待，体现了我们党对哲学社会科学发展规律的认识达到了一个新高度，是一篇新形势下繁荣发展我国哲学社会科学事业的纲领性文献，为哲学社会科学事业提供了强大精神动力，指明了前进方向。

高校是我国哲学社会科学事业的主力军。贯彻落实习近平总书记哲学社会科学座谈会重要讲话精神，加快构建中国特色哲学社会科学，高校应需发挥重要作用：要坚持和巩固马克思主义的指导地位，用中国化的马克思主义指导哲学社会科学；要实施以育人育才为中心的哲学社会科学整体发展战略，构筑学生、学术、学科一体的综合发展体系；要以人为本，从人抓起，积极实施人才工程，构建种类齐全、梯队衔接的高校哲学社会科学人才体系;要深化科研管理体制改革,发挥高校人才、智力和学科优势,提升学术原创能力,激发创新创造活力,建设中国特色新型高校智库;要加强组织领导、做好统筹规划、营造良好学术生态,形成统筹推进高校哲学社会科学发展新格局。

哲学社会科学研究重大课题攻关项目计划是教育部贯彻落实党中央决策部署的一项重大举措,是实施"高校哲学社会科学繁荣计划"的重要内容。重大攻关项目采取招投标的组织方式,按照"公平竞争,择优立项,严格管理,铸造精品"的要求进行,每年评审立项约40个项目。项目研究实行首席专家负责制,鼓励跨学科、跨学校、跨地区的联合研究,协同创新。重大攻关项目以解决国家现代化建设过程中重大理论和实际问题为主攻方向,以提升为党和政府咨询决策服务能力和推动哲学社会科学发展为战略目标,集合优秀研究团队和顶尖人才联合攻关。自2003年以来,项目开展取得了丰硕成果,形成了特色品牌。一大批标志性成果纷纷涌现,一大批科研名家脱颖而出,高校哲学社会科学整体实力和社会影响力快速提升。国务院副总理刘延东同志做出重要批示,指出重大攻关项目有效调动各方面的积极性,产生了一批重要成果,影响广泛,成效显著;要总结经验,再接再厉,紧密服务国家需求,更好地优化资源,突出重点,多出精品,多出人才,为经济社会发展做出新的贡献。

作为教育部社科研究项目中的拳头产品,我们始终秉持以管理创新服务学术创新的理念,坚持科学管理、民主管理、依法管理,切实增强服务意识,不断创新管理模式,健全管理制度,加强对重大攻关项目的选题遴选、评审立项、组织开题、中期检查到最终成果鉴定的全过程管理,逐渐探索并形成一套成熟有效、符合学术研究规律的管理办法,努力将重大攻关项目打造成学术精品工程。我们将项目最终成果汇编成"教育部哲学社会科学研究重大课题攻关项目成果文库"统一组织出版。经济科学出版社倾全社之力,精心组织编辑力量,努力铸造出版精品。国学大师季羡林先生为本文库题词:"经时济世 继往开来——贺教育部重大攻关项目成果出版";欧阳中石先生题写了"教育部哲学社会科学研究重大课题攻关项目"的书名,充分体现了他们对繁荣发展高校哲学社会科学的深切勉励和由衷期望。

伟大的时代呼唤伟大的理论，伟大的理论推动伟大的实践。高校哲学社会科学将不忘初心，继续前进。深入贯彻落实习近平总书记系列重要讲话精神，坚持道路自信、理论自信、制度自信、文化自信，立足中国、借鉴国外，挖掘历史、把握当代，关怀人类、面向未来，立时代之潮头、发思想之先声，为加快构建中国特色哲学社会科学，实现中华民族伟大复兴的中国梦作出新的更大贡献！

教育部社会科学司

前言

面对国家规范和促进民办教育发展的战略需求,面对民办学校快速提升整体水平的现实诉求,分类管理是突破长期制约民办教育发展制度瓶颈的根本手段,是完善落实民办教育基本制度和优惠政策的核心环节,是促进民办教育健康发展的重大改革措施。

2010年7月,《教育规划纲要》提出"积极探索营利性和非营利性民办学校分类管理""开展对营利性和非营利性民办学校分类管理试点"的要求,进一步促进和规范民办教育健康发展。2012年6月《教育部关于鼓励和引导民间资金进入教育领域促进民办教育健康发展的实施意见》(教发〔2012〕10号)提出"充分发挥民间资金推动教育事业发展的作用""健全民办教育管理和服务体系";同年11月,党的十八大报告进一步明确提出要"鼓励和引导社会力量兴办教育"。2015年1月,为消除民办教育分类管理的法律障碍,国务院常务会议讨论通过部分教育法律一揽子修正案草案,明确"对民办学校实行分类管理,允许兴办营利性民办学校"。

本书坚持改革方向、问题导向、政策取向,紧扣上述政策的制定、细化和落实任务,组织国务院研究室、北京师范大学、北京大学、浙江大学、国家教育行政学院、教育部考试中心、上海教育科学研究院、北方工业大学、大连民族学院、浙江越秀外国语学院、浙江树人大学、吉林华桥外国语学院、银川能源学院等院校和科研机构的教育、财政、法律领域的专家学者,采用文本分析、数据统计、实地调研、专家会议等多种定量和定性研究方法,梳理了改革开放以来尤其是2003年《民办教育促进法》颁布后民办学校的发展历程和数据状态,比对了世界主要国家私立学校分类管理的通行做法,深入研讨了分类管理的现实基础和总体构想，重点剖析了法人分类登记与产权归属、政府对民办学校的分类扶持、民办学校教师权益保障、经费筹措与资金管理制度、分类管理下的现代学校制度、风险防范和监管服务、退出机制等领域的相关政策及其成效，分析存在的主要问题，进一步挖掘理论依据和实践参照，为制定和完善相关政策提出具体对策建议（见图1、2）。

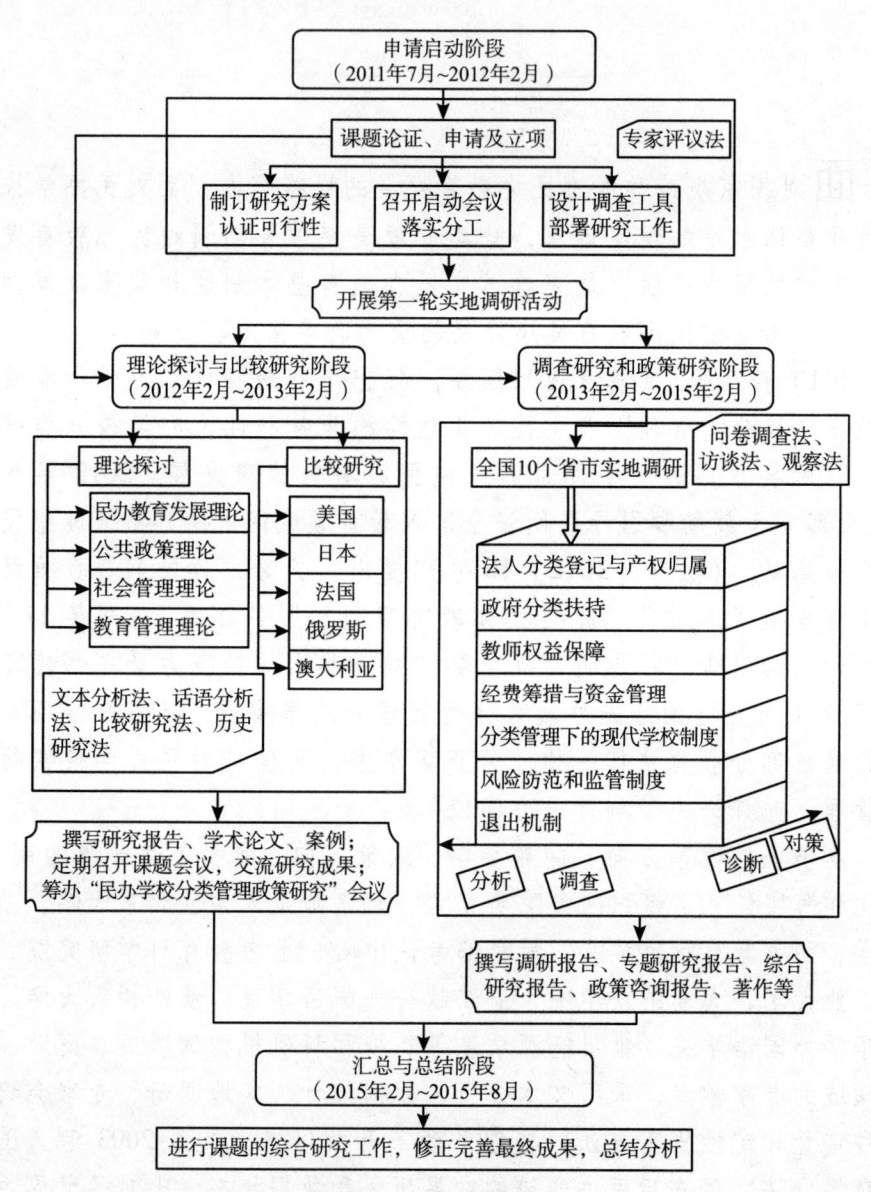

```
                    ┌─────────────────────────┐
                    │     申请启动阶段          │
                    │ （2011年7月~2012年2月）   │
                    └─────────────────────────┘
                              │
                    ┌─────────────────────┐    ┌──────────┐
                    │  课题论证、申请及立项 │    │ 专家评议法│
                    └─────────────────────┘    └──────────┘
                     │         │         │
            ┌──────────┐ ┌──────────┐ ┌──────────┐
            │制订研究方案│ │召开启动会议│ │设计调查工具│
            │认证可行性 │ │落实分工   │ │部署研究工作│
            └──────────┘ └──────────┘ └──────────┘
                              │
                    ┌─────────────────────┐
                    │开展第一轮实地调研活动 │
                    └─────────────────────┘
                     │                     │
        ┌─────────────────────┐   ┌─────────────────────┐
        │理论探讨与比较研究阶段 │   │调查研究和政策研究阶段 │
        │（2012年2月~2013年2月）│   │（2013年2月~2015年2月）│
        └─────────────────────┘   └─────────────────────┘
                                            │
                                  ┌──────────────────┐  ┌──────────────┐
                                  │ 全国10个省市实地调研│  │问卷调查法、   │
                                  └──────────────────┘  │访谈法、观察法 │
   ┌────────┐  ┌────────┐                              └──────────────┘
   │理论探讨 │  │比较研究 │              │
   └────────┘  └────────┘   ┌─────────────────────────┐
   │民办教育发展理论│ │美国 │  │法人分类登记与产权归属    │
   │公共政策理论   │ │日本 │  │政府分类扶持             │
   │社会管理理论   │ │法国 │  │教师权益保障             │
   │教育管理理论   │ │俄罗斯│  │经费筹措与资金管理        │
                  │澳大利亚│ │分类管理下的现代学校制度  │
                             │风险防范和监管制度        │
   ┌──────────────────┐     │退出机制                 │
   │文本分析法、话语分析│     └─────────────────────────┘
   │法、比较研究法、历史│        分析  调查   诊断  对策
   │研究法             │              │
   └──────────────────┘     ┌─────────────────────────┐
            │                │撰写调研报告、专题研究报告、│
   ┌──────────────────────┐ │综合研究报告、政策咨询报告、│
   │撰写研究报告、学术论文、│ │著作等                    │
   │案例；定期召开课题会议、│ └─────────────────────────┘
   │交流研究成果；筹办"民办│              │
   │学校分类管理政策研究"会议│             │
   └──────────────────────┘              │
              │                          │
              └──────────┬───────────────┘
                         │
                ┌─────────────────────┐
                │    汇总与总结阶段    │
                │（2015年2月~2015年8月）│
                └─────────────────────┘
                         │
          ┌──────────────────────────────────────┐
          │进行课题的综合研究工作，修正完善最终成果，总结分析│
          └──────────────────────────────────────┘
```

图1 研究过程图

近十余年概况　　　当前突出问题　　　国际比较借鉴

民办学校分类管理总体构想

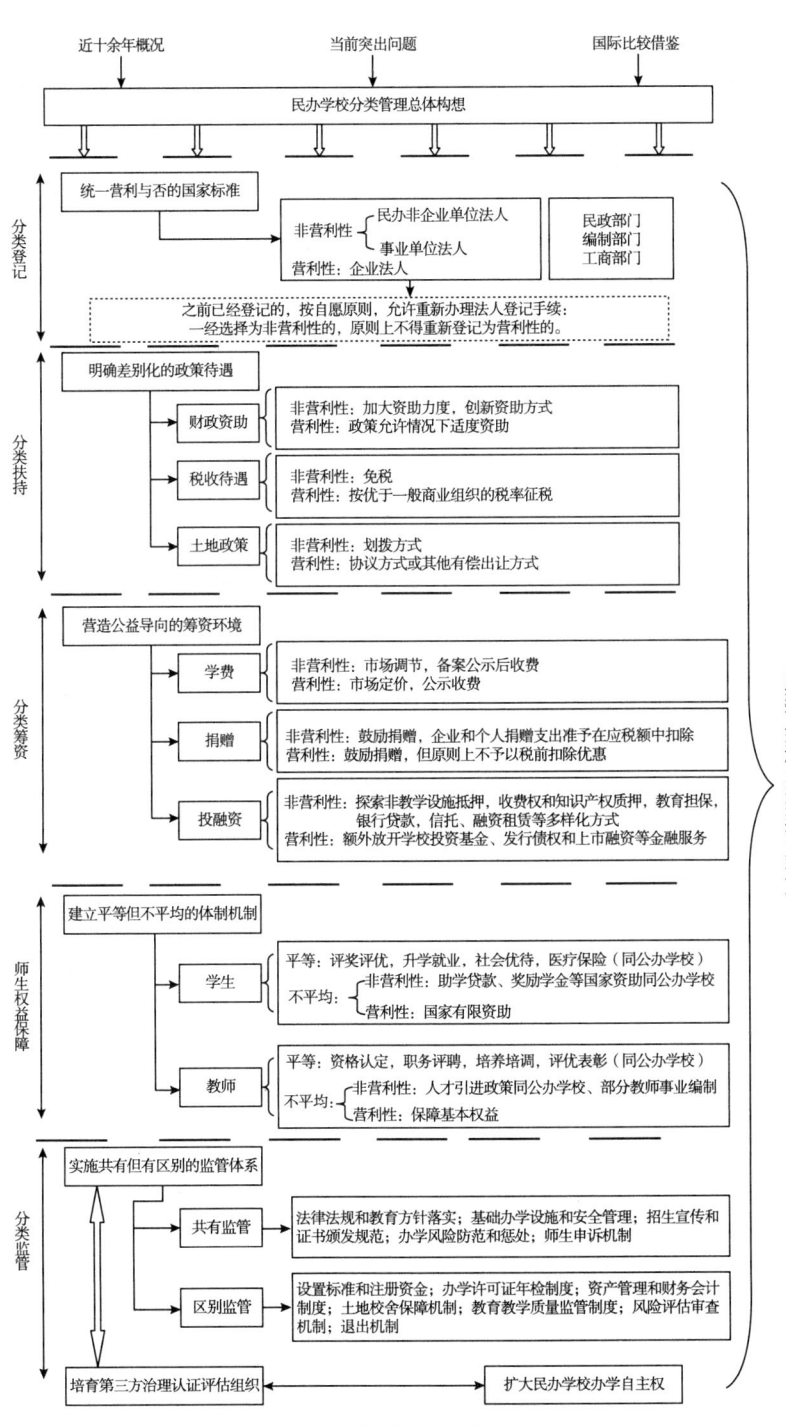

分类登记
- 统一营利与否的国家标准
  - 非营利性：民办非企业单位法人、事业单位法人
  - 营利性：企业法人
  - 民政部门、编制部门、工商部门
- 之前已经登记的，按自愿原则，允许重新办理法人登记手续；一经选择为非营利性的，原则上不得重新登记为营利性的。

分类扶持
- 明确差别化的政策待遇
  - 财政资助：非营利性：加大资助力度，创新资助方式；营利性：政策允许情况下适度资助
  - 税收待遇：非营利性：免税；营利性：按优于一般商业组织的税率征税
  - 土地政策：非营利性：划拨方式；营利性：协议方式或其他有偿出让方式

分类筹资
- 营造公益导向的筹资环境
  - 学费：非营利性：市场调节，备案公示后收费；营利性：市场定价，公示收费
  - 捐赠：非营利性：鼓励捐赠，企业和个人捐赠支出准予在应税额中扣除；营利性：鼓励捐赠，但原则上不予以税前扣除优惠
  - 投融资：非营利性：探索非教学设施抵押、收费权和知识产权质押、教育担保、银行贷款、信托、融资租赁等多样化方式；营利性：额外放开学校投资基金、发行债权和上市融资等金融服务

师生权益保障
- 建立平等但不平均的体制机制
  - 学生：平等：评奖评优、升学就业、社会优待、医疗保险（同公办学校）；不平均：非营利性：助学贷款、奖励学金等国家资助同公办学校；营利性：国家有限资助
  - 教师：平等：资格认定、职务评聘、培养培训、评优表彰（同公办学校）；不平均：非营利性：人才引进政策同公办学校、部分教师事业编制；营利性：保障基本权益

分类监管
- 实施共有但有区别的监管体系
  - 共有监管：法律法规和教育方针落实；基础办学设施和安全管理；招生宣传和证书颁发规范；办学风险防范和惩处；师生申诉机制
  - 区别监管：设置标准和注册资金；办学许可证年检制度；资产管理和财务会计制度；土地校舍保障机制；教育教学质量监管制度；风险评估审查机制；退出机制
- 培育第三方治理认证评估组织 ← → 扩大民办学校办学自主权

（民办教育治理体系和治理能力现代化）

图2　民办学校分类管理体系图

摘 要

分类管理是突破长期制约民办教育发展制度瓶颈的根本手段,是完善落实民办教育基本制度和优惠政策的基础措施,是鼓励社会力量兴办教育的关键举措。

当前我国民办教育的改革和发展的阶段性特征是什么?为什么要实施分类管理?国外成熟经验可以提供哪些借鉴?相关改革试点已经在探索的相关政策取得了哪些进展?仍然存在哪些体制机制障碍?如何结合国情教情来实施分类管理?这是民办教育领域迫切需要回应的时代课题,本书首次在系统探索的基础上试作应答。

本书坚持改革方向、问题导向、政策取向,一直紧扣分类管理政策的制定、细化和落实任务,组织10余所高校和科研机构的教育、财政、法律领域的20余名专家学者,扎实研究,初有所得。本书共10章,各章内容要点如下:

第一章梳理改革开放以来尤其是2003年《民办教育促进法》颁布后,民办学校经历恢复起步、快速发展、规范发展三大阶段,总结民办教育发展的主要特点;系统整理了涵盖2003~2014年,全国31个省(自治区、直辖市)四个学段的民办教育数据,归纳了当前的阶段性特征。

第二章分析美国、俄罗斯、法国、澳大利亚、日本等五个国家私立学校分类管理的通行做法,总结全球私立教育的发展方向和分类管理的共性趋势:力争形成清晰分类的国家标准;建立健全差别化的支持政策;完善涵盖所有私立学校的教育资助政策;建立低"门槛"、便捷化的政策普惠机制;淡化行政干预,健全购买服务制度;强化以第三方为主的监管机制。

第三章研讨了分类管理的现实基础和总体构想：明确改革目标，坚持多元、公益、公平和效率的价值取向；统筹各方立场，确立按办学收益、办学结余、形成资产不同处置方式区分的分类原则；实行分类登记，统一营利与否的分类登记国家标准；完善配套政策，实行差别化的政府扶持措施；拓宽筹资渠道，营造公益导向的投融资环境；保障师生权益，建立平等但不平均的体制机制；完善多方治理，实施共同但有区别的监管体系；放大改革合力，实行自愿自主的推行策略。

第四章至第十章剖析了法人分类登记与产权归属、政府对民办学校的分类扶持、民办学校教师权益保障、经费筹措与资金管理制度、分类管理下的现代学校制度、风险防范和监管服务、退出机制等领域的相关政策及其成效，分析存在的主要问题，进一步剖析理论依据和实践参照，为制定和完善相关政策提出具体对策建议。

需要说明的是，本书的主要结论是在《民办教育促进法》修改完成前得出的，其中关于"国外私立学校分类管理的主要做法""民办学校法人属性""收费市场化改革""分类管理架构"等建议有幸得到了国务院领导和相关部门的重视，直接服务于《民办教育促进法》的修改，并为出台鼓励社会力量兴办教育的政策文件、研究制定分类管理配套政策提供了重要参考和支撑。相关观点也为推进各界形成分类管理改革共识、构建民办学校分类管理框架体系提供了学理基础。

分类管理是我国民办教育改革和发展的重大举措，可以预见，2016年新修订的《民办教育促进法》颁布实施后，全国各地将迎来政策调整的关键期，本研究团队将继续投入力量，重点开展分类管理政策实施跟踪与评估研究，努力为我国民办教育改革发展做出贡献。

Abstract

Classified management is a fundamental means of breaking through the system bottleneck which restricts the development of non-public education, a basic measure of improving the implementation of basic system and preferential policies of non-public education, and a key action of encouraging different sectors of society to run schools.

What are the stage feature of non-public education development and reform at present day? Why the implementation of classified management is needed? Are there any foreign proven experiences to take as reference? What progress have been made in related policy? What are the remaining institutional mechanism obstacles? How to implement classified management in combine with national and educational conditions? The questions mentioned above are the topic of the times that need to be responded urgently. This book, based on systematic research, will try to answer these questions for the first time.

This book will be of persisting in reform-oriented, problem-oriented and policy-oriented, focusing on the classified management policy making, refinement and implementation. More than twenty experts and scholars who are specilised in the field of education, finance and legal from no less than ten universities and research institution are invited to conduct the study. The book consists of ten chapters, and the main points of each chapter are as follows:

Chapter one layouts the three development stages, which include restarting, rapid development and standardised development, of non-repulic education since the reform and opening-up, especially after the promulgation of the *Law on the Promotion of Non-public schools* in 2003. And, summarizes the main characteristics of the development. This chapter also analyses the development data of four education stages in thirty-one provinces (autonomous regions and municipalities) during 2003 – 2014.

Chapter two analyses the standard practice of private schools classified management in America, Russia, France, Australia and Japan, also summarizes the development direction of global private education and the common trend of classified management: try to formulate a clear national classification standard; establish and improve differential support policies; improve education funding policy covering all private schools; establish favorable policy mechanism with low requirement and convenience; reduce administrative intervention and improve the government service-purchasing system; and strengthen three-party-based regulatory mechanism.

Chapter three discusses the realistic basis and general concepts of classified management: clarify the goal of the reform, adhere to the value orientation of diversification, public welfare, fairness and efficiency; balance the positions of all parties, establish the classification principles based on school-running income, surplus, treatments of accumulative assets; implement classified registration and unify national registration standards on for profit/non-for-profit judgment; improve the supporting policies and provide differential government support; broaden the fund-raising channels and create a public welfare-oriented investment and financing environment; protect the rights and interests of teachers and students, and establish equal but uneven institutional mechanisms; improve multi-governance mechanism and implement common but differential regulatory system; enlarge the synergy in reform and promote the reform based on an voluntary self-determination principle.

Chapter four to chapter ten diagnose relevant policies as well as policy achievements in areas of classified legal person registration and property rights ownership, government classified support for non-public schools, the rights and interests protection if teachers in non-public schools, funding and finance management system, modern school system development under classified management frame, risk prevention and supervision services, exit mechanism, etc., Analyse the main problems, further explore the theory and practice references, and hence propose specific advices for making and improving policies.

It should be clarified that, although the main conclusions in the book are made before the amending of the *Law on the Promotin of non-public schools*, some recommendation in this book including "private schools classified management practices in foreign countries" "non-public school legal person attributes" "fees marketization reform" and "classified management framework" as well as others have received the attention of leaders from the state council and relevant departments, directly served the *Law on the Promotin of non-public schools* amendment, and provided significant reference and support for the introduction of policies on encouraging different sectors of society to run schools and classified management supporting policies. Some viewpoints also provide a theoretical basis for promoting classified management reform consensus and constructing non-public schools classified management framework.

Classified management is a significant step of non-public education reform and development in China. It is foreseeable that after the promulgation and implementation of the newly revised *Law on the Promotin of non-public schools*, there is going to be a critical period of policy adjustment all over the country. The research team will continue to engage and focus on tracking and evaluating the research on classified management policy implementation, and ultimately to contribute to China's non-public education reform and development.

目　录

第一章 ▶ 改革开放以来民办教育发展概况　1
　　一、1978~2002年民办教育发展概况　2
　　二、2003年以来民办教育发展概况　5
　　三、民办教育发展的阶段性特征　46

第二章 ▶ 国外私立学校分类管理的比较借鉴　51
　　一、美国　52
　　二、俄罗斯　59
　　三、法国　66
　　四、澳大利亚　73
　　五、日本　79
　　六、通行做法与共性趋势　86

第三章 ▶ 民办学校分类管理的基础和构想　90
　　一、背景意义　91
　　二、现实基础　97
　　三、总体构想　101

第四章 ▶ 民办学校的法人分类登记与产权归属　112
　　一、相关政策及其成效　113
　　二、存在的主要问题　122
　　三、理论依据与实践参照　125
　　四、对策建议　133

第五章 ▶ 政府对民办学校的分类扶持　137

　　一、相关政策及其成效　138
　　二、存在的主要问题　149
　　三、理论依据和实践参照　151
　　四、对策建议　159

第六章 ▶ 民办学校的教师权益保障　166

　　一、相关政策及其成效　167
　　二、存在的主要问题　178
　　三、理论依据与实践参照　184
　　四、对策建议　190

第七章 ▶ 民办学校的经费筹措与资金管理　197

　　一、相关政策及其成效　198
　　二、存在的问题　204
　　三、理论依据和实践参照　209
　　四、对策建议　214

第八章 ▶ 分类管理下的现代学校制度　222

　　一、相关政策及其成效　223
　　二、存在的问题　229
　　三、理论依据和实践参照　234
　　四、对策建议　243

第九章 ▶ 民办学校的风险防范和监管服务　253

　　一、相关政策及其成效　254
　　二、存在的主要风险　262
　　三、理论依据与实践参照　273
　　四、对策建议　277

第十章 ▶ 民办学校的退出机制　289

　　一、相关政策及其特点　290

二、存在的主要问题　295
三、法理依据以及实现路径　299
四、对策建议　307

参考文献　317

后记　331

Contents

Chapter 1 The Development of Non-public Education since the Reform and Opening-up   1

1. 1 Overview of Development of Non-public Education from 1978 to 2002   2
1. 2 Overview of Development of Non-public Education Since 2003   5
1. 3 The Stage Features of Non-public Education   46

Chapter 2 Comparison Research of Foreign Private School Classified Management   51

2. 1 The United States   52
2. 2 Russia   59
2. 3 France   66
2. 4 Australia   73
2. 5 Japan   79
2. 6 General Practice and Common Trend   86

Chapter 3 Fundamentals and Conception of Non-public School Classified Management   90

3. 1 Background and Significance   91
3. 2 The Basis of Reality   97
3. 3 Overall Concept   101

Chapter 4　Classification Registration and Property Ownership of Non-public Schools　112

    4.1　Relevant Policies and the Results　113
    4.2　Main Problems　122
    4.3　Theoretical Basis and Practical Reference　125
    4.4　Countermeasures and Suggestions　133

Chapter 5　Government's Classification Support to Non-public Schools　137

    5.1　Relevant Policies and the Results　138
    5.2　Main Existing Problems　149
    5.3　Theoretical Basis and Practical Reference　151
    5.4　Countermeasures and Suggestions　159

Chapter 6　Protection of the Rights and Interests of Teachers in Non-public Schools　166

    6.1　Relevant Policies and the Results　167
    6.2　Main Problems　178
    6.3　Theoretical Basis and Practical Reference　184
    6.4　Countermeasures and Suggestions　190

Chapter 7　Funding and Fund Management in Non-public Schools　197

    7.1　Relevant Policies and the Results　198
    7.2　Main Problems　204
    7.3　Theoretical Basis and Practice Reference　209
    7.4　Countermeasures and Suggestions　214

Chapter 8　The Modern School System under the Classified Management　222

    8.1　Relevant Policies and the Results　223
    8.2　Main Problems　229
    8.3　Theoretical Basis and Practice Reference　234
    8.4　Countermeasures and Suggestions　243

Chapter 9　Risk Prevention and Supervision Services in Non-public Schools　253

    9.1　Relevant Policies and the Results　254

9.2　Main Problems　262

9.3　Theoretical Basis and Practice Reference　273

9.4　Countermeasures and Suggestions　277

Chapter 10　Exit Mechanisms of Non-public Schools　289

10.1　Relevant Policies and Their Characteristics　290

10.2　Main Problems　295

10.3　Legal Basis and Realization of the Path　299

10.4　Countermeasures and Suggestions　307

References　317

Postscript　331

第一章

改革开放以来民办教育发展概况

本章提要：改革开放38年来，我国民办教育从弥补财政不足到满足多样化需求，从"拾遗补阙"到成为重要组成部分，逐步发展壮大，显示出强劲的生命力和较大的灵活性。本章遵循"主要特征呈现"的原则、按照时间顺序对我国民办教育的发展历程进行分期梳理。《民办教育促进法》颁布之前，我国民办教育发展主要经历了恢复起步（1978~1992年）、快速发展（1992~1997年）、规范发展（1997~2002年）三大阶段，通过对各个阶段重要事件和政策的呈现，总结我国民办教育发展的主要特点。2003~2014年，民办教育发展出现了先速增、后放缓的趋势，呈明显的快速发展期（2003~2006年）、平稳发展期（2006~2014年）两个阶段。这源于《民办教育促进法》等政策利好效应逐渐衰减，相关优惠和扶持政策未落实到位；同时公共财政对教育投入、公办学校持续快速发展对民办学校产生冲击，加上我国适龄入学人口不断减少、生源萎缩因素的影响，民办学校机构数、在校生数、经费投入等增速明显放缓，甚至个别教育阶段出现持续下降的趋势。研究发现：10年来，（1）民办学校占比先增后降。全国民办高校、中等职业学校、幼儿园机构数持续增长，所占比例先升后降；民办独立学院数先增后减，所占比例波动变化；民办普通高中、初中、小学数及所占比例波动式变化。（2）民办学校在校生数变化各异。民办专科、中等职业学校在校生人数总体先增后减；民办本科、普通初中、小学、幼儿园在校生数持续增长；民办普通高中、幼儿园在校生数平稳增长。（3）民办学校专任教师数整体递增。民办高校教职工、专任教师数爆发式增长；独立学院、民办中等职业教职工、专任教师数持续增长后趋减；民办普通高中、小学专任教师数及其占全国专任教师总数比例、教职工数呈现波动式变化；民办幼儿园教职工、专任教师数逐步增加。最后，总结提炼当前我国民办教育发展的阶段性特征。

一、1978～2002 年民办教育发展概况

（一）恢复起步阶段（1978～1992 年）

1978 年，党的十一届三中全会决定把全党工作重点转移到以经济建设为中心上来，与此同时，国家层面对于公立学校的全部包揽已经颇感财政压力，公立高校的数量和招生人数已很难与社会公众接受高等教育的意愿相适切，民办教育的复兴势在必行。因此，国家开始了教育战线的重新调整，开展了较为全面的拨乱反正，以回应整个高等教育规模和日益增长的求学意愿之间的矛盾，努力回应社会对提高劳动者素质的诉求，发挥人才在经济建设中的核心作用。

1980 年，中共中央、国务院在《关于普及小学教育若干问题的决定》中提出："以国家办学为主，充分调动社队、集体、厂矿企业等方面办学的积极性。还要鼓励群众自筹经费办学。"1982 年全国五届人大通过的《中华人民共和国宪法》第 19 条规定，"国家鼓励集体经济组织、国家企业事业组织和其他社会力量依照法律规定举办各种教育事业。"第一次从国家宪法的高度中对社会力量举办教育事业做出统一规定，释放出允许民间兴办教育的政策信号。1982 年 3 月在北京成立的中华社会大学被普遍认为是全国第一所民办大学，成为改革开放后我国民办高等教育新开端的标志。据统计，从 1982～1985 年，民办高校发展至 170 余所。"在 1984～1986 年，全国新建的民办高校多达 250 所，形成了我国民办高等教育的第一个发展高潮，到 1991 年总量已经达到 450 所。"①

1984 年 10 月～1985 年 5 月，中共中央相继做出《中共中央关于经济体制改革的决定》《中共中央关于科学技术体制改革的决定》和《中共中央关于教育体制改革的决定》。其中，1985 年 5 月 27 日发布的《中共中央关于教育体制改革的决定》明确规定："地方要鼓励和指导国营企业、社会团体和个人办学，同时提出要实行中央、省（自治区、直辖市）、中心城市三级办学的体制。"这就在宏观层面指明了我国民办教育发展的方向和期望，在改革开放和四个现代化建设的大背景下，也是提高劳动者素质和培养更多、更好的各种专门人才的强心剂。1986 年颁布的《中华人民共和国义务教育法》第九条第三款又进一步重申："国家鼓励企业、事业单位和其他社会力量，在当地人民政府统一管理下，按照国家

---

① 全国人大教科文卫委员会：《民办教育研究与立法探索》，广东高等教育出版社 2001 年版。

规定的基本要求举办本法律规定的各类学校。"国家与政府对社会力量办学的鼓励和支持，不仅形成了较强的舆论导向，引发社会的高度关注，更使沉寂30年的民办教育焕发生机。

1987年7月，针对民办教育在恢复起步过程中存在的管理及办学问题，国家教委发布了《关于社会力量办学的若干规定》，要求各省、自治区、直辖市教育行政部门，要进一步加强对社会力量办学的领导和管理，对本地区民办学校进行一次认真的清理，以肯定成绩、总结经验、理顺关系，促进社会力量办学健康发展。据此，各省级政府和教育行政部门也制定了相应的行政规章，采取必要措施，加大了对民办教育的管理和领导，撤销了一批不合格的民办学校，使我国社会力量办学从恢复起步开始就沿着健康的轨道发展。

为了鼓励和支持社会力量办学，提高办学质量和效益，在《中共中央关于教育体制改革的决定》和《关于社会力量办学的若干暂行规定》的基础上，国家颁布了《社会力量办学教学管理暂行规定》，国家教委和财政部还联合颁发了《社会力量办学财务管理暂行规定》，提出："各级人民政府及教育行政部门应鼓励和支持社会力量举办各种教育事业，维护学校正当权益，保护办学积极性，在条件允许的情况下，尽力帮忙解决办学中存在的困难，对办学成绩卓著者给予表彰和奖励"。这些法律性文件的颁布和实施标志着我国民办教育正式步入正轨、民办学校的管理运行进入正常管理体系。在国家政策的鼓励和引领下，各地纷纷根据地方实际情况，制定了一系列具体的社会力量办学管理办法和鼓励政策，促进了民办学校的健康稳步发展。据1989年有关资料统计，京、津、沪等十几个城市，经教育行政部门批准的各类民办学校已有2 000多所，在校学生达300多万人。

（二）迅速发展阶段（1992～1997年）

1992年春，邓小平同志视察南方，发表重要谈话，澄清并解决了社会主义发展的若干理论问题，强调"发展才是硬道理"，提倡"不争论，大胆地试，大胆地闯"的精神，认为"计划多一点还是市场多一点，并不是社会主义和资本主义的本质区别"。同年召开的党的十四大提出了建设社会主义市场经济体制的改革目标，为中国教育改革和发展提供了新的思路和动力。

1992年中共四大明确提出，"鼓励多渠道、多形式社会集资办学和民间办学，改变国家包办教育的做法"。并要求各级党政部门和领导同志，"要改变国家包办教育的局面，支持和鼓励民间办学"。1993年2月，中共中央、国务院发表《中国教育改革和发展纲要》，指出："改变政府包揽办学的格局，逐步建立以政府办学为主体，社会各界共同办学的体制。"首次提出："国家对社会团体和公民个人依法办学,采取积极鼓励、大力支持、正确引导、加强管理的方针。"在这种新形势下,各级政府、教育行政部门和民办教育工作者,进一步解放思想,积极贯彻"十六字"方针,社会力量办学迅速发展起来。

各地区民办学校和其他民办教育机构从清理后的几千所发展到 5 万多所。据不完全统计,各地民办高校从 1991 年的 450 所,增加到 1995 年的 1 209 所。五年期间,全国新增民办高校八百多所,呈快速发展的趋势。以民办高等教育为例,自 1995 年以来,民办高等教育突飞猛进,实现了两个重大突破:一是 1995 年全国民办高等教育机构数量突破 1 000 所;二是 1996 年全国民办高等教育在校生突破 100 万人。一大批民办学校正以崭新的办学理念和饱满的办学热情加入我国民办教育发展的大军中,使民办学校的队伍不断发展、壮大。

民办学校的办学条件逐步改善,办学规模不断扩大,办学重点和结构不断调整。至此,民办教育从公办教育的"拾遗补阙"发展成为社会主义事业不可缺少的重要组成部分。

(三) 依法规范阶段 (1997~2002 年)

1997 年 9 月,党的十五大召开,确立了以邓小平理论作为各项事业的指导思想,并提出了"科教兴国"和"依法治国"战略。同年,国务院首次发布了我国民办教育的第一个行政法规——《社会力量办学条例》(以下简称《条例》),确立了民办教育的法律地位,也标志着我国民办教育进入了依法办学、依法管理、依法行政的新阶段。[①]

《条例》发布之后,各地以召开会议或举办培训班、研讨会等形式,进行宣传和贯彻。有些地方政府还针对地方特点,制定了相应的贯彻办法,各地相继出台了一些发展民办教育的地方性法规和政策,不断把民办教育推向依法办学、依法管理的轨道。例如,浙江省政府 1998 年下发《关于鼓励社会力量参与办学的若干规定》中,在学校建设、征用土地和投资办学等方面确定了十大政策措施,有力地促进了省内民办教育事业的发展。为贯彻《条例》第 18 条规定,国家对社会力量办学实行许可证制度。教育部和劳动部联合下发《关于实行社会力量办学许可证制度有关问题的通知》,指出:"办学许可证为教育机构办学的许可凭证,各级教育行政部门和劳动部门要按照规定的职责完善教育机构的审批、备案制度。"这些措施和制度,保障了民办教育的健康有序发展。

1999 年召开的改革开放以来的第三次全国教育工作会议,颁布了《中共中央国务院关于深化教育改革全面推进素质教育的决定》,提出"凡符合国家有关

---

① 粟红:《我国民办高等教育若干问题研究》,大连理工大学学位论文,2004 年。

法律法规的办学形式,均可以大胆尝试"。这是对民办教育的一次新的大力推动。1999 年开始的高等学校"扩招"政策,进一步推动了民办教育、特别是民办高等教育和民办高中的发展。①

二、2003 年以来民办教育发展概况

2002 年 12 月,《民办教育促进法》(以下简称《民促法》)获全国人大常委会通过,对民办学校的设立、运行和管理等方面从法律上予以规定,首次赋予民办学校与公办学校同等的法律地位。此后,民办教育发展出现了先速增、后放缓的趋势,呈明显的快速发展期(2003～2006 年)和平稳发展期(2006～2014 年)两个阶段。本部分根据已掌握的统计数据资料(《中国教育统计年鉴》《中国教育经费统计年鉴》、教育部提供数据等),收集、梳理涵盖 2003～2014 年(部分年份所需数据缺失)全国 31 个省、自治区和直辖市的民办高等教育(民办高等本科学校、民办高职高专学校)、民办中等教育(民办普通高中、民办普通初中、民办中等职业学校)、民办初等教育(民办普通小学),以及民办学前教育(民办幼儿园)等四个教育学段的数据。

(一)全国民办学校数历年变化情况(2003～2014 年)

1. 全国民办高校数分时段持续增长,所占比例阶梯式上升

2003～2014 年,全国民办高校数持续增长,从 175 所增至 727 所,其中 2003～2007 年,一直处于平稳的增长阶段,2007～2008 年,民办高校数呈现突破性的增长,增加了近 343 所,2008～2014 年再次处于平稳的增长阶段。2003～2012 年,民办高校数占全国高校总数的比例趋势与民办高校数的增长趋势相同,2012～2014 年略有下降(见图 1-1)。

2. 全国民办独立学院数缓慢涨落,所占比例短暂上升后趋降

自 2004～2014 年,民办独立学院机构数呈缓慢地先增后减的发展趋势。自 2004～2010 年,独立学院总数变化比较平稳,从 249 所增长至 323 所,2010～2014 年减至 283 所。独立学院数占全国高校总数的比例,在 2004～2014 年期间升降交替,2004～2006 年呈现平稳的上升趋势,2006～2011 年呈现平稳的下降趋势,2011～2012 年有所上升后,2012～2014 年又趋于下降(见图 1-2)。

---

① 沈剑光:《中国公共经济管理转型对民办教育影响研究》,武汉大学学位论文,2011 年。

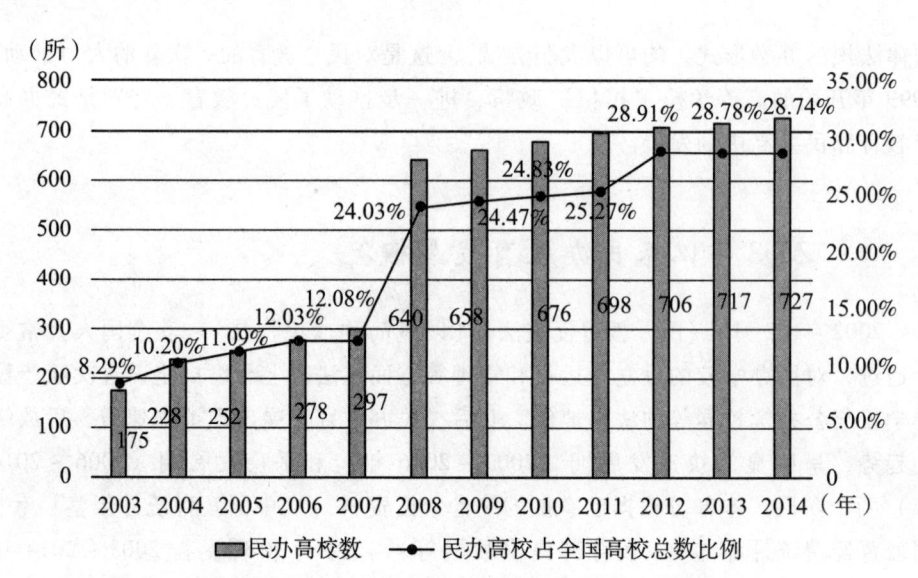

图 1-1　2003~2014 年全国民办高校数及所占比例变化情况

资料来源：根据 2003~2014 年《中国教育统计年鉴》、教育部数据整理而成。

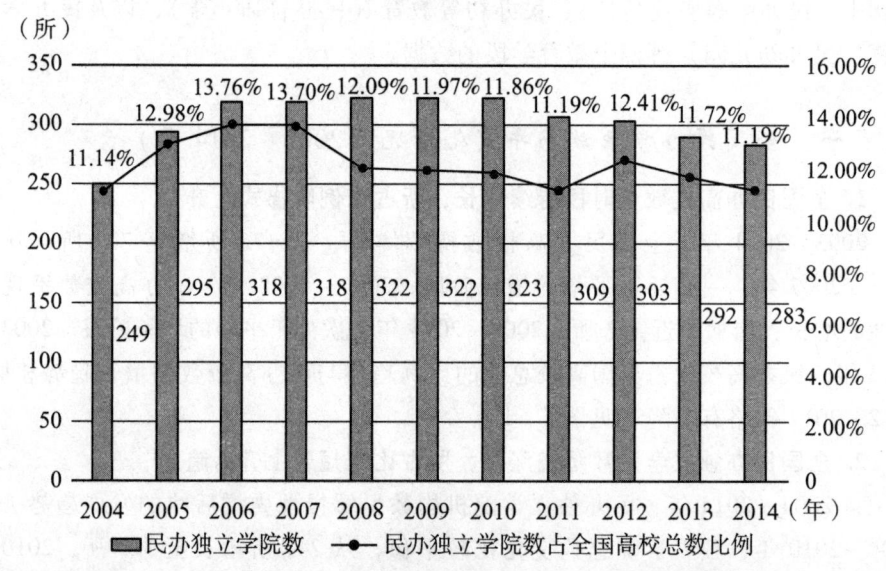

图 1-2　2003~2014 年全国独立学院数及所占比例变化情况

资料来源：根据 2003~2014 年《中国教育统计年鉴》、教育部数据整理而成。

3. 全国民办普通高中学校数呈波浪式变化，所占比例快升快降后趋升

2003~2014 年，民办普通高中学校数呈波浪式的变化趋势，其中 2003~2006 年，从 2 679 所增长至 3 245 所，2007~2012 年，呈缓慢的递减趋势，从 3 101 所递减至 2 371 所，2012~2014 年，缓慢升至 2 442 所。民办普通高中数占

全国普通高中总数的比例，也呈现类似趋势，2003~2006年、2011~2014年呈上升趋势，2006~2011年呈下降趋势（见图1-3）。

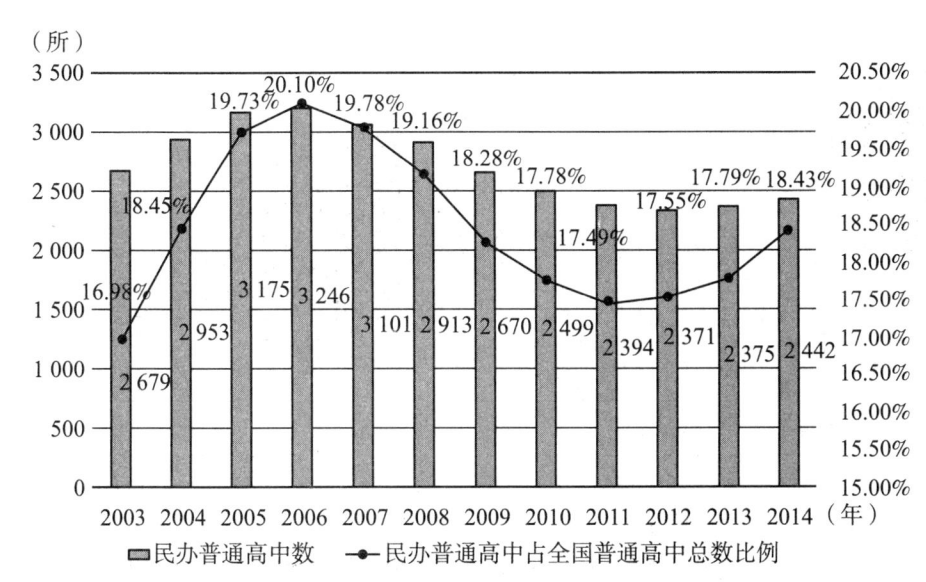

图1-3　2003~2014年全国民办普通高中学校数及所占比例变化情况

资料来源：根据2003~2014年《中国教育统计年鉴》、教育部数据整理而成。

4. 全国民办中等职业学校数及所占比例持续上升后趋于下降

2003~2014年，民办中等职业学校数呈现先增后减的发展趋势，其中，2003~2008年呈现平稳的增长趋势，从1 382所增长至3 234所，2008年后开始递减，2014年减少至2 343所。民办中等职业学校数占全国中职学校总数的比例，自2003~2010年，一直处于平缓的上升趋势，2011年后有所下降，2014年降至20%（见图1-4）。

5. 全国民办普通初中学校数波动增长，比例缓慢上升

2003~2014年，全国民办普通初中学校数波浪式变化，所占比例逐年上升。2003~2005年，民办普通初中数量快速增长，2006~2010年缓慢递减，2011~2014年则逐年增加，2014年比2013年增加了209所。民办普通初中数占全国普通初中总数的比例，2003~2013年一直处于上升趋势，从5.73%上升至8.59%（见图1-5）。

6. 全国民办普通小学数时增时减，所占比例持续上升

2003~2005年，民办普通小学数量平稳增长，2006~2011年平稳递减，2011~2014年又呈现增长趋势。其中，2003~2005年，从5 676所增长至6 242所，2006~2011年，从6 161所递减至5 186所，2012~2014年又增至5 681所。

民办普通小学数占全国普通小学总数的比例，2003~2014年呈现明显的递增趋势，2014年所占比例达到2.82%（见图1-6）。

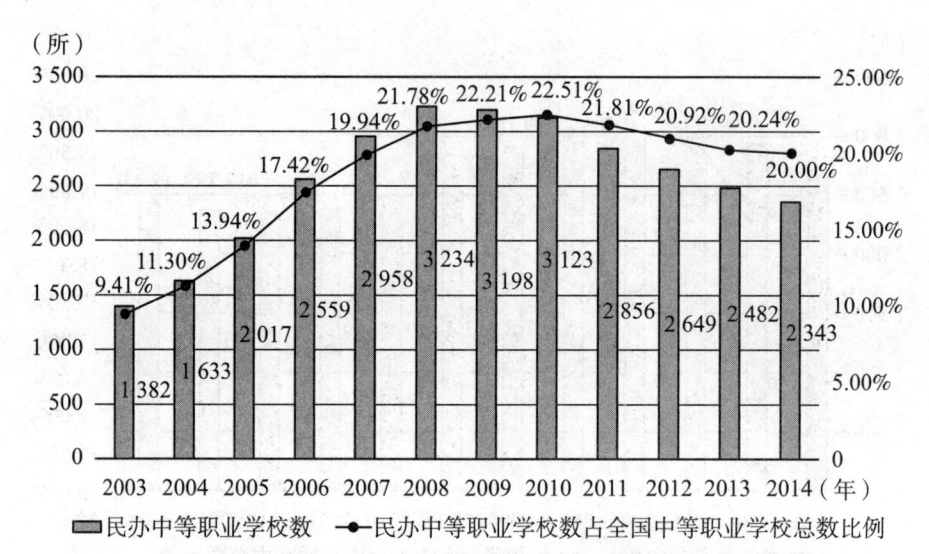

图1-4 2003~2014年全国民办中等职业学校数及所占比例情况

资料来源：根据2003~2014年《中国教育统计年鉴》、教育部数据整理而成。

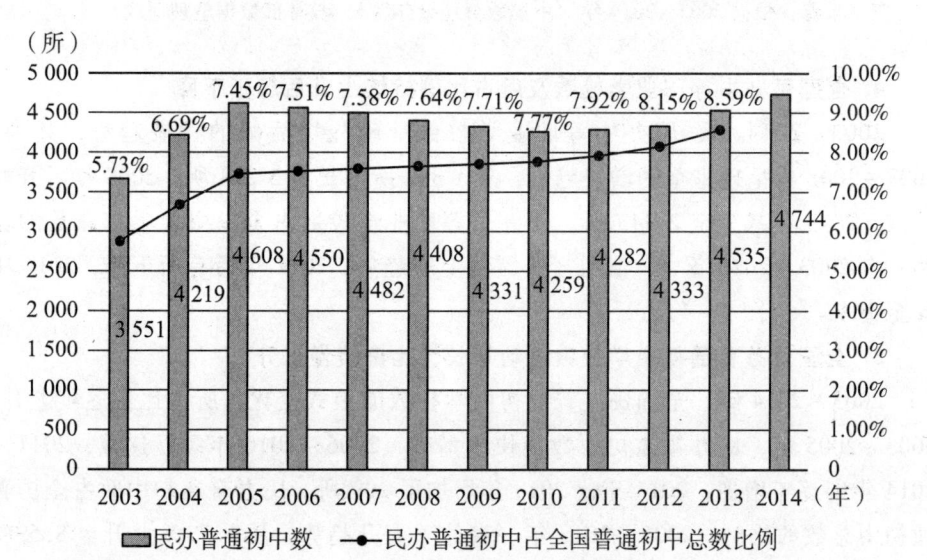

图1-5 2003~2013年全国民办普通初中学校数及所占比例变化情况

资料来源：根据2003~2014年《中国教育统计年鉴》、教育部数据整理而成。

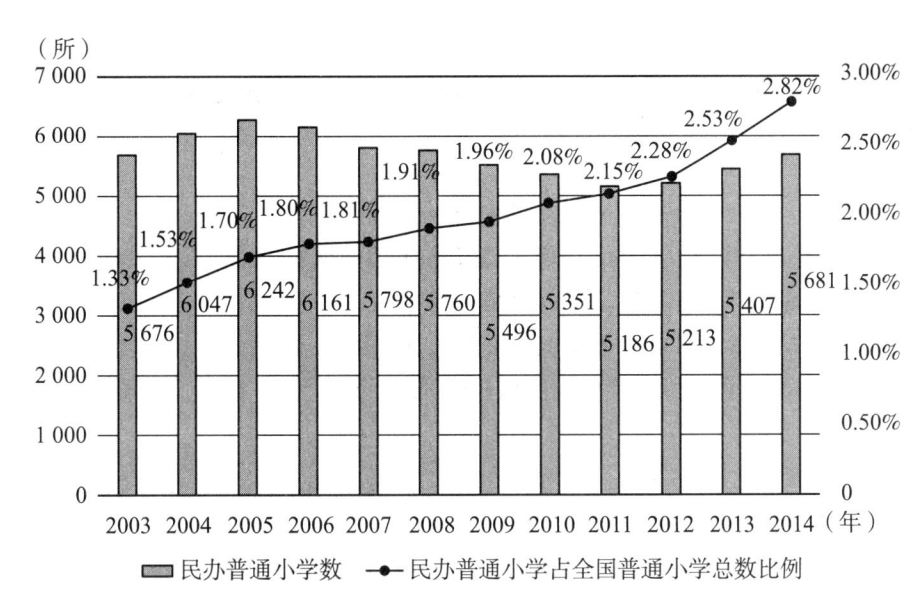

图1-6 2003~2014年全国民办普通小学数及所占比例变化情况

资料来源：根据2003~2014年《中国教育统计年鉴》、教育部数据整理而成。

7. 全国民办幼儿园数快速增加，所占比例连续上升后趋降

2003~2014年，全国民办幼儿园数呈现明显的递增趋势，从55 536所增长至139 282所。民办幼儿园数占全国幼儿园总数的比例呈先升后降的趋势，其中，2003~2011年平稳上升，2011年民办幼儿园所占比例达到69.21%，2011~2014年缓慢降至66.36%（见图1-7）。

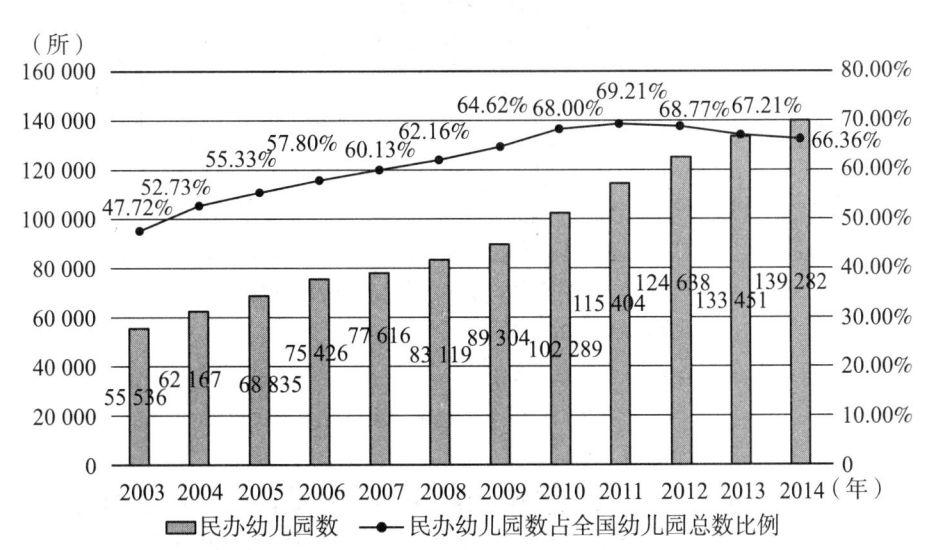

图1-7 2003~2014年全国民办幼儿园机构数及所占比例变化情况

资料来源：根据2003~2014年《中国教育统计年鉴》、教育部数据整理而成。

(二) 民办学校学生数历年变化情况 (2003~2014年)

1. 全国民办高校学生数

(1) 民办高校在校生数及所占比例爆发式增长后缓慢上升。

自2004~2014年,民办高校本、专科在校生数持续增长。民办本科高校在校生数呈现明显的递增趋势,从76 420人增加至3 738 304人,增加近5倍。民办本科在校生占全国本科在校生的比例也呈现明显上升趋势,其中2004~2007年均增长不足2.1%,2008年后急速上升,2008年是2007年的10倍之多,2013年则达到24.15%。

2004~2014年,民办专科在校生数波动变化。2003~2010年,民办专科学生在校生数总体呈平稳增长趋势,从633 216人增加至1 956 961人,增加了3倍多;2010~2013年持续下降至1 860 572人,2014年又升至2 007 182人。民办专科在校生占全国专科在校生总数比例2003~2010年上升速度较为平缓,2010~2012年略有下降,2013年出现上升趋势(见图1-8)。

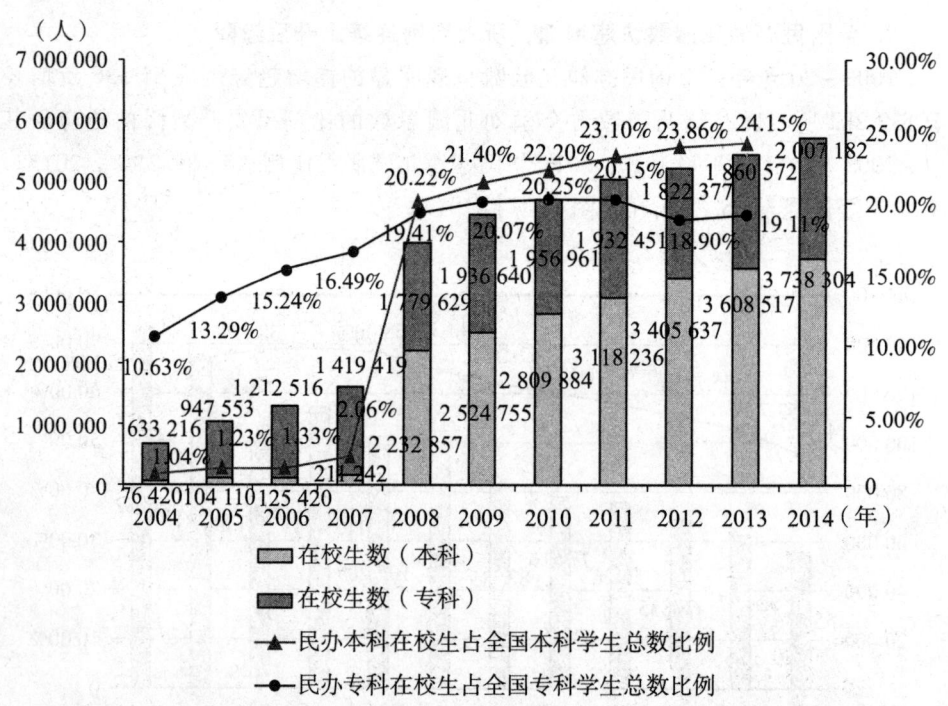

图1-8 2004~2014年全国民办高校在校生数及所占比例变化情况

资料来源:根据2003~2014年《中国教育统计年鉴》、教育部数据整理而成。

（2）全国民办高校招生数及所占比例波浪式增长。

自 2004~2014 年，全国民办高校本科招生数呈现较大的波动性变化，其中 2004~2007 年，呈现平稳的增长趋势，2008~2010 年，呈现突破性发展，2011~2014 年期间增减交替，2011 年降至 689 278 人，2012 年猛增至 942 516 人，2013 年下降至 918 373 人，2014 年又回升至 922 982 人。民办高校本科招生数占全国本科招生数的比例也呈现波动性变化趋势，其中 2004~2007 年，民办高校本科招生数占全国本科招生数比例较低，不足 3%，2008~2013 年有了突破性增长，2011 年后又降减至 19.33%，2012 年达到最高值 25.20%。

民办高校专科招生数，自 2004~2014 年，也呈现波动性变化趋势。2004~2008 年呈现快速增长趋势，2008~2014 年呈现增减交替趋势，2014 年民办专科招生数为 750 522 人。民办专科招生数占全国专科招生总数的比例，自 2004~2008 年，一直呈现平稳的增长趋势，2008~2012 年逐渐下降，2013 年有所回升（见图 1-9）。

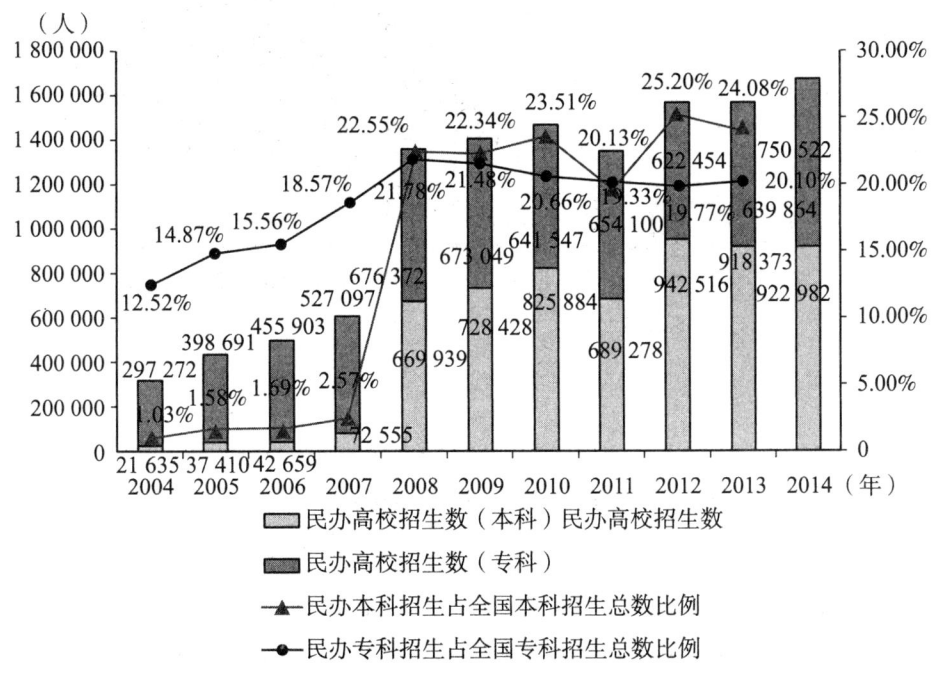

图 1-9　2004~2014 年全国民办高校招生数及所占比例变化情况

资料来源：根据 2003~2014 年《中国教育统计年鉴》、教育部数据整理而成。

（3）全国民办本科毕业生数及所占比例持续增长，专科生先增后降。

自 2004~2014 年，民办高校本科毕业生数呈现快速增长的趋势，其中，2004~2007 年处于快速增长阶段，民办高校本科毕业生 2007 年达到 30 176 人，

2008~2014年呈现突破性增长趋势，2014年达到805 720人，是2004年民办高校本科毕业生的240多倍。2004~2014年，民办高校本科毕业生占全国本科毕业生的比例也从0.27%猛增至22.44%。

自2004~2014年，民办高校专科毕业生数呈现先快速增长、后缓慢减少的趋势。自2005年起，民办高校专科毕业生首次突破10万人，达到140 106人，2011年民办高校专科毕业生则达到649 902人，之后逐渐减少，2014年为580 945人。自2004~2013年，民办专科毕业生数占全国专科毕业生总数比例呈波动式的变化趋势，2003~2008年，从7.09%快速上升至17.92%，在2009年有所下降后又开始上升，2011年达到19.78%，之后又降至2013年的18.16%（见图1-10）。

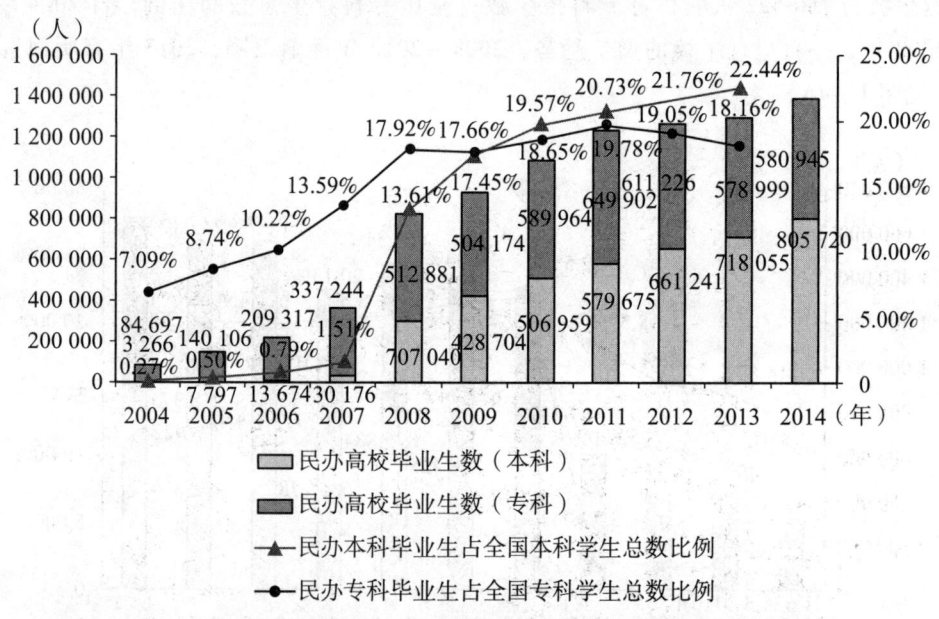

图1-10 2004~2014年全国民办高校毕业生数及所占比例变化情况
资料来源：根据2003~2014年《中国教育统计年鉴》、教育部数据整理而成。

2. 全国民办普通高中学生数及所占比例先增后稳

（1）全国民办普通高中在校生数及所占比例短期快速增长后稳定发展。

民办普通高中在校生数在2003~2006年，处于快速增长阶段，2006年达到2 477 160人，2007~2014年增减变动不大，2014年在校生人数达到2 386 542人。民办普通高中在校生数占全国普通高中在校生总数比例呈现平缓的波动趋势，2003~2006年快速上升，2006~2013年所占比例一直维持在9.5%左右，2014年达到9.94%（见图1-11）。

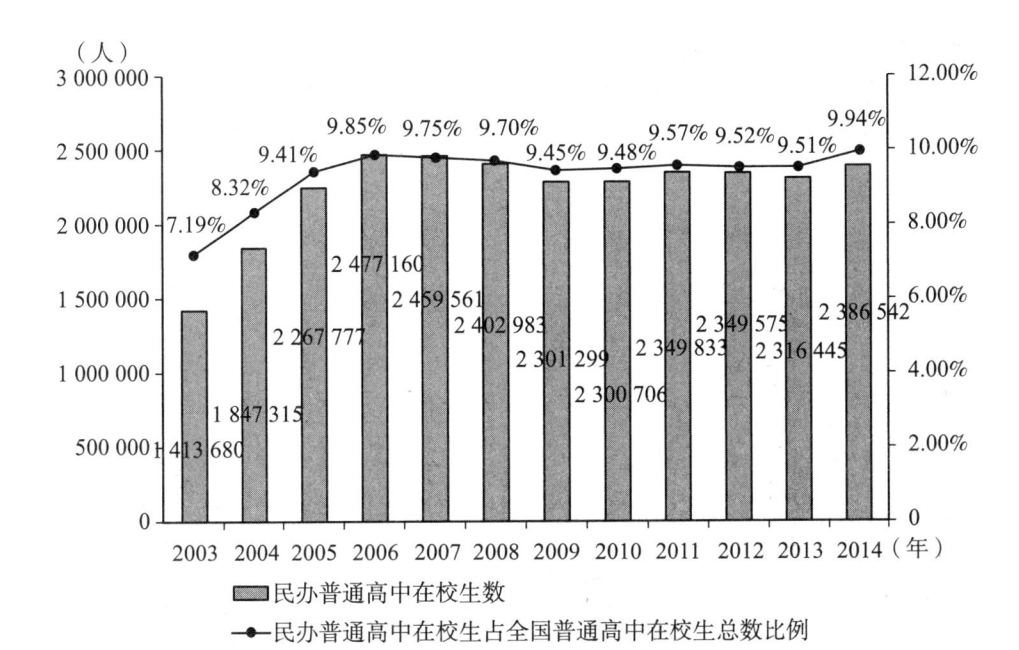

图 1 – 11   2003～2014 年全国民办普通高中在校生数及所占比例变化情况

资料来源：根据 2003～2014 年《中国教育统计年鉴》、教育部数据整理而成。

（2）全国民办普通高中招生数及所占比例短暂先升后降后稳定发展。

自 2003～2014 年，民办普通高中招生数及所占比例呈现稳步发展的趋势。民办普通高中招生数在 2003～2005 年，呈现快速增长趋势，2006～2013 年，短暂下降后稳定发展，2014 年达到 827 299 人。民办普通高中招生数占全国普通高中招生总数比例，2003～2006 年呈现平稳的增长趋势，2006～2013 年期间变化不大，基本维持在 9.7%～10%，2014 年有所突破，达到 10.39%（见图 1 – 12）。

（3）全国民办普通高中毕业生数及所占比例先升后稳。

自 2003～2014 年，全国民办普通高中毕业生数呈现波动性变化趋势，其中，2003～2008 年处于快速增长阶段，2008 年曾一度达到 789 064 人，2009～2010 年处于递减阶段，2011～2013 年有所回升，2014 年又降至 744 437 人。民办普通高中毕业生数占全国普通高中毕业生总数比例基本上呈现先增后减的发展趋势，2003～2009 年呈现增长趋势，2010 年和 2012 年呈现缓慢递减趋势，2013 年回升至 9.46%，但 2014 年又下降至 9.31%（见图 1 – 13）。

3. 全国民办中等职业学校学生数及所占比例先升后降

（1）全国民办中等职业学校在校生数及所占比例先高后低。

自 2003～2014 年，民办中等职业学校在校生数呈现先增后减的变化趋势，其中 2003～2009 年逐步增长，2009～2014 年逐年递减，2009 年民办中等职业在校生达到 3 180 957 人。民办中等职业学校在校生数占全国中等职业学校在校生总数比例也呈现波动性变化趋势，2009 年是民办中等职业学校在校生数占全国中等职业学校在校生总数比例从上升变为下降的转折点（见图 1-14）。

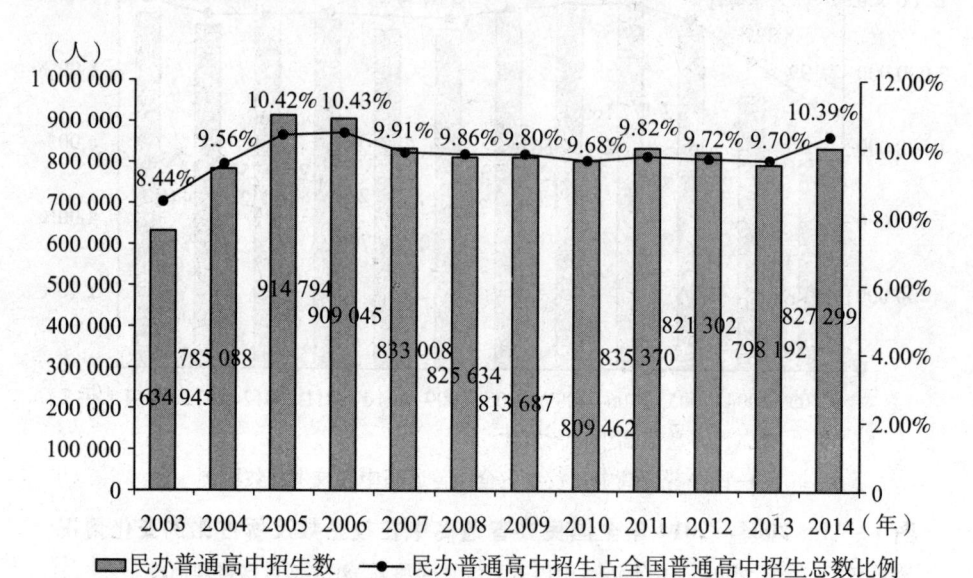

图 1-12　2003~2014 年全国民办普通高中招生数及所占比例变化情况

资料来源：根据 2003~2014 年《中国教育统计年鉴》、教育部数据整理而成。

图 1-13　2003~2011 年全国民办普通高中毕业生数及所占比例变化情况

资料来源：根据 2003~2014 年《中国教育统计年鉴》、教育部数据整理而成。

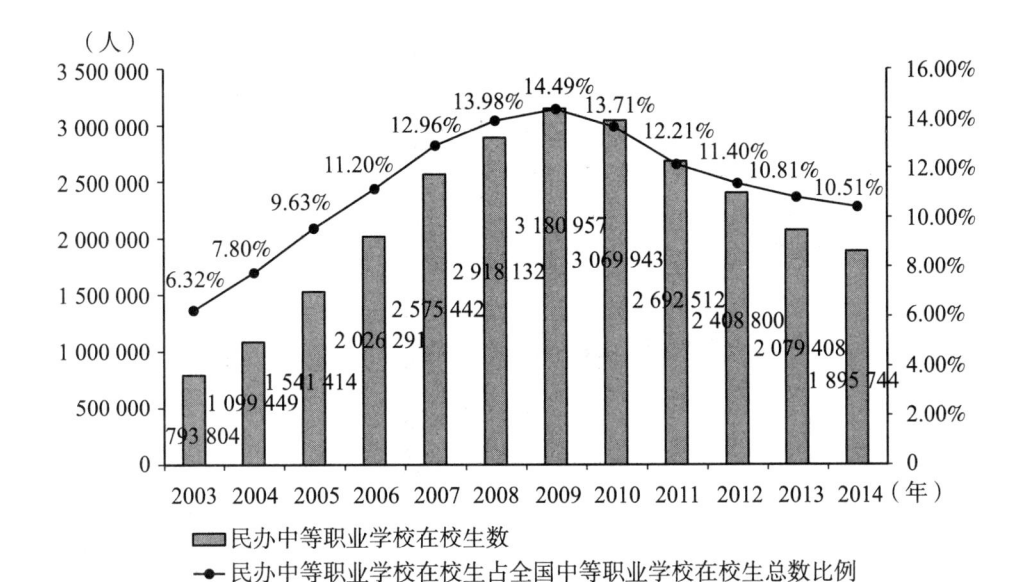

图 1-14 2003~2014 年全国民办中等职业学校在校生数及所占比例变化情况

资料来源：根据 2003~2014 年《中国教育统计年鉴》、教育部数据整理而成。

（2）全国民办中等职业学校招生数及所占比例持续上升后逐年下降。

自 2003~2014 年，民办中等职业学校招生数基本呈现先增后减的变化趋势，其中，2003~2009 年处于明显的递增阶段，2009~2014 年，处于明显的递减阶段。民办中等职业学校招生数占全国中等职业学校招生总数的比例在 2003~2008 年呈逐步上升趋势，2008 年达到最高值 15.05%，2008~2013 年逐步下降至 10.84%，2014 年回升明显（见图 1-15）。

（3）全国民办中等职业学校毕业生数及所占比例逐年上升后下降。

2003~2014 年，民办中等职业学校毕业生数及其占全国中等职业毕业生总数的比例均呈先增后减的趋势。自 2003~2014 年，民办中等职业学校毕业生数明显递增，2010 年达到 967 147 人，2011~2014 年逐步减少，2014 年减至 739 472 人。2003~2010 年，民办中等职业毕业生数占全国中等职业学校毕业生总数的比例呈现明显的上升趋势，2010 年所占比例达到 14.54%，2010~2014 年逐步下降至 11.68%（见图 1-16）。

4. 全国民办普通初中学生数及所占比例持续上升

（1）全国民办普通初中在校生数稳步增长，所占比例持续上升。

自 2003~2014 年，民办普通初中在校生数呈现平稳的递增趋势，从 2 565 747 人增长至 4 870 018 人。2003~2012 年，民办普通初中在校生数占全国普通初中在校生总数的比例也呈现明显的上升趋势，从 2003 年的 3.88% 增长至 2012 年的 9.48%（见图 1-17）。

图 1-15　2003~2014 年全国民办中等职业学校招生数及所占比例变化情况

资料来源：根据 2003~2014 年《中国教育统计年鉴》、教育部数据整理而成。

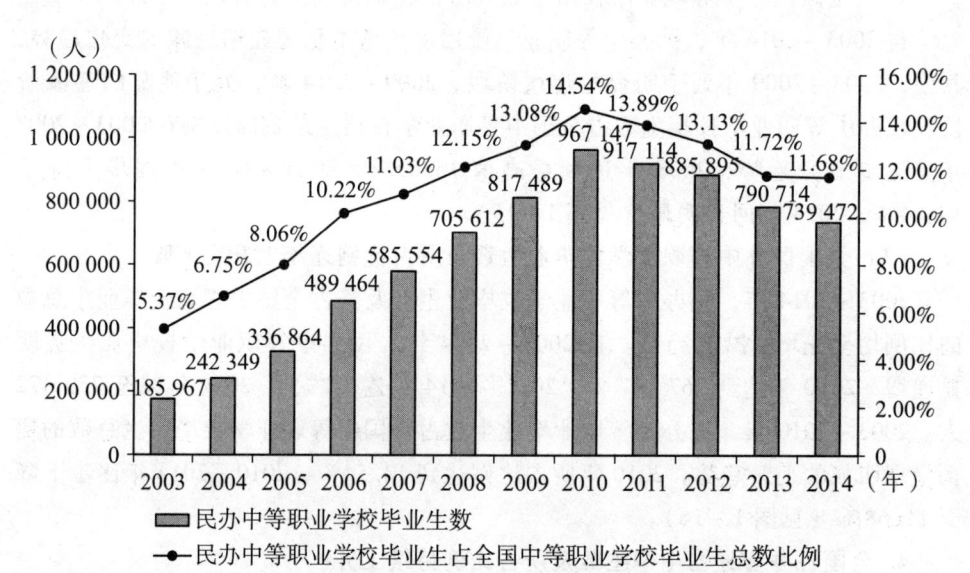

图 1-16　2003~2014 年全国民办中等职业学校毕业生数及所占比例变化情况

资料来源：根据 2003~2014 年《中国教育统计年鉴》、教育部数据整理而成。

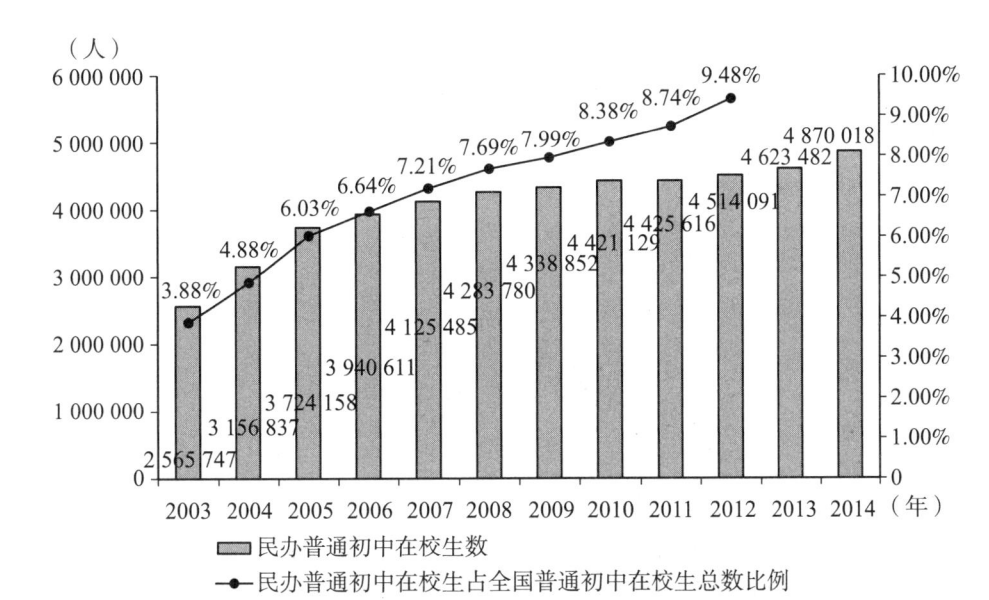

图 1-17　2003~2012 年全国民办普通初中在校生数及所占比例变化情况

资料来源：根据 2003~2014 年《中国教育统计年鉴》、教育部数据整理而成。

（2）全国民办普通初中招生数及所占比例平稳上升。

自 2003~2014 年，民办普通初中招生数呈现明显的递增趋势，从 938 817 人增长至 1 677 377 人。2003~2012 年，民办普通初中招生数占全国普通初中招生总数比例也呈现明显的递增趋势，从 4.28% 增长至 10.05%（见图 1-18）。

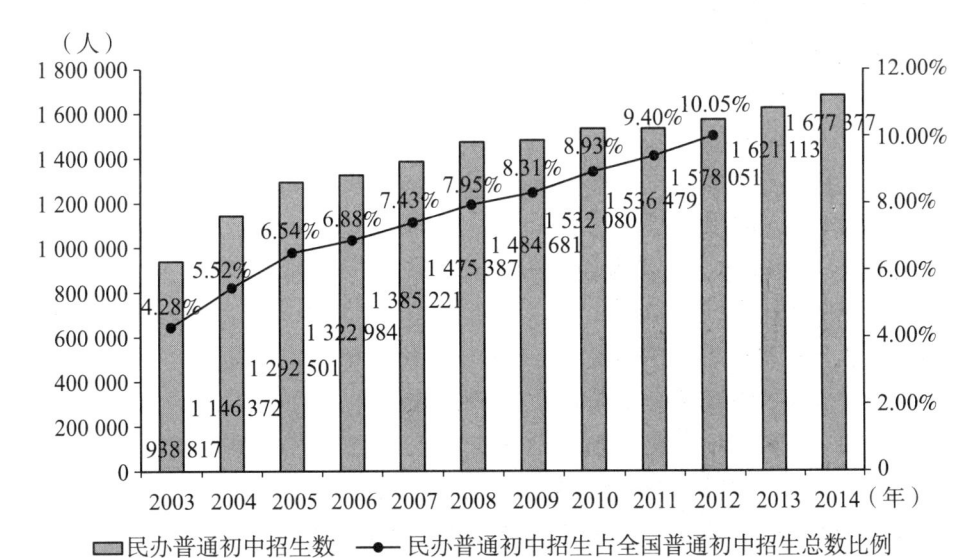

图 1-18　2003~2014 年全国民办普通初中招生数及所占比例变化情况

资料来源：根据 2003~2014 年《中国教育统计年鉴》、教育部数据整理而成。

(3) 全国民办普通初中毕业生数及所占比例持续增加。

自 2003~2014 年，民办普通初中毕业生数呈现明显的递增趋势，从 534 789 人增长至 1 421 784 人。2003~2012 年民办普通初中毕业生数占全国普通初中毕业生数的比例也呈现明显的上升趋势，从 2.68% 升至 8.08%（见图 1-19）。

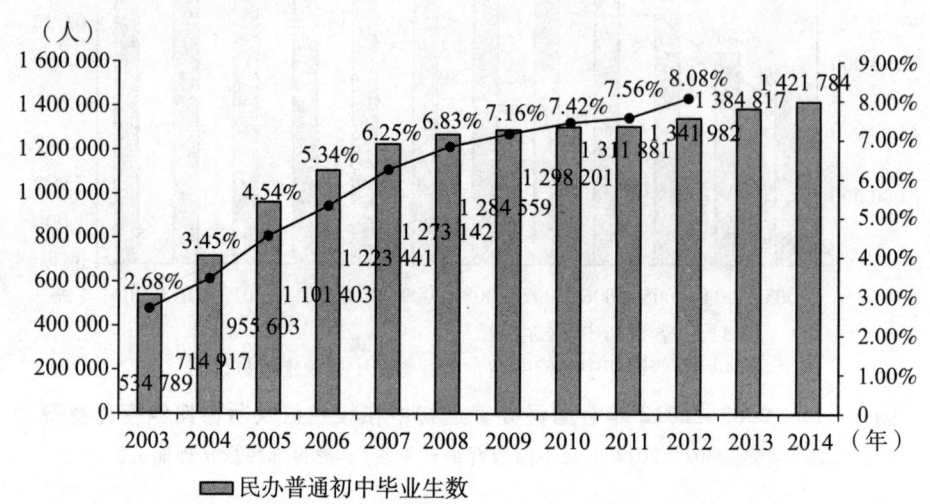

图 1-19　2003~2014 年全国民办普通初中毕业生数及所占比例变化情况

资料来源：根据 2003~2014 年《中国教育统计年鉴》、教育部数据整理而成。

5. 全国民办普通小学学生数及所占比例持续增长

(1) 全国民办普通小学在校生数及所占比例持续上升。

自 2003~2014 年，民办普通小学在校生数呈现明显的递增趋势，从 2 749 341 人增长至 6 741 425 人。2003~2014 年，民办普通小学在校生数占全国普通小学在校生数比例也呈现明显的上升趋势，从 2.35% 增长至 7.13%（见图 1-20）。

(2) 全国民办普通小学招生数及所占比例持续增加。

自 2003~2014 年，民办普通小学招生数呈现明显的递增趋势，从 474 421 人增长至 1 148 019 人。2003~2014 年，民办普通小学招生数所占全国普通小学招生数比例也呈现明显的上升趋势，从 2.59% 增长至 6.92%（见图 1-21）。

(3) 全国民办普通小学毕业生数及所占比例持续平稳增长。

自 2003~2014 年，民办普通小学毕业生数及其占全国普通小学毕业生总数的比例均呈现明显的递增趋势。民办普通小学毕业生数从 374 728 人增长至 1 045 563 人，占全国普通小学毕业生总数比例从 1.65% 增长至 7.08%（见图 1-22）。

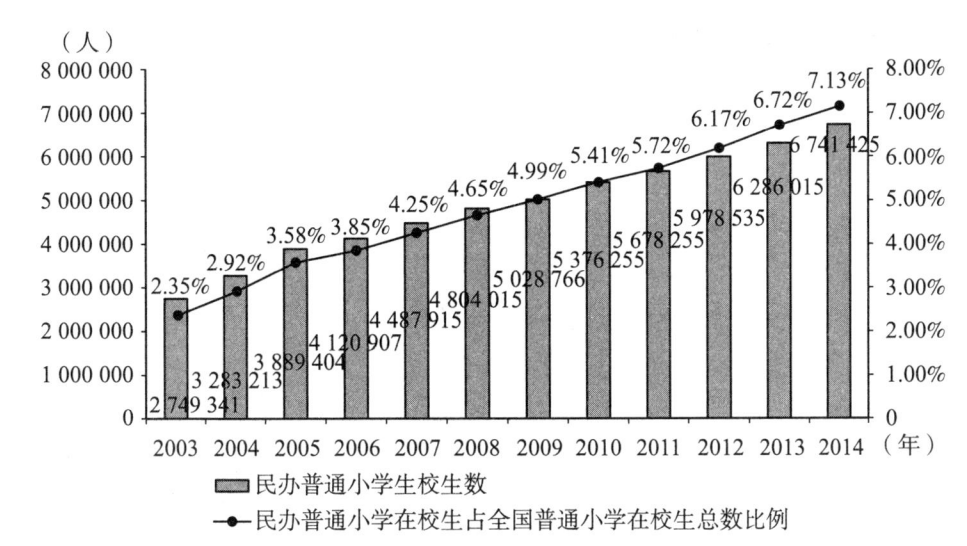

图 1-20 2003~2014 年全国民办普通小学在校生数及所占比例变化情况

资料来源：根据 2003~2014 年《中国教育统计年鉴》、教育部数据整理而成。

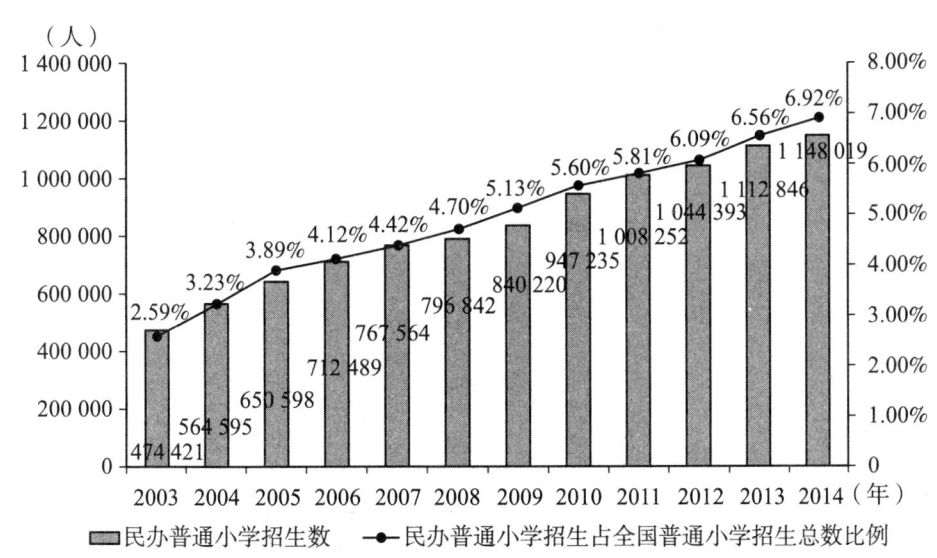

图 1-21 2003~2014 年全国民办普通小学招生数及所占比例变化情况

资料来源：根据 2003~2014 年《中国教育统计年鉴》、教育部数据整理而成。

6. 全国民办幼儿园学生人数及所占比例持续增长

（1）全国民办幼儿园在校生数及所占比例前期快速增长后趋缓。

自 2003~2014 年，民办幼儿园在校生数呈现明显的递增趋势，从 4 802 297 人增至 21 253 781 人。其中，2011 年增长幅度最大，达到 16 942 090 人。2003~2014 年，民办幼儿园在校生数占全国幼儿园在校生数的比例也呈现明显的上升趋势，2012年所占比例突破50%，2014年达到52.47%（见图1-23）。

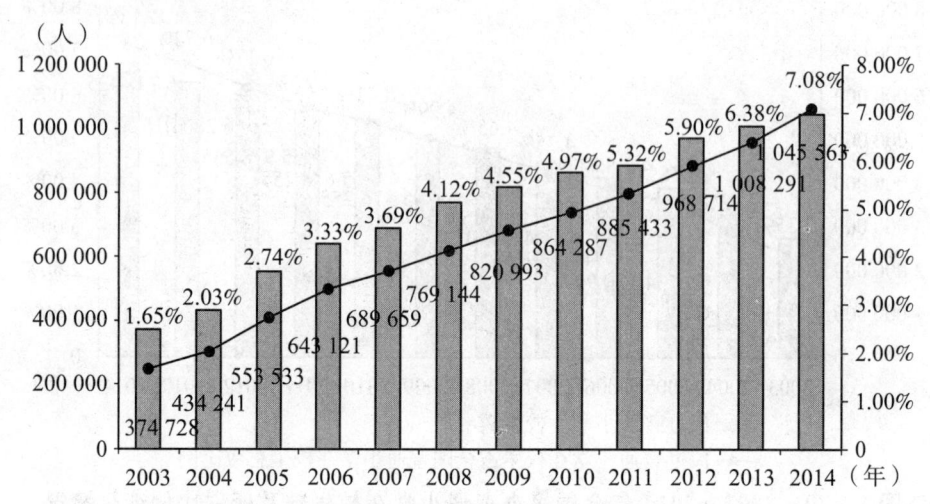

图1-22 2003~2014年全国民办普通小学毕业生数及所占比例变化情况

资料来源：根据2003~2014年《中国教育统计年鉴》、教育部数据整理而成。

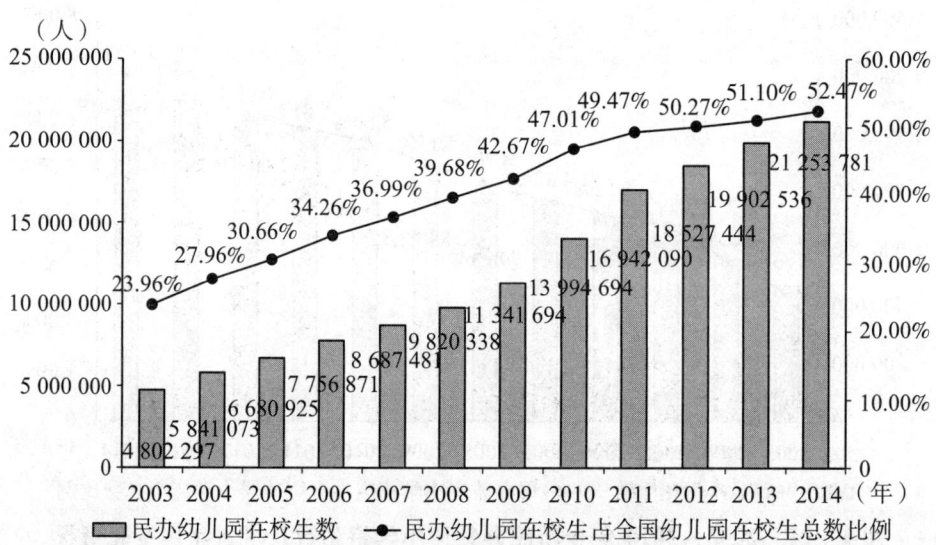

图1-23 2003~2014年全国民办幼儿园在园数及所占比例变化情况

资料来源：根据2003~2014年《中国教育统计年鉴》、教育部数据整理而成。

（2）全国民办幼儿园招生数及所占比例增速前快后缓。

自2003~2014年，民办幼儿园招生数呈现明显的递增趋势，2014年达到9 536 605人，将近2003年招生数的4倍。民办幼儿园招生数占全国幼儿园招生数比例也呈现明显的上升趋势，2014年达到47.98%，是2003年所占比例的2倍之多（见图1-24）。

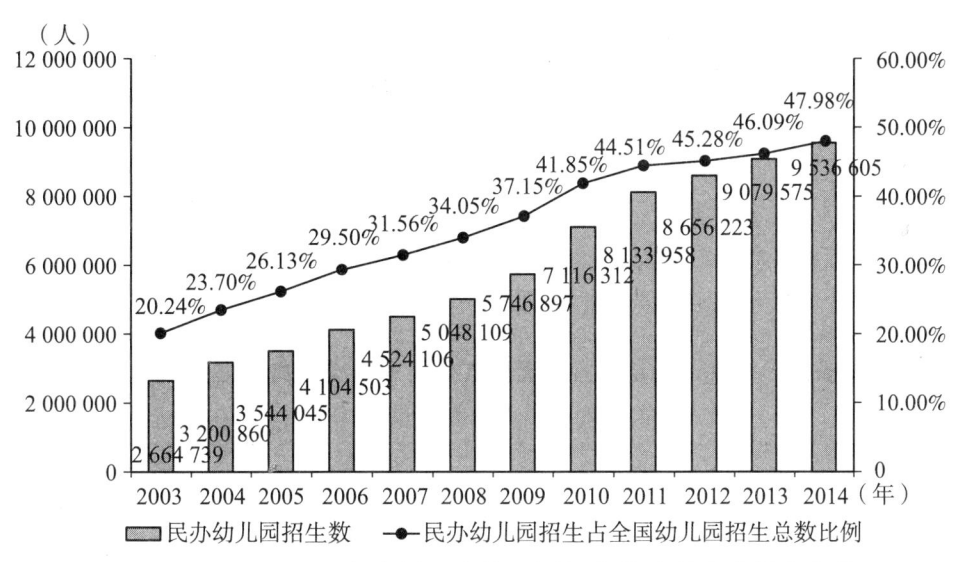

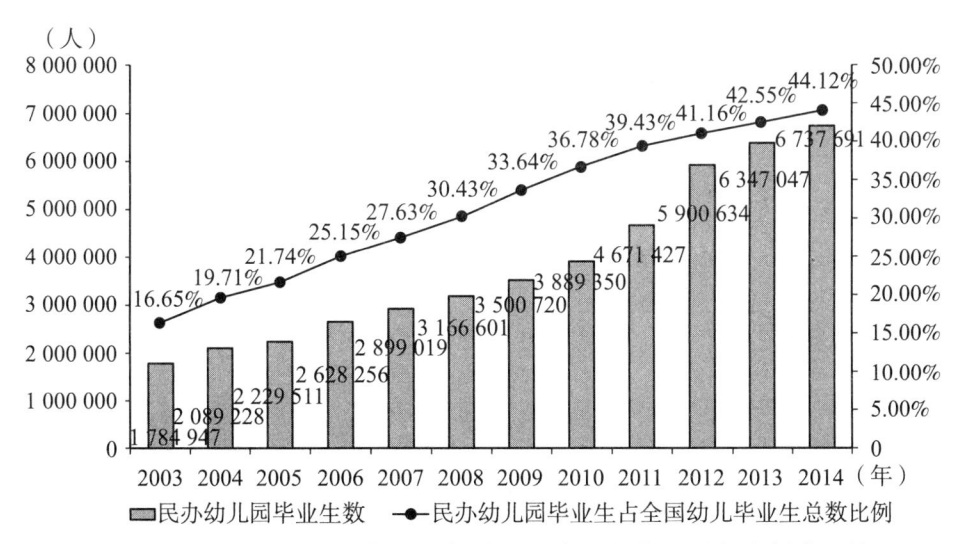

图 1-24 2003~2014 年全国民办幼儿园招生数及所占比例变化情况

资料来源：根据 2003~2014 年《中国教育统计年鉴》、教育部数据整理而成。

（3）全国民办幼儿园毕业生数持续增加，所占比例稳速上升。

自 2003~2014 年，民办幼儿园毕业生数呈现明显的递增趋势，从 1 784 947 人增长至 6 737 691 人。2003~2014 年，民办幼儿园毕业生数占全国幼儿园毕业生数比例呈现明显的上升趋势，从 16.65% 增长至 44.12%（见图 1-25）。

图 1-25 2003~2014 年全国民办幼儿园毕业生数及所占比例变化情况

资料来源：根据 2003~2014 年《中国教育统计年鉴》、教育部数据整理而成。

7. 各省（自治区、直辖市）民办学校分学段学生分布（2014年）

（1）各省（自治区、直辖市）民办高校机构数、学生数表。

2014年，按全国各省（自治区、直辖市）民办高校机构数高低排列，排在前五位的分别是江苏省、广东省、湖北省、山东省和河南省。具体各省（自治区、直辖市）民办高校数、民办高校学生数、各省（自治区、直辖市）民办高校数占全国民办高校总数的比例和各省（自治区、直辖市）民办高校学生数占全国民办高校学生总数比例详见表1－1。

表1－1　各省（自治区、直辖市）民办高校机构数、学生数及所占民办高校的比例

省（自治区、直辖市）	民办高校数（所）	民办高校学生数（人）	该省（自治区、直辖市）民办高校占民办高校总数比例（％）	该省（自治区、直辖市）民办高校学生占民办高校学生总数比例（％）
江苏	52	395 161	7.15	6.88
广东	52	580 385	7.15	10.10
湖北	43	406 983	5.91	7.08
山东	39	338 758	5.36	5.90
河南	37	329 891	5.09	5.74
浙江	36	291 413	4.95	5.07
福建	36	211 130	4.95	3.67
河北	35	341 663	4.81	5.95
辽宁	34	195 634	4.68	3.41
四川	33	335 088	4.54	5.83
安徽	31	180 280	4.26	3.14
湖南	31	221 525	4.26	3.86
江西	30	240 428	4.13	4.18
陕西	30	303 534	4.13	5.28
重庆	23	179 486	3.16	3.12
广西	21	141 323	2.89	2.46
上海	20	92 228	2.75	1.61
云南	20	149 883	2.75	2.61
黑龙江	18	106 539	2.48	1.85

续表

省（自治区、直辖市）	民办高校数（所）	民办高校学生数（人）	该省（自治区、直辖市）民办高校占民办高校总数比例（%）	该省（自治区、直辖市）民办高校学生占民办高校学生总数比例（%）
吉林	16	138 040	2.20	2.40
北京	15	68 317	2.06	1.19
山西	15	122 195	2.06	2.13
天津	11	77 172	1.51	1.34
贵州	11	82 312	1.51	1.43
内蒙古	10	22 087	1.38	0.38
新疆	9	29 843	1.24	0.52
海南	7	67 955	0.96	1.18
甘肃	7	60 280	0.96	1.05
宁夏	4	32 214	0.55	0.56
青海	1	3 739	0.14	0.07

资料来源：根据教育部提供的数据资料整理而成。

（2）各省（自治区、直辖市）独立学院机构数。

2014年，按全国各省（自治区、直辖市）民办独立学院数高低排列，排在前五位的依次是江苏省、湖北省、浙江省、河北省和广东省，独立学院数量分别为25、24、22、17、16。具体各省（自治区、直辖市）独立学院数、各省（自治区、直辖市）独立学院数占全国独立学院总数的比例详见表1-2。

表1-2　各省（自治区、直辖市）民办独立学院机构数、学生数及所占民办独立学院总数的比例

省（自治区、直辖市）	独立学院数（所）	该省（自治区、直辖市）独立学院占独立学院总数比例（%）	省（自治区、直辖市）	独立学院数（所）	该省（自治区、直辖市）独立学院占独立学院总数比例（%）
江苏	25	8.83	山西	8	2.83
湖北	24	8.48	河南	8	2.83
浙江	22	7.77	贵州	8	2.83
河北	17	6.01	云南	7	2.47

续表

省（自治区、直辖市）	独立学院数（所）	该省（自治区、直辖市）独立学院占独立学院总数比例（%）	省（自治区、直辖市）	独立学院数（所）	该省（自治区、直辖市）独立学院占独立学院总数比例（%）
广东	16	5.65	吉林	6	2.12
湖南	15	5.30	重庆	6	2.12
江西	13	4.59	北京	5	1.77
辽宁	12	4.24	甘肃	5	1.77
陕西	12	4.24	新疆	5	1.77
安徽	11	3.89	内蒙古	2	0.71
山东	11	3.89	黑龙江	2	0.71
天津	10	3.53	上海	2	0.71
四川	10	3.53	宁夏	2	0.71
福建	9	3.18	青海	1	0.35
广西	9	3.18			

资料来源：根据教育部提供的数据资料整理而成。

（3）各省（自治区、直辖市）民办普通高中机构数、学生数表。

2014年，按全国各省（自治区、直辖市）民办普通高中学校数高低排列，排在前五位的分别是河南省、安徽省、浙江省、广东省和山西省。具体各省（自治区、直辖市）民办普通高中学校数、民办普通高中学生数、各省（自治区、直辖市）民办普通高中数全国占民办普通高中总数的比例和各省（自治区、直辖市）民办普通高中学生数占民办普通高中学生总数比例详见表1-3。

表1-3　各省（自治区、直辖市）民办普通高中学校数、学生数及所占民办普通高中总数的比例

省（自治区、直辖市）	民办普通高中数（所）	民办普通高中学生数（人）	该省（自治区、直辖市）民办普通高中占民办普通高中总数比例（%）	该省（自治区、直辖市）民办普通高中学生占民办普通高中学生总数比例（%）
河南	208	259 589	8.52	10.88
安徽	181	194 103	7.41	8.13
浙江	162	168 445	6.63	7.06

续表

省（自治区、直辖市）	民办普通高中数（所）	民办普通高中学生数（人）	该省（自治区、直辖市）民办普通高中占民办普通高中总数比例（％）	该省（自治区、直辖市）民办普通高中学生占民办普通高中学生总数比例（％）
广东	151	145 429	6.18	6.09
山西	150	161 941	6.14	6.79
湖北	119	96 215	4.87	4.03
江西	118	125 039	4.83	5.24
山东	101	136 022	4.14	5.70
江苏	100	149 716	4.10	6.27
湖南	98	93 161	4.01	3.90
河北	94	103 305	3.85	4.33
贵州	94	75 836	3.85	3.18
辽宁	93	78 427	3.81	3.29
陕西	92	83 178	3.77	3.49
四川	88	95 366	3.60	4.00
广西	84	78 277	3.44	3.28
福建	77	67 456	3.15	2.83
北京	63	16 809	2.58	0.70
云南	60	48 128	2.46	2.02
上海	51	13 589	2.09	0.57
甘肃	49	34 874	2.01	1.46
黑龙江	34	25 153	1.39	1.05
内蒙古	33	13 646	1.35	0.57
天津	31	13 408	1.27	0.56
新疆	27	16 021	1.11	0.67
海南	24	18 121	0.98	0.76
吉林	23	30 050	0.94	1.26
重庆	19	34 170	0.78	1.43
青海	10	3 972	0.41	0.17
宁夏	8	6 341	0.33	0.27
西藏	0	755	—	0.03

资料来源：根据教育部提供的数据资料整理而成。

(4) 各省（自治区、直辖市）民办中等职业学校机构数、学生数表（2011年）。

2011年，按全国各省（自治区、直辖市）民办中等职业学校数高低排列，排在前五位的分别是湖南省、河南省、四川省、河北省和江西省。具体各省（自治区、直辖市）民办中等职业学校数、民办中等职业学生数、各省（自治区、直辖市）民办中等职业学校数占全国民办中等职业学校总数的比例和各省（自治区、直辖市）民办中等职业学生占全国民办中等职业学生总数比例详见表1-4。

表1-4　各省（自治区、直辖市）民办中等职业学校数、学生数及所占民办中等职业总数的比例

省（自治区、直辖市）	民办中职学校数（所）	民办中职学校学生数（人）	该省（自治区、直辖市）民办中职学校占民办中职学校总数比例（%）	该省（自治区、直辖市）民办中职学校学生占民办中职学生数比例（%）
湖南	269	161 871	9.42	6.01
河南	254	285 873	8.89	10.62
四川	247	395 147	8.65	14.68
河北	234	149 184	8.19	5.54
江西	177	145 593	6.20	5.41
山东	155	161 692	5.4	6.01
安徽	147	164 437	5.15	6.11
陕西	145	143 825	5.08	5.34
广东	134	236 270	4.69	8.78
浙江	109	97 928	3.82	3.64
广西	108	115 717	3.78	4.30
山西	107	65 576	3.75	2.44
辽宁	100	33 838	3.50	1.26
湖北	91	78 193	3.19	2.90
内蒙古	82	33 795	2.87	1.26
吉林	82	34 057	2.87	1.26
黑龙江	72	38 818	2.52	1.44
贵州	62	41 267	2.17	1.53
云南	56	92 234	1.96	3.43
福建	52	49 339	1.82	1.83

续表

省（自治区、直辖市）	民办中职学校数（所）	民办中职学校学生数（人）	该省（自治区、直辖市）民办中职学校占民办中职学校总数比例（%）	该省（自治区、直辖市）民办中职学校学生占民办中职学生数比例（%）
甘肃	33	25 371	1.16	0.94
海南	32	25 364	1.12	0.94
重庆	32	43 516	1.12	1.62
江苏	28	45 870	0.98	1.70
北京	20	6 639	0.70	0.25
天津	7	4 824	0.25	0.18
新疆	7	8 735	0.25	0.32
上海	6	2 955	0.21	0.11
青海	6	1 460	0.21	0.05
宁夏	2	3 124	0.07	0.12

资料来源：根据教育部提供的数据资料整理而成。

（5）各省（自治区、直辖市）民办普通初中机构数、学生数表。

2014年，按全国各省（自治区、直辖市）民办普通初中学校数高低排列，排在前五位的分别是广东省、河南省、贵州省、安徽省和山东省。具体各省（自治区、直辖市）民办普通初中学校数、民办普通初中学生数、各省（自治区、直辖市）民办普通初中数占全国民办普通初中总数的比例和各省（自治区、直辖市）民办普通初中学生数占全国民办普通初中学生总数比例详见表1-5。

表1-5　各省（自治区、直辖市）民办普通初中学校数、学生数及所占民办普通初中总数的比例

省（自治区、直辖市）	民办普通初中数（所）	民办普通初中学生数（人）	该省（自治区、直辖市）民办普通初中占民办普通初中总数比例（%）	该省（自治区、直辖市）民办普通初中学生占民办普通初中学生总数比例（%）
广东	870	698 193	18.42	14.34
河南	693	657 040	14.68	13.49
贵州	317	141 251	6.71	2.90

续表

省（自治区、直辖市）	民办普通初中数（所）	民办普通初中学生数（人）	该省（自治区、直辖市）民办普通初中占民办普通初中总数比例（%）	该省（自治区、直辖市）民办普通初中学生占民办普通初中学生总数比例（%）
安徽	314	421 141	6.65	8.65
山东	268	304 317	5.68	6.25
浙江	228	217 148	4.83	4.46
河北	212	275 757	4.49	5.66
山西	204	242 730	4.32	4.98
湖南	190	260 079	4.02	5.34
四川	184	221 721	3.90	4.55
江苏	167	273 068	3.54	5.61
江西	161	141 516	3.41	2.91
广西	153	93 253	3.24	1.91
湖北	114	115 814	2.41	2.38
陕西	97	134 437	2.05	2.76
海南	83	29 791	1.76	0.61
云南	82	62 869	1.74	1.29
重庆	64	84 572	1.36	1.74
福建	63	144 500	1.33	2.97
上海	56	60 776	1.19	1.25
内蒙古	39	30 981	0.83	0.64
黑龙江	38	38 579	0.80	0.79
吉林	37	72 180	0.78	1.48
辽宁	36	59 688	0.76	1.23
北京	21	26 086	0.44	0.54
甘肃	19	15 242	0.40	0.31
新疆	15	10 298	0.32	0.21
天津	11	22 794	0.23	0.47
宁夏	5	12 989	0.11	0.27
西藏	2	309	0.04	0.01
青海	1	899	0.02	0.02

资料来源：根据教育部提供的数据资料整理而成。

（6）各省（自治区、直辖市）民办普通小学机构数、学生数表。

2014年，按全国各省（自治区、直辖市）民办普通小学学校数高低排列，排在前五位的分别是河南省、广东省、河北省、贵州省和安徽省。具体各省（自治区、直辖市）民办普通小学学校数、民办普通小学学生数、各省（自治区、直辖市）民办普通小学数占全国民办普通小学总数的比例和各省（自治区、直辖市）民办普通小学学生占全国民办普通小学学生总数比例详见表1-6。

表1-6　各省（自治区、直辖市）民办普通小学学校数、学生数及所占民办普通小学总数的比例

省（自治区、直辖市）	民办普通小学数（所）	民办普通小学学生数（人）	该省（自治区、直辖市）民办普通小学占民办普通小学总数比例（%）	该省（自治区、直辖市）民办普通小学学生占民办普通小学学生总数比例（%）
河南	1 550	1 112 665	27.28	16.50
广东	705	1 845 272	12.41	27.37
河北	430	393 725	7.57	5.84
贵州	261	158 272	4.59	2.35
安徽	251	256 010	4.42	3.80
四川	245	238 612	4.31	3.54
山东	240	304 704	4.22	4.52
浙江	225	473 558	3.96	7.02
陕西	213	140 923	3.75	2.09
江苏	177	301 771	3.12	4.48
上海	174	156 010	3.06	2.31
广西	172	153 285	3.03	2.27
山西	170	174 375	2.99	2.59
湖南	145	209 837	2.55	3.11
云南	114	78 713	2.01	1.17
重庆	104	53 277	1.83	0.79
福建	94	127 133	1.65	1.89
海南	87	80 672	1.53	1.20
湖北	67	102 284	1.18	1.52
北京	65	71 512	1.14	1.06
江西	53	127 487	0.93	1.89

续表

省（自治区、直辖市）	民办普通小学数（所）	民办普通小学学生数（人）	该省（自治区、直辖市）民办普通小学占民办普通小学总数比例（%）	该省（自治区、直辖市）民办普通小学学生占民办普通小学学生总数比例（%）
内蒙古	32	28 596	0.56	0.42
辽宁	28	40 134	0.49	0.60
吉林	21	53 910	0.37	0.80
新疆	16	16 558	0.28	0.25
天津	14	15 144	0.25	0.22
黑龙江	9	12 724	0.16	0.19
甘肃	8	7 708	0.14	0.11
宁夏	6	4 300	0.11	0.06
青海	3	1 083	0.05	0.02
西藏	2	1 171	0.04	0.02

资料来源：根据教育部提供的数据资料整理而成。

（7）各省（自治区、直辖市）民办幼儿园机构数、学生数表。

2014年，按全国各省（自治区、直辖市）民办幼儿园学校数高低排列，排在前五位的分别是河南省、湖南省、广东省、江西省和四川省。具体各省（自治区、直辖市）民办幼儿园学校数、民办幼儿园学生数、各省（自治区、直辖市）民办幼儿园数占全国民办幼儿园总数的比例和各省（自治区、直辖市）民办幼儿园学生占全国民办幼儿园学生总数比例详见表1-7。

表1-7　各省（自治区、直辖市）民办幼儿园学校数、学生数及所占民办幼儿园总数的比例

省份	民办幼儿园数（所）	民办幼儿园学生数（人）	该省民办幼儿园数占全国民办幼儿园总数比例（%）	该省民办幼儿园学生数占全国民办幼儿园学生总数比例（%）
河南	12 585.00	2 282 547.00	9.04	10.74
湖南	11 044.00	1 434 527.00	7.93	6.75
广东	10 998.00	2 401 059.00	7.90	11.30

续表

省份	民办幼儿园数（所）	民办幼儿园学生数（人）	该省民办幼儿园数占全国民办幼儿园总数比例（%）	该省民办幼儿园学生数占全国民办幼儿园学生总数比例（%）
江西	10 067.00	1 164 891.00	7.23	5.48
四川	9 991.00	1 312 707.00	7.17	6.18
广西	8 469.00	1 121 366.00	6.08	5.28
山东	7 185.00	986 862.00	5.16	4.64
辽宁	6 699.00	520 767.00	4.81	2.45
浙江	6 660.00	1 156 050.00	4.78	5.44
福建	5 357.00	791 747.00	3.85	3.73
陕西	4 792.00	812 990.00	3.44	3.83
湖北	4 703.00	861 635.00	3.38	4.05
河北	4 597.00	740 373.00	3.30	3.48
黑龙江	4 363.00	300 106.00	3.13	1.41
安徽	4 198.00	970 364.00	3.01	4.57
云南	4 093.00	632 626.00	2.94	2.98
重庆	3 864.00	538 763.00	2.77	2.53
吉林	3 234.00	258 734.00	2.32	1.22
贵州	2 836.00	504 417.00	2.04	2.37
山西	2 531.00	376 738.00	1.82	1.77
内蒙古	2 242.00	266 932.00	1.61	1.26
江苏	1 794.00	642 054.00	1.29	3.02
甘肃	1 586.00	246 122.00	1.14	1.16
海南	1 563.00	243 930.00	1.12	1.15
天津	962.00	80 375.00	0.69	0.38
新疆	771.00	132 102.00	0.55	0.62
北京	532.00	126 947.00	0.38	0.60
上海	532.00	150 035.00	0.38	0.71
青海	515.00	82 625.00	0.37	0.39
宁夏	471.00	97 393.00	0.34	0.46
西藏	48.00	15 997.00	0.03	0.08

资料来源：根据教育部提供的数据资料整理而成。

8. 各省（自治区、直辖市）民办学校各学段校均规模（2014年）

（1）各省（自治区、直辖市）民办高校校均规模。

2014年，按各省（自治区、直辖市）民办高校校均规模大小排列，排在前五位的分别是广东省、四川省、陕西省、河北省和海南省。具体各省（自治区、直辖市）民办高校校均规模见表1-8。

表1-8　各省（自治区、直辖市）民办高校校均规模

省（自治区、直辖市）	民办高校校均规模（人/校）	省（自治区、直辖市）	民办高校校均规模（人/所）
广东	11 161.25	江苏	7 599.25
四川	10 154.18	云南	7 494.15
陕西	10 117.8	贵州	7 482.91
河北	9 761.8	湖南	7 145.97
海南	9 707.86	天津	7 015.64
湖北	9 464.72	广西	6 729.67
河南	8 915.97	黑龙江	5 918.83
山东	8 686.1	福建	5 864.72
吉林	8 627.5	安徽	5 815.48
甘肃	8 611.43	辽宁	5 753.94
山西	8 146.33	上海	4 611.4
浙江	8 094.81	北京	4 554.47
宁夏	8 053.5	青海	3 739
江西	8 014.27	新疆	3 315.89
重庆	7 803.74	内蒙古	2 208.7

资料来源：根据教育部提供的数据资料整理而成。

（2）各省（自治区、直辖市）民办普通高中校均规模。

2014年，按各省（自治区、直辖市）民办普通高中校均规模大小排列，排在前五位的分别是重庆市、江苏省、山东省、吉林省和河南省。具体各省（自治区、直辖市）民办普通高中校均规模详见表1-9。

表1-9　　各省（自治区、直辖市）民办普通高中校均规模

省（自治区、直辖市）	民办普通高中在校生（人）	民办普通高中学校数（所）	民办普通高中校均规模（人/所）
重庆	34 170	19	1 798.42
江苏	149 716	100	1 497.16
山东	136 022	101	1 346.75
吉林	30 050	23	1 306.52
河南	259 589	208	1 248.02
河北	103 305	94	1 098.99
四川	95 366	88	1 083.7
山西	161 941	150	1 079.61
安徽	194 103	181	1 072.39
江西	125 039	118	1 059.65
浙江	168 445	162	1 039.78
广东	145 429	151	963.11
湖南	93 161	98	950.62
广西	78 277	84	931.87
陕西	83 178	92	904.11
福建	67 456	77	876.05
辽宁	78 427	93	843.3
湖北	96 215	119	808.53
贵州	75 836	94	806.77
云南	48 128	60	802.13
宁夏	6 341	8	792.63
海南	18 121	24	755.04
黑龙江	25 153	34	739.79
甘肃	34 874	49	711.71
新疆	16 021	27	593.37
天津	13 408	31	432.52
内蒙古	13 646	33	413.52
青海	3 972	10	397.2
北京	16 809	63	266.81
上海	13 589	51	266.45
西藏	755	0	—

资料来源：根据教育部提供的数据资料整理而成。

(3) 各省（自治区、直辖市）民办中等职业学校校均规模（2011年）。

2011年，按各省（自治区、直辖市）民办中等职业校均规模大小排列，排在前五位的分别是广东省、云南省、江苏省、四川省、宁夏回族自治区。具体各省（自治区、直辖市）民办中等职业校均规模详见表1-10。

表1-10　各省（自治区、直辖市）民办中等职业校均规模

省份	民办中等职业在校生（人）	民办中等职业学校数（所）	民办中等职业校均规模（人/所）
广东	236 270.00	134.00	1 763.21
云南	92 234.00	56.00	1 647.04
江苏	45 870.00	28.00	1 638.21
四川	395 147.00	247.00	1 599.79
宁夏	3 124.00	2.00	1 562.00
重庆	43 516.00	32.00	1 359.88
新疆	8 735.00	7.00	1 247.86
河南	285 873.00	254.00	1 125.48
安徽	164 437.00	147.00	1 118.62
广西	115 717.00	108.00	1 071.45
山东	161 692.00	155.00	1 043.17
陕西	143 825.00	145.00	991.90
福建	49 339.00	52.00	948.83
浙江	97 928.00	109.00	898.42
湖北	78 193.00	91.00	859.26
江西	145 593.00	177.00	822.56
海南	25 364.00	32.00	792.63
甘肃	25 371.00	33.00	768.82
天津	4 824.00	7.00	689.14
贵州	41 267.00	62.00	665.60
河北	149 184.00	234.00	637.54
山西	65 576.00	107.00	612.86
湖南	161 871.00	269.00	601.75
黑龙江	38 818.00	72.00	539.14
上海	2 955.00	6.00	492.50

续表

省（自治区、直辖市）	民办中等职业在校生（人）	民办中等职业学校数（所）	民办中等职业校均规模（人/所）
吉林	34 057.00	82.00	415.33
内蒙古	33 795.00	82.00	412.13
辽宁	33 838.00	100.00	338.38
北京	6 639.00	20.00	331.95
青海	1 460.00	6.00	243.33

资料来源：根据教育部提供的数据资料整理而成。

（4）各省（自治区、直辖市）民办普通初中校均规模。

2014年，按各省（自治区、直辖市）民办普通初中校均规模大小排列，排在前五位的分别是宁夏回族自治区、福建省、天津市、吉林省和辽宁省。具体各省（自治区、直辖市）民办普通初中校均规模详见表1-11。

表1-11 　各省（自治区、直辖市）民办普通初中校均规模

省（自治区、直辖市）	民办普通初中在校生（人）	民办普通初中学校数（所）	民办普通初中校均规模（人/校）
宁夏	4 416	5	2 597.8
福建	47 681	63	2 293.65
天津	7 292	11	2 072.18
吉林	24 390	37	1 950.81
辽宁	21 110	36	1 658
江苏	90 663	167	1 635.14
陕西	44 428	97	1 385.95
湖南	90 862	190	1 368.84
安徽	140 792	314	1 341.21
重庆	30 043	64	1 321.44
河北	101 890	212	1 300.74
北京	8 929	21	1 242.19
四川	76 290	184	1 205.01
山西	76 656	204	1 189.85
山东	101 585	268	1 135.51

续表

省（自治区、直辖市）	民办普通初中在校生（人）	民办普通初中学校数（所）	民办普通初中校均规模（人/校）
上海	15 088	56	1 085.29
湖北	39 798	114	1 015.91
黑龙江	11 188	38	1 015.24
浙江	79 465	228	952.4
河南	230 976	693	948.11
青海	204	1	899
江西	49 884	161	878.98
广东	253 908	870	802.52
甘肃	4 872	19	802.21
内蒙古	11 211	39	794.38
云南	23 042	82	766.7
新疆	3 100	15	686.53
广西	32 916	153	609.5
贵州	44 633	317	445.59
海南	9 973	83	358.93
西藏	92	2	154.5

资料来源：根据教育部提供的数据资料整理而成。

（5）各省（自治区、直辖市）民办普通小学校均规模。

2014年，按各省（自治区、直辖市）民办普通小学校均规模大小排列，排在前五位的分别是广东省、吉林省、江西省、浙江省、江苏省。具体各省（自治区、直辖市）民办普通小学校均规模详见表1-12。

表1-12　　各省（自治区、直辖市）民办普通小学校均规模

省（自治区、直辖市）	民办小学在校生（人）	民办小学学校数（所）	民办小学校均规模（人/所）
广东	1 845 272	705	2 617.41
吉林	53 910	21	2 567.14
江西	127 487	53	2 405.42
浙江	473 558	225	2 104.7
江苏	301 771	177	1 704.92

续表

省（自治区、直辖市）	民办小学在校生（人）	民办小学学校数（所）	民办小学校均规模（人/所）
湖北	102 284	67	1 526.63
湖南	209 837	145	1 447.15
辽宁	40 134	28	1 433.36
黑龙江	12 724	9	1 413.78
福建	127 133	94	1 352.48
山东	304 704	240	1 269.6
北京	71 512	65	1 100.18
天津	15 144	14	1 081.71
新疆	16 558	16	1 034.88
山西	174 375	170	1 025.74
安徽	256 010	251	1 019.96
四川	238 612	245	973.93
甘肃	7 708	8	963.5
海南	80 672	87	927.26
河北	393 725	430	915.64
上海	156 010	174	896.61
内蒙古	28 596	32	893.63
广西	153 285	172	891.19
河南	1 112 665	1 550	717.85
宁夏	4 300	6	716.67
云南	78 713	114	690.46
陕西	140 923	213	661.61
贵州	158 272	261	606.41
西藏	1 171	2	585.5
重庆	53 277	104	512.28
青海	1 083	3	361

资料来源：根据教育部提供的数据资料整理而成。

（6）各省（自治区、直辖市）民办幼儿园校均规模。

2014年，按各省（自治区、直辖市）民办幼儿园校均规模大小排列，排在前5位的分别是江苏省、西藏自治区、上海市、北京市、安徽省。具体各省（自治区、直辖市）民办幼儿园校均规模详见表1-13。

表1-13　各省（自治区、直辖市）民办幼儿园校均规模

省（自治区、直辖市）	民办幼儿园在校生数（人）	民办幼儿园学校数（所）	民办幼儿园校均规模（人/所）
江苏	642 054	1 794	357.89
西藏	15 997	48	333.27
上海	150 035	532	282.02
北京	126 947	532	238.62
安徽	970 364	4 198	231.15
广东	2 401 059	10 998	218.32
宁夏	97 393	471	206.78
湖北	861 635	4 703	183.21
河南	2 282 547	12 585	181.37
贵州	504 417	2 836	177.86
浙江	1 156 050	6 660	173.58
新疆	132 102	771	171.34
陕西	812 990	4 792	169.66
河北	740 373	4 597	161.06
青海	82 625	515	160.44
海南	243 930	1 563	156.07
甘肃	246 122	1 586	155.18
云南	632 626	4 093	154.56
山西	376 738	2 531	148.85
福建	791 747	5 357	147.8
重庆	538 763	3 864	139.43
山东	986 862	7 185	137.35
广西	1 121 366	8 469	132.41
四川	1 312 707	9 991	131.39
湖南	1 434 527	11 044	129.89
内蒙古	266 932	2 242	119.06
江西	1 164 891	10 067	115.71

续表

省（自治区、直辖市）	民办幼儿园在校生数（人）	民办幼儿园学校数（所）	民办幼儿园校均规模（人/所）
天津	80 375	962	83.55
吉林	258 734	3 234	80
辽宁	520 767	6 699	77.74
黑龙江	300 106	4 363	68.78

资料来源：根据教育部提供的数据资料整理而成。

（三）民办学校师资及其历年变化情况（2003～2014年）

1. 全国各学段民办学校师资数总体递增

（1）全国民办高校教职工、专任教师数爆发增长。

自2003～2014年，全国民办高校专任教师数总体呈逐步增长趋势，其中2003～2004年，出现小幅度递减，2004～2007年增长趋势较为平缓，2007～2014年，增长趋势发生急剧的变化，2008年首次突破200 000人，达到202 562人，2014年达到293 954人。2003～2014年，民办普通高校专任教师占全国普通高校专任教师总数比例呈现波动性变化趋势，2003～2004年呈现小幅度下降，2004～2007年呈现平稳上升，2008年出现突破性上升，2008～2014年上升较为平缓，达到19.56%。教职工数变化趋势与专任教师数变化趋势相似（见图1-26）。

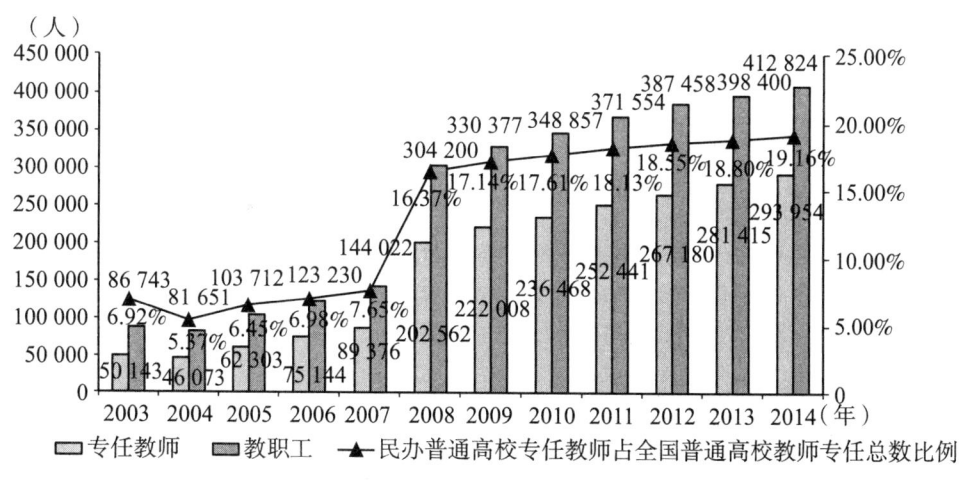

图1-26 2003～2014年全国民办高校教职工、专任教师数

资料来源：根据2003～2014年《教育统计年鉴》、教育部提供的数据资料整理而成。

(2) 全国独立学院教职工、专任教师数持续增长后趋减。

2004~2014年，全国民办独立学院专任教师数、专任教师数占全国普通高校专任教师总数比例以及教职工数均呈先增后减的趋势。2012年，三者均达到期间最高值，之后开始递减。2014年民办独立学院专任教师数、专任教师数占全国专任教师总数比例以及教职工数分别为136 300人、8.88%、183 300人（见图1-27）。

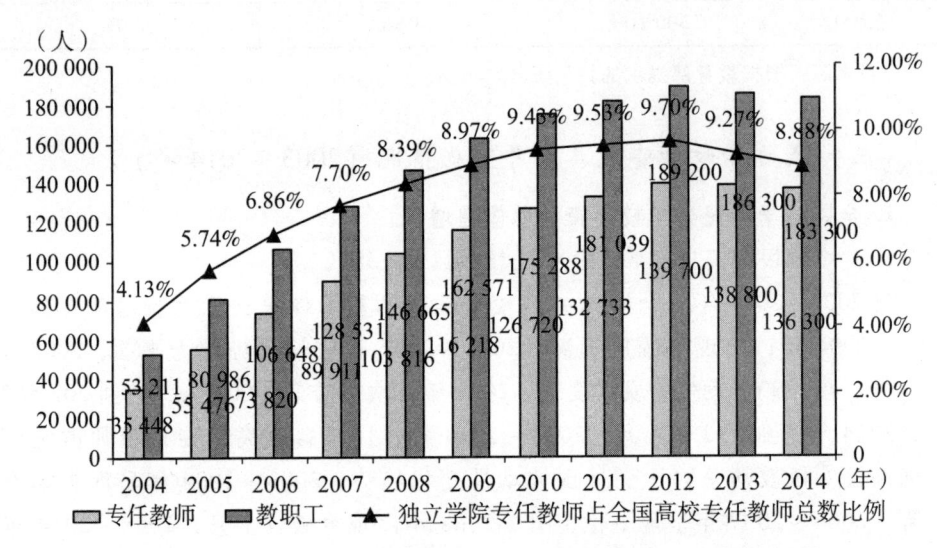

图1-27　2004~2014年全国独立学院教职工、专任教师数

资料来源：根据2003~2014年《教育统计年鉴》、教育部提供的数据资料整理而成。

(3) 全国民办普通高中教职工、专任教师数波动变化。

自2003~2014年，全国民办普通高中专任教师及占其全国专任教师总数比例、教职工数呈现波动式发展趋势。2003~2011年，专任教师数呈逐步增长趋势，从201 421人增长至452 249人，所占比例从18.81%上升至29.05%，教职工数也呈现明显的增长趋势，从291 604人增长至606 071人。2011~2012年，三项指数均急剧下降，民办普通高中专任教师数、专任教师数占全国专任教师总数比例、教职工数分别降至234 048人、14.67%、321 834人，之后逐渐回升，但速度较慢（见图1-28）。

(4) 全国民办中等职业教职工、专任教师数先增后减。

2003~2014年，民办中等职业学校专任教师数、专任教师数占全国中等职业专任教师总数比例以及教职工数呈先增后减的趋势。2003~2009年，民办中等职业专任教师数从36 585人增至107 355人，所占比例从5.13%升至12.36%，教职工总数从62 779人增至171 356人。2009年出现转折，民办中等职业学校专任教师数、专任教师数占全国中等职业专任教师总数比例以及教职工数均开始下降（见图1-29）。

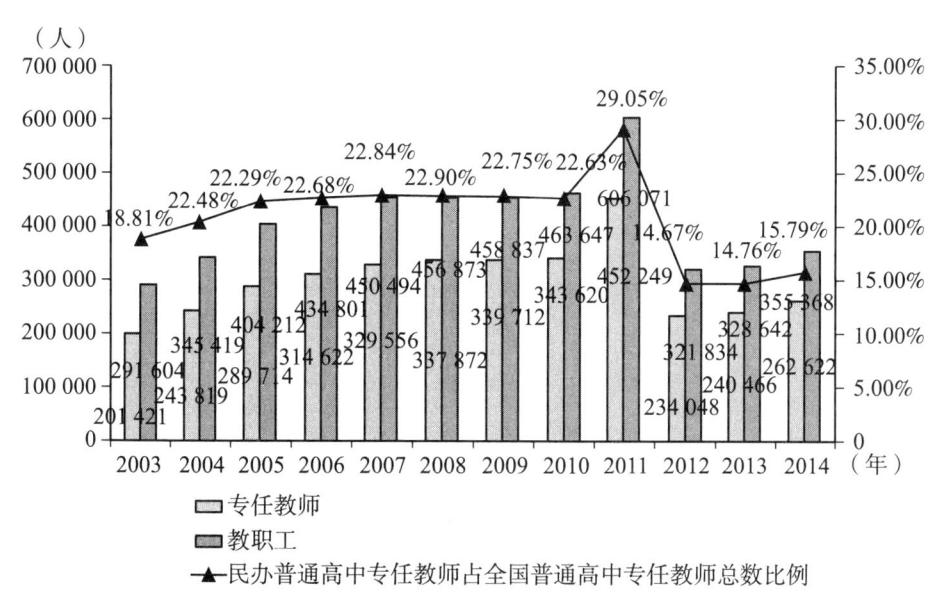

图1-28 2003~2014年全国民办普通高中教职工、专任教师数

资料来源：根据2003~2014年《教育统计年鉴》、教育部提供的数据资料整理而成。

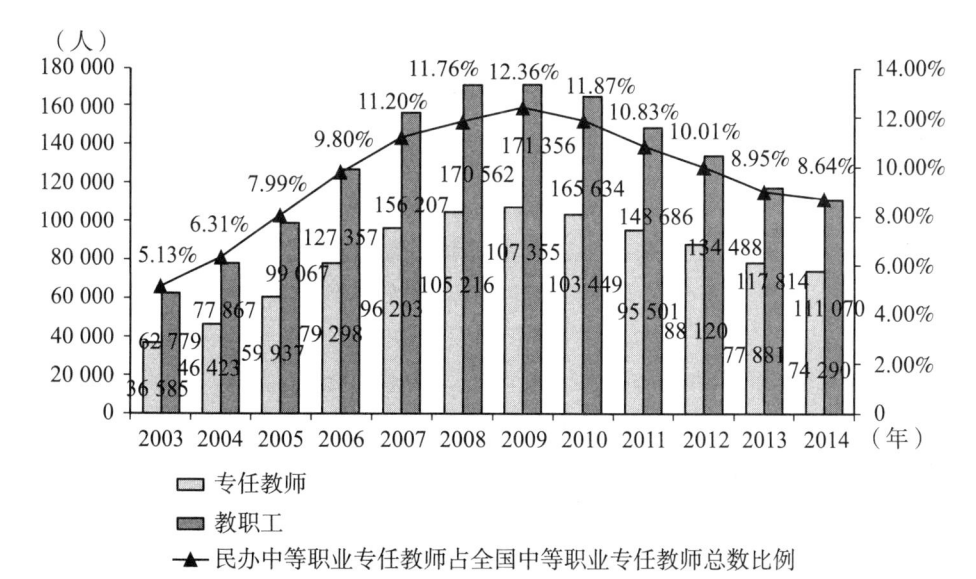

图1-29 2003~2014年全国民办中等职业教职工、专任教师数

资料来源：根据2003~2014年《教育统计年鉴》、教育部提供的数据资料整理而成。

（5）全国民办普通小学教职工、专任教师数波动发展。

2003~2014年，全国民办普通小学专任教师、专任教师数占全国比例以及教职工数呈现先增后减、再逐步增长的变化趋势。2003~2010年处于平稳的增长阶段，专任教师数达到229 480人，所占比例达到4.09%，教职工数达到313 927人，2010~2011年，出现急剧递减，之后开始逐步上升。2014年，民办普通小学专任教师168 023人，占全国普通小学专任教师总数的2.98%（见图1-30）。

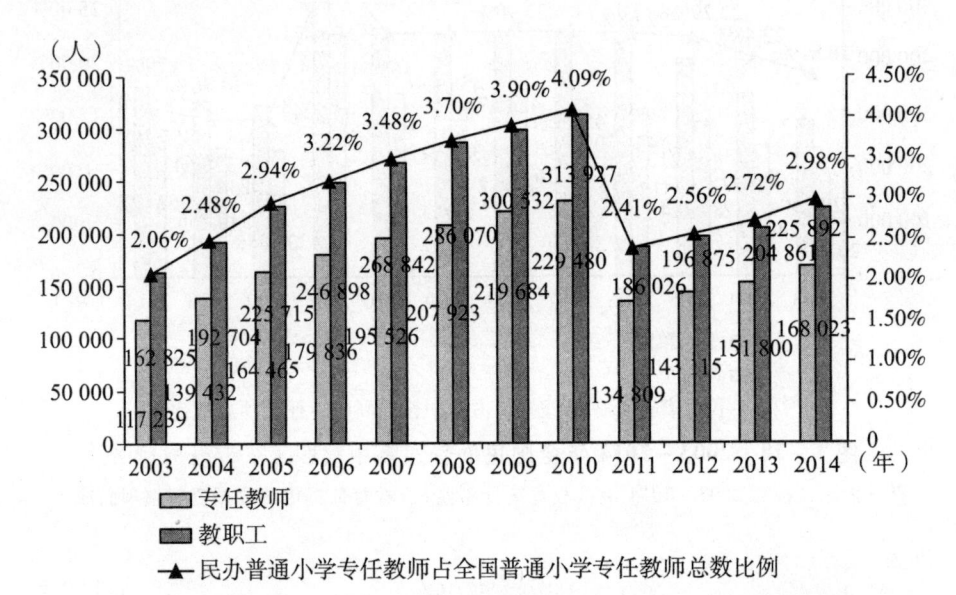

图1-30　2003~2014年全国民办普通小学教职工、专任教师数

资料来源：根据2003~2014年《教育统计年鉴》、教育部提供的数据资料整理而成。

（6）全国民办幼儿园教职工、专任教师数逐步增加。

2003~2014年，全国民办幼儿园专任教师数、教职工数呈现明显的递增趋势。专任教师数从228 971人递增至1 131 802人，教职工数从383 942人增至205 625人。2003~2012年，民办幼儿园专任教师数占全国幼儿园专任教师总数比例总体呈现平稳的递增趋势，从37.33%递增至61.76%，之后略有波动（见图1-31）。

2. 各省（自治区、直辖市）民办学校师资数差别悬殊（2014年）

（1）各省（自治区、直辖市）民办高校师资情况。

2014年，按各省（自治区、直辖市）民办高校生师比高低排列，排在前5位的省份分别是内蒙古自治区、江苏省、广东省、海南省、浙江省，具体各省（自治区、直辖市）民办高校教职工数、专任教师数和生师比详见图1-32。

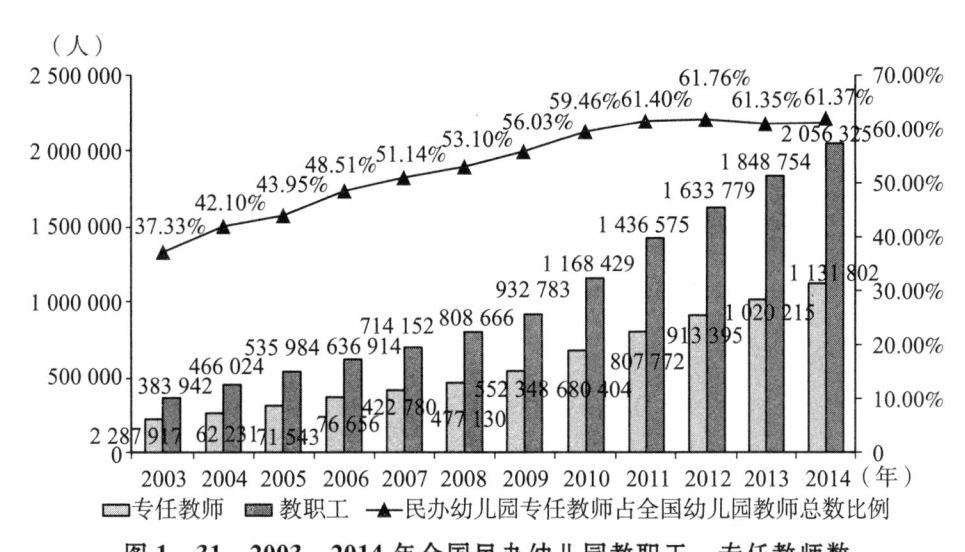

图 1-31　2003~2014 年全国民办幼儿园教职工、专任教师数

资料来源：根据 2003~2014 年《教育统计年鉴》、教育部提供的数据资料整理而成。

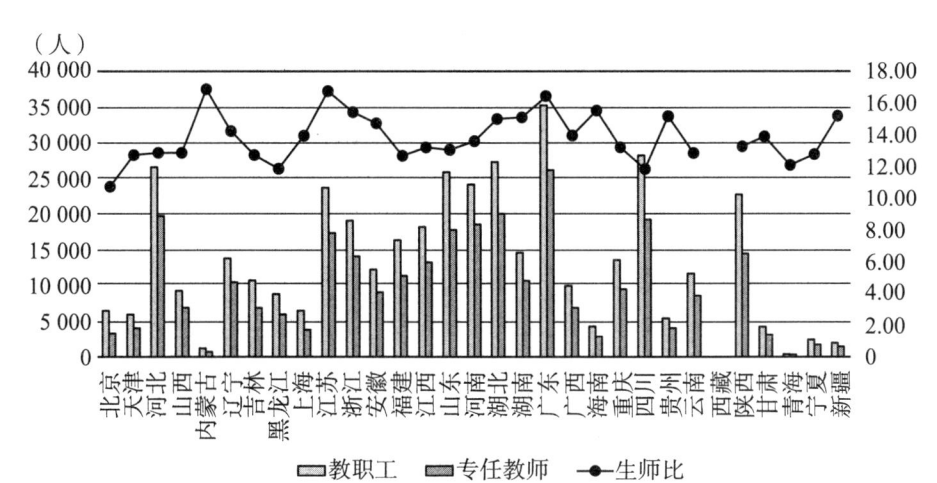

图 1-32　各省（自治区、直辖市）民办高校教职工数、专任教师数和生师比

资料来源：根据教育部提供的数据资料整理而成。

（2）各省（自治区、直辖市）民办普通高中师资情况。

2014 年，按各省（自治区、直辖市）民办普通高中生师比高低排列，排在前 5 位的省份是甘肃省、辽宁省、宁夏回族自治区、青海省、河南省，具体各省（自治区、直辖市）民办普通高中教职工数、专任教师数和生师比详见图 1-33。

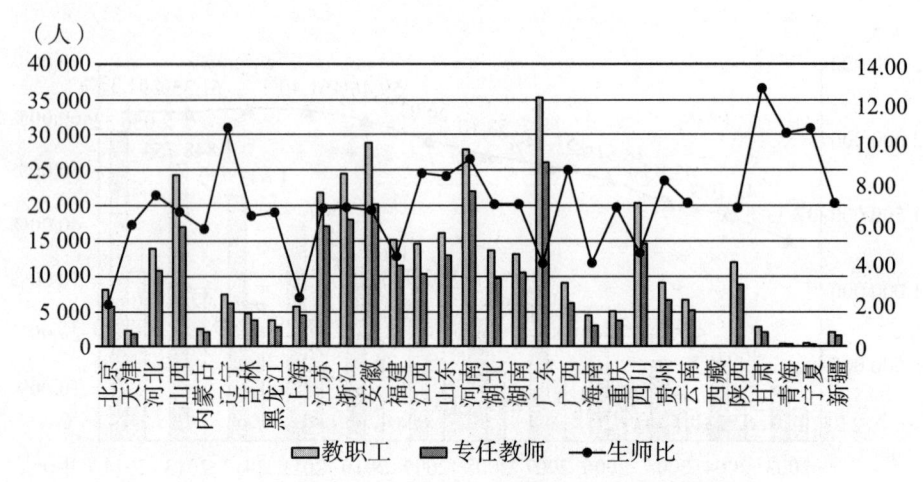

图 1-33 各省（自治区、直辖市）民办普通高中
教职工数、专任教师数和生师比

资料来源：根据教育部提供的数据资料整理而成。

（3）各省（自治区、直辖市）民办普通初中师资情况。

2014年，按民办普通初中学校师生比高低排列，排在前五位的省份是宁夏回族自治区、青海省、天津市、重庆市和辽宁省，具体各省（自治区、直辖市）民办普通小学教职工数、专任教师数和生师比详见图1-34。

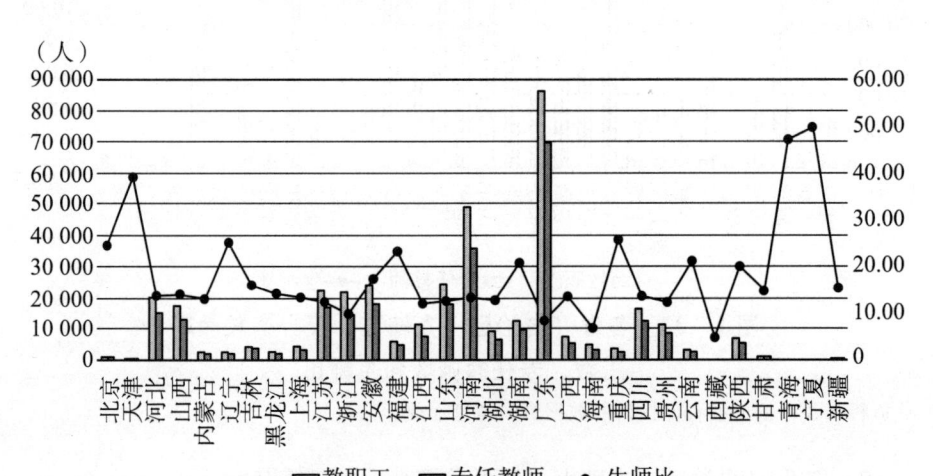

图 1-34 各省（自治区、直辖市）民办普通初中教职工数

资料来源：根据教育部提供的数据资料整理而成。

（4）各省（自治区、直辖市）民办普通小学师资情况。

2014年，按民办普通小学生师比高低排列，排在前五位的省份是江西省、广东省、甘肃省、新疆维吾尔自治区和天津市，具体各省（自治区、直辖市）民办普通小学教职工数、专任教师数和生师比详见图1-35。

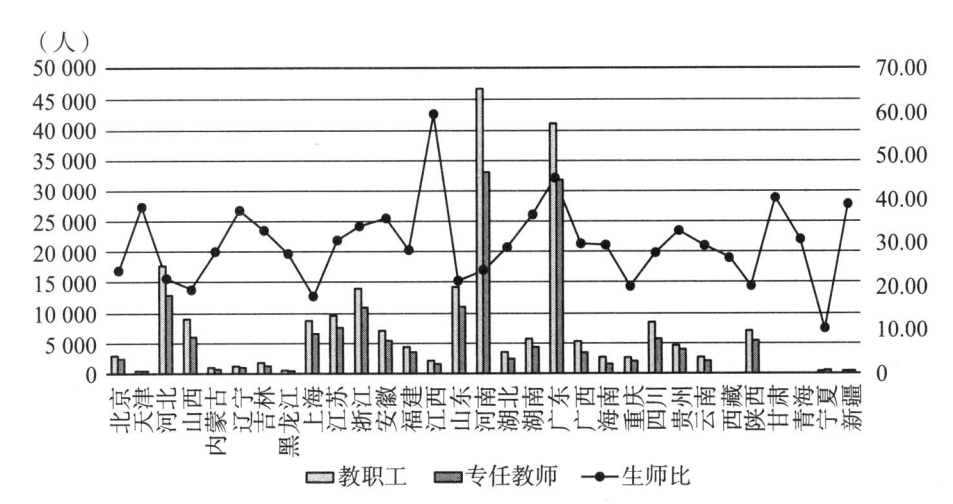

图1-35 各省（自治区、直辖市）民办普通小学教职工数、专任教师数和师生比

资料来源：根据教育部提供的数据资料整理而成。

（5）各省（自治区、直辖市）民办幼儿园师资情况。

2014年，按民办幼儿园生师比高低排列，排在前五位的省份是西藏自治区、安徽省、青海省、甘肃省和河南省，具体各省（自治区、直辖市）民办幼儿园教职工数、专任教师数和师生比详见图1-36。

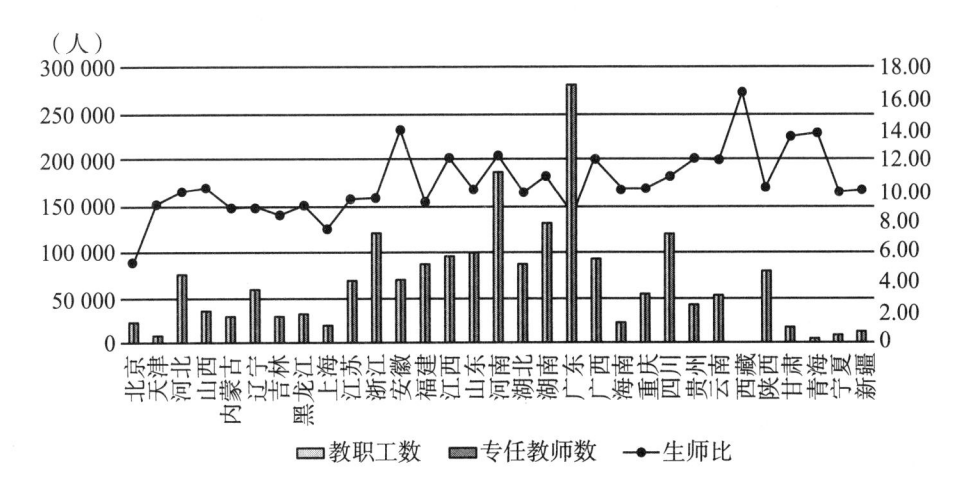

图1-36 各省（自治区、直辖市）民办幼儿园教职工数、专任教师数和师生比

资料来源：根据教育部提供的数据资料整理而成。

三、民办教育发展的阶段性特征

回顾我国民办教育历史沿革,剖析民办教育的生动实践,我国民办教育发展显现一些突出特征。①

(一) 举办者的营利取向渐趋淡化,教育情怀日益彰显

纵览改革开放以来我国民办教育的发展历程,不难发现民办教育制度的种种创新都难离投融资制度,都与市场机制息息相关,投资办学是我国民办教育的基本特征。② 从发展的眼光来看,这既是特定时期民办教育资金不足的现实之举,也是国家财政资助不到位的被动选择。在早期办学资本有限、经费来源单一的内外交困之下,取得教育收益成为许多举办者的办学着力点,享有资产所有权亦成为多数民办学校的强烈诉求。不可否认,追求教育营利在一定时期内保障了民办教育资金链的连续与稳定,为早期学校规模扩张提供了足够的物质基础,而借助投融资方式积攒的大量资本也使民办教育较好地适应了后期资本市场的融入,催生了一大批新兴学校的崛起和多种办学模式的诞生。

近年来,随着民办学校早期资本积累的完成与稳固,有的办学取向正发生潜移默化的改变,尤其是不少非营利性学校的举办者不再把取得收益置于办学首位,而开始更多考虑人才培养质量、学生学习满意度、教师权益保障等问题。从访谈结果看,当前诸多举办者正渐渐超越既往的利益导向思维,自觉摒弃单一的投资理念和发展思路,更倾心于全心付出和无畏投入,秉持着与学校同生死、共命运的教育情怀,更专注于教育质量的提升、社会责任的担当及师生合法权益的保障,这无疑给我国民办教育带来更大动力、推动民办教育永续发展。

(二) 传统的办学逻辑难以为继,遵循教育内在规律已成趋势

从历史看,不少民办学校的第一代举办者是拥有一定社会资本的企业家或是怀有教育情怀的社会人士,受企业家经济逻辑的影响,举办者一开始很难分清学校与企业组织特性的差异、习惯直接用企业理念管理民办教育,这就催生出一大批规模较大、管理效率较高的民办学校,经济逻辑、企业管理成为民办教育发展

---

① 周海涛、闫丽雯:《我国民办教育发展的动向和思考》,载《教育发展研究》2016 年第 17 期,第 74~78 页。
② 邬大光:《投资办学:我国民办教育的本质特征》,载《浙江树人大学学报》2006 年第 6 期,第 1~4 页。

初期的显著特征之一。尽管举办教育的满腔热情毋庸置疑，但受管理逻辑限制、用地不足、资金困难、生源不足等多重制约，举办者往往是心有力而余不足，无暇严格遵循教育基本规律办学。

在发展初期，传统办学逻辑较好适应了"打桩基"、求生存的需求，有力推动了民办教育事业的发展壮大。但近年来，民办教育已从快速发展期（2003~2006年）迈向平稳发展期（2006年至今），随着国家对公办教育的投入持续加大，日趋强大的公办教育对民办教育发展不断产生冲击，加剧了民办教育的深层次矛盾，也使民办教育系统内部的潜在问题浮出水面，外部的经济逻辑、企业思维已抵"天花板"，民办教育的科学发展俨然成为其抵抗外界压力的不二之选。为了探寻民办学校的持久发展之道，诸多举办者日渐立足于我国教育发展战略需要和民办学校独特的运行机制，转变外部逻辑主导的办学思路，开始注重按教育发展和育人规律办学，既保证学校依法依规办学，又尊重学校内在的运行规律。

（三）发展模式由"活下去"的硬实力求存向"活好活久"的软实力增强过渡

长期以来，我国民办教育一直处于国民教育事业中的拾遗补缺地位，导致多数民办学校处于如何"活下去"的硬实力追赶阶段，突出表现为致力扩大学生规模、优化校园设施、增多专业门类等，地理位置是否优越、学校规模是否宏大、设施装备是否齐全成为各类民办学校优势比较的主要标准。民办学校初创期，优越的住宿条件和一流的校园设施确实吸引了一大批收入颇丰但无暇顾及子女教育的家长，但多数家长也常以公办学校的软实力标准衡量民办学校的办学质量；而且，随着民办学校完成大建大修的阶段性任务后，一些家长期望过高和师生总体素质不高的矛盾日渐凸显，硬、软件条件的落差也让民办学校的社会形象对冲、打折。

近年来，随着公办教育投入的大幅增加、计划生育政策带来的生源总量减少以及中外合作办学等多种办学模式的涌现，民办教育的办学空间和利益格局骤然变化，不管是巨大的社会压力、多样化的利益诉求，还是民办学校的安身立命，都倒逼民办学校必须做出改变。诸多民办学校正把忧患和危机意识转化为脚踏实地的行动，更加专注于师生发展诉求的满足、内部治理效能的优化和教育教学质量的提升，通过聘请专家学者、增强科研投入、打造学校特色等方式锻造软实力，日渐由过去过多关注学生数量增长的粗放式发展向提升办学品质的精致化发展转变，由过去"大而全"的同质化办学模式向"适而精"的特色办学模式转变，由力图"活着、活下去"向追求"活得好、活得久"转变。

（四）法人登记和产权制度不断完善，深层次问题亟待解决

20世纪80年代，国家鼓励社会力量办学，民办教育应运而生，多处于补充

公办教育供给不足的境遇，随意性和失序性比较突出。为规范民办学校、民办医院等机构的发展，民政部于1998年颁布《民办非企业单位登记管理暂行条例》，多数民办学校纷纷登记为"民办非企业单位"，但当时我国《民法总则》规定的法人只有企业、机关、事业单位、社会团体四类，"民办非企业单位"很难完全被归入任何一种法人类型，也无法与上位法对接，无法享受与之对应的财政、税收、金融、土地、社会保障等政策。2003年颁布实施的《民办教育促进法》也未对产权问题做明确规定，对学校剩余财产处理只宽泛提出"按照有关法律、行政法规处理"。法律政策的模糊性难免使举办者对投入学校资产的最终归属产生种种疑虑，进而出现严把学校权力的"举办者控制"问题。[①]

从民办教育领域看，一些深层次问题又不断涌现，营利性和非营利性法人内部是否要把"教育类"和"非教育类"法人单列？细化各类法人的主要依据是什么？后续登记办法如何持续跟进？这都是当前教育界热议的话题，也是不同类型民办学校的主要关切和核心诉求所在。

（五）政府扶持力度有所加大，经费来源有待拓展

已有学者认为，公共财政的公共性决定了以满足社会公共需要为主要职责的政府应当给予民办学校以财政扶持。[②] 无论是从学理分析还是现实需要来看，对民办教育予以合理扶持是政府的基本义务。而近年来，中央和地方政府在加大民办教育扶持方面亦积极有为，政府扶持的相关政策陆续出台，税收优惠政策试点效果显著，民办学校补贴和奖励面逐渐加大，政府购买服务方式不断创新，学生助学贷款政策全面推行。一系列公共财政扶持举措的陆续开展，彰显出国家对民办教育的责任担当，也表明国家站在整个国民教育发展的战略高度长远考虑我国民办教育的独特作用。

从实际看，当前政府对民办教育的扶持总量依然有限，非营利性民办学校依然难以享受与公立教育同等的公共财政扶持待遇，民办教育资金不足的状态并未得到根本缓解；此外，由于社会经济和教育发展水平的地区差异，各地民办教育的财政扶持导向性不尽相同，东部经济发达地区民办学校所享受到的财政优待明显高于中西部偏远地区，各地财政扶持力度不均衡问题显露无遗。无须讳言，主要依靠学费、经费来源单一仍是当前我国民办学校经费结构的主要特征，尤其是受近年来民办学校总体招生数量下降的影响，民办学校的总收入增长放

---

① 周海涛、施文妹：《完善民办高校法人治理结构的难题与策略》，载《江苏高教》2005年第4期，第13～16页。

② 巩丽霞：《公共财政扶持民办高等教育政策研究》，载《教育发展研究》2012年第23期，第33～37页。

缓，办学经费吃紧是我国民办教育不争的事实，加紧拓展民办学校的经费来源成为大势所趋。

（六）师生合法权益得到一定保障，权益保障机制仍待健全

随着我国民办教育的稳步发展和民办教育分类管理政策的出台、试点，师生的法定权益日益受重视，师生的身份地位、待遇保障、基本权利、发展空间得到一定保障。当前，以学生为对象的公共财政扶持形式主要包括生均补助，奖、助学金和助学贷款三种，这三种资助形式的整体资助发展态势良好，各地通过出台民办教育补助办法等多元形式积极保障学生资助到位。在民办学校教师权益保障方面，各地主要鼓励引导、重点支持非营利性民办学校，譬如多地制定了民办学校教师工资指导标准，各地持续探索建立稳定的人才引进机制，不少学校正探索建立更加完备的教职工社会保险缴纳方案等。

在具体实施中，学生资助政策在遵循公共财政的公益性、公平性的运行规则方面略显不足，非营利性民办学校学生无法享受与公办学校学生同等额度的助学贷款、奖助学金等国家资助政策，社会上直接或变相歧视仍是民办学校学生的就业创业的重要壁垒，较低的社会认可度又会反过来影响民办学校的招生，形成了不可逆转的恶性循环。从现有政策文本和实际考察来看，尚存在民办学校教师权益保障措施不力、落实力度不够、配套制度不全、政策推进方式不当等根本性问题，民办学校教师的生存发展需求依然难以有效满足。

（七）内部规范意识强化，法人治理结构建设步伐有望加速

从近几年的实地走访和考察来看，民办学校的法人治理结构建设越来越受到各方的一致重视。在外部治理方面，随着近年来依法治校进程的加快，政府依法扮演好外部监管者角色，大力促使民办学校既要遵守教育管理的基本规律，又遵循、参照市场经济的法律法规，保证我国民办教育的发展活力和改革动力。在内部治理方面，民办学校特别是民办高校自觉寻求治理方式变革的决心越发明显，一些举办者正摒弃专断思维转而采用新理念治理学校，不少举办者开始觉察到遵循教育规律、遵守治理规则、尊重群体意志的极端重要性，逐渐把民主决策、科学管理提上学校改革发展日程，这突出表现在决策机制不断健全、权责划分更加清晰、师生参与权力得到更多保障等。

但我国不少投资性特别是独资性民办学校，为"家长式""家族式"的管理模式提供了土壤；加之法人属性不清造成的学校所有者缺位，内外部监督机制普遍缺失导致的运行失范，民办学校董事会被利益团体控制的现象不绝于耳，家族式经营治理的弊病依然存在，如民办学校的出资人控制问题、校长权

力集中化问题、董事会权力过于膨胀等问题依然消耗着我国民办教育可持续发展的正能量。

(八) 办学自主权有所扩大，放、管、服需要同步升级

目前，政府简政放权改革取得了阶段性成果，有力地激发了社会力量的办学热情和兴教活力。各省市针对如何落实、扩大民办学校办学自主权开展了丰富的探索和实践，如逐渐放开价格管制、增大学校收费定价权，允许符合条件的民办学校在政府指导价限度内自主确定学费收取标准或进行一定比例的浮动；有条件地扩大民办高校的招生计划编制、招生范围和招生方式的自主权；民办高校专业设置权得到适度扩大，鼓励学校自主开展教育教学。[①]

不可否认，我国民办学校办学自主权在实践探索中得以扩大，但就当前我国民办教育的实际发展需求和各利益主体的广泛呼吁来看，有些部门的管理方式基本沿袭了传统管理方式，民办学校办学自主权的有限性、无序性特征依然明显，民办教育的系列改革还未能跨越政府权力集中、学校权力有限的现实桎梏，落实民办学校办学自主权任重而道远。就民办教育系统内部而言，一些民办学校尚未具备自我约束的自控能力，缺乏民主科学的权力制衡机制，由此出现诸多不同程度的办学失范、失序行为，极大影响了民办学校的社会公信力，也直接限制了办学自主权的持续扩大。

综上所述，影响我国民办教育发展因素是多种多样的。当前，建立营利性和非营利性分类管理政策体系，统筹谋划分类管理顶层设计，有序推进分类管理改革，是突破长期制约民办教育发展制度瓶颈的根本手段，是完善落实民办教育基本制度和优惠政策的基础措施。

---

① 施文妹、周海涛：《落实民办高校办学自主权的地方实践与创新发展——基于六省区民办高等教育政策的分析》，载《教育发展研究》2014 年第 Z1 期，第 86~91 页。

第二章

国外私立学校分类管理的比较借鉴

本章提要：本章选取美国、俄罗斯、法国、澳大利亚、日本五个国家为代表，梳理和分析其私立教育历程、近年来各级各类私立学校概况，以及私立学校分类管理系统；概括和总结全球私立学校分类管理的共性趋势。主要发现有：（1）美国具有最清晰、简洁的分类管理系统，主要通过政府奖助、税收优惠和政府管制三大政策工具引导市场主体的自主选择；（2）俄罗斯采取"法律层面不区分、实践层面区分"的管理模式，大胆改革的同时，难以回避政策随意性弊端；（3）法国在法律定义的非营利性私立学校内部，以"是（否）与政府签订协议"为标准，实施另类的分类管理；（4）澳大利亚采取分层次、分区域放开营利性学校，实行分类管理的区域试点；（5）日本在维持原有非营利性私立学校管理体制的同时，建立营利性私立学校特区，在现行法律框架内、外实现分类管理；（6）五个国家私立学校分类管理系统特点鲜明，但在回应市场需求、激发私营活力、完善私立教育管理体系方面，又存在着显著的共同点，主要表现在致力于制定清晰分类的国家标准、完善涵盖所有私立学校的教育资助政策、健全差别化的支持政策、建立低"门槛"和便捷化的政策普惠机制、淡化行政干预并健全购买服务制度以及强化以第三方为主的监管机制。

私立教育是一种国际现象，在世界范围内拥有悠久的历史。21世纪以来，私立学校实现规模扩张的同时，其内涵和外延得到极大的扩展和丰富。从广义上看，私立学校既包含一般意义上的民有民营学校，也包含公助民营、公有托管等其他非公学校；既有捐资举办，也有投资举办。随着社会生产力的进一步发展，社会的教育需求越发多元化，以非营利性、纯公益性学校为主体的教育系统不断受到市场经济和教育民营化浪潮的影响。一些以短期技能培训起步的营利性教育机构，不断扩大经营范围，跻身成为学历教育的正式提供方，成为私立教育乃至经济发展的新增长点。在此背景下，对私立学校进行"是（否）营利性质"的区别和划分，是世界主要国家政府管理私立教育的主要趋势。

"分类管理"并非我国教育改革所独创，但很难找到与之严格对接的国际通用术语。究其原因，第一，西方发达国家法律体系对营利性与非营利性组织的划分，早于教育系统中营利性与非营利性学校的分野。且绝大多数营利性学校不是在传统私立教育内部与非营利性学校分流产生，而是由外围的培训类机构升级形成。第二，分类管理不是一个既定的理论概念，而是由财政、税收、土地等相关政策有机组成的整体制度设计。本章选取美国、俄罗斯、法国、澳大利亚、日本五个代表性国家，考察其私立教育的发展概况和私立学校分类管理政策，以期对我国民办学校分类管理改革提供有益的借鉴。

一、美国

（一）私立教育的发展历程

普遍认为，美国教育起源于私立学校。这一论断主要基于两个原因，一是美国私立教育的历史长于公立学校。17世纪，英国移民将欧洲大陆的政治、宗教、文化带到美洲大陆，也将其教育思想和模式输入到美国。由于最早定居美洲大陆的英国移民中90%以上为基督教徒，这一时期美国的大、中、小学与宗教联系紧密，且具有很强的私立性质。[①] 二是美国私立教育的质量优良，众所周知的代表其教育最高水平的学校（主要是高等教育阶段），绝大多数是私立性质的。在基础教育阶段，精英中、小学基本上都是私立学校，甚至说私立学校就是精英学校也不为过；在高等教育阶段，私立高校领衔了美国的顶尖高等教育，而哈佛大学、耶鲁大学等学校雄踞世界大学排行榜榜首，在高等教育界为美国赢得全球声誉。

目前，美国是世界上私立教育最发达的国家之一。国家通过立法保障私立教育的地位和作用。美国宪法规定，家长在引导其子女的教育方向上享有基本权利，也有为子女选择私立教育的基本自由。这一宪法精神为私立学校的发展提供了最基本的保障。1862年第一个联邦教育法《莫里尔法》规定，由联邦政府在

---

① 许可昭、石鸥：《差距与超越：中美教育管理比较研究》，湖南师范大学出版社2000年版，第342页。

各州至少资助一所学院从事农业和技术教育。随后颁布的一系列法案，如1887年的《哈奇法》、1906年的《亚当法》、1907年的《纳尔逊修正案》、1914年的《史密斯—利弗法案》、1925年的《波奈尔法》、1935年的《班克希德—琼斯法》对《莫里尔法》进行了补充和完善，使联邦政府的这项农机教育资助由州立大学扩展到私立学院，在不同程度上推动了私立大学的发展。① 1958年的《国防教育法》、1970年和1980年的《高等教育法》、1994年的《美国教育法》等都对私立学校发展产生重要作用。由于美国是案例法国家，一些著名判例对私立教育发展也产生了重要影响。1819年达特茅斯学院案中，试图将私立达特茅斯学院转制为州立大学的动议宣告失败，法院判达特茅斯学院胜诉，主要理由是根据联邦宪法精神，州议会不得更改私立学校已取得的权力。②

美国私立教育体系的发达还得益于基督教利他主义价值观和热心慈善捐赠的社会风尚。美国最知名的私立高校大多成立于18~19世纪，当时建立和创办私立大学往往出于一种慈善的动议、宗教的回报，而非与商业或投资有关的活动。许多私立大学在创始人在世期间，就实现了管理权从个人向董事会的转移，并将大学的使命置于慈善和社会服务的层面。在发展过程中，公益性的私立学校赢得了公众的支持和信任，其办学使命和运行结构越来越趋同于公立学校。因此，在美国教育体系中，公立、私立的分野并不明显，而非营利性与营利性的区分更为重要。

（二）各级各类私立学校概况

从近年的统计数据来看，美国私立教育在基础教育和高等教育中都占有重要的地位。无论是绝对量（即私立教育在美国教育体系中的历史和现状），还是相对量（即私立教育与公立教育的比较），都可以证实这一点。

1. 基础教育

2011~2012学年，美国共有116 240所K-12学校，其中85 530为公立学校，26 230为私立学校。在这一学年，约530万学生在私立学校就读，较历史数据稳中有降（见图2-1）。其中，在小学阶段，50%的学生在私立天主教学校就读，7%的学生在私立基督教学校就读，只有21%的学生在非宗教类私立学校就读。在中学阶段，74%的学生在私立天主教学校就读，占据最大比重。而在联合办学的学校，非宗教类私立学校的在校生占30%（见图2-2）。

---

① 柏士兴、谷贤林：《美国联邦政府对私立高等教育的管理》，载《外国教育研究》1997年第1期，第14~17页。

② 谢安邦、曲艺主：《外国私立教育》，中国社会科学出版社2003年版，第183~184页。

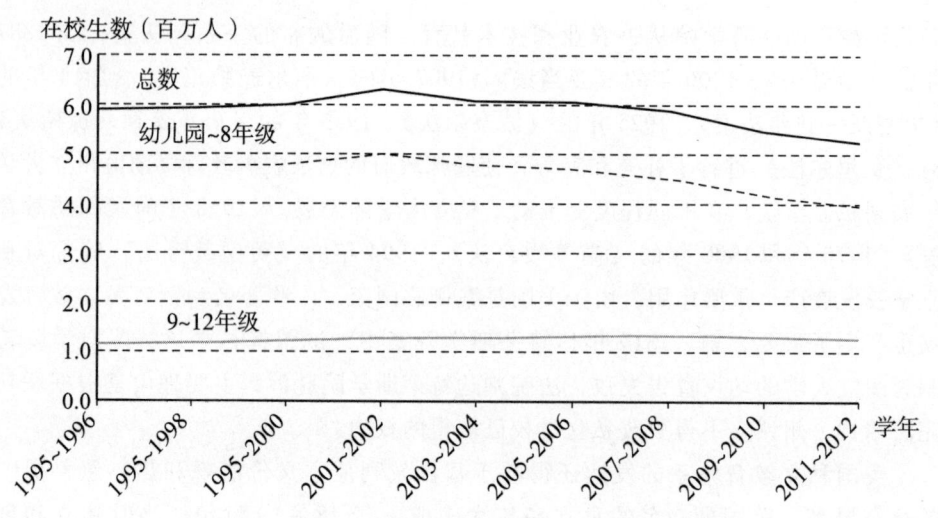

图 2-1　2011~2012 学年私立 K-12 学校在校生人数——基于年级划分和历史阶段①

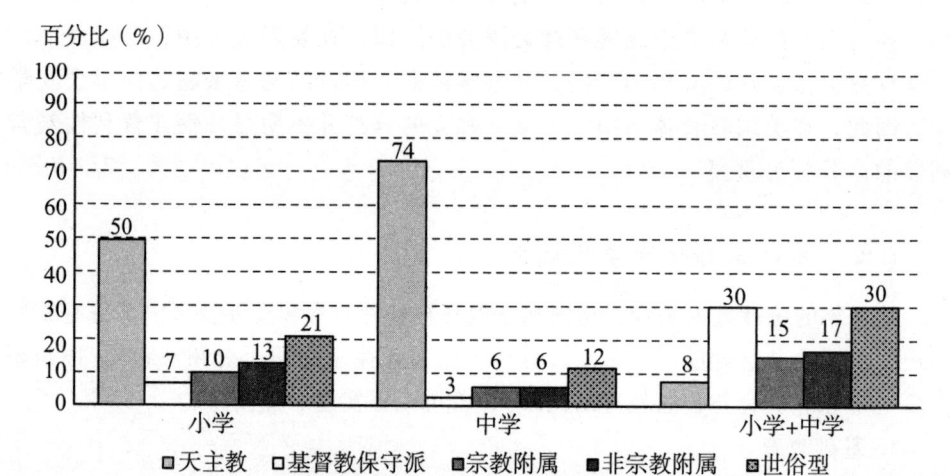

图 2-2　2011~2012 学年 K-12 私立学校在校生人数——基于学段和学校类型②

2. 高等教育

2013~2014 学年，美国共有 4 294 所高等教育学位授予机构。其中，1 365 所为私立非营利性高校，比 2000~2001 年的 1 383 所下降了 1%；公立高校机构数为 1 584

---

① U. S. Department of Education, National Center for Education Statistics, Private School Universe Survey (PSS), 1995-1996 through 2011-2012. Digest of Education Statistics 2013, table 205.20.

② U. S. Department of Education, National Center for Education Statistics, Private School Universe Survey (PSS), 1995-1996 through 2011-2012. Digest of Education Statistics 2013, table 205.30.

所，较 2000~2001 年的 1 647 所下降了 4%；而在 13 年间，营利性高校机构数增长一倍，从 2000~2001 年的 687 所，增长为 2013~2014 年的 1 345 所（见图 2-3）。

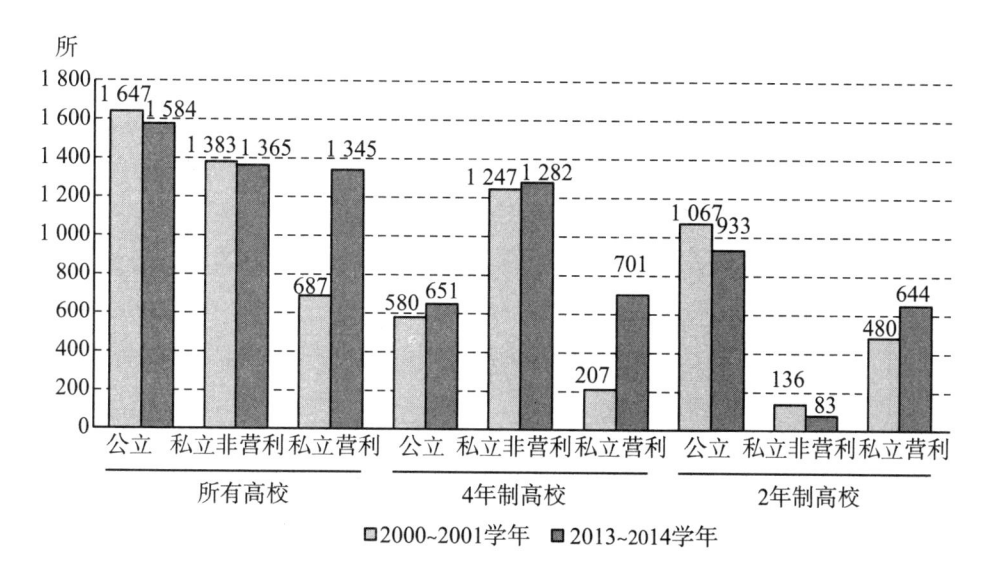

图 2-3 公立、私立非营利性、私立营利性高等教育学位授予数①

1990~2013 年，公立、私立非营利性和私立营利性高校的秋季本科招生人数都呈现不同程度的上升。公立高校增长幅度为 37%，私立非营利性高校则为 35%。1990 年，私立营利性高校本科人数相对较少，仅有 2 000 名在校生，而当时公立高校本科学生数为 970 万人，私立非营利高校本科学生数为 200 万人。2000~2010 年，私立营利性高校在校生数急速增长，翻了两番；相比较而言，这一时期的公立高校学生数增长 30%，私立非营利性高校在校生数增长 20%。2010 年开始，私立营利性高校在校生数开始下降，其 2013 年的在校生数（140 万人）比 2010 年降低 21%；而同年公立高校在校生数（1 330 万人）只降低 3%，私立非营利机构在校生数（280 万人）则上升 4%（见图 2-4）。

1990~2013 年，营利性高校招收的研究生数量也在急速增长，其增长幅度为 3 666%，远远超出公立高校的 23% 和私立非营利性高校的 70%。1990 年，营利性高校仅有 8 000 名研究生，而公立和私立非营利性高校的研究生数分别为 110 万人和 70 万人。2000~2010 年，营利性高校的研究生数量增长了 528%，远超出公立高校的 19% 和私立非营利性高校的 34%。近年来，这种发展格局有明显

---

① U. S. Department of Education, National Center for Education Statistics, Integrated Postsecondary Education Data System (IPEDS), Fall 2000 and Fall 2013, Institutional Characteristics component. Digest of Education Statistics 2014, table 305. 30.

变化,2013年,营利性高校研究生数比2010年下降4%,公立高校研究生数下降3%,私立非营利机构研究生数则上升1%（见图2-5）。

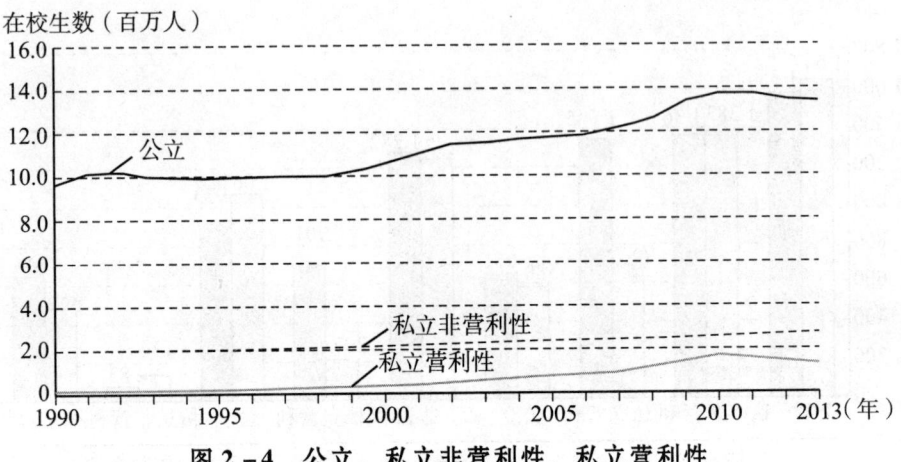

图2-4 公立、私立非营利性、私立营利性
高校本科生在校生数（1990~2013年）①

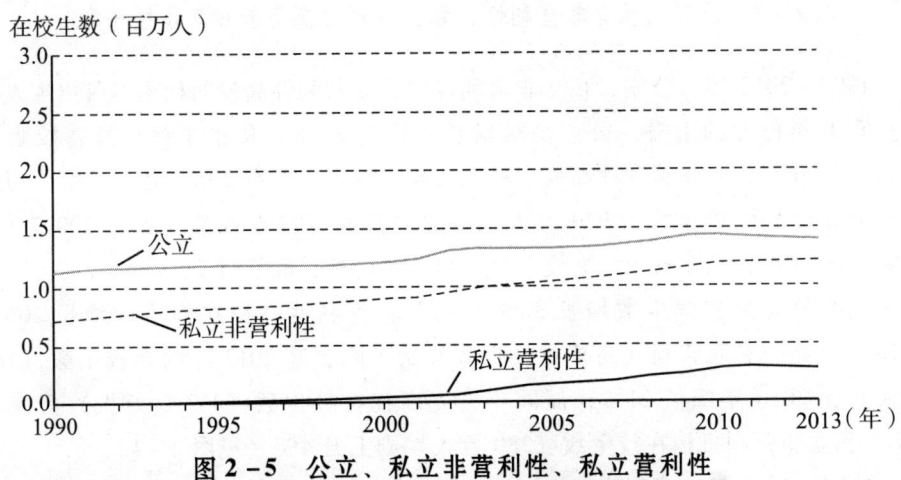

图2-5 公立、私立非营利性、私立营利性
高校研究生在校生数（1990~2013年）②

---

① U. S. Department of Education, National Center for Education Statistics, Integrated Postsecondary Education Data System (IPEDS), "Fall Enrollment Survey" (IPEDS-EF: 90-99); and IPEDS Spring 2001 through Spring 2014, Enrollment component. Digest of Education Statistics 2014, table 303.70.

② U. S. Department of Education, National Center for Education Statistics, Integrated Postsecondary Education Data System (PEDS), "Fall Enrollment Survey" (IPEDS-EF: 90-99); and IPEDS Spring 2001 through Spring 2014, Enrollment component; and Enrollment in Degree-Granting Institutions Projection Model, 1980 through 2024. Digest of Education Statistics 2014, table 303.80.

（三）私立学校分类管理政策

1. 税收政策

税收政策是美国私立学校分类管理的有力杠杆，非营利性私立学校和营利性私立学校又被称为"免税学校"和"纳税学校"。可见，税收待遇是政府管理两类学校的最主要区别。根据政策对象不同，分类管理的税收政策可分为面向机构、教职工和学生三类。

第一，对教育机构的分类税收，采取自动获取与自动排除法。美国《国内税收法》（Internal Revenue Code，IRC）的501（c）列举了有资格获得联邦所得税减免的社会组织，并规定这些免税组织必须以增进公共利益和非营利为目的，不得为个人谋取利益。根据不同组织的宗旨、行业类别和活动特征，501（c）又具体分为28个相关税法条款。教育组织分属于501（c）（3）条款管理，非营利教育机构被称为"501（c）（3）学校"。基于此，私立高校的税收分类主要采用"自动排除法"，即符合501（c）（3）条款的私立学校，其"非营利性"身份得到政府认可，自动获得免税身份；不符合501（c）（3）条款的私立学校被视为营利性组织，自动放弃此类税收优惠。值得注意的是，向非营利性私立学校捐赠的个人或机构可获得优于一般性商业组织捐赠的税收抵免，而营利性学校的捐赠方不获得此类优惠。

第二，对教职工的分类税收，实行义务均等与约束差异。私立非营利性学校与营利性学校的教职员工有同样的税收义务。主要税种包括：联邦个人所得税、州和地方个人所得税、社会保障税和医疗保险税等。就个人所得税而言，任职单位的性质与个人所得税的缴纳没有特定关系。但各州的税种和税率存在区别。由于私立非营利性学校和营利性学校都会在正常工资结构之外，为员工提供奖金、补偿金以及额外福利。此部分收入的税收征税政策颇为一致。但对于此部分收入的合理性和金额设定，非营利性高校和营利性高校的约束机制存在较大差异。私立营利性高校可自行设定员工薪酬结构与涨幅，不受税务部门的约束；而私立非营利性高校则受到税务部门的严密监管。

第三，对高校学生的统一税收，贯彻合规院校优惠共享原则。私立高校学生群体享有的税收优惠主要是收入免税、教育抵税和减税。不同税收优惠形式和项目，可以组合运用。具体税收优惠项目的差别，与"符合规定的学生群体"和"符合规定的高等教育开支"的限定有关，而与学生就读院校的非营利或营利性质无关。只要是经过认证、有资格颁发高等教育学位证书的高等教育机构，都可以参与到联邦教育部的"学生资助项目"，成为"合规的高等教育机构"。合规机构的学生在申请教育费用的税收优惠方面，享有同等地位和待遇。

2. 政府奖助

美国政府对私立学校的奖助主要有间接拨款、直接划拨和教育购买三种类型。

第一，间接拨款是美国政府对私立学校予以奖助的最主要方式。20世纪40年代，美国退伍军人管理局通过《1944年退伍军人法案》，给予复员军人免费接受高等教育的机会，而将每人每年500美元的教育费用直接拨付其就读高校。① 由于退伍军人管理局并未限制营利性大学招收复员军人，一部分营利性大学率先进入政府资助计划。1965年出台的《高等教育法》第四条确立了联邦政府向高等教育院校学生提供资助的立法基础；该法在1972年修订，正式将营利性院校纳入联邦学生资助计划。② 在基础教育领域，最具代表性的是"儿童受益理论"，即联邦政府向州教育机构和地方学区提供经费，并要求这些经费公平地用于所有符合条件的儿童，而无论其就读的学校是何种性质。③ 这种"随学生走"的拨款方式，直接受益人是学生和家长，但私立学校通过稳定的生源和市场认可的教育质量而间接获益。

第二，直接拨付的方式主要出现在特殊的教育领域。一般而言，政府不直接拨款给私立学校，但部分私立学校的国防科研项目也会得到政府专项资助。在美国，政府拨款还可以以物的形式，如学校发展所需的土地。1862年《莫雷尔法案》颁布以后，出现了很多"赠地学院"，州立大学发展迅速。获得政府赠地而巩固和发展的高等教育院校中，不乏一些优秀的私立院校，如哈佛大学、耶鲁大学等都曾获得过政府划拨的土地。但到目前为止，并无营利性学校获得政府拨款/物的先例。

第三，教育购买也是政府支持私立学校发展的重要方式。美国延续其一贯的"政府—社会—市场"教育治理模式，将营利性学校有限纳入政府购买服务系统。联邦层面通过基础教育"教育券"和高等教育学生资助项目，购买私立学校学生就读名额，即"学位"。州政府层面与私立学校签署特定领域（如高成本的应用研究或职业教育）的人才培养计划，或要求部分私立学校增加弱势学生支持项目，旨在通过购买服务在公立教育系统外扩充招生容量；④ 向私立学校外包技术领域的研究项目，或财政分担私立学校某项设施的费用，旨在以公私合作的方式提高科研产出效率。

3. 政府管制

美国法律禁止政府直接干预私立学校发展，插手学费标准、专业设置、课程

---

① Smole D. P. & Loane S. S. A brief history of veterans' education benefits and their value, CRS Report for Congress [R]. Congressional Research Service, 2008.

② Jones J. H. Proprietary schools as a national resource [C]. Vermile D. W. (ed.) The Future in the making. San Francisco: Jossey - Bass, 177 - 181.

③ 王广辉：《比较宪法学》，武汉大学出版社2010年版，第239~240页。

④ 米切尔·鲍尔森、约翰·舒马特：《高等教育财政：理论、研究、政策与实践》，北京师范大学出版社2008年版，第409页。

安排、校长任命等学术相关问题。因此，对私立学校的管制主要集中在机构设置与停办、办学质量以及财务公开和校园安全三个方面。在分权体制下，州政府承担着管理私立学校的重要职责。

第一，在机构设置方面，主要存在"审批"和"核准"两种模式。各州模式不同，严格程度也不同。采用"审批"或"核准"模式，主要取决于各州对私立学校（尤其是营利性私立学校）的认识。私立学校应在当地教育部门或企业工商机构注册，不同的州也有不同的规定。一些州对私立学校的设置有极为严格的审核标准，如马里兰州对高等教育学院的名称、申请应具备的条件、申请必须提交的有关文件、师资标准、图书馆藏书、学习资料信息服务、学生活动设施、教学设备和仪器、校园环境、办学经费保障、学员课程目录及校刊等都有详细标准。学校停办时，财产进行拍卖和清算。一般而言，营利性私立学校的拍卖收益由董事会处理，非营利性私立学校的拍卖收益由法院分配，用于其他私立或社会公益事业，董事会不得获利。教会学校停办后校产由教会处理。各州对私立学校停办后的学生档案处理、学费退还等有不同规定。

第二，在办学质量方面，主要由政府委托第三方机构代为评估。在联邦政府参与为私立大学提供经济援助之前，大学认证是一个自愿性过程。1952年《退伍军人法案》以及1965年《高等教育法案》通过实施以来，获得认证成为获得联邦资助的前提条件。为了成为联邦资助的"合规学校"，非营利性和营利性私立高校开始积极主动参与评估，接受政府的质量监管。由于传统的教育评估组织普遍对营利性高校持质疑和敌视态度，这一改革甚至反过来带动了一批新型的、营利性高校友好型评估组织的兴起和扩张。

第三，在财务公开和校园安全方面，私立学校需遵守最基本的企业法条例。美国建立了私立学校财务公开制度，谨防不法牟利现象。私立学校每年要向政府税务部门和教育部门报送经费收支详细报告，州政府立法审计员一年或两年要对私立学校财务状况进行详细、严格的最终审计。另外，任何性质的学校都须遵守联邦或州法律对氡气、石棉隔离、室内空气质量、安全饮用水、疾病预防以及消防等方面的规定。如果学校在安全和消防等方面严重违反规定，州建设和消防部门有权关闭学校。

二、俄罗斯

（一）私立教育的发展历程

20世纪90年代前后苏联的政治剧变，以及随后俄罗斯向市场经济体制的转轨,引起了学校办学体制的结构性变化。1991年,叶利钦就任俄罗斯总统,发布了关于发展俄罗斯教育的紧急措施,即"第1号总统令",特别责令俄罗斯政府在《俄联邦教育发展纲要》中明确规定支持私立/非国立教育机构。自此,私立教育在俄罗斯再度复苏。

1992年7月7日,叶利钦总统签发《俄联邦教育法》,其中明确规定:教育机构按其法律组织形式可以是国立的或非国立的(含私人、社会宗教组织设立的)。私立教育机构被定性为非营利性的,创办者可以是:国家政府管理机关和地方自治机关;本国、外国、境外的企业、各种所有制形式的机构及其所属团体和协会;本国、外国、境外的各种民间和私人基金会;在联邦境内注册的各种社会、宗教组织;本国及外国的公民个人。值得注意的是,该法用"非国立学校"取代"私立学校"的提法,主要是因为苏联解体后发展形成的俄罗斯私立学校,既包括个体私立学校本身,也包括由不同社会组织、企业及其他创办者设立的教育机构。① 之所以避开"私立学校"这一说法,主要是考虑到受苏联时期教育理念的影响,解体后的社会意识对凡是私有制的东西存在抵触,而对公有化存有依托心理。② 特别是,俄罗斯私立教育主要集中在高等教育领域,很多私立大学由中央政府组织和国立高等教育机构参与创办,较之其他国家的私立大学具有更宽泛的内涵。因此,俄罗斯习惯用"私立"来表述普通教育,而用"非国立"来表述高等教育;本章按照分析需要,交替使用私立和非国立学校两个术语。

1996年,叶利钦总统签发了分别由上下两议院通过的修改补充后的《俄联邦教育法》。新教育法保留了旧教育法有关教育非国有化的某些条文,其最大变化表现在:一是禁止国立学校的私有化。该法第三十九条第十三款规定,国立和市立教育机构均不得私有化;二是享有国家拨款权利的非国立学校仅限实施普通教育大纲的学校,而非职业教育大纲的学校;三是享有国家学费补贴权的收费私立学校的学生仅限定普通教育,而非职业教育学校的学生。1997年颁布的《俄联邦教育发展纲要》(草案)再次确立了"保公放私"的政策基调。1998年,基里延科内阁重组带来了新一轮私有化改革,教育部长吉洪诺夫提出了以非义务教育的私有化和市场化为核心的新战略,从财力、物力上重点确保普通义务教育,把非义务教育性质的国立职业教育推向市场和私有化,实行多位创办者合作办学,国家仅作为合作者之一而非国家办学为主的政策。1999年,教育领域的第一部国家政策性文件《俄联邦民族教育方案》(草案)出台,提出必须尽快改变国家在教育领域的政策方向;而一年后出台的《俄联邦教育发展纲要》,使非公

---

① The Legal framework for Russian non-state Higher Education.1997.[EB/OL]. http://www.albany.edu/dept/eaps/prophe/data/RussiaPHElaw.dec, 2005-11-15.

② 第聂伯罗夫:《"昨天"与"明天"之间的学校改革》,工会出版社(莫斯科)1996年版,第181页。

立教育的相关政策开始收缩，主要体现为对私立学校加强监督，以及对以往允许的公立学校私有化现象采取零容忍立场。

（二）各级各类私立学校概况

从近年来的统计数据来看，俄罗斯非国立教育机构，无论学前教育、基础教育、中等职业教育和高等教育，其发展依然处于从属地位，无论是机构数量，还是学生人数，都在整个俄联邦教育体系中占比较低，且主要分布在一些中心城市。

1. 学前教育和基础教育

根据《2013~2020年俄教育规划》中的数据显示，俄罗斯目前有非国立基础教育机构687家（根据俄联邦教育法，非国立教育机构指私立教育机构，其中包括社会团体和宗教组织创办的教育机构），388家私立学前教育机构。国立（或市立）基础教育机构中学习的学生为1 336.23万人，非国立基础教育机构中学习的学生为73 515人，其占比仅为0.55%。

根据《2013年俄罗斯教育年鉴》中的数据显示，2012~2013学年，俄罗斯共有非国立基础教育机构715所，主要分布在莫斯科、彼得堡等人口集中、经济较为发达的城市中，其中莫斯科州86所，莫斯科市129所，彼得堡47所。教职人员共21 937人。学生人数共91 894人，其中城市人口86 407人，农村人口5 487人，非国立基础教育的学生主要集中在城市。从其近年来的发展趋势来看，自2005年以来，非国立基础教育机构的数量基本稳定，无大起大落的情况出现。

2. 中等职业教育

根据《俄罗斯联邦教育法》和《中等职业教育机构示范条例》，中等专业学校的教育机构包括中等技术学校、高级中专和中技——企业联合体。2012年中等职业教育机构共录取620 781名学生，其中非国立中等职业教育机构录取约3.54万名学生，约占总数的6%。

3. 高等教育

俄罗斯的私立高等教育具有世界私立高等教育的许多典型特征，如对市场需求反应灵敏、课程设置灵活、严重依赖兼职教师、财政以学费为主、宽松的入学要求以及较少关注科研等。但有一个显著的特点是其他国家私立高等教育所没有的，那就是相当多的公立组织参与创办了私立高等教育机构，并以公共资源为私立高等教育机构提供支持。[①]

---

① 何雪莲：《依附与发展：俄罗斯私立高等教育特点评述》，载《比较教育研究》2007年第3期，第10~17页。

根据2012年的数据显示，俄罗斯共有609所国立高校，437所非国立高校，非国立高校占高校总数量的41.7%。虽然非国立高校的绝对数量不少，但与国立高校相比，普遍面临规模较小、资金短缺、教学质量不高的问题。根据2013年俄教科部对全国高校办学效益评估结果，有31所大学和15所分校的工作需要整改，其中7所为非国立大学；135所大学和244所分校为低效的、需要重组的大学，其中就有127所大学和177所分校为非国立的。

2012年非国立高等教育机构共招生186 607人，大部分集中于人文、经济和管理专业。目前，在非国立高等教育机构学习的人数为930 085，占在校大学生总数607.3万人的15.3%。2012年俄罗斯共有高校毕业生1 398 969人，其中本科文凭获得者：国立高校71 646，非国立高校57 729；专家文凭获得者：国立高校1 011 911，非国立高校212 460；硕士文凭获得者：国立高校43 553，非国立高校1 670。非国立高校毕业生约占毕业生总数的19.4%（见表2-1、表2-2）。

表2-1　　　　　　　1985~2011年国立与非国立高校数量对比

年份	学校数量（所）		
	总数	国立	非国立
1985	502	502	—
1990	514	514	—
1995	759	566	193
1996	817	573	244
1997	880	578	302
1998	914	580	334
1999	939	590	349
2000	965	607	358
2001	1 009	621	388
2002	1 039	655	384
2003	1 046	654	392
2004	1 071	662	409
2005	1 068	655	413
2006	1 090	660	430
2007	1 108	658	450
2008	1 134	660	474
2009	1 114	662	452
2010	1 115	653	462
2011	1 080	634	446

表2-2　　　　　　2011年俄罗斯国立与非国立高校规模对比

	总数（所）	国立高校占比（%）	非国立高校占比（%）
高校数	1 080	58.7	41.3
招生数	1 207 400	87.6	14.6
在校学生数	6 490 000	84.0	17.0
毕业生数	1 442 900	80.2	19.8

（三）私立学校分类管理政策

1. 税收政策

俄罗斯私立学校在法律上被定义为非营利性机构。但实际上，私立学校除了必须按照统一社会性的税收缴税外，还需要缴纳大量的附加税收，包括营利税、财产税、土地税和广告税等。这实际上是把私立学校等同于银行、赌马场等营利性机构。这种名义上未分，实则区分的模式是俄罗斯及大部分苏联解体国家管理私立学校的重要特点。

1992年《俄联教育法》规定，国家具有对非国立教育进行投资的崇高责任。非国立教育免于缴纳各项税费，其中包括土地税。1992年教育法还规定了对投资教育的企业和自然人提供专门税收的优惠体系。但是，由于缺少提供这些优惠的章程，所以实际上只有很少的企业和自然人享有该款规定提供的优惠。

2012年的新版《教育法》，对私立教育机构和公立教育机构一视同仁，给予同样的法律地位和财政支持，规定私立教育机构同样享有国家补贴与日常开支的拨款。2012年俄联邦教育法在第二条第十八款中明确规定：教育组织为非商业机构（从而能够享受一定的税收优惠），在许可证基础上实现教育活动，这是该组织的主要活动形式。此处的教育组织包括国立和非国立两种形式的教育组织。

2012年俄联邦教育法第一章第五条第三款中规定，根据俄联邦学前教育标准、基础教育标准、中等职业教育标准开展教学活动的，俄联邦保证上述教育的免费性和可获得性；在竞争的基础上，实现高等教育的免费性和可获得性。前提是只有俄联邦公民在首次享受上述层次教育时，才适用这一规定。

2. 政府拨款

1996年《俄联邦教育法》把规定享有国家拨款和学费补贴权利仅仅限定在私立中小学，即保证公立机构和私立中小学发展的同时，放开私立高等教育机构。同时规定，私立学校取得办学许可证之日，即有权获得联邦和地方财政拨款，其拨款数额不得低于当地国立、市立同类学校的拨款定额。

第一，学前教育和基础教育领域。根据1994年9月13日出台的《关于教育领域非国有化、非垄断化法（草案）》，义务教育阶段的学生持政府分发的教育券自主选择公、私立机构；学校持券向政府领取国拨教育经费。由此，大量财政经费流入私立中小学校。2012年2月5日，俄罗斯国家杜马三审又通过一项法律，其中规定，俄罗斯政府应对私立幼儿园和私立基础教育机构进行财政资助。根据这项法律，在学前教育和基础教育领域提供教育服务的非国立教育机构和个人将能够得到政府的津贴，这些津贴将被用于在这些机构实施俄罗斯联邦国家教育标准、基本教育大纲和其他教育框架的要求。相应地，在私立幼儿园和私立基础教育机构读书的孩子们的父母，其学费支出将会减少。这项法令规定，对私立教育机构进行财政资助的权力在俄罗斯各联邦主体权力机关及地方自治机构。

第二，高等教育领域。国立和非国立大学都可以得到按计划内名额招生下拨的经费。此举的目的是为了改善大学的财政状况。也就是说，俄罗斯政府遵循的是人均拨款原则，大学计划内招收了多少学生，就会得到多少人头的国家义务拨款，即从联邦预算中得到相应经费，但拨款的比例是按学生的高考分数来划分的。2012年《俄联邦教育法》规定，拥有国家办学许可的非国立高校还可向教科部申请公费生名额。比如，2011年非国立高校只获得了1.5%公费生招生指标。2012年，则有近10%的公费生名额分给了非国立高校。国家对每个公费生的拨款为6.02万卢布到11.2万卢布。

3. 政府补助

第一，学前教育和基础教育领域。2012年《俄联邦教育法》在第一章总则第八条中对非国立学前教育和基础教育的财政优惠政策做了规定：对拥有国家许可证的私立学前教育机构、私立基础教育机构，国家通过为地方财政提供补贴的方式以及津贴的形式，根据俄联邦主体权力机关确定的标准，对用于支付劳动报酬和教学津贴、购买教科书和教学用具、玩具（用于基础建设和公共服务的开支除外）方面的开支予以补贴。另外，根据第一章总则第八条，各联邦主体有权对各市政教育机构及拥有基础教育国家资质的私立教育机构在学生餐方面提供额外的财政补贴。

第十五章一百〇八条也规定：国家对公民在拥有国家资质的私立学前和基础教育机构中接受教育提供财政保证，教育机构用于实现教育计划的必要开支，包括用于支付教育工作者的劳动报酬、教材及教学开支、直观教具、教学技术设施、比赛、玩具和耗材，可依据各联邦主体教育领域及市政教育机构财政资助的有关规定予以拨款。

第二，基础教育领域。俄罗斯政府通常对通过国家认证、执行国家基础教育计划的非国立基础教育机构中的学生学习费用提供个人补偿，费用额度由国家和市政当局按相同类型学校的国家统一教育支付标准确定。在一些地区，国家的补足部分包括所有各项开支，而在另一些地区则只包括教师工资。

第三，职业教育领域。2012年《俄联邦教育法》第十三章第九十九条中规定，私立职业教育机构可根据其在教育领域提供的服务，由俄罗斯联邦财政、俄罗斯联邦各行政主体财政、地方财政在考虑其开支的状况下，予以财政补贴。

第四，高等教育领域。2012年《俄联邦教育法》规定，高等教育的免费性和可获得性建立在竞争的基础之上。非国立高等教育机构的主要收入来源是学费。但是，俄罗斯政府还与一些非国立高校共同设立奖学金，用于奖励非国立高校中获得特殊成就的师生。近年来出现了一些市场经济急需的新型就业领域，国立大学由于经费等原因，在这些专业人才培养方面不能满足市场的需求，俄罗斯政府也开始对非国立高等教育予以财政补贴。同时，为强化非国立高校的公益性，协助缓解非国立高校经费不足，促进教育机会均等，俄罗斯政府还对非国立高等教育给予科研费等项目资助。

4. 教育用地

原则上，俄罗斯所有学校都有无限期免费使用土地的权利。

第一，学前教育领域。由于近年来俄罗斯国家人口出生率的上升和幼儿园入园排队现象的加剧，俄罗斯政府目前对非国立学前教育机构提供场地租金优惠。作为国家支持非国立学前教育机构的一个案例，2013年莫斯科市市长索比亚宁宣布，准备向一些具有教育资质的机构提供优惠场地，租价只要1平方米1卢布，此政策主要针对私立幼儿园。

第二，基础教育和高等教育领域。大多数私立学校以租赁土地、校舍为主，免费获得教育用地的机会极少。更普遍的情况是，大多数私立学校以高昂的租赁费，租赁公立学校的校区和设备，且随时面临着租赁到期的风险。以高等教育为例，俄罗斯公、私立高校平均建筑面积比例为9∶1，公立、私立高校生均教育用地比例为26∶1。

5. 师生权益保障

俄罗斯联邦私立学校政策对师生群体一视同仁。1994年7月18～19日，俄罗斯国家教育部和世界私立教育大会共同举办的莫斯科"第三届教育大会——私立教育"通过了《莫斯科宣言》，以"人生而平等"和"全面发展的自由"为基本价值观，肯定了教师和学生有在私立或公立机构教学和学习的权利，以及国家应对私立学校学生及其家庭予以补助的基本政策思路。

第一，在学生权益方面。《俄联邦教育法》规定，私立学校学生与公立学校学生享有同样的资源和机会。除以上提到的政府直接拨款和教育券外，俄联邦政府还大量使用间接拨款方式对私立的普通和职业学校学生进行与国立学校学生一样的学费补偿。例如"个人社会教育贷款系统"（《俄联邦教育法》第42条6款），用于支持学生在中、高等职业学校学习；"教育消费信贷系统"由银行在企业提供担保的情况下，向职工子女提供贷款；"教育储蓄保险制度"由家长在数年间向保险公司缴纳少量的保险金，可保证子女的学习费用。

第二，在教师权益方面。2000年，俄罗斯政府出台了《2001~2010年俄罗斯教师教育发展纲要》，规定无论是何种性质的学校，教育工作者的最低工资（职位薪金）不得低于俄罗斯联邦的人均工资；学前教育、普通中等教育、初等教育和中等职业教育机构教育工作者的平均工资应高于俄罗斯联邦人均工资的1.5倍以上；大学教授及教师的平均工资为俄罗斯联邦人均工资的3倍；为所有具有25年以上教龄的教育工作者，包括仍在从事教育活动的工作者，提供国家退休金；大学教授级教师和科研人员的退休金不得低于其主要工作地平均劳动工资的80%。

21世纪以来，俄罗斯联邦政策不断进行政策调整，除了以上提到的值得借鉴的税收、拨款、土地、师生权益保障外，一些新的趋势值得关注。俄罗斯联邦政府在授予学校名誉奖励方面，给予公立、私立学校平等待遇。例如，在2003年8月"全俄名校"称号授予中，并没有划分公立和私立，只以教育质量为评价标准。[①] 与此同时，非国立高校开始引入自身的质量管理体系，即ISO9000：2000质量标准，并自发形成地方性私立高校协会和全俄私立高校联盟。行业评估和社会组织的扩大丰富，与政府管理的精简放权交相辉映，共同促进着私立学校分类管理的民主化和科学化。

三、法国

（一）私立教育的发展历程

法国各级教育从幼儿园到大学都有私立性质的学校。在法国私立教育的发展历程中，有四个关于私立学校的"里程碑"法律：1850年《法鲁法》正式确立第二阶段，即中学教育私立学校的法律地位；1886年《戈布莱法》为初等教育，

---

① 李芳：《在同样的舞台上竞争：俄公立、私立高校权利均等》，载《中国教育报》2004年5月14日。

即学前教育和小学教育私立学校办学提供法律保障；1919年《阿斯提埃法》为技术与职业教育中私立办学扫除障碍；1959年《德伯雷法》正式定义了私立学校与国家的关系，并沿用至今。

在中世纪，私立教育或者宗教教育曾经是法国学校教育的唯一形式。直至法国大革命爆发前，国家越来越关注教育问题。19世纪30年代，一场天主教与国家间围绕"公立教育""认知自由"和"知识垄断"的辩论弥漫开来。最终，教育的自由原则得到捍卫。1850年《法鲁法》规定私立学校不再受制于国家，私立学校在中学阶段获得了自主权。① 在随后的20多年里，法国高等教育也确立了教育自由的原则。法国第一帝国和巴黎公社相继溃败促使当局与教会间的联系更为紧密，教会则趁机加强了对高等教育的影响，打破国家对高等教育的垄断。1875年《拉布莱伊法》颁布，对高等私立教育机构的自由开设做出了明确的规定。根据法律，一所汇集了三个学院的教育机构均可建为自由大学，并可经由审查委员会发放学位，审查委员会由自由教育和公立教育的教授组成。拉布莱伊法的出台为教会带来了显著的胜利，从此教会教育便可由学前教育一直延伸至高等教育，由此巴黎、昂热、里尔、里昂和图卢兹5个城市都建立了天主教自由大学，但教会学校的学费高昂。1882~1886年颁布实施的《费里法》，成为法国基础教育与宗教教育的分水岭。1882年《费里法》确立了教育的"世俗化"原则，公立教育禁止任何宗教课程，取而代之以道德和公民教育，宗教教育被移至家庭教育、私立教育领域。

第二次世界大战之后，戴高乐总统建立法兰西第五共和国，法国资本主义制度发展加速。1959年的《德伯雷法》是国家与私立教育的一个决定性法案，该法案经过政府与天主教教育代表的重重协商、反复七次的修改，最终于1959年年底正式通过实施。政府通过与私立学校签署协议，向私立学校提供教师工资及部分运转费用补助，购买私立教育为公共服务，实现教学的基本统一、国家教育目的的传达以及教育自由理念的契合。

(二) 各级各类私立学校概况

1. 法国私立学校的类型

教育作为非商业性公共服务可由公共部门提供，也可由个体、私企或其他私立性质的机构在公共部门的资助和监督下提供。私立教育即为私立性质的机构所提供的教育，私立学校可根据不同的学校特点，为学生提供多样化的入学选择。然而，义务教育又是政府不可旁贷的职责，法国政府必须保证每一位学

---

① 王晓辉：《法国私立教育的基本特点》，载《比较教育研究》2002年第9期，第41~46页。

龄青少年（6~16岁）在学校或家庭接受义务教育。为了从一定程度上实行对私立教育的管理，法国政府主要通过"购买"私立教育的方式，从而确保学龄人口入学。政府购买学校教育服务的主要形式为，与私立学校签署协议并给予资助。

法国的私立学校可根据其与政府的契约关系分为两种类型，分别为"与政府签署协议的学校"和"未与政府签署协议的学校"。仅有极少数的私立学校（约为2%）未与政府签订协议，政府不对这类学校进行经费投入，学校自行解决全部费用，教师聘用以及教学计划也由学校自行决定。在与政府签署协议的学校中，又可根据所签协议的类型，分为"与政府签署协作协议"的私立学校和"与政府签署简单协议"的私立学校，前者需按照政府制定的教学大纲实施教学活动，国家负担协议所确定的非寄宿运转费用及教师工资，学校自行筹备校舍建设、维护等其他投资，后者可自行安排教学内容，国家支付有关班级的教师工资。[①]

2. 法国私立学校的数量与规模

截至2013年秋季入学，在学前和小学阶段，法国共有初等教育学校52 580所，其中私立教育学校5 274所，包括幼儿园127所及小学5 147所。中等教育阶段，法国共计初中7 057所，私立初中1 786所；普通高中和技术高中（LEGT）2 642所，其中私立学校1 053所；职业高中1 583所，其中私立学校659所。在高等教育阶段，高校1 525所，其中私立高校约600余所；开设高级技术员班（STS）中学共2 334所，其中私立中学942所；开设高级预备班（CPGE）中学451所，其中私立中学97所。

在学生人数上，学前阶段，258.09万名学生中，31.37万学生在私立幼儿园就读，占总学生数12.2%；小学阶段，共计413.26万名学生，其中私立学校学生58.05万名，占14%；初中阶段共计323.76万名学生，私立初中学生69.38万名，比率为21.4%；普通高中和技术高中的学生共计147.06万名，其中私立学校接纳31.38万名学生，职业高中总计67.03万名学生，其中私立学校计14.50万名学生，高中阶段私立学校学生均占总数21.6%。

在学校规模上，私立幼儿园大多数规模较小，45.7%的学校为1~2个班级，40.2%为3~5个班级；高等教育阶段，私立学校以大学校为代表，更是秉持"精英教育"原则，每所学校学生人数在千人左右（见表2-3）。

---

① 张为宇：《法国政府购买私立学校教育服务解析》，载《世界教育信息》2013年第21期，第51~57页。

表 2-3　　法国各阶段私立学校情况及私立学校学生情况

教育阶段	教育等级	学校数量（所）	学校权重（%）	学生人数（万人）	学生比重（%）
第一阶段	幼儿园	127	10.03	31.37	12.2
	小学	5 147		58.05	14
第二阶段	初中	1 786	25.31	69.38	21.4
	普通高中和技术高中	1 053	39.86	31.38	21.6
	职业高中	659	41.63	14.50	21.6
中学会考后阶段	高级技术员班	942	40.36	—	—
	高级预备班	97	21.51	—	—

根据不同的宗教和民族类型，私立学校的学校数量、接纳学生人数和与政府签署协议的学校所占比例如表 2-4 所示。

表 2-4　　不同宗教类别学校数及在校生数

学校类型	学校数量（所）	学生人数（人）	协议学校所占比例（%）
天主教学校	8 980	2 034 000	97.35
犹太学校	85	23 000	1.25
新教学校	4	2 200	0.10
穆斯林学校	2	270	0.02
世俗化学校	115	90 000	1.25

（三）私立学校分类管理政策

法国法律禁止营利性教育，但在现实操作中，上面提到的"未与政府签署协议的学校"作为一种营利性学校存在，学校财务、教学、人事等实行基于商业法原则的完全自理。同时，法国在非营利性私立学校系统内部将纯公益性私立学校与其他私立学校进行区分。法律规定，（非营利性）私立学校的性质可以是一般性商业组织、协会或基金会，但为了彰显其纯公益性而获得政府资助，绝大多数的私立学校举办人选择将学校注册为协会。

1. 财政政策

学业成本在不同的教育机构不尽相同。私立学校的费用被明确区分为运转费用和投资费用。除托儿所、自修室、半寄宿学校和寄宿学校费用由学生家长承担外，其他与政府签署协议的教育机构的非寄宿运转费用及教师工资都由国家负担。

2013年，法国政府在第一阶段公立教育投入187.484亿欧元财政经费，在第二阶段公立教育投入298.809亿欧元财政经费，第一阶段和第二阶段私立教育合计投入70.846亿欧元财政经费；高等教育及科研阶段私立教育经费0.812亿欧元。根据2014年的法国政府财政预算法案，预计2014财年法国政府向第一阶段公立教育拨款192.603亿欧元，较上一年度增长2.7%，第二阶段公立教育304.702亿欧元，同比增长2.0%；第一阶段及第二阶段私立教育共计71.018亿欧元，增长0.2%；高等教育及科研阶段对私立教育的经费为0.797亿，较去年下降1.7%。

根据教育部统计数据，2012年，第一阶段（幼儿园及小学）公立教育机构经费53.5%来自国家，41.5%来自地方团体，5.0%来自其他（包括其他行政部门、企业、家庭及其他资金来源）；私立教育机构经费51.6%来自国家，23.5%来自地方团体，24.9%来自其他，私立教育机构接受的地方教育资源明显减少。第二阶段公立教育机构经费71.2%来自国家，22.8%来自地方团体，6.0%来自其他；私立教育机构经费66.7%来自国家，9.0%来自地方团体，24.3%来自其他，私立教育与公立教育经费来源主要差距仍体现在地方团体和其他资金来源上，但主要资金来源还是国家。但进入高等教育阶段，私立学校与公立学校的资金来源则显示出明显的区别：公立教育机构经费77.7%来自国家，7.4%来自地方团体，14.9%来自其他；私立教育机构经费10.4%来自国家，14.5%来自地方团体，但主要资金75.1%来自其他，即私立学校3/4的经费由非政府部门资助。

2. 税收政策

法国法律规定，学校是以非营利性机构来注册的，私立学校除附属性商业行为外，不缴纳商业性税收（包括增值税、企业税、企业应向国家缴纳的教育税等），但仍有以下要求：一是学校学费等收入不能作为个人分配（分配对象指学校的拥有者，被雇人员的工资除外），而是投入学校的再运行；二是学校拥有者具有义务性质，具体来讲，学校拥有者或学校所属社团负责人的个人报酬不得超过法国政府规定的最高工资限额的3/4；学校不求助于商业手段（如商业广告）进行运作。在学校财务制度方面的基本规定为：一是学校须向当地工商会下属的企业规范中心备案；二是学校的每笔收入支出均记录在账，收付需开具发票或可以代替发票的证明；三是按年度就全部账目向税务部门申报，缴纳应缴税款，出现问题接受后者的调查。[①]

---

① 王文新：《法国政府对私立学校的管理》，载《教育发展研究》2003年第11期，第79~81页。

宏观层面上，法国通过向企业征收"学习税"，完成政府教育经费的部分筹集，企业以强制缴纳学习税的形式承担社会责任。学习税的征税对象为企业职工上一年度工资净收入，税率为0.5%，该税目税收收入计入国家预算。法国政府更多地是将这部分收入以补助形式二次分发给职业或技术教育机构。据统计，2012年，法国政府共实现学习税收入11.955亿欧元，并对其进行教育经费的再次分配，其中52.2%的学习税收入分配给准备职业能力证书（CAP）的职业学校，10.9%至第二阶段公立学校，6.8%至第二阶段与政府签订协议的私立学校，2.2%至第二阶段未与政府签署协议的私立学校，12.2%至高等教育公立教育机构，15.6%至高等教育私立教育机构。中等职业教育和高等教育机构作为学习税的主要受益人，在经费上受到企业的支持。

3. 收费管理

私立学校若与政府签署协议，国家向其提供协议所确定的非寄宿运转费用补助和教师工资，私立学校可以向学生家庭收取一定的学费保障学校的运转，但法律规定，学校是非营利性质的，学校的财务受国家严格监督，因此私立学校收费额度并非没有上限。

私立学校在财政上受国家支持的少，但并不意味着其收费比公立学校高。据国民教育部数据显示，2007年，公立高中的高级预备班费用为13 880欧元，而在未与政府签署协议私立学校，尽管没有公共补助，学生仅需花费7 180欧元。据分析，不论在公立学校还是私立学校，学生接受相同时间的教学，私立学校的教学结果并不比公立学校差，私立学校的教师更为负责，学生出勤率远高于公立学校。可见，公立学校学生高昂的费用实际上是教育价格的高估和资源的浪费，私立学校可以以更低的价格完成相似质量，甚至更高质量的教学。

4. 办学许可

第一，基础教育。所有想要开办私立学校的个人必须预先向拟创办学校所处市（镇）的市（镇）长申报其意图，并向市（镇）长指明学校场地。市（镇）长立即将申报的收据交给申办人，并将申报张贴在市政府门前公示一个月时间。如果市（镇）长判断学校地址不适宜，因申办人道德情况或卫生条件，市（镇）长在8日内对办学提出异议，并通知申请者。在校址变更或招收内部学生的情况下，相同的申报必须完成。申办人将上述申报提交至省级国家代表、国家行政管理机构教育部门和检察机关备案，上交国家行政管理机构教育部门的申报附带以下材料：出生公证、文凭、犯罪记录摘要、居住地址、近10年从事职业以及学校规划图；若申办人属于某一团体，提交一份该团体章程复印件。

国家行政管理机构教育部门，或办公室，或检察机关，可以因申办人道德情况或卫生条件对开办私立学校提出异议。如果申办人是公立学校教师，意图在其从事教师工作的市镇开办私立学校，可以因有碍公共秩序提出异议。自申报接收日起为期一个月到期时，没有异议，学校可以开办。开办私立学校的异议由国民教育学术委员会于1个月期限内定夺，申办人不服裁决，可向国民教育委员会和行政法院上诉。

第二，中等教育。私立学校的申办过程相似，但具有更高的申办条件。在申办人资格上，法律要求申办人必须为法国人，或为欧盟成员国或其他欧洲经济区国家侨民，申办人年满25周岁。来自以上国家不具有法国国籍的外国人，办学或管理学校资格由国民教育学术委员会裁决。申办人向学校所在学区的学区长提出申报，并提交以下材料：工作证明、中学毕业考试证书，或本科证书，或中等教育同等能力水平证明、学校规划图及办学意图指示书。

中等职业教育阶段私立学校的申办与私立中学的申办相似，对申办人资格没有明确要求。高等职业教育私立学校的申办需要得到国家负责教育部门的认可，需提交教学计划和课程。国家可以通过奖学金、补助或运转费用的方式参与私立学校的管理。

第三，高等教育。私立学校的申办过程相似，但具有更高的申办条件。在申办人资格上，法律要求申办人必须为法国人，或为欧盟成员国或其他欧洲经济区国家侨民，申办人年满25周岁，未被剥夺公民权利，无犯罪记录。依法成立的团体也可申请开办私立学校，申办团体需在申报中列出姓名、职业、团体创办人和行政人员的家庭、聚会的场所和团体章程。该申报需提交至学区长、省级国家代表、国家行政管理机构教育部门和检察机关。高等教育私立学校开设课程必须提交申报，指明课程教学者的姓名、资格及家庭、上课地点、教学目的。申报提交至学区长，学区长立即将申报的收据交给课程申报人，课程只能在获得收据后的10天后开始进行。

高等教育私立学校至少由3人管理，开办学校的申办中指明行政管理者的姓名、资格及家庭、在学校中的职位和地位。若管理者之一遇死亡或退休，其职位需在6个月内被替换。高等教育私立学校每年需向指定部门上报教师名单及课程计划，学校博士学衔的教师数量至少与高等教育公立学校所有的最少教师数量持平。若高等教育私立学校属于某一个人或某一团体，它可以以"自由学院"命名，并加带可以指明其专业特长的词语。在高等教育阶段，私立教育的情况较为特殊。首先，私立高等教育机构不可以"大学"命名，"大学"只保留给公共教育机构。其次，学位的颁发是由国家所垄断的，仅国家可以颁发"业士""学士""硕士"和"博士"学位证书。私立学校无权颁发学位，只可授予学业合格者学业完成证明或证书，其法律价值可能不被国家承认。

四、澳大利亚

(一) 私立教育的发展历程

澳大利亚的私立教育起始于英国殖民时期。18世纪后半叶，英国殖民者进入澳洲大陆，教会开始创办私立学校，成为教化民众的重要机构。可以说，教会学校是澳大利亚最早的私立学校，也是最主要的一种私立教育形式，至今仍产生着重要影响。[①] 1872年，维多利亚州率先通过《教育法》建立了免费、世俗的公立教育，接下来的20年里，其他各州纷纷效仿并逐步形成了虽落后却较为完整的公立学校教育体制，大大削弱了教会对学校的控制和影响。然而私立学校从未退出澳大利亚的舞台，1901年独立时，澳大利亚保持着公立学校和私立学校并存的二元化教育体制，随着时间的推移，私立学校又发展出新的类型，如独立中学、国际中学等。

澳大利亚的现代教育根植于英国。受英国传统的影响，私立教育虽然具有比公立教育更悠久的历史，但在国家教育系统中仍然具有明显的补充色彩。澳大利亚近现代教育史上，四次重要的教育改革影响了私立教育的发展。[②] 一是19世纪中后期的全国教育改革，旨在"变宗教教育为世俗教育，变收费教育为免费教育，变教会教育为州立教育"。在促进教育的世俗化、免费化和公立化的过程中，"废除州政府对教会学校的资助"等条款对私立教育产生了较大影响。二是20世纪初英国结束对澳大利亚的殖民统治，澳大利亚成为联邦自治领地，新政权开始了旨在提高教育质量的教育改革。这次改革再一次确立了公私立学校的平等法律地位，各州政府也通过对私立学校与公立学校实行相同的（重新）注册制度，加强了对私立学校的管控。三是1947年以杜威的实用主义理论为指导的教育改革，私立教育整体上并无大的变动，但实用主义教育理论与宗教教育传统不断产生价值冲突，甚至一些倡导实用主义理论的校长被迫下台。四是1963年联邦政府选举中，总理向民众许诺实行"大学奖学金"和"科技教育拨款"，而不区分学校的公私立属性。这届政府上台后兑现了承诺，其开展的教育改革改变了过去100多年不资助私立学校的法律和政策。虽然政府资助私立学校的改革直到今天仍在饱受争议，但在此之后的几届联邦政府，其教育政策基本延续以上四次教育改革确立的私立教育发展原则，即"公私立学校平等"和"政府资助私立学校"。有

[①] 王炳照：《中国私学·私立学校·民办教育研究》，山东教育出版社2002年版，第743页。
[②] 谢安邦、曲艺主：《外国私立教育》，中国社会科学出版社2003年版，第298页。

幸的是，在高度的地方分权教育管理体制下，联邦政府的宏观政策得到了州政府具体的资助方案的支持，这使得澳大利亚私立教育在数量和在校生人数所占比例不高的情况下，也能与公立教育相互促进、协同发展，并以更为灵活的办学体制拓展如国际教育、职业教育等非传统生存空间。

值得说明的是，澳大利亚习惯用"非政府学校"指代非营利性的私立学校，而"私立学校"则含有营利性含义。实际上，澳大利亚绝大多数的私立学校是非营利性的。为了行文方便，本章仍然使用"私立学校"这一概念。

（二）各级各类私立学校概况

私立教育在澳大利亚各个层级的教育中都存在。早期的初等教育基本上都是私立学校，后来因政府推动初等教育公立化以及普及义务教育，私立初等教育的机构数和在校生数比例大幅下降。在中等教育阶段，公私立学校更为趋同，其中一些私立中等教育机构沿袭了英国的教育体系，治学严谨，具有极高的教育质量。私立中学主要包括传统教会学校、精英型独立中学、大学附属中学三种。在高等教育阶段，直到20世纪80年代末90年代初澳大利亚才允许兴办私立大学，但私立高等教育发展缓慢，与私立中等教育也缺乏紧密的联系。

1. 基础教育

2013年，澳大利亚公立学校在小学和中学的比例分别为76.8%和74%。根据2013年统计数据，澳大利亚中小学共有9 427所，其中公立学校6 697所，占学校总数的71%；私立学校有2 730所，占29%，其中天主教学校和独立学校分别占18.2%和10.8%。虽然公立教育是澳大利亚学校教育体系的主体，但私立学校的学生数和学生比例一直呈不断增长之势。从学校就读人数来看，公立学校的学生数为2 375 024人，占总人数的比例为65.1%，私立学校学生数为1 270 495人，占总人数的34.9%，其中天主教学校学生和独立学校学生分别占20.6%和14.3%。公立学校的平均就读人数为370人，私立学校为479人。从师生比例来看，公立学校的师生比例是1∶15.4（小学）、1∶12.4（中学），独立学校的师生比例1∶14.7（小学）、1∶10.4（中学）；天主教学校的师生比例最高为1∶17.2（小学）、1∶12.7（中学）。从学生来源来看，公立学校中来自低收入家庭的学生是高收入家庭的学生的2倍，独立学校中来自高收入家庭的学生数是低收入家庭学生的2倍，入读天主教学校的学生则多来自于澳大利亚的中产阶级，公私立学校生源家庭背景的差异在中学阶段更甚于小学阶段。[①]

---

① ABS. Stratistics of students ［EB/OL］［2015 - 07 - 25］. http：//www. abs. gov. au/ausstats/abs@. nsf/Lookup/4221. 0main + features4201.

2. 高等教育

澳大利亚的私立高等教育机构主要有两种类型，一种是"完全的私立高校"，即完全由私人或群体投资举办的独立高等教育机构；另一种是"混合的私立高校"，即附设在公立大学之下，由私人出资，由公立大学提供收费许可证和授予课程的高等教育机构。① 另外，还存在一些非大学层次的私立高等教育机构，又被称为高等教育自治机构，其机构名称包含于澳大利亚学历资格评定框架署登记册（AQFR）中，可为完成课程的学生提供高等教育荣誉。这类机构一般被认为具有营利性质。

截至 2014 年，澳大利亚共有 41 所完全大学，其中 38 所为公立大学，3 所为私立大学，大学在校生数（不包含国际学生）首次超过 100 万。另外，澳大利亚还有 2 所国际高等教育院校和 130 余所高等教育课程提供机构。由于私立高等教育主要集中在非大学层次，虽在校生规模庞大，但缺乏精确数据统计。根据联合国教科文组织（UNESCO）统计，2004 年澳大利亚私立高等教育机构在校生数不到全国高校学生总数的 10%，近年来私立高校学生数及其所占总学生数比例不断增加。

（三）私立学校分类管理政策

澳大利亚联邦法律禁止私立学校以营利为目的办学。原则上，私立学校是非营利性的，具有作为慈善机构的法律地位，可以享受各项优惠税务政策，且以办学为目的的募捐筹款，无须纳税。2004 年，澳大利亚开始实行地区试点，从州和地方政府层面给予营利性高等教育机构以合法生存空间。由于澳大利亚是联邦制国家，实行教育分权制度，教育行政下放到州（领地），对营利性高等教育的试点先行并不影响联邦政府对私立教育的宏观监管和问责。总体而言，澳大利亚私立学校分类管理主要通过财政拨款和政府监管两大政策工具实现。

1. 财政拨款

第一，基础教育领域。长期以来，澳大利亚都有着私学公助的传统。联邦政府与各州（领地）政府就基础教育拨款机制问题达成协议：联邦政府主要承担私立学校的财政拨款，是私立学校政府经费支持的主要来源；各州和领地政府主要承担公立学校的主要办学经费，联邦政府仅提供一些补贴和专项拨款。

联邦政府对于私立学校的资助主要包括：一是经常性拨款，用于帮助私立学校支付学校教职员工的工资、教师专业发展、课程发展、学校维持和运行等经常

---

① 祝怀新：《澳大利亚私立高等教育的发展及启示》，载《教育发展研究》2001 年第 10 期，第 68～70 页。

性费用，以及为新创办的私立学校提供开办初期的建设拨款；二是资本拨款，用于私立学校教学楼、学生宿舍、图书、教学基本设施等学校硬件更新维护；三是危机过渡拨款，主要向那些出现意外情况导致短期经费严重困难的私立学校提供经费资助；① 四是针对性项目拨款，被指定用于当时被认为是有价值的教育计划的联邦拨款，具有较强的任意性。除了联邦政府对私立学校进行拨款以外，各州也为私立学校提供经常性拨款。

值得注意的是，澳大利亚对私立中小学的财政资助既没有采取欧美发达国家流行的教育券法，也没有采取较为简单的生均拨款，反而采取计算复杂、几经变化的直接拨款标准。1973 年澳大利亚教育委员会主席发表了《澳大利亚的学校》报告，制定了一套针对私立学校进行分类和拨款的制度。从 1974 年开始，澳大利亚所有私立学校的学生都能获得基于需要的、以公立学校生均经费为标准的，有 15% ~ 70% 的生均经费补贴。1985 年，澳大利亚政府出台"新学校政策"要求私立学校需经过政府严格的评估才可能获得政府的经费拨款，而评价指标则包括学校的最低招生人数、地理位置以及是否可能会影响邻近学校发展等。1996 ~ 2007 年霍华德政府时期，废除了"新学校政策"，再度明确了对私立学校持鼓励和支持的态度，并且联邦政府还愿意为新建的私立学校提供两年的基建补助费用，特别鼓励建立愿意接受低收入家庭女子入学的私立学校。

21 世纪之初，霍华德政府颁布了《2000 年国家拨款（初等和中等教育援助）法案》，提出了私立学校所获得的日常办学经费将由两个方面决定：一是公立中小学的日常办学经费；二是私立学校学生的家庭背景/经济社会地位（SES）得分，也就是说一所私立学校来自低收入家庭的学生越多，其获得联邦政府的拨款就越多，反之，学校生源多来自高收入家庭，则学校获得的中央政府资助就少。学校 SES 分值计算方式如下：根据私立中小学每个学生家庭所在区域，与 1996 年全国人口普查数据采集区统计数据相对应，得到四个维度，即学生家庭收入、父母受教育程度、职业以及有未成年成员的家庭的平均收入，每个维度取平均值，然后按公式（SES 得分 = 职业维度/3 + 教育维度/3 + 家庭收入维度/6 + 有未成年儿童家庭收入/6），计算学校的 SES 得分，四舍五入取整数即为 SES 得分。为保证新的私立学校资助模式顺利实施，联邦政府承诺新模式下私立学校得到的政府资助不会比过去少。平均来看，自 SES 模式实施以来，私立学校得到的政府资助按生均费用来算是公立学校的 13.7% ~ 70%。②

---

① 汪霞：《发达国家义务教育发展现状》，南京大学出版社 2012 年版，第 137 页。
② ISCA. Independent Schooling in Australia Core Messages 2014 [EB/OL] [2015 - 07 - 25]. http：//isca. edu. au/wp-content/uploads/2011/07/2014 - Independent - Update - 1 - Core - Messages. pdf.

2011年12月，澳大利亚学校资助审议委员会出台的《学校教育资助评议报告》将澳大利亚在国际学生成就评价中排名的下滑归咎于政府对学校资助方式的不合理。2013年，澳大利亚政府颁布了《2013年澳大利亚教育法》，法律要求对公私立学校的资助方式统一采取学校资源标准模式（School Resource Standard，SRS），新办法于2014年1月开始执行。根据新模式，澳大利亚对私立学校的经费资助包含日常办学经费和附加补助经费两个部分。日常办学经费不足部分不再按照生均公用经费拨款，而是按照学校评估为良好的学校资源使用情况确定拨款基数，所有公立学校都可以获得这一补助基数，而私立学校获得的补助经费则按照所在社区所能够承担的办学经费的能力而决定，同时政府还会根据六种情况来增加对私立学校及其学生的支持：学校有残疾学生、学校有土著和托雷斯海峡岛民（ATSI）学生、学校学生的SES得分较低、学校学生的英语水平较差、学校的地理位置情况、学校规模，每种情况都有特定的计算公式。另外新的资助模式更加注重向弱势群体倾斜，私立特殊学校可以享受和公立学校同等的政府资助。

第二，高等教育领域。与基础教育阶段给予私立学校直接拨款不同，联邦政府对私立高等教育的资助以间接方式为主，即通过对学生的资助，使得私立高校间接受益。20世纪80年代后期实行高等教育成本分担制度以后，私立高校的高额学费成为学生及其家庭的负担。2003年12月，澳大利亚议会通过了《高等教育支持法案2003》，针对高等院校提出了联邦拨款计划、其他拨款和联邦奖学金拨款三种拨款形式。私立大学在校生可获得的高等教育奖学金计划包括"联邦学习奖学金"（CLS）和"澳大利亚研究生奖学金"（APA）。2005年，澳大利亚政府又推出与《高等教育支持法案》配套实施的"高等教育贷款计划"（HELP）。这一计划以美国第四拨款计划（Title IV）为蓝本，确立了向所有合规院校的学生提供资助的政策基础。《高等教育支持法案》（HESA）所核准的私立大学和营利性或非营利性非自治高等教育机构，都属于合规院校，学生都可以申请高等教育分担贷款（HECS - HELP）、全额付费贷款（FEE - HELP）和海外学习贷款（OS - HELP）。

联邦政府也会对私立高校予以直接拨款。从1994年起，联邦政府将原来对私立高等教育的经常性拨款和基建拨款合并成为"一揽子拨款"，主要包括教学拨款、科研拨款和学生贡献计划三个部分。邦德大学、圣母大学等私立大学都曾获得过研究设施综合拨款、研究生荣誉拨款、研究训练计划等专项拨款。2014年，联邦政府表示或将首度向私立大学开放"联邦资助计划"（Federal Funding Plan），将使私立大学、高等教育提供机构及非大学院校有机会获得每年60亿澳元的资助金。另外，经澳大利亚学历资格评定框架署（AQF）认证的营利性高等教育培训机构，也可以获得政府拨付的启动经费。①

2. 政府监管

第一，基础教育领域。澳大利亚政府对私立中小学校的监管主要体现在以下5个方面。

（1）登记注册。所有私立学校都必须到教育主管部门注册登记，申请者需以书面形式提出申请报告，就办学目标、学校位置、课程设置、学习时间、校舍设备、师资力量、招生程序、经费来源以及学校规划等做出详细的说明，地方教育部门在全面考察，并经州以及教育部审批核准后，才允许招生。审核的标准包括申请学校的治理框架是否合法、管理者是否具备经营学校的资格和能力、新学校是否可能会对其他学校造成不利后果等。如果学校希望获得公共经费资助，必须要在申请中注明学校的非营利性质，即办学收益不能用于分配，必须用于促进学校发展的目的。

（2）经费使用。私立学校须向联邦政府和州政府报告公共财政的使用情况，接受政府对拨款经费的监督，如西澳洲政府规定，私立学校要向教育部门按时提交报告，内容包括学校财务报表审计和独立财务报告、学年经营费用、贷款协议计划表、财产租赁协议、教师工资或学校管理人员薪酬情况、学校商业计划、未来3~5年的预算以及保险政策等。

（3）教学质量和课程内容。2000年，澳大利亚《2000国家拨款（初等和中等教育援助）法案规定》规定，获得政府资助的学校须登记在册并在获得资助前由学校与相关当局签订一份协议，要求私立中小学与国家教育目标保持一致，并接受相关部门的检查和评估。2010年通过的《澳大利亚课程纲要》，规定全国所有学校将从2013年起全面实施基础教育国家统一课程大纲，私立学校也要执行。

（4）统一考试。所有公私立学校需要参加国家学业评估项目，其中包括语文和数学国家评估项目、国家评估项目、国际学生评估项目、国际数学和科学评测趋势项目、国际阅读素养进展项目、国际计算机和信息素养项目等。

（5）信息共享。接受财政资助的私立学校，须定期登记报告学校具体信息，包括背景信息（学校的宗教属性、学校位置、学生数、特殊学生数等）；能力信息（学校收入、教学和非教学人员人数、全日制教师数等）；成就信息（包括学生出勤率、NAPLAN学业评估结果、进入高等教育以及职业教育的学生数等）；向联邦政府提供国家层面《学校成就报告》所需信息，主要涉及1~10年级学生性别、社会经济背景、语言、地理位置、残疾情况和学生学业表现等；向家长定

---

① 戴成林：《澳大利亚私立高等教育发展研究》，四川师范大学学位论文，2008年第48~49页。

期汇报学生的学业表现情况,具体的形式可以不同。

第二,高等教育。联邦政府对私立高等教育采取自由放任的态度,各州态度不一,有些州将私立高等教育纳入企业自由体系予以最大程度的独立性,有些州则将之纳入国民教育体系予以严格监管。总体而言,政府主要中介组织对私立高校办学质量和学术水平进行监督。1999年颁布的《高等教育质量保障框架》把高等教育中应有的教学质量、研究质量、培训质量、评价与监督全部纳入进来。这种全方位的质量保证机制不仅适用于公立高等教育机构,同时也是私立高等教育机构办学过程中要遵循的程序。与此同时,州、领地政府根据有关规定负责所属高校的资格认定;高校负责自身的内部管理和质量保证;大学质量保证署(AUQA)负责开展外部质量检查,与联邦政府共同构筑私立高等教育质量的防护网。"学历资格评定框架署"则负责对私立高校开设课程、授予学位的资格进行评定和登记,再经由政府授权当局认可相关资格。在微观学生学习和就业层面,各私立高等教育机构的学术委员会和管理委员会要定期对新设专业课程及其课题项目进行审查与评价;学生参与对教学效果的评定;校外学术评价员参与对各类学生学术论文的审查并通过对用人单位和学生进行调查以了解双方满意度和学生知识能力的适应性问题。

五、日本

(一) 私立教育的发展历程

日本的教育机构主要有国立、公立和私立三种形式。其中,私立教育历史悠久,几乎与日本近代教育制度的确立同时产生。一般认为,私塾是日本私立学校的起源。[①] 江户时代又出现与私塾类似的寺子屋,主要教授读、写、算(珠算和笔算)等实用技能。明治维新初年,日本政府对教育制度进行改革,模仿欧美国家建立公立学校体系,并于1872年颁布了新的学制,将约4 600所私立小学改编为公立学校。1899年,日本颁布《私立学校令》,明确了私立学校在国家教育中的地位,并对私立学校的设置、办学、管理等作出规定。1905年,政府颁布《专科学校令》,将专科学校纳入正规高等教育系统,并给予私立教育与公立教育相同的地位。这一时期,私立教育在医学、法律、语言等专门领域发展迅速,许多私立专科学校相继建立,其中包括比较著名的私立东京专科学校(即现在的早稻田大学)等。1918年颁布的《大学令》,正式允许设置私立高中和大学,但创

---

① 王桂:《日本教育史》,吉林教育出版社1992年版,第29页。

办私立大学须向文部省缴纳 50 万日元的高额保证金。

"二战"投降后,日本于 1946 年发布美国教育使节团报告书,教育备忘录部分明确了国立、公立和私立学校的平等地位。1947 年颁布的《教育基本法》进一步明确了私立学校的公共性质,强调了私立学校的办学自主性。在战后日本的教育民主化改革进程中,政府出台了一系列专门针对私立教育的法律法规,如 1949 年的《私立学校法》、1957 年的《关于给予私立大学研究设置国家补助的法律》、1970 年的《日本私学振兴财团法》(1997 年修订为《日本私立学校振兴共济事业团法》)、1971 年的《学校法人会计基准》、1975 年的《私立学校振兴助成法》、1976 年的《私立学校振兴援助法实行令》等。仅从以上法律的名称就可看出,战后日本私立学校教育法规主要以为私立学校提供公共援助为主题。这主要是因为,战后的私立学校在经济上面临极大的困难,整顿和重建这些学校需要强大的资金支持。日本政府甚至为私立学校专门建立了一个金融机构,负责向私立学校法人实施贷款等经济援助,又为私立学校教职工专门设置了特别共济制度,并成立财团法人私立学校振兴会负责处理这两项事务。① 除了政府援助外,这些法律法规还涉及私立学校的性质、登记注册、学校管理、变更与解散、学校财务以及政府监管等多个方面,② 为战后日本私立教育的健康发展提供了最重要保障。

(二) 各级各类私立学校概况

日本私立教育在学校教育中具有举足轻重的作用,涵盖了从幼儿园到高等教育各个层次,以及从普通教育到职业教育、成人教育各个领域。私立学校数量多,呈现中间小、两头大的特征,即私立中小学机构数和在校生数比重相对较小,私立幼儿园和私立高校所占比重较大。总体而言,除义务教育阶段外,私立学校在各类学校中都占据较大比例,尤其是承担着高等教育的大部分和绝大部分职业技术教育和成人教育。

1. 学前教育

日本的学前教育机构包括以文部省主管的幼儿园和隶属厚生省的保育所,但保育所是一种儿童福利设施,不是学校。因此,严格意义上的学前教育机构只有幼儿园。根据文部省公布的调查数据,截至 2015 年,日本共有幼儿园 11 676 所,其中国立幼儿园 49 所,公立幼儿园 4 321 所,私立幼儿园 7 306 所。2005~2015 年,日本幼儿园总数稳重有增,私立幼儿园数也在不断增加(见表 2-5)。

---

① 刘翠荣:《私立学校在日本学校教育中的地位和作用》,载《日本教育情况》1980 年第 4 期,第 3 页。
② 张爱华:《战后日本私立高等教育法研究》,山东师范大学学位论文,2005 年。

表 2 – 5　　　　日本幼儿园机构数（2005~2015 年）①（所）

年度	幼儿园（总数）	国立	公立	私立
2005	13 949	49	5 546	8 354
2010	13 392	49	5 107	8 236
2011	13 299	49	5 024	8 226
2012	13 170	49	4 924	8 197
2013	13 043	49	4 817	8 177
2014	12 905	49	4 714	8 142
2015	11 676	49	4 321	7 306

2. 初等教育

日本的初等教育是免费义务教育，承担初等教育任务的机构是单一的六年制小学。截至 2015 年，全国共有 20 601 所小学，其中，国立小学 72 所，公立小学 20 302 所，私立小学 227 所。2005~2015 年，全国小学总数稳中有升，私立小学数量则稍有下降（见表 2 – 6）。

表 2 – 6　　　　日本小学机构数（2005~2015 年）②（所）

年度	小学（总数）	国立	公立	私立
2005	23 123	73	22 856（含 385 分校）	194
2010	22 000	74	21 713（含 270 分校）	213
2011	21 721	74	21 431（含 251 分校）	216
2012	21 460	74	21 166（含 232 分校）	220
2013	21 131	74	20 836（含 215 分校）	221
2014	20 852	72	20 558（含 201 分校）	222
2015	20 601	72	20 302（含 189 分校）	227

3. 中等教育

中等教育分两个阶段，即初中 3 年和高中 3 年。初中和小学一样是义务教育机构，所有小学毕业生都升入初中，不需要考试。初中学科分为必修和选修两种。截至 2015 年，全国共有初中 10 484 所（本校 10 402 所，分校 82 所），其中国立初中 73 所，公立初中 9 637 所，私立初中 774 所。2005~2015 年，全国初

---

①② 学校基本调查报告书（文部科学省生涯学习政策局）年刊（文部科学省）［EB/OL］［2015 – 0812］. http: //www. mext. go. jp/component/b_menu/other/_icsFiles/afieldfile/2015/08/06/1360722_02. pdf.

中学校数量稳中有升，私立初中学校数量反而有所下降（见表2－7）。2013年，全国初中在校生共3 536 182人，其中，国立初中在校生31 437人，公立初中在校生3 255 326人，私立初中在校生249 419人。

表2－7　　　　日本初中学校机构数（2005～2015年）①（所）

年度	初中（总数）	国立	公立	私立
2005	11 035	76	10 238（含75分校）	721
2010	10 815	75	9 982（含80分校）	758
2011	10 751	73	9 915（含80分校）	763
2012	10 699	73	9 860（含82分校）	766
2013	10 628	73	9 784（含81分校）	771
2014	10 557	73	9 707（含81分校）	777
2015	10 484	73	9 637（含82分校）	774

高中不属于义务教育范围，但日本已经普及了高中教育。高中分为全日制（3年制，白天上学）和定时制（4年制，晚上上学）两种。初中毕业生须参加每年1～3月份的入学考试，才能进入高中就读。公立学校和私立学校的入学考试不一样。截至2015年，全国共有高中4 939所（本校4 851所，分校88所）。其中，国立高中15所，公立高中3 604所，私立高中1 320所。2005～2015年，全国高中数量有所下降，私立高中也减少了1所（见表2－8）。根据2013年对在校生数的统计，全国共有高中在校生1 125 329人，其中公立高中在校生770 288人；私立高中在校生352 166人。

表2－8　　　　日本高中学校机构数（2005～2015年）②（所）

年度	高中（总数）	国立	公立	私立
2005	5 418	15	4 082	1 321
2010	5 116	15	3 780	1 321
2011	5 060	15	3 724	1 321
2012	5 022	15	3 688	1 319
2013	4 981	15	3 646	1 320
2014	4 963	15	3 628	1 320
2015	4 939	15	3 604	1 320

①②　学校基本调查报告书（文部科学省生涯学习政策局）年刊（文部科学省）[EB/OL]．[2015－0812]．http：//www.mext.go.jp/component/b_menu/other/_icsFiles/afieldfile/2015/08/06/1360722_02.pdf．

4. 高等教育

截至 2015 年，日本共有 779 所本科以上学历的高等教育机构，在校生共 2 859 869 人。其中国立大学 86 所，在校生 627 850 人；公立大学 89 所，在校生 124 910 人；私立大学 604 所，在校生 2 112 291 人。2005～2015 年，全国高校数量稳中有升，私立大学数量也有所增加，占全国高校总数的比例从 76.2% 增长到 77.5%（见表 2-9）。

表 2-9　　日本本科以上高校机构数及学生数（2005～2015 年）[①]

年度	全国 机构数（所）	全国 学生数（人）	国立大学 机构数（所）	国立大学 学生数（人）	公立大学 机构数（所）	公立大学 学生数（人）	私立大学 机构数（占总比例）（%）	私立大学 学生数（人）
2005	726	2 865 051	87	627 850	86	124 910	553（76.2）	2 112 291
2010	778	2 887 414	86	625 048	95	142 523	597（76.7）	2 119 843
2011	780	2 893 489	86	623 304	95	144 182	599（76.8）	2 126 003
2012	783	2 876 134	86	618 134	92	145 578	605（77.3）	2 112 422
2013	782	2 868 872	86	614 783	90	146 160	606（77.5）	2 107 929
2014	781	2 855 529	86	612 509	92	148 042	603（77.2）	2 094 978
2015	779	2 859 869	86	610 694	89	148 762	604（77.5）	2 100 413

还有 346 所专科层次的高等教育机构（2 年制的短期大学），在校生数 132 681 人。其中 18 所为公立大专院校，在校生 6 953 人；328 所为私立大专院校（占全国总数的 94.8%），在校生 125 728 人；尚没有专科层次的国立大学。2005～2015 年，大专院校的机构数和在校生数持续下降，虽然私立院校是大学专科教育的主要承担者，但其在校学生数也从 2005 年的 203 365 人减少到 2015 年的 125 728 人。

另外，日本还有 57 所高等专门学校，在校生 57 611 人。其中，国立高等专门学校 51 所，在校生 51 615 人；公立高等专门学校 3 所，在校生 3 778 人；私立高等专门学校 3 所，在校生 2 218 人。

5. 职业教育

日本的职业技术教育主要由专修学校承担。不同专修学校的入学资格不同，有的学校需要初中毕业，有的学校需要高中毕业。截至 2015 年，日本共有 3 199

[①] 学校基本调查报告书（文部科学省生涯学习政策局）年刊（文部科学省）[EB/OL]．[2015-0812]．http：//www.mext.go.jp/component/b_menu/other/_icsFiles/afieldfile/2015/08/06/1360722_03.pdf.

所专门学校,在校生逾60万人。其中,9所为国立专修学校,193所为公立专门学校,2 997所为私立专门学校。2005~2015年,全国专修学校总数持续下降,私立专修学校数也在不断减少(见表2-10)。

表2-10　　日本专修学校机构数(2005~2015年)①　(所)

年度	专修学校(总数)	国立	公立	私立
2005	3 439	13	201	3 225
2010	3 311	10	203	3 098
2011	3 266	10	200	3 056
2012	3 249	10	199	3 040
2013	3 216	10	196	3 010
2014	3 206	10	195	3 001
2015	3 199	9	193	2 997

(三) 私立学校分类管理政策

日本《学校教育法》规定,小学、中学和大学只能由中央、县、市三级政府和非营利性学校法人举办。国家举办的学校是国立学校,县市举办的学校是公立学校,非营利性社团举办的学校是私立学校。日本政府允许设立营利性教育机构,但不能成为私立学校。也就是说,日本法律框架禁止营利性私立学校,所有私立学校都是非营利性的(hieiri),属于公共事业组织类别(koeki hojin)。一直以来,私立学校由政府批准设立、监管、拨款和给予专项财政补贴,政府管理私立教育非常严格。21世纪以来,以往被认为是细致、完备的法律法规和行政程序遭到过度管制的诟病。2004年获准成立的第一所营利性大学开启了日本营利性学历教育的先河,但日本营利性和非营利性私立学校分类管理体系与其他国家相比,具有非典型性,即日本的非营利性私立学校在已有法律框架内进行管理,而营利性私立学校在法律框架外进行管理。

1. 营利性私立学校的法律框架外管理

2002年,日本内阁成立"结构改革特区推进部",制定并通过《结构改革特别地区法》,力争通过设立"结构改革特别区"(以下简称特区),鼓励地方发挥各自优势,最大限度地激活各领域的经济活力,最终推动全国范围的结构改革。特区改革涉及日本改革的方方面面,包括经济、财政、教育、物流、研究开发、

---

① 学校基本调查报告书(文部科学省生涯学习政策局)年刊(文部科学省)[EB/OL][2015-0812]. http://www.mext.go.jp/component/b_menu/other/_icsFiles/afieldfile/2015/08/06/1360722_02.pdf.

农业和社会福利等几乎国计民生所有领域。为盘活全国经济，刺激市场行为，特区改革实行审批制，由地方当局和私营部门递交项目计划书，申请进行突破现行法规的地区试点。内阁总理大臣在从受理认定申请之日起 3 个月内须对认定作出处理。经批准的试点项目可随机开展，并于实施至少 1 年后接受评审，效果良好的项目可作为特区改革成果在全国推广。

在教育领域，结构改革特区制度无疑是放松私立学校管制的突破口。与其他领域一样，教育行业也可以不拘泥于原有法律法规关于教育不得营利的限定，私营团体和地方政府都可以提出在特区创建营利性学校的方案。2004 年，曾是日本四大法律预科学校之一的 LEC Tokyo 申请升格成为日本第一所营利性大学，更名为 LEC Legal Mind University，并在创办新大学的硬性指标上首次获得政府的特许，即对其建筑面积、校舍使用等方面予以放宽。同年，原来的创意产业人才培训学校 Digital Hollywood University 也获批成为营利性大学。2006 年又出现了另外 6 所营利性大学。① 建立这些特区的营利性学校试点项目，最终目的是要打破原有体制机制。

所有特区都有明确的免税与补偿机制，如有助于地方经济的特定行业最多可获得 12% 的税率减免和 50% 的企业所得税补偿。但由于各学校当初的提案资料并未公开，不同特区对营利性学校的具体政策尚不明确。可以确定的是，日本的营利性学校改革实行的是"一校一策""一区一策"，还没有因以上提到的特区改革修订教育法，对传统非营利性私立学校的政策也没有大的变动。

2. 非营利性私立学校的法律框架内管理

日本政府自 1946 年就向私立学校提供资助。战后日本政府出资帮助私立学校重建被战争毁坏的校舍，并为之后续发展提供低息贷款。1975 年《私立学校振兴促进法》正式确立了政府对私立学校经常性费用的补助金制度（最高可达学校办学经费的 50%），将以往给予私立学校的资助以法律形式固定下来。

日本政府通过私立学校振兴财团对各级各类私立学校进行财政拨款和贷款补助。由于日本实行教育分权，私立幼儿园、中小学、初级专修学校等由都道府县资助，国家从国库补助金中划拨一部分到都道府县，给予补助。② 私立高校、大专、高等专修学校等由文部科学省提供资助，主要通过机构和非机构资金等渠道实现。对高等教育的机构拨款与学前教育、基础教育、中学教育相同，主要是学校经常费补助、低息贷款和税收优惠三个方面。一般做法是，政府将私立高等教育补助金先按计划拨给私立学校振兴财团，大学向财团申请拨款，由财团根据该

---

① Zajda, J. I., & Geo-JaJa, M. A.. The politics of education reforms. Springer, 2010. 46–50.
② 张兴、欧阳小华、习萍：《国外资助私立学校的理念与模式》，载《外国中小学教育》2002 年第 6 期，第 26~28 页。

学校在计划招生、师生比、教育与研究实施以及教育评估等方面的积分，向各学校实施分配。由于私立高校在日本高等教育的地位举足轻重，政府还为私立高校提供科研项目补贴、学生奖学金基金、学生贷款等非机构资助。此外，日本政府还不定期为私立学校购买设施，免费提供设备，负担教师培训补助或提供特别项目补贴。

私立学校的设置、变更及废止须由政府审批，学校关闭则需要政府出具审理报告书。接受政府资助的私立学校，须接受政府在资金使用等方面的监管。不符合条件的私立学校，政府有权拒绝支付相关补助金。但是，私立学校的招生、学费、课程设置、教师选聘等方面，政府不予限制。

六、通行做法与共性趋势

美国、俄罗斯、法国、澳大利亚、日本五国的私立学校分类管理系统都具有其典型性和特殊性。具体而言：第一，美国具有世界上最成熟的私立教育系统和最清晰的分类管理顶层设计，对营利性与非营利性私立学校的划分主要通过税收系统实现。世界上绝大多数国家对营利性私立学校抱有敌视和警惕的态度，而美国是仅有的平等对待公、私立学校，并将营利性学校纳入奖助系统的国家。第二，俄罗斯私立学校的复苏与急速发展是国内社会变革的产物。相较于世界上大多数国家，俄罗斯私立教育改革不是基于对原有体制的改良，而是在断裂的政体下教育系统的重塑。由于俄罗斯联邦法律没有区分私立学校举办人的所有制形式，国家机关、地方教育管理部门、国营企业创办私立学校的案例极为普遍。虽然法律将所有私立学校全部定性为非营利性学校，但营利性教育在办学实践中广泛存在，且政府向私立学校征收与其他商业组织无异的企业税。第三，法国在维持原有教育法律框架基础上，增加相关管理条款，作为对21世纪以来营利性教育在办学实践中扩张的回应。其独特之处是在法律定义的非营利性私立学校内部，将纯公益性私立学校再做区分，并通过与政府签订协议的方式，实施对签约私立学校的资助和管理。在美国和世界上大多数国家，私立学校"是否进行利润分配"决定了能否有资格得到公共经费；而在法国模式下，"是否接受公共经费"决定了是否可以进行利润分配。这种倒置关系建立在法国政府与私立学校间的平等的契约关系之上，是政府用以履行社会公平和提高资源使用效率的重要福利政策。第四，澳大利亚为适应国际范围内私立高等教育治理趋势，在高等教育领域的非大学层次放开营利性办学，并以地区试点形式进行非营利性和营利性学校分类管理。私立学校分类管理与质量保障机制相互配套，由半官方组织负责的质量评估体系几乎不分公立或私立的。受到政府资助的私立高校必须接受国家质量保障框架的审核,而获得认可的营利性和非营利性私立高校都可通过学生贷款计划而间接获益。第五,日本采取特区改革机制,在维持原有非营利性私立学校法律框架和管理体制的同时,建立常规体制外营利性私立学校管理系统。与其他国家不同,日本尚未致力于建立营利性与非营利性私立学校的分类政策体系。自2004年第一所营利性高校成立以来,改革已10余年,日本政府并没有修订相关法律法规的动议,可见在应对国际趋势和国内现实的同时,对于放弃"教育不得以营利为目的"之基本原则的谨慎与审慎。

但是,这五个代表性国家在回应市场需求、激发私营活力以及完善私立教育管理体系方面,又存在着显著的通行做法和共性趋势。

(一) 力争确立清晰分类的国家标准

各国对私立学校非营利性或营利性身份的界定,主要取决于本国法律对非营利部门的一般定义和教育法规体系对非营利性私立学校的特别定义。以上五个国家都将"利益非分配性"作为鉴别私立学校"是否营利性"的最主要指标。例如,美国法律以"再分配约束"为统一和唯一标准,对非营利性和营利性组织进行明确划分。法国、日本等国家法律框架虽然禁止营利性教育,但仍然在非营利性私立学校系统内部将纯公益性私立学校与其他私立学校进行区分。俄罗斯、澳大利亚的私立教育管理呈现由含糊分类向清晰分类过渡的改革方向。①

(二) 建立健全差别化的支持政策

21世纪以来,各国普遍将非营利私立教育纳入广义的公共教育的组成部分,一方面模糊了学校性质的公/私之分,增加了对非营利性私立学校的政策支持;另一方面明确了学校身份的非营利性/营利性之别,加强了对营利性私立学校的管理。美国、澳大利亚、法国将这种差异化政策上升为法律、法规,构成政府管理私立学校的基本制度。俄罗斯和日本则将通过相关政策文件,说明非营利性和营利性私立学校的差别待遇。以上所有国家都将"税收减免"和"照章纳税"作为非营利性和营利性私立学校的最主要区分政策。

(三) 完善涵盖所有私立学校的教育资助政策

政府是否对非营利性和营利性私立学校提供教育资助,是私立教育发展战略和政策的重要内容。政府对非营利性私立学校的资助可分为非常规资助(如俄罗

---

① 李虔:《国外私立学校分类管理怎么做——世界主要国家的改革经验与启示》,载《教育发展研究》2015年第13期,第103~107页。

斯政府给予私立学校临时性补贴)、间接资助(如美国和澳大利亚向私立学校学生和家长提供的低息贷款和奖学金)、部分资助(如日本和澳大利亚对非营利性私立学校教材、教学仪器、教师进修等方面的资助)、近全额资助(如法国国家财政负责支付非营利性私立学校的教师工资,并根据学校招生情况对学校经营性开支给予补贴)。可以看出,将非营利性私立学校师生群体纳入国家资助,已经成为世界主要国家促进私立教育发展的最主要方式。同时,随着对"营利性教育也具有公益性"这一认识的深化,完善涵盖非营利性和营利性私立学校的教育资助政策,已成为分类管理改革的重要趋势。

(四)建立低门槛、便捷化的政策普惠机制

欧美发达国家分类管理主要依托长期性普惠政策,节制短期性激励政策。美国和澳大利亚不设置过于复杂的分类标准,而主要通过政府拨款和税收优惠两大政策工具引导市场主体的自主选择。两国还将对非营利性私立学校税收优惠产生的税收支出纳入政府公共预算,实行预算、实施、监管和评估的规范化管理流程。而俄罗斯和日本则对短期性、局部性激励政策较为依赖。例如,俄罗斯允许私立高校以股份形式参与各种企业的经济活动,允许其购买股票、债券以及其他有价证券并从中获得收入,但政府对私立学校的管理政策缺乏连贯性,2004年以后完全取消了对私立教育的税收优惠和财政支持。由于刺激性政策较为不稳定,且难以将政策利好均衡地传递到每一所私立学校,建立起低"门槛"、便捷性的政策普惠机制将是分类管理改革的重难点。

(五)淡化行政干预,健全购买服务制度

随着现代教育制度的建立和完善,政府购买私立教育已经成为世界主要国家私立教育改革的重要思路。就国际经验看,政府购买私立教育的类型和内容已经较为丰富,主要包括政府购买教育管理或专业服务、政府购买私立学校"学位"、政府购买基建设施、政府购买私立学校运行服务等。然而,并非所有的私立学校都进入政府购买行列。一是出于部分私立学校的自主选择,最典型的是法国的"合同外私立学校"。二是出于对政府购买营利性教育之合理性的质疑。虽然目前只有美国将营利性学校有限纳入政府购买服务系统,但其他国家也在加强对所有私立学校的鼓励扶持力度,并对学费标准、专业设置、课程安排、校长任命等学术相关问题充分放权,避免直接干预学校发展。

(六)强化以第三方为主的监管机制

政府不断增加对非营利性私立学校的资助强度的同时,也在加强对私立教育

市场的管理和监督。政府正在改变传统以行政和法律手段为主的管理方式，越来越多地在经济上介入私立学校发展。这种情况下，私立学校势必要让渡一定程度的经营自由，以换取更多的资助或优惠待遇。如何平衡私立学校独立办学和政府监管间的关系，成为私立教育发展过程中的重要问题。美国、法国、澳大利亚、日本政府都利用社会和市场的力量，借助非政府或半政府评估组织，确保私立学校发展需求为政府所获悉、政府政策也为私立学校所接纳。这种将政府权力部分让渡给第三方组织的做法，对私立学校分类管理产生越来越重要的影响，势必随着现代国家私立教育治理体系的完善而得到推广。[①]

[①] 李虔：《国外私立学校分类管理怎么做——世界主要国家的改革经验与启示》，载《教育发展研究》2015 年第 13 期，第 103~107 页。

第三章

民办学校分类管理的基础和构想

本章提要：民办学校分类管理是依法管理民办教育的一项重大举措，有利于鼓励和引导民间资金进入教育领域，为各类学校营造公平的政策环境，并最终促进我国民办教育事业持续发展壮大。长期以来，我们没有对民办学校进行营利性和非营利性的分类，主要是在分类管理对维护教育公益性、激发办学动力、完善配套政策等方面的作用存在疑虑。这些担忧既有其合理之处，也是可以通过推进改革加以逐步解决的。现阶段，分类管理的基本条件已经成熟，民办教育事业自身发展的内部矛盾迫切需要分类管理政策的出台，实施民办学校分类管理的外部环境也已经具备。具体路径包括：（1）明确改革目标，坚持多元性、公益性、公平性和效率的改革取向，实现改革红利最大化；（2）统筹各方立场，确立按办学收益、结余、资产不同处置方式区分的分类原则，夯实分类管理改革的民意基础；（3）实行分类登记，统一营利与否的国家标准，明晰源头性问题，带动完善分类管理的系统设计；（4）完善配套政策，实行差别化的政府扶持，明确区别性待遇，引导两类民办学校的政策预期；（5）拓宽筹资渠道，营造公益导向的投融资环境，创新市场化工具，增强分类管理的物质基础；（6）保障师生权益，建立平等但不平均的体制机制，完善普惠性待遇，强化利益相关者的获得感；（7）完善多方治理，实施共同但有区别的监管体系，培育行业性自律，促进两类民办学校的高水平办学；（8）放大改革合力，实行自愿自主的推行策略，统筹多元利益，寻求改革的最大公约数。

民办教育是我国教育事业的重要组成部分。改革开放后，民办教育在扩大教育机会、实现教育公平、增进受教育者的选择性和促进教育多样化发展等方面发挥了积极的作用。自 2010 年 7 月中共中央、国务院颁布《国家中长期教育改革和发展规划纲要（2010～2020 年）》（以下简称《教育规划纲要》）以来，大力支持民办教育、依法管理民办教育成为我国民办教育事业改革发展的主题。其中《教育规划纲要》提出的"积极探索营利性和非营利性民办学校分类管理"[①] 是依法管理民办教育的一项重大举措。2012 年，《教育部关于鼓励和引导民间资金进入教育领域促进民办教育健康发展的实施意见》（教发〔2012〕10 号）强调要"探索完善民办学校分类管理的制度、机制";[②] 2015 年，国务院常务会议讨论通过部分教育法律修正案草案，明确要求对民办学校实行分类管理，允许兴办营利性民办学校，相关法律草案将提请全国人大常委会审议。从政策走向来看，实施分类管理已是大势所趋。有鉴于此，本部分主要致力于回答三个关键问题：第一，对民办学校进行分类管理是否必要；第二，现在对民办学校采取分类管理时机是否成熟；第三，如何推进分类管理的政策实践。

一、背景意义

民办学校分类管理主要指的是对营利性和非营利性民办学校进行分类管理。需要说明的是，这里的"学校"取其广义，它既包括从事《教育法》规定的学校教育的机构，也包括从事社会培训的其他教育机构。近年来，围绕分类管理，学界内外掀起了热烈讨论，其焦点主要在于要不要对我国民办学校进行分类管理，以及如何进行分类管理。对于后者我们留作下文讨论。这里首先需要搞清的是前一个问题，即分类管理是否必要。我国民办教育事业与改革开放相伴而生，至今已经走过 30 余年的历程，而分类管理只是近年来的一个新的提法。那么，为什么直到今天，我们才提出要依据营利性和非营利性对民办学校进行分类呢？进一步追问，民办学校在营利性与非营利性之间的差别，究竟是今天才产生的新情况，还是一个被长期掩盖的老问题？过去我们并未对民办学校进行分类管理，究竟是源于当时民办学校在营利性问题上的差别不明显，还是忽视了这一差异，抑或是出于实施分类管理的时机尚且不够成熟？长期以来，我们没有对民办学校分类管理，产生了何种影响与后果？于是，对上述疑问的思考，就成为我们的任务。

[①] 中共中央、国务院：《国家中长期教育改革和发展规划纲要》（2010 年）。
[②] 教育部：《关于鼓励和引导民间资金进入教育领域促进民办教育健康发展的实施意见》（2012 年）（教发〔2012〕10 号）。

在不同民办学校中间存在营利性与非营利性的分野，显然是分类管理的基本前提。我国长期以来没有对民办学校进行分类管理，并不是因为 30 年来民办学校在营利性与非营利性这个维度上是同质的"铁板一块"，所有的民办学校都自愿不以营利为目的。相反，不少民办学校的举办者始终是抱有营利诉求的。近年来，营利性与公益性之间的矛盾和冲突之所以成为民办教育领域中一个颇为敏感的话题，恰恰是因为并不是所有的民办学校（包括其举办者）都愿意严格恪守非营利的底线，部分民办学校营利的现实诉求与非营利的道德、法律压力始终存在。在这种情况下，分类管理政策之所以缺失，主要缘于在过去的这些年中，反对营利性教育的愿望过于理想化、绝对化，缺少必要的包容，同时也脱离了我国民办学校以投资办学为主要特征的事实。这就导致了法律法规不仅要求民办学校都是非营利的，而且还导致了教育决策均建立在非营利的假定之上，并没有真正关注不同民办学校对营利问题的不同立场。当然，这其中既有历史的局限，也有当时改革尚不够深入、实施分类管理的时机不够成熟的原因。30 年来，我国民办教育在曲折中发展壮大，而因分类管理政策缺失所引致的一些问题也开始逐步显现。因此，实施民办学校分类管理，具有十分重要的意义。

（一）鼓励和引导民间资金进入教育领域

伴随着改革开放进程的深入，我国民间资本持续发展壮大。为此，鼓励和引导民间资金进入教育领域，将成为我国近一段时期的重要政策走向。2010 年 5 月，国务院提出"鼓励民间资本参与发展教育和社会培训事业，支持民间资本兴办高等学校、中小学校、幼儿园、职业教育等各类教育和社会培训机构。"[1] 教育部则在 2012 年出台实施意见指出，鼓励和引导民间资金以多种方式进入学前教育和学历教育领域，参与培训和继续教育，允许境内外资金依法开展中外合作办学。[2] 实施民办学校分类管理，分别完善和落实营利性与非营利性民办学校的政策待遇，将有力促进民间资金进入教育领域，特别是支持捐资办学，鼓励非营利性民办学校发展。

我国的民办教育政策长期以来一直建立在"非营利"的前提之上。如《教育法》第二十五条规定："任何组织和个人不得以营利为目的举办学校及其他教育机构。"[3]《高等教育法》第二十四条同样规定："设立高等学校，应当符合国

---

[1] 国务院：《关于鼓励和引导民间投资健康发展的若干意见》（2010 年）（国发[2010]13 号）。
[2] 教育部：《关于鼓励和引导民间资金进入教育领域促进民办教育健康发展的实施意见》（2012 年）（教民[2012]10 号）。
[3] 全国人民代表大会：《中华人民共和国教育法》（1995 年）。

家高等教育发展规划，符合国家利益和社会公共利益，不得以营利为目的。"①以上两部法律虽然并非专门针对民办教育，但对民办教育同样具有约束力。再以民办教育领域的专门法律法规为例，1997年10月1日起施行的《社会力量办学条例》第六条规定："社会力量举办教育机构，不得以营利为目的。"② 该条例后于2003年9月1日被《民办教育促进法》取代，后者虽然在民办学校营利的态度上有所松动，如第六条和第五十一条分别规定了"国家鼓励捐资办学""民办学校在扣除办学成本、预留发展基金以及按照国家有关规定提取其他的必需的费用后，出资人可以从办学结余中取得合理回报"。③ 但与此前法律法规精神一贯的是，该法同样没有明确允许营利性民办学校存在，更未要求据此对民办学校进行分类管理。

同现行法律法规一直坚称不得以营利为目的举办民办学校相比，长期以来，营利性诉求在我国民办教育领域始终存在，严守非营利界限、丝毫没有营利追求的民办学校并不占据主流。④ 无私的捐资办学尽管与国家倡导的"不以营利为目的"更为切合，但客观上并不居于主导地位，这或许就是为什么《民办教育促进法》在允许民办学校出资人可以在办学结余中取得合理回报的同时，在第六条中又特别规定了"国家鼓励捐资办学"的原因。

显而易见，我国民办教育自改革开放以来，就一直带有投资办学、举办者要求物质回报的特征。而从有关法律、法规和政策的态度看，营利性民办学校却始终处于被禁止的状态。尽管《民办教育促进法》施行至今的10年来，政府对待民办学校营利的态度似有所松动，甚至以允许举办者获得所谓"合理回报"的方式为适当营利创造了灰色空间，但真正的营利性民办学校始终难以获得法律上的承认，政府似乎并不愿公开接受民办教育领域存在营利诉求的现实。然而，既然民办教育从一开始就是以投资办学"起家"的，一些民办学校举办者的营利诉求始终存在，这种诉求并不会因为一份政策法律的禁止而轻易销声匿迹。正是因此，才出现了不少民办学校改头换面，打着"非营利"的幌子实际从事着具有营利色彩的活动。法律法规和政策长期以来忽视了民办教育领域中的营利性诉求，进而忽视了民办学校营利性与非营利性的差别，这也是造成民办学校分类管理政策一直没有提上日程的重要缘由。

今天，不仅在教育观念上，传统"非营利"的思想共识被打破，而且就我国民办教育的发展实践来看，也一直存在着营利性与非营利性的分野。因此，这不

---

① 全国人民代表大会：《中华人民共和国高等教育法》（1998年）。
② 国家教委：《社会力量办学条例》（1997年）。
③ 全国人民代表大会：《中华人民共和国民办教育促进法》（2002年）。
④ 邬大光：《我国民办教育的特殊性与基本特征》，载《教育研究》2007年第1期，第3~8页。

仅需要我们承认营利性教育的观念,而且还进一步要求我们接受本国教育领域存在营利诉求的现实。

(二) 为各类学校营造公平的政策环境

这种公平的政策环境主要包含两个方面。一方面是涉及非营利性民办学校与公办学校之间的公平性。当然,将民办学校进一步划分为营利性和非营利性两类,并分别制定相应的政策,这就意味着我们不应该再泛泛地谈论所谓"民办学校与公办学校的平等地位"问题。通过分类管理,可以落实非营利性民办学校与公办学校的平等地位和平等待遇。另一方面是涉及营利性和非营利性民办学校之间的公平问题。所谓公平,并不是说不管民办学校之间有没有差异。对营利性和非营利性两类民办学校,在合理划分的基础上实施与之相适应的政策,才是公平政策环境的有力体现。

分类管理有助于鼓励、引导和发展非营利民办学校。尽管学界和政界已经认识到我国民办学校更多地是建立在追求物质回报的投资办学而不是纯粹无私的捐资办学的基础之上,推行分类管理政策也就等于默认了营利性民办学校已经存在的这个前提,并且营利性民办学校获得法律承认也开始被提上了日程。但是,使民办学校朝向非营利机构发展,仍然应当成为我国民办教育事业发展的重要方向。这是因为,虽然我们不能把学校的公益性和营利性视作线性反比关系,甚至将公益性诉求意识形态化,拒绝为营利性民办学校留出丝毫空间,但是,无论从教育的性质、民办学校的发展、公众的期待还是社会公共利益最大化来说,民办学校还是以定位于非营利组织或说是第三部门为宜。营利性民办学校自然可以存在,但是却并不适合成为主流。职是之故,针对投资办学是我国改革开放以来民办教育事业发展的主要特征这一事实,通过合理的政策安排,引导、鼓励这些民办学校"非营利转向",就理应成为今后一个时期的重要任务。目前,分类管理政策的缺失更趋于使投资办学或者说那些具有实质性营利性目的的民办学校获益,那么,这样的政策自然也就无助于实现鼓励、引导民办学校"非营利转向"的目标。而"明晰营利与非营利的界限,实行营利性与非营利性民办学校分类管理,可以进一步鼓励和扶持捐资办学,培育真正的公益性民办学校,同时也给营利性民办学校发展留出发展空间。"①

分类管理有助于确保民办学校的校际公平。在民办学校处于分化状态的前提下,一项教育政策公平与否,恰恰不是要抹煞校际差异,对具有不同诉求的民办学校一视同仁。真正要营造公平的政策环境,就是要针对民办学校之间存在的差

---

① 吴霓等:《民办教育分类管理研究报告》,中国教育科学研究院,2014年。

异,分别采取相应的政策措施。那些如经营企业一样经营民办学校追求物质回报的,就不能和那些纯粹不以营利为目的的民办学校享受同等的待遇,后者显然更应该受到优待和扶持,这是彰显公平之根本。当前民办教育政策的不公平性,突出地表现在将所有民办学校均视为非营利性机构,有营利诉求的民办学校与没有营利诉求的民办学校一样对待,以至于使得前者一边享受非营利机构的优惠政策,一边又像营利性机构那样面向市场开展经营。如此"一视同仁"的政策,对民办学校及其举办者来说,营利也就营利了,不去营利也得不到多少关照,捐资办学或者说真正的非营利性民办学校处于弱势地位。部分学校"两边通吃"的局面对于那些真正不以营利为目的的民办学校来说,显然有失公平,将严重挫伤其办学积极性。总之,事与愿违的结果发生了:由于分类管理的缺位,现行民办教育政策尽管并没有承认以营利为目的办学的合法性,但在当下政策中获益的,恰恰是那些具有实质性营利目的或者说是投资办学的民办学校。

(三) 促进我国民办教育事业持续发展壮大

如何对待民办教育、民办学校营利是长期困扰我国民办教育改革发展的一个重要问题。尽管近些年来围绕这方面的争论一直不绝于耳,诸如关于民办学校营利性与公益性之间是否存在矛盾的辨析、民办学校举办者能否取得合理回报等问题,长期以来在学界内外产生了广泛的讨论。究其根本原因,主要是民办教育领域以投资办学为主的事实并不被法律和舆论所包容。这就形成了困扰我国民办教育发展的巨大难题。

教育能否营利,或者说我们是否接受教育的商品化与营利化,是个十分有争议的话题。这是因为它不仅取决于教育本身的属性(即教育本身是否符合商品的特性),而且还关乎公民的基本权利(即将教育作为商品、通过教育营利是否具有社会合法性)。反对教育营利的观点多从教育自身性质和社会公平性出发,认为教育领域不是市场领域,教育作为一种公共物品不应该沦为商品,这不仅是教育作为一种培养人、塑造人的属性决定的,而且教育一旦走入市场、滑向营利,必然会破坏教育公平,损害教育的公共性,无助于公民基本权利的实现。支持教育营利的观点多从教育和商品的共性,以及接受教育市场化与营利化有利于教育自身发展等方面提出主张。特别是伴随着 20 世纪 70 年代末以来新自由主义(neoliberalism)的兴起和经济主义(economism)对教育领域的渗透,这种观点获得了前所未有的市场。当然,还有第三种观点趋于"中庸之道",折中了前述两种相对极端的认识,它既承认教育市场的有限性,又对营利性学校的态度也显得比较温和。

从本质上说,教育和"营利"之间的矛盾确实难以调和。作为旨在塑造人的活动，教育并不适合追求直接的经济回报。教育商品化与营利化是市场逻辑对教育逻辑的僭越和扭曲。然而也应看到，不论我们主观上愿意与否，近年来教育与市场、学校与商业机构之间的界限趋于模糊，营利性教育在许多国家和地区纷纷出现，这已经成为不争的客观事实。例如，美国在1989~2004年的15年间，四年制营利性大学从53所增加到318所，两年制营利性大学从272所增加到490所；而且，从1990~1999年这10年间，美国授予学位的四年制营利性大学比例从3%增至8%，授予学位的两年制营利性大学比例从19%增至28%，一些比较知名的营利性大学还可以授予硕士学位，其中教育管理公司（EDMC）阿加西艺术学院则可以授予博士学位。[①] 与非营利性大学的使命相比，营利性大学的公开目标就是赚钱，其收入前景看好。仍以教育管理公司为例，在2006~2010年5年间，教育管理公司收入翻一番，高达24亿美元。在被高盛集团收购后，教育管理公司于2009年上市，次年4月，高盛所持该公司股票价值就曾高达13.9亿美元之多。[②] 这些事实都提醒我们，尽管从教育自身的逻辑和实现教育公平的目标出发，营利性教育并不值得倡导和鼓励，但营利性教育早已成为我们不得不面对的现实，单纯选择拒绝很难切合实际。

从我国过去很长一段时期的情况来看，我们始终是拒绝营利性教育观念的。无论是我国的法律法规和政策，还是学术界的研究，都普遍认为教育公益性与营利诉求是水火不容的。不论是一般教育政策还是民办教育的专门政策，其背后所尊奉的都是这样一种认识和假定。虽然这种认识和假定很容易占据道德的制高点，但由于它仅仅从理论和理想出发而难以切合实际，因此一旦落实到实践中，就很有可能引发一些问题。这是因为民间举办教育的目的往往是多元化的，既有可能出于不以营利为目的的高尚初衷，也有可能出于营利的现实动机，不能概而论之。我们不能因为主观上认为教育不宜营利，就无视教育营利观和教育营利实践客观存在的事实。在市场化时代，营利性教育毕竟有其存在的空间，决策者一味拒绝接受教育营利观，对民间举办营利性教育的诉求抱着决不允许、赶尽杀绝的态度是不明智的。正确对待教育营利观念，是解决教育与营利二者之间矛盾的一个基本前提。实施分类管理之后，这一问题将迎刃而解，为非营利性民办学校得到大力扶持提供了可能，为营利性民办学校充分发展放开了空间，这对于整个民办教育事业发展本身意义重大。

综上所述，一方面，我国民办教育领域投资办学与捐资办学、营利性教育与非营利性教育鱼龙混杂，具有明显的异质性特征，这早已是既成事实。另一方

---

① 高晓杰：《美国营利性私立高等教育与资本市场》，广东高等教育出版社2008年版，第28~29页。
② 韩梁：《毕业才知营利性大学文凭如废纸》，载《新华每日电讯》2010年9月11日。

面，民办教育的法律、法规和政策却无视上述差异，不允许、不承认营利性民办学校的合法存在，将全部民办学校视为"非营利"的同质"铁板一块"，进而导致对营利性民办学校和非营利性民办学校进行分类管理的政策长期缺位。在此背景下，不少民办学校名实分离，即举非营利之名，行营利之实。当前这种局面，影响了民办学校的形象，阻碍民办教育事业的发展壮大。一般来说，无论是在基础教育领域还是在高等教育领域，大多数公办学校的社会认可程度和生源质量等都要远远好于民办学校。当然，其中包括民办学校实力薄弱，其办学水平难以与公办学校相比的原因，但另一方面的原因也不可忽视，这就是不少民办学校，甚至整个民办教育的声誉都亟待改观。必须承认，社会上对民办教育、民办学校的批评指责并不都是无中生有、空穴来风。当少数民办学校行为失范，往往是自身问题所致；而当整个民办教育系统的声誉普遍面临困境，我们就有必要反思宏观的政策设计是不是出了问题。实际上，民办学校分类管理政策的缺失，正是造成这种局面的重要根源之一。长此以往，受损的显然是整个民办教育事业。

二、现实基础

作为一项重大的教育改革举措，民办学校分类管理政策终于在我国民办教育事业兴办30年之后提上了日程。那么，我们今天是否已经具备了实施这项政策的基础和条件？这要从民办教育自身发展状况和社会环境条件两个方面进行考量。一方面，从民办教育事业自身发展的情况来看，其内部矛盾迫切需要分类管理政策的出台；另一方面，从社会环境条件出发，实施民办学校分类管理的外部条件也已经具备。当然，学界内外对于推行民办学校分类管理还存在一些合理的担忧，但这也是可以通过推进改革加以逐步解决的。总之，当前条件时机正在趋于成熟，民办学校分类管理的举措呼之欲出。

（一）顺应民办教育内部实际类型分化、破解发展"瓶颈"的客观诉求

我们今天之所以需要对民办学校进行分类管理，是因为，首先和民办教育事业自身的发展状况密不可分。第一，民办教育事业的发展规模在过去的30多年中显著扩大，迫切要求我们从笼统地、粗放地发展、管理民办教育，转向关注民办教育领域内部的细节差异问题。第二，改革开放以来我国民办教育所走过的道路是一条多样化的分化道路，投资办学和捐资办学的局面亟须政策响应。民办学

校发展须从"整体关照"转向"分类改进"。① 第三，由于特殊的历史原因，营利性问题始终是我国民办教育事业发展绕不过去的一道"坎儿"。伴随着民办教育规模扩大，民办学校利益相关者话语权的增强，围绕营利性的矛盾越来越突出，一些民办学校营利性诉求的凸显也要求政策予以积极回应。这些问题迫切要求我们细化民办教育政策，将民办学校分类管理提上日程。

第一，民办教育发展规模持续扩大，要求决策者由"从外看"转而"向内看"，关注民办教育系统内部的分化立场与差异诉求。这里所谓"从外看"，是指笼统地、粗放地发展和管理民办教育，而不去十分关注民办教育系统内部问题；而所谓"向内看"则是指我们的教育决策不仅要专注民办教育系统这个整体，同时还要关注、应对民办教育系统内部的差异。由"从外看"到"向内看"转变，首先是和民办教育事业的规模扩大密不可分的。虽然我国民办教育在新中国成立后一度中断，新兴的民办教育在改革开放后逐渐起步，至今不过30余年，但成长很快。根据教育部《2013年全国教育事业发展统计公报》提供的数据，2013年，全国共有各级各类民办学校（教育机构）14.90万所，比上年增加9 057所，招生1 494.52万人，比上年增加44.49万人。各类教育在校生达4 078.31万人，比上年增加167.29万人。② 其中，在民办幼儿园、小学、初中、高中、高等学校就读的学生人数分别占同类学生总人数的51.1%、6.7%、10.4%、10.8%、9.5%和22.6%。如果说在民办教育起步之初，由于其整体规模较小，我们尚可以忽略其内部差异，将民办教育作为一个整体来扶持的话，那么今天面对规模如此庞大且还在不断增长的民办教育，政府需要做的就不仅是从整体上加以鼓励、扶持，而且还必须关注伴随着规模扩大而在民办教育系统内部逐渐显现的分化和差异，提供精细的、有针对性的对策措施。这也就自然意味着，不同民办学校及其举办者在营利问题上的差别立场必须得到决策者的关注和重视。③

第二，民办教育发展的多样化态势，要求政策由"整体关照"转向"分类改进"，促进营利性和非营利性民办学校共同发展。民办教育决策由"从外看"转而"向内看"，也就意味着在实践层面上要从"整体关照"转向"分类改进"。如果说，正是因为民办教育规模的持续扩大要求决策者由"从外看"到"向内看"转变，那么，经由"向内看"，一幅民办教育发展的多样化图景，将展现在决策者眼前。当然，一提到多样化发展，我们往往首先会想到，从纵向来看，民办教育已经遍及学前教育、基础教育、职业教育、高等教育和社会培训等各个领

---

①③ 卢威：《民办学校分类管理的现实基础与基本路径》，载《现代教育管理》2016年第9期，第53～58页。

② 教育部：《2013年全国教育事业发展统计公报》（2015年）。

域，从横向来看，民办教育则既涉足学历教育领域，又涉足非学历教育领域。当然，这自然是民办学校多样化发展的主要表征。但我国民办教育多样化发展的另一个重要方面，既是投资办学与捐资办学的分野，也是不应该被忽略的。从法律法规来看，目前我国并不承认营利性民办教育的合法地位，但法律法规毕竟是规范意义的，它指向一种应然而非实然的状态。无论法律承认与否，一些举办者明确以获得物质回报为目的，只不过它们往往以非营利但要求合理回报的合法面目出现，这早已是不争的事实。因此，一切从实际出发，我国早就并存营利性和非营利性民办教育，而且前者占主流地位。这种局面迫切呼唤民办教育政策由"整体观照"转向"分而治之"。

第三，民办教育的营利性诉求凸显，要求政策由"消极抑制"转向"积极应对"，化解长期存在于民办教育领域中的突出矛盾。一方面，投资办学而非捐资办学是我国民办教育的基本特征；另一方面，法律又长期以来始终不允许营利性民办教育存在。这对矛盾使得"营利"或"合理回报"一直是民办教育领域的一个重要而又敏感的话题。近些年围绕着民办学校的营利性展开了大量争论，这些争论一直延续至今。2011年1月，中国民办教育协会向国务院有关部门报送了《关于民办教育十大问题与对策建议的报告》，这份报告将合理回报问题列为我国民办教育面临的十个重要问题之一。① 如我们在前文所说，这些年来我国民办教育中并不是没有营利性诉求，而是这些诉求没有得到法律、法规和政策的有力回应。尽管2003年实施的《民办教育促进法》允许民办学校举办者取得合理回报应该算是一种回应，但现在看来，该回应显得还不够明确，当时做出的这种规定留下了一些灰色地带，也容易引发一些问题。决策者必须由此前的"消极抑制"转向"积极应对"，这也是我们今天为什么需要对营利性和非营利性民办学校进行分类管理的重要缘由。②

（二）推进分类管理的外部观念和制度环境条件已经具备

今天，不仅民办教育发展的内部矛盾呼唤对民办学校进行分类管理，而且，从外部条件来看，实施分类管理的条件也已经具备。这是因为，只有存在分化与差别，才会存在分类管理。因此，分类管理的一个基本前提，就是允许营利性民办学校与非营利性民办学校共同存在（当然，利用这项政策鼓励、支持非营利性民办学校发展是另外一回事）。而今，营利性民办教育、民办学校已经被接受，

---

① 中国民办教育协会：关于民办教育十大问题与对策建议的报告，2011年1月10日。
② 卢威：《民办学校分类管理的现实基础与基本路径》，载《现代教育管理》2016年第9期，第53~58页。

其生存空间日益扩大，其合法地位也很快会被法律所承认。

从经济环境来看，市场化改革为营利性民办教育发展奠定了基础。教育本身并不必然属于市场领域，但营利性教育的产生和发展，则一定是教育与市场结合的产物。历经 30 年的改革，原先的"大政府"已经大大收缩，市场的领地则在持续扩张，甚至已经出现了市场社会的某些特征。而今，不断成长壮大的民间资本必然要寻求新的投资空间，教育也就自然成为其下一步的进军目标。而国家的引导和响应，将进一步促成民间投资流向教育领域。如《国务院关于鼓励和引导民间投资健康发展的若干意见》（国发［2010］13 号）就指出"鼓励民间资本参与发展教育和社会培训事业。"① 尽管重点支持鼓励捐资办学或者是非营利性民办学校的取向必须继续坚持，但客观地看，在民间资本寻利和政策积极引导的共同作用下，投资办学、营利性民办教育的发展空间将得到空前拓展。

从文化角度来看，营利性民办教育和民办学校的生存土壤逐渐形成。前面已经指出，我国之所以长期以来没有对民办学校进行分类管理，其重要原因在于，我们并没有正确面对营利性教育的观念，也没有真正接受营利性教育在我国客观存在的现实。在这样的观念下，我们根本就不允许营利性民办教育和民办学校合法存在，因此对营利性民办学校和非营利性民办学校的分类管理也就无从谈起。而今，随着市场对教育领域的影响不断加深，人们对于所有民办学校都必须坚守"非营利"底线的认识开始被突破，不仅民间资本以投资的眼光来看待教育，将其作为寻求利润的新领地，而且，整个社会也日益形成了对营利性民办教育和民办学校的宽容态度。同时，对于我国民办教育主要建立在投资办学的基础上这一事实，也被学界明确提出并为政府所逐渐接受。这就为营利性民办学校取得合法身份奠定了思想基础，进而为分类管理提供了条件。②

从法律政策方面来看，营利性民办教育和民办学校将走向合法化。营利性民办教育、民办学校的发展壮大并被社会所逐步接受，最终将使他们获得法律的承认。从对有关法律法规的梳理来看，我们不难发现政策持续走向松动的轨迹。从 1997 年《社会力量办学条例》规定举办民办教育机构不得以营利为目的，到 2003 年《民办教育促进法》规定允许出资人从民办学校的办学结余中取得合理回报，再到 2013 年国务院法制办公室就《教育法律一揽子修订草案（征求意见稿）》向社会公开征求意见，提出允许民办学校可以自愿登记为非营利性或者营

---

① 国务院：《关于鼓励和引导民间投资健康发展的若干意见》（国发［2010］13 号）。
② 卢威：《民办学校分类管理的现实基础与基本路径》，载《现代教育管理》2016 年第 9 期，第 53~58 页。

利性法人，①最后到 2015 年 1 月国务院常务会议提出允许兴办营利性民办学校，无不说明捆在营利性民办学校头上的"非营利"紧箍正在一点一点被摘下，营利性民办学校取得合法地位指日可待。一旦形成了营利性民办学校和非营利性民办学校并存的局面，跟进分类管理政策自然成为题中之义。②

从思想基础来看，人们就实施分类管理凝聚了一定共识。自从民办学校分类管理的动议提出以来，学界内外就是否有必要实施这项政策掀起了一场旷日持久的争论。抛开细枝末节不谈，从整体上看，基本形成了赞成和不赞成（或者认为我国当下并不适合实施）分类管理的两大阵营。尽管争议的出现是正常的，但围绕这一问题的争议如此热烈，恰恰说明主张分类管理的呼声已经十分强大，说明越来越多的人认识到了分类管理的必要性，它已成为决策者和不少民办教育实践者的共识。况且，《教育规划纲要》的颁布，"使得民办高校分类管理问题实际上已经从理论层面进入到政策层面，部分省市也把分类管理提上议事日程。因此，当前要讨论的已不是是否应该进行分类，而是应该如何对民办高校实行分类管理的具体措施了。"③ 实际上，不仅对民办高校来说是如此，今天这对各类民办学校来说更是如此。

三、总体构想

上文分别论述了实施民办学校分类管理政策的价值意义和现实基础，现在将讨论的主题转向实践层面，即回答"如何对民办学校进行分类管理"这一问题。对此首先要明确的另一个问题便是，民办学校分类管理的目的或取向是什么，换言之，我们要通过分类管理的举措，追求一个什么样的效果？下文将在对该问题进行思考的基础上，尝试着提出民办学校分类管理的主要标准、实践思路和推行原则。

（一）明确改革目标，坚持多元、公益、公平、效率的价值取向

对民办学校进行分类管理，其最主要、最基本的目的取向主要应在于四个方面：一是适当允许营利性民办学校的合法存在，即多元性取向；二是支持非营利性民办学校发展，引导、鼓励民办教育事业的非营利转向，即公益性取向；三是

---

① 国务院法制办公室：《关于教育法律一揽子修订草案（征求意见稿）》公开征求意见的通知（2013年）。
② 卢威：《民办学校分类管理的现实基础与基本路径》，载《现代教育管理》2016年第9期，第53~58页。
③ 民办高校分类管理项目组：民办高校分类管理研究报告，上海杉达学院 2012 年，第 12 页。

为各类民办学校提供差别化的、公平的政策,即公平性取向;四是有效利用社会力量把民办教育做大做强,即效率取向。

1. 多元性取向——给营利性民办学校以适当的存在空间

从教育自身的属性出发,"教育"和"营利"二者之间在一定程度上确实存在着难以调和的矛盾。因此从长远意义上,营利性教育和营利性的教育机构都不可能代表教育和学校的主流发展方向。或许也正是缘于此,"纵观各国私立教育的立法及行政规制现状,当今世界私立学校的主流仍然是公益性的,商业化、营利性学校目前还不为多数国家法律所许可。"① 不过,我们在进行教育管理和教育决策时,不仅要从长远意义和理想主义考虑,还要做到从本土实际出发。从我国的特殊情况来看,营利性教育和教育领域中的营利诉求都会继续存在下去。投资办学而不是捐资办学,追求一定的物质回报而非对物质利益无所欲求,才是我国现阶段民办教育的真实的主要特征,这才应是决策的出发点。《教育法》等法律规定社会力量办学不得以营利为目的的立法意图是十分良善的,但现实情况却要求我们在今天承认营利性民办教育和民办学校的合法存在,允许非营利性民办学校和营利性民办学校多元共存、共同发展。这种合法性承认实际上并不是对教育非营利属性要求的让步,更不是要推进民办教育走向营利化,而恰恰是对营利性民办学校进行纳入依法管理轨道、以差别化政策鼓励非营利性民办教育和民办学校发展的基本前提条件,是增强民办教育公益性十分重要的一环。

2. 公益性取向——大力发展非营利性民办教育和民办学校

分类管理政策的第二个基本的价值取向就是扶持、鼓励非营利性民办学校,发展非营利性民办教育。提出如是取向主要有三条理由:一是教育内在的基本性质所决定的;二是教育和学校的社会合法性所决定的,即教育特别是学校教育应以非营利性为主流;三是我国的特殊国情,或者说是特殊的社会问题,要求必须大力发展非营利性民办教育和民办学校。对于第一、第二条理由,前文已经有所讨论,这里只需要强调第三点。众所周知,我国社会当前存在的一个比较严重的问题,就是贫富差距较大、基尼系数较高。在教育早已走向普及之后,上好学校、接受好的教育就成为促进社会流动的关键,这也就决定了教育在主流上必须是以非营利性为底线的。就此意义来说,强调非营利性是民办学校享受政策支持、走向高水平办学的基本前提。在这方面,民办学校分类管理的作用就是通过对两类学校施以不同政策,发挥好引导作用。对于什么样的民办学校适合进入哪些教育领域应当是有所侧重的。一般来说,《教育法》规定的学校教育领域更适

---

① 董圣足:《民办学校分类管理的制度构架:国际比较的视角》,载《教育发展研究》2013 年第 9 期,第 14~20 页。

合由非营利性民办学校占据主导；而对于社会培训领域，则应在较大程度上向营利性民办学校放开。

3. 公平性取向——针对学校间的差异提供公平合理的政策

分类管理第三个基本的价值取向，就是针对各类民办学校之间的差异和不同，提供差别化的政策和待遇。由于过去有关法律法规不承认营利性民办学校的存在，忽略了现实中存在投资办学和捐资办学的两种不同情况，制定出台了很多"一视同仁"的政策，带来了很多问题，这不仅对于两类具有不同诉求的民办学校来说是不够公平的，而且，由于捐资办学的行为既得不到长足的鼓励，投资办学者也难以做到表里如一、公开追求经济回报，造成我国民办教育和民办学校发展长期处于比较混乱的局面。当然，除针对民办学校在营利性方面的差异外，其实还可以通过分类管理政策实施之机，推出一些更为细化的举措，比如在区分营利与非营利性的基础上，继续针对其是否从事学校教育、是否从事义务教育等，设计出更为精细的管理方式和办法。不论怎么说，针对民办学校之间存在的差异，提供相对公平、合理的政策环境，就成为分类管理的应有之义。

4. 效率取向——促进教育资源乃至整个社会资源实现最佳配置

分类管理第四个基本的价值取向，就是最有效地利用社会资源，将民办教育"蛋糕"做大。前面提到的多元性、公益性、公平性取向，与效率取向不仅不相互冲突，而且可以相互调节。对效率的尊重，强调以最小的改革代价换取最优的改革效果。这里涉及两个问题：一是何为最小的改革代价。这个问题可从政府和民办学校两方面考察。政府财政扶持民办教育发展固然有其合理性和必要性，但在我国整体教育财政经费投入不足的情况下，可通过分类管理突出两类民办学校的竞争性，提高财政扶持非营利性民办学校的效益；而让民办学校自愿参与分类管理，需要为其建立稳定的政策环境，将改革可能造成的政策随意性和反复性风险降到最低。二是何为最优的改革效果。对效率原则的肯定，并不意味着要一味地追求扩大民办教育规模，为了发展而发展。分类管理既是对现有民办教育市场中非营利性和营利性定位的分流，更是对现有市场的改造提升，提高可供选择的多样化教育资源的供应。从教育系统内部看，分类管理要使不同教育需求得到最大满足，将教育资源处于最佳配置状态；从教育系统外部看，高效益的学校留在教育市场内，低效益的学校经市场规则退出，社会资本向更高回报的领域合理转移，从而使整个社会的资源配置更有效率。

（二）统筹各方立场，确立按办学收益、结余、资产不同处置方式区分的分类原则

如果说营利性民办学校和非营利性民办学校的共同合法存在是对两类学校进

行分类管理的前提，那么设定科学、严格的标准以区分营利性和非营利性，则是分类管理政策能够付诸实践的根本条件。一般而言，对于区分营利性民办学校和非营利性民办学校的标准没有太大争议，主要集中在对举办民办学校的动机、对民办学校的各种投入的归属以及民办学校办学终止时剩余资产的处置等方面。例如，上海市浦东新区教育局2010年制定的《浦东新区开办非营利性学校的若干制度》就规定："非营利学校必须符合以下条件：办学不要求回报，出资人出资全部移转学校名下；机构财务独立，有独立完善的法人治理结构和合理的不致令民办学校法人财产流失的管理制度；出资人不得以任何形式占用或抽取办学经费，营运结余全部转化为办学再投入；机构终止时结余资产归入上海市民办教育发展基金会。新区政府对认定为非营利性的民办学校在专项资金、场地租赁、税收政策、师资队伍等方面给予扶持，同时在财务管理、评估监督、行业自律等方面加强监管。"①

对于分类标准问题，北京师范大学的王善迈教授提出的观点具有代表性。他指出，民办学校分类标准有以下三个方面：一是办学节余或利润是归属学校还是归属举办者。所谓办学节余或利润是指在扣除办学成本，提留发展基金及其他必需的费用后所剩余的资金。二是举办者的初始投入和追加投入所形成的学校固定资产归属学校还是归属举办者。民办学校的投入包括举办者的投入、学费、政府各种形式的投入和社会捐赠等，由此形成的固定资产应分类列入机构固定资产账户。这里的固定资产仅限于举办者投入所形成的固定资产。三是学校办学终止时，在财产清算和清偿债务后的剩余资产是归属社会公益还是归属举办者。他认为，判断民办学校是否为营利性质或者非营利性质，不能以举办者宣称的动机为准，而应以其实际行为为准；同时，其营利性与否的判断不能完全取决于其是否营利和学费高低。举办者具有利润和剩余资产的索取权的民办学校属于营利性民办学校，反之，则属于非营利性民办学校。② 这一观点对于区分营利性民办学校和非营利性民办学校，具有重要的实践价值和可操作性。在明确区分营利性和非营利性民办学校之后，现有的关于"合理回报"的模糊规定应当加以改变。

另外，民办学校分类管理的价值取向之一，在于为不同学校提供差别化政策，以求实现校际公平。然而，在营利性民办学校群体和非营利民办学校群体内部也是有差异的，比如，即便同为非营利性民办学校，有的从事学校教育，有的从事非学校教育，两类学校的公益性程度是不同的，单单根据它们营利性方面的差异分别制定政策尚不足以实现校际公平。因此，在区分营利性与非营利性两类

---

① 上海市教育委员会：探索营利性和非营利性民办学校分类管理办法——国家教育体制改革试点项目汇报材料。
② 王善迈：《民办教育分类管理探讨》，载《教育研究》2011年第12期，第32~36页。

学校基础上，我们不妨借此机会进一步细化有关举措，也即针对民办学校所从事的不同教育活动，提供更为精细的分类管理措施。

（三）实行分类登记，统一营利与否的国家标准

法人属性错乱是民办教育发展困境的源头性问题。明晰民办学校法人属性、改革完善登记制度是实施民办学校分类管理的第一步。一般来说，目前民办学校基本上是按照 1998 年 10 月 25 日国务院发布施行的《民办非企业单位登记管理暂行条例》①在民政部门登记为"民办非企业单位"的。尽管这一做法已经实践多年，但从法理分析，这种做法除了明确民办学校"不是企业"之外并没说清它到底"是什么"，而且也并不符合上位法的要求。作为《民办非企业单位登记管理暂行条例》的上位法，1987 年 1 月 1 日起施行的《民法通则》②并没有规定"民办非企业单位"这一类法人；而将民办学校登记为"民办非企业法人"也明显与将公办学校登记为事业单位法人的做法不对等，使《民办教育促进法》关于"民办学校与公办学校具有同等的法律地位"③的规定难以落到实处。现今，应当在明确区分营利性民办学校和非营利性民办学校的基础上，对两类学校进行分类登记。这里主要涉及两方面的问题：一是登记为何种法人；二是如何实施登记。

就第一个问题而论，可将营利性民办学校登记为企业法人。对于非营利性民办学校则应像公办学校一样共同登记为事业单位法人，而这就需要改革我国现行的事业单位制度。根据 2004 年 6 月 27 日国务院修订公布的《事业单位登记管理暂行条例》规定，所谓事业单位是指"国家为了社会公益目的，由国家机关举办或者其他组织利用国有资产举办的，从事教育、科技、文化、卫生等活动的社会服务组织。"④规定中对事业单位举办主体和资产来源的限定，实际上构成了将非营利性民办学校和公办学校共同登记为事业单位的障碍。当然，有的地方已经尝试着打破这一限制。如温州市 2011 年出台规定，⑤将非营利性民办学校登记为民办事业单位法人。长远来看，在国家立法层面完善顶层设计，改革现行事业单位制度势在必行，因为"事业单位"这一诞生于我国特定历史条件下的法人类别终会完成其历史使命，无论是公办学校，还是非营利性民办学校，都将在"第三

---

① 国务院：《民办非企业单位登记管理暂行条例》（1998 年）。
② 全国人民代表大会：《中华人民共和国民法通则》（2015 年）。
③ 全国人民代表大会：《中华人民共和国民办教育促进法》（2003 年）。
④ 国务院公报：关于修改《事业单位登记管理暂行条例》的决定（2004 年）。
⑤ 温州市人民政府：《关于实施国家民办教育综合改革试点加快教育改革与发展的若干意见》（2011 年）（温委〔2011〕8 号）。

部门"或"非营利组织"的身份下走向完美统一。

对于第二个问题，可以进一步细化为两个方面。一是如何对新老两类民办学校分类登记。对于新设立的民办学校，在其设立登记时就应明确是要登记为非营利性机构还是营利性机构；而对于登记制度改革前设立的民办学校，则涉及一个在营利性和非营利性之间进行重新选择、重新登记的问题。① 此外，应尊重学校举办者的选择权，允许之前已经登记的民办学校，按照自愿原则，重新办理法人登记手续；而民办学校一经登记为非营利性法人，不得重新登记为营利性法人；或对其作出限制性规定，如进行财产清算，依法明确产权归属，补交相关税费等。二是由什么部门主管登记。由于目前民办学校和公办学校法人属性不同，导致两类学校的登记管理部门不统一。今后在明确公办学校和非营利性民办学校同等法人属性的基础上，应由同一部门行使两类学校的登记管理职权；营利性民办学校的法人登记工作则由工商管理部门负责。②

（四）完善配套政策，实行差别化的政府扶持

解决两类民办学校的身份问题之后，配套政策的差别化设计便提上了日程。当然这也涉及很多方面，择要而论，应当对现行的财政、税收和土地政策进行调整完善。民办学校征地难、财税支持少，是10年前就在讨论的老问题，一直没有得到解决。由于土地和财税问题交错盘结、涉及面广，利益格局复杂，改革的重点和难点问题突出。在土地方面，民办学校办学用地不足，改、扩建申请难批准，教育建设用地需求难保障，"按照公益事业用地及建设的有关规定给予优惠"难落实；以教育用地优惠出售的幼儿园办园用地，以商业用地价格转租，造成幼儿园成本上涨、学费上涨；学校出资人将所拥有的土地、房产过户到学校名下，资产过户税费过高。在税收方面，公办学校免征房产税、城镇土地使用税，而民办学校不能享受同等待遇；公办学校举办进修班、培训班所得收入归学校所有，免征营业税，而民办学校需申报此类收入；民办学校收取费用均为经营服务性收费，应按规定使用税务部门的税务发票，但大部分民办学校至今未获得此类发票；按政府规定价格出租的公有住房和廉租住房，包括企业和事业单位向职工租住单位自有住房，暂免征收房产税和营业税，但实际上民办学校仍需缴纳此类税收。

我们前面已经强调过，实施分类管理的基本价值取向之一便是公益性，也就

---

① 卢威：《民办学校分类管理的现实基础与基本路径》，载《现代教育管理》2016年第9期，第53~58页。
② 吴华：《选？还是不选？——民办学校分类管理的困扰》，载《中国教师报》2011年1月19日。

是要大力发展非营利性民办教育和民办学校；同时，由于非营利性民办学校放弃了"营利"，也需要政策加以补偿，这也是公平性取向的应有之义。第一，实行差别化的财政政策。在分类登记过后，非营利性的民办学校就理应成为政府重点资助的对象。当然这并不是说，所有非营利性民办学校都应当受到同等程度的资助；也并不是说，营利性民办学校就绝对不能成为财政资助的对象。一方面，对于非营利性民办学校，还有必要看它从事的是什么样的教育活动，比如从事学校教育，特别是义务教育的，就应该得到更大程度的资助；另一方面，营利性和公益性虽然在一定程度上此消彼长，但也不是严格的线性反比关系。在政策允许的情况下，一些营利性民办学校也理应得到适度的资助。不过，无论怎么说，财政资助的重心都不能偏离非营利性民办学校，这不仅是公平起见，也是有效发挥政策引导作用的前提。第二，实行差别化的税收政策。营利性民办学校由于已经被登记为企业法人，须像其他企业组织一样依法纳税。由于非营利性民办学校已经被登记为事业单位，则无须纳税。营利性民办学校原则上应照章纳税，但可以根据实际情况予以优于一般商业组织的税率优惠。同时，应对不同阶段营利性民办学校的税负能力进行客观判断和实时评估，适当予以阶段性税收优惠，确保税负合理、整体公平。第三，实现有差别的土地政策。非营利性民办学校享有与公办学校同等政策，可按划拨方式供地。营利性民办学校可按协议方式（只有一个意向用地者）或国家政策允许的其他有偿出让方式供应土地。两类民办学校建设用地均可按科教用地管理，企业办的各级各类民办学校自用的房产和土地，免征房产税和城镇土地使用税。非营利性民办学校还可享有与公办学校同等的建设规费减免优惠。①

（五）保障师生权益，建立平等但不平均的体制机制

教师和学生是维系民办教育快速、健康发展的重要因素。长期以来，我国民办教育办学经费投入不足，严重依赖生源数量，生源多少意味着学费多寡，教师队伍稳定与否决定着办学质量优劣。现有政策保障和落实民办学校师生权益力度不足，虽然民办学校师生与公办学校师生具有同等法律地位，但并没有享有相同的权益。一是公办、民办学校教师的社会地位和劳动关系区别较大，具体表现为教师身份编制不明、薪酬待遇偏低、社保双轨制、职称评聘不畅、专业发展和参与学校民主管理受限。二是公办、民办学校学生相关权利的保障举措差异较大，具体体现为社会用人单位对民办学校学生存在学历及学校歧视，将民办学校排除

---

① 卢威：《民办学校分类管理的现实基础与基本路径》，载《现代教育管理》2016年第9期，第53~58页。

在招收院校范围之外。三是民办学校终止办学时，师生利益保护和救济问题没有具体、明确的规定。因此，保障民办学校师生的基本权益将是最直接和最受欢迎的改革途径，对稳定分类管理预期产生重要影响。

以人本思维为出发点，无论在哪种类型学校就读的学生，都是纳税人的子女，有同等享受国家助学贷款财政贴息，同等享受升学、转学、考试、医疗保险、户籍迁移、就业等权利。义务教育阶段民办学校学生按公办学校标准，纳入免费义务教育补助范围。在教师权益方面，无论在哪种类型学校就职的教师，都是为国家培养人才，在社会保险、职业资格认定、专业发展、职业流动等方面应享有同等权利。

需要注意的是，基本权益方面的平等待遇并不等同于平均主义。尽管《民办教育促进法》早有关于"民办学校的教师、受教育者与公办学校的教师、受教育者具有同等的法律地位"的规定，但不能说，当前民办学校发展面临的一大难题，便是"民办学校和公办学校在教师身份、编制和人事管理等方面不能享受同等待遇。"① 师资队伍的建设水平是任何学校迈向高水平办学的关键。当前这种不利局面既难以吸引优秀人才到民办学校谋发展，也不利于现有教师队伍的稳定，这就很难使民办学校走出办学水平不高的困境，而所谓让民办学校和公办学校地位等同、公平竞争的承诺也不免成为一句空话。分类管理后，有望实现非营利性民办学校和公立学校师生群体在更多方面的平等待遇；但给予营利性民办学校师生以完全均等的待遇，不仅在学理上难以解释，在国际上也少有先例。因此，建议完善"基本权利平等基础上的差别化人事政策"。②

（六）拓宽筹资渠道，营造公益导向的投融资环境

如何拓宽办学筹资渠道，鼓励和吸引社会资金进入教育领域，是关系民办学校健康发展的重要问题。我国现阶段的民办学校主要以投资办学为主，办学经费主要来源于自筹经费办学积累及学费收入，普遍存在办学资金不足困扰。在收费方面，绝大部分省（区、市）实行政府定价管理，定价原则是补偿成本并适当考虑合理回报。一些地方的价格管理部门将民办高校收费标准与公办高校一视同仁进行严格管理，"表面上公平待遇，实质上忽略了民办高校主要以学费收入来开展办学活动的最基本事实和最大特殊性"。在教育捐资方面，《公益事业捐赠法》《关于公益救济性捐赠税前扣除政策及相关管理问题的通知》（财税［2007］6

---

① 中国民办教育协会：关于民办教育十大问题与对策建议的报告，2011 年 1 月 10 日。
② 卢威：《民办学校分类管理的现实基础与基本路径》，载《现代教育管理》2016 年第 9 期，第 53～58 页。

号)和《中华人民共和国企业所得税法》等法律政策对捐赠免税资格和捐赠支出税收优惠进行了清晰的规定,但个人和企业捐赠的税收优惠并未得到较好的执行,且缺乏对民办教育捐资的特殊优惠,导致社会捐资办教育的政策动力不足。在教育融资方面,《民办教育促进法》和《民办教育促进法实施条例》鼓励社会基金组织、金融信托机构为民办学校进行贷款担保和资金筹措。但在实际操作中,民办学校资产(包括教育用地)无法用于向银行抵押贷款,相当大部分民办学校通过担保贷款获取发展资金,却无法享有与公办学校同等的贴息和无息贷款。

正如前面所强调的,效率与效益也是实施分类管理的基本价值取向。高效率与高效益的一大体现,是充分发挥市场在资源配置的基础作用,以最小化的政府投入,获取最大化的民办教育发展成绩。第一,实行分类收费政策。营利性民办学校具有企业身份,统一实行自主收费、市场定价制度,完全放开营利性民办学校收费限制。非营利性民办学校由于接受了财政、税收等优惠政策,不能在收费上完全按照市场化途径运作。各省级政府可因地制宜,根据当地民办教育发展情况决定逐步取消非营利性民办学校收费许可证制度,按照"成本定价,市场调节"的原则,实行收费公示制度。鼓励发达地区通过市场化改革,逐步实行市场调节价。非营利民办学历教育收费放开需要结合不同学段,优先考虑放开民办高校、民办高中和民办幼儿园的收费管理,逐步放开义务教育阶段的民办学校收费管理。政府依法加强对民办学校收费行为的规范和监管。第二,实行分类捐赠鼓励政策。向非营利性民办学校捐赠的企业,准予在计算其年度应税所得额时扣除此项公益性捐赠支出;向非营利性民办学校捐赠的个人,准予在计算其个人所得税前予以扣除此项公益性捐赠支出。对企业或个人支持营利性民办学校的支出,原则上不予以税收扣除优惠。捐资建设两类民办学校校舍及开展表彰资助等活动的冠名均依法尊重捐赠人意愿。第三,分类推进投资、融资政策。鼓励金融机构在风险可控前提下开发适合两类民办学校特点的金融产品,探索办理两类民办学校未来经营收入、知识产权质押贷款业务,提供银行贷款、信托、融资租赁等多样化的金融服务。重点培育非营利性民办学校贷款融资的担保和信用体系,组建由国资引导、民资参与的教育担保公司,为非营利性民办学校提供贷款担保等服务,同时允许将非营利性民办学校非教学设施作抵押,或将学校学费收费权和知识产权作质押向银行申请贷款。逐步放开营利性民办学校投资基金、发行债券和上市融资。

(七) 完善多方治理,实施共同但有区别的监管体系

非营利性和营利性民办学校都是社会主义教育事业的组成部分,国家对两类

民办学校都履行依法管理和监管职责。自党的十八届三中全会提出"推进国家治理体系和治理能力现代化"的改革目标以来，教育领域对完善民办教育治理体系的呼声更为强烈。①

为规范民办学校办学行为，促进民办教育健康发展，可实行"共有但有区别的监管体系"。所谓共有的监管体系，是指两类民办学校都应当遵守国家法律、法规，贯彻党和国家的教育方针，保障教育质量，落实安全管理责任，规范招生、教育教学、颁发证书等办学行为，加强办学风险防范和失信惩戒。所谓有区别的监管体系，是指我们应建立分别适用于两类民办学校的监管政策，加强分类监管机构建设。完善两类民办学校的财务会计制度、内部控制制度、审计监督制度、教育教学质量监督制度等。对于营利性民办学校，实行与非营利性民办学校不同的设置标准和注册资金限制；实施办学许可证年检制度，由监管机关检查学校教育教学、经营管理和财务、资产状况等；允许其在办学许可证核定范围内开展自主招生、教育教学和经营活动；规定其各项办学和经营收入必须使用税务部门规定的合法票据，督促建立学校发展基金，健全财务内外部控制机制、办学风险评估审查机制、土地校舍保障机制和师生申诉机制。

需要强调的是，扩大并落实学校的办学自主权在今天已经是全球性趋势，即便是公办学校也在不断强调其自主权。因此，对民办学校的监管应以必要为限，以治理思维完成"瘦身、转身、健身"的完整转型，健全社会第三方组织在分类管理监管中的积极作用。推进"互联网＋"时代的民办教育信息公示制度，要求两类民办学校定期公开、公示可能导致学生和家长权益受损的信息，包括财务报表、专兼职教师数、教学仪器与设备数以及毕业生流向信息。建立民办学校社会第三方质量认证和评估制度，民办学校行政管理部门根据两类学校的评估标准和结果，对质量不合格者予以不同程度的处罚。培育民办教育行业组织，发挥其在行业自律、交流合作、协同创新、履行社会责任等方面的桥梁作用，尤其是发挥引导和鼓励更多民办学校坚持非营利性办学方向的作用。

（八）放大改革合力，实行自愿自主的推行策略

民办学校分类管理是新生事物，"摸着石头过河"在所难免。任何改革都必然伴随着利益格局被打破和重新形成的阵痛。现在的问题并不是要不要进行分类管理，而是在坚持分类管理这一改革方向的前提下，尝试寻求尽可能减轻改革冲击的方式。因此，这一政策的施行应当遵循以下几条原则。第一，借鉴发达国家

---

① 卢威：《民办学校分类管理的现实基础与基本路径》，载《现代教育管理》2016年第9期，第53～58页。

经验，探索本土管理模式。从国外经验看，在市场化浪潮导致营利性教育兴起的大背景下，一些国家和地区已对私立教育采取了分类管理。① 这些实践为我国提供了宝贵的经验，在分类管理过程中向其他国家和地区积极取经，并探索适合本土实际的发展道路必不可少。第二，打破"各自为政"的局面，部门地方通力配合。民办学校管理涉及多个部门，没有部门统一的规章政策"。② 这种部门权力割据、各自为政的局面无疑是分类管理的巨大阻力。因此，完善顶层设计，实现部门地方通力配合，制定出协调统一的政策就成为关键之所在。第三，推行地方先行试点，吸取经验总结教训。改革既可以自上而下，实行"全国一盘棋"；也可以自下而上，由地方先行，取得经验后再着手推广。就民办学校分类管理而言，当前最合适的做法是采取自下而上的路线，即由条件成熟的地方先展开必要的试点，取得经验、发现问题之后及时调整，在取得充分经验的基础上向全国推开，如此不失为一种相对稳妥的策略。③

---

① 董圣足：《民办学校分类管理的制度构架：国际比较的视角》，载《教育发展研究》2013年第9期，第14~20页。
② 上海市教育委员会：上海推进民办教育分类管理情况汇报，2014年4月10日。
③ 卢威：《民办学校分类管理的现实基础与基本路径》，载《现代教育管理》2016年第9期，第53~58页。

第四章

民办学校的法人分类登记与产权归属

本章提要：近年来，中央政府和一些地方政府突破体制性障碍，以"是否营利"为民办学校法人分类标准，完善分类登记办法，并明晰民办学校利益相关者产权权益，建立产权流转制度。梳理相关政策及实施状况发现，"非营利性民办学校改制"取得较为明显的成效，民办学校法人分类登记相关管理制度和管理办法不断完善，举办者（出资人）产权界定逐渐规范，学校法人和出资人产权权益逐步清晰，多样化所有制产权改革激发办学活力，非营利性民办高校联盟助力健康发展。但是，仍然存在一些深层次的问题，如民办学校法人登记的相关法律制度不完善，非法人主体办学问题屡禁不绝；民办学校法人财产权法律关系中的主体地位和权能内容尚未明确，学校利益相关者权益保障有待加强。为此，应创新与现代服务型政府职责相契合的民办学校分类管理政策工具，加强分类管理政策分析和评估，注重灵活性，允许社会资金在投资办学和捐资办学之间进行选择。(1) 重新界定法人属性，以"是否营利"为标准，分为营利性民办学校和非营利性民办学校两种，改革完善民办学校法人登记制度；(2) 理顺产权关系，明晰举办者资产投入的产权属性，完善民办学校合理回报制度，明确营利性学校办学领域，建立民办学校产权确认和转让制度规范，保障利益相关者权益。

法人登记是法人制度的组成部分，体现着一个国家的制度模式，也折射着法治社会的进程。改进和完善民办学校产权归属，是关系到民办学校稳定发展的关键问题。在充分考虑民办学校的办学实际和历史遗留问题前提下，产权制度应当符合"产权界定合理、产权关系明晰、产权管理体系健全、制度环境建设完善"

等制度特征，这对民办教育事业的发展具有重大意义。现阶段，我国各地政府在民办学校法人登记管理上做法不一。这一行为现象的背后，隐含着民办学校的法人属性问题，直接关系着民办学校的法律地位在政策落实和操作层面是否与公办学校真正一致。而产权问题关系到民办学校能否保持长期稳定发展，是民办学校发展的核心问题。产权归属不明、性质不清、关系混乱，必然造成民办学校资产的流失，挫伤办学者的积极性，不利于教育质量的整体提高。此外，产权问题也会影响很多其他问题的解决，如"合理回报"和"税收优惠"、学校与政府的关系、学校的营利性与公益性冲突、民办学校资本筹集等问题。

一、相关政策及其成效

（一）确立两类学校分类标准，完善分类登记办法

近年来，国家和一些地方政府突破体制性障碍，以立法、地方性法规等形式对民办学校的法人登记问题予以规定。目前，在民办学校法人登记方面，各地政府对民办学校实行分类管理，例如，将非营利性民办学校认定为事业单位或"民办事业单位""民办自收自支事业单位"。同时，各地政府采取系列规范措施，如明确负责民办学校法人登记管理的归属部门职责，完善民办学校法人登记制度和管理办法（见表4-1）。

江苏省以国有资产是否参与举办以及是否从事学历教育等标准，分类管理民办学校法人登记。对于国有资产参与举办的从事学历教育、学前教育、特殊教育的民办学校和从事非学历教育的民办教育培训机构，可以登记为事业单位法人。反之，没有国有资产参与举办的民办学校和民办教育培训机构登记为民办非企业单位法人，民办教育培训机构也可登记为企业法人。[①]

陕西省以是否要求合理回报为标准，分类管理营利性民办学校和非营利性民办学校法人登记。其中，捐资举办、出资举办不要求取得合理回报的非营利性学校，登记为民办自收自支事业单位法人；出资举办要求取得合理回报的非营利性学校，登记为民办非企业法人。[②] 经省教育厅审核后，非营利性学校由省民政厅依法登记，营利性学校由省工商行政管理局依法登记注册为企业法人。[③] 民办高等学校（教育机构）由举办者自愿申报，法人属性确定后一般不予变更。确需变

[①] 江苏省政府办公厅：《关于进一步促进民办教育发展的意见》（2010年）。
[②] 陕西省教育厅：《陕西省民办高等学校（教育机构）分类登记管理实施办法》（2013年）。
[③] 陕西省教育厅：《陕西省人民政府关于进一步支持和规范民办高等教育发展的意见》（2013年）。

更的，需进行资质审查和财务审计，符合条件的，经省教育行政部门审核批准，向原登记机关申请注销登记后，由新的登记机关进行登记。

上海市规定经营性民办培训机构的申请人，应按照公司登记管辖的规定向工商行政管理部门提出登记申请。工商行政管理部门应当向同级教育行政部门或者人力资源社会保障行政部门征求意见。从事文化教育类培训的向教育行政部门征求意见，从事职业技能类培训的向人力资源社会保障行政部门征求意见；经营性民办培训机构跨区迁移的，应当按照《公司登记管理条例》的规定向迁入地工商行政管理部门办理变更登记。迁入地工商行政管理部门应当向同级教育行政部门或者人力资源社会保障行政部门征求意见；经营性民办培训机构以及分公司不再从事培训活动或已不符合条件的，应当向工商行政管理部门申请办理注销登记或者变更涉及培训的名称和经营范围等登记事项。①

山东省潍坊市以是否营利为标准，分类管理全日制民办学校法人登记。非营利性学校登记为民办事业单位法人，营利性学校登记为企业法人。对于非全日制民办学校，登记为企业法人，其中的非营利性学校也可登记为民办事业单位法人。民办学校须经业务主管部门审核并取得相应的办学许可证后，凭许可证办理相应登记手续。民办事业单位法人由民政部门登记管理，企业法人由工商部门登记管理。法人属性一经确定，无特殊理由，一般不予更改。②

贵州省贵阳市规定非营利性民办学校登记为民办非企业单位；经营性教育机构登记为民办企业单位；民办非企业单位由民政部门登记管理，民办企业单位由工商部门登记管理；机构属性一经确定，无特殊理由，并经法定程序审批不得变更。

表4-1　　　　　关于民办学校法人登记的法律法规部分内容

法律法规	条款内容
民法通则	第五十条　有独立经费的机关从成立之日起，具有法人资格。具备法人条件的事业单位、社会团体，依法不需要办理法人登记的，从成立之日起，具有法人资格；依法需要办理法人登记的，经核准登记，取得法人资格。
教育法	第三十一条　学校及其他教育机构具备法人条件的，自批准设立或者登记注册之日起取得法人资格。
高等教育法	第三十条　高等学校自批准设立之日起取得法人资格。高等学校在民事活动中依法享有民事权利，承担民事责任。

---

① 上海市教育厅：《上海市经营性民办培训机构管理暂行办法》（2013年）。
② 陕西省教育厅：《潍坊市人民政府关于进一步加快发展民办教育的意见》（2013年）。

续表

法律法规	条款内容
民办教育促进法	第九条　民办学校应当具备法人条件。 第十七条　审批机关对批准正式设立的民办学校发给办学许可证。 第十八条　民办学校取得办学许可证，并依照有关的法律、行政法规进行登记，登记机关应当按照有关规定即时予以办理。
民办教育促进法实施条例	第六条　公办学校参与举办的民办学校应当具有独立的法人资格。 第十七条　对批准正式设立的民办学校，审批机关应当颁发办学许可证，并将批准正式设立的民办学校及其章程向社会公告。
民办非企业单位登记管理暂行条例	第三条　成立民办非企业单位，应当经其业务主管单位审查同意，并依照本条例的规定登记。 第五条　国务院民政部门和县级以上地方各级人民政府民政部门是本级人民政府的民办非企业单位登记管理机关。
事业单位登记管理暂行条例	第五条　县级以上各级人民政府机构编制管理机关所属的事业单位登记管理机构（以下简称登记管理机关）负责实施事业单位的登记管理工作。县级以上各级人民政府机构编制管理机关应当加强对登记管理机关的事业单位登记管理工作的监督检查。事业单位实行分级登记管理。
国家中长期教育改革和发展规划纲要（2010~2020年）	第四十四条　积极探索营利性和非营利性民办学校分类管理。规范民办学校法人登记。切实落实民办学校法人财产权。
陕西省人民政府关于进一步支持和规范民办高等教育发展的意见	第五条　实施分类管理。民办高校、高等教育助学机构分为非营利性和营利性两类，由举办者自愿申报，省级有关部门审核确定。其中非营利性包括捐资举办的学校、出资举办不要求取得合理回报的学校，以及出资举办要求取得合理回报的学校。要保障各类民办学校的合法权益，严格规范办学行为，大力支持发展非营利性学校，积极引导发展营利性学校，逐步形成完善的非营利性与营利性民办高等教育分类管理体制。 第七条　改进法人登记办法。非营利性学校经省教育厅审核后，由省民政厅依法登记。其中捐资举办、出资举办不要求取得合理回报的学校，登记为民办自收自支事业单位法人；出资举办要求取得合理回报的学校登记为民办非企业法人。营利性学校由省教育厅审核后，省工商行政管理局依法登记注册为企业法人。
关于实施国家民办教育综合改革试点，加快教育改革与发展的若干意见	第三条　探索分类管理机制。对民办学校按照营利性、非营利性进行分类登记管理。非营利性的全日制民办学校按照民办事业单位法人进行登记管理，营利性的全日制民办学校按照企业法人进行登记管理；非全日制的民办学校按照企业法人进行登记管理，如确属非营利性的，也可以登记为民办事业单位法人。民办事业单位法人由民政部门登记管理，企业法人由工商部门登记管理。法人属性一经确定，没有特殊理由的，一般不予更改。

（二）明晰利益相关者权益，建立产权流转制度

近年来，国家有关部门针对如何科学制定产权政策、真正落实民办学校法人财产权等问题，做出了一系列的法律政策规定。各地在落实民办学校法人财产权方面的措施，主要包括对非营利性民办学校法人财产权、民办学校各项资产产权归属及转让、资产过户、举办者财产权与学校资产相分离等做出新规定。

1. 明确民办学校资产过户的要求和时间

确定各类资产过户的具体要求。广东省将投入民办学校的资产，分为货币资产和非货币资产，并规定，各类资产经过相关机构验资后才能过户到学校。如货币资产需经法定验资机构验资，非货币资产要经有资质的中介机构评估。① 浙江省要求投入民办学校的各类资产所形成的产权，按照账面原值限期过户到学校，包括投资、捐资、办学积累等形成的土地、房屋、设备等资产。② 山东省潍坊市要求必须在学校名下办理学校的土地使用权证、校舍产权证。③ 河南省规定民办学校由专项资金获得的奖励（含资助资金购买）教学设备应列入学校固定资产。④

明确各类举办者出资原则和出资比例。陕西省规定出资人过户到民办高校的土地、房屋等各类资产，须符合国家办学标准，并经相关部门验资确认，且不得高于其原值。未经批准不得改变土地教育用途，不得出租转让土地使用权。⑤ 湖北省对《民办教育促进法》施行前审批的民办高校，以举办者对学校发展的贡献度为标准，经审批机关核定后，给予举办者一次性奖励作为其初始出资额。奖励额度不超过扣除国有资产和社会捐赠后的学校净资产的15%。举办高校投入独立学院的无形资产占办学总投入的比例，由合作双方依据国家有关规定予以约定。举办高校在独立学院转设为独立设置的民办普通高校时，不得以无形资产增值名义向独立学院收取费用。⑥

2. 明晰并规范民办学校利益相关者的产权收益

在民办学校土地使用权方面，浙江省规定，非营利性民办学校以行政划拨方式取得土地使用权，原以有偿使用方式获得土地使用权的，其土地用途、土地使

---

① 广东省人民政府办公厅：《关于促进民办教育规范特色发展的意见》（2013年）。
② 浙江省人民政府：《关于促进民办教育健康发展的意见》（2013年）。
③ 潍坊市：《潍坊出台民办教育发展10条创新举措》（2013年）。
④ 河南省教育厅：《民办教育发展专项资金使用管理暂行办法》（2013年）。
⑤ 陕西省教育厅：《陕西省人民政府关于进一步支持和规范民办高等教育发展的意见》（2013年）。
⑥ 湖北省人民政府：《关于进一步促进民办普通高等教育发展的若干意见》（2013年）。

用权取得方式不变;① 营利性学校一律以有偿使用方式供地,原以行政划拨方式供地的,可依法办理土地出让手续,经评估确定后补缴土地出让金,或以作价出资（入股）、租赁等方式处置。浙江省温州市在出台的《关于民办非企业法人学校改制为企业法人学校的办法》中规定,民办非企业法人学校改制为企业法人学校时涉及的房产,在向土地部门申请土地使用权变更后,向房屋登记机构申请办理学校房产所有权的转移登记。②

在民办学校举办者出资比例及合理回报方面,广东省广州市对公办学校（含公办学校工会、教育工会等）单独出资举办的不符合《民办教育促进法》及其实施条例规定的"四独立,两分离"要求的民办学校,逐步理顺关系,转为公办,或者完全转由社会承办。③对公办学校以学校品牌等无形资产与社会力量合作举办民办学校的,应委托具有资产评估资质的评估机构对上述无形资产进行评估,并在合作办学协议中明确作价出资比例。公办学校参与举办民办学校所取得合理回报按规定计缴国有资产有偿使用收入,余下的收入,财政核拨单位全额上缴财政,实行收支两条线管理;财政核补和经费自筹的事业单位按规定纳入单位预算,统一核算、统一管理。

在民办学校净资产分配方面,浙江省温州市规定,举办者在学校注销中所获得的所有资产,必须全额投入所登记成立的企业法人学校;学校清算资产负债表内的净资产按照资产来源划分为举办者原始出资额（含学校续存期间追加投资额）、财政拨款、社会捐赠、办学积累（含土地增值）四类。其中,原始出资额按照历史成本原则认定为学校举办者所有。④办学积累,其应提未提的奖励资金,按有关法律允许的回报率,按年计提,经董事会（理事会）决定,报同级教育行政部门批准后奖励给举办者;温州市民办教育公益基金会托管民办非企业法人学校注销后的净社会资产,可采取出让、出租、参股办学三种方式处置。具体来说,鼓励举办者一次性出资向基金会购买社会资产用于企业法人学校办学。基金会将净社会资产出租给改为登记企业法人后的学校管理和使用,由其按照固定回报率向基金会支付资产租赁费。基金会所持有的净社会资产按评估价入股到企业法人学校,按照持股比例行使股东权利,参与收益分成。

3. 建立产权流转制度,规范举办者股权转让行为（见表 4－2）

---

① 浙江省人民政府:《关于促进民办教育健康发展的意见》(2013 年)。
②④ 温州市:《"民校改企"开全国先河扫除不能营利禁忌》(2013 年)。
③ 广州市人民政府:《关于促进民办教育发展的意见（征求意见稿）》(2013 年)。

表4-2　　　　　　关于民办学校产权归属的法律法规部分内容

法律法规	条款内容
物权法	第三十九条　所有权人对自己的不动产或者动产，依法享有占有、使用、收益和处分的权利。
民办教育促进法	第三十五条　民办学校对举办者投入民办学校的资产、国有资产、受赠的财产以及办学积累，享有法人财产权。 第三十六条　民办学校存续期间，所有资产由民办学校依法管理和使用，任何组织和个人不得侵占。 第五十一条　民办学校在扣除办学成本、预留发展基金以及按照国家有关规定提取其他的必需的费用后，出资人可以从办学结余中取得合理回报。取得合理回报的具体办法由国务院规定。 第五十四条　民办学校举办者的变更，须由举办者提出，在进行财务清算后，经学校理事会或者董事会同意，报审批机关核准。 第五十九条　对民办学校的财产按照下列顺序清偿：（一）应退受教育者学费、杂费和其他费用；（二）应发教职工的工资及应缴纳的社会保险费用；（三）偿还其他债务。民办学校清偿上述债务后的剩余财产，按照有关法律、行政法规的规定处理。
民办教育促进法实施条例	第五条　民办学校的举办者可以用资金、实物、土地使用权、知识产权以及其他财产作为办学出资。国家的资助、向学生收取的费用和民办学校的借款、接受的捐赠财产，不属于民办学校举办者的出资。 第六条　参与举办民办学校的公办学校依法享有举办者权益，依法履行国有资产的管理义务，防止国有资产流失。 第四十四条　出资人根据民办学校章程的规定要求取得合理回报的，可以在每个会计年度结束时，从民办学校的办学结余中按一定比例取得回报。民办教育促进法和本条例所称办学结余，是指民办学校扣除办学成本等形成的年度净收益，扣除社会捐助、国家资助的资产，并依照本条例的规定预留发展基金以及按照国家有关规定提取其他必需的费用后的余额。 第四十五条　民办学校应当根据下列因素确定本校出资人从办学结余中取得回报的比例：（一）收取费用的项目和标准；（二）用于教育教学活动和改善办学条件的支出占收取费用的比例；（三）办学水平和教育质量。与同级同类其他民办学校相比较，收取费用高、用于教育教学活动和改善办学条件的支出占收取费用的比例低，并且办学水平和教育质量低的民办学校，其出资人从办学结余中取得回报的比例不得高于同级同类其他民办学校。

续表

法律法规	条款内容
国务院办公厅关于加强民办高校规范管理引导民办高等教育健康发展的通知	民办高校要落实法人财产权，出资人按时、足额履行出资义务，投入学校的资产要经注册会计师验资并过户到学校名下，任何组织和个人不得截留、挪用或侵占。
民办高等学校办学管理若干规定	第六条　民办高校的借款、向学生收取的学费、接受的捐赠财产和国家的资助，不属于举办者的出资。民办高校对举办者投入学校的资产、国有资产、受赠的财产、办学积累依法享有法人财产权，并分别登记建账。任何组织和个人不得截留、挪用或侵占民办高校的资产。 第七条　民办高校的资产必须于批准设立之日起1年内过户到学校名下。本规定下发前资产未过户到学校名下的，自本规定下发之日起1年内完成过户工作。资产未过户到学校名下前，举办者对学校债务承担连带责任。
山西省实施《中华人民共和国民办教育促进法》办法	第八条　举办民办学校可以采取独资、合资、合作等形式。鼓励多种形式的联合办学。举办民办学校，可以以资金、实物、土地使用权、知识产权或者其他资产出资。以实物和土地使用权、知识产权或者其他无形资产出资的，其出资应当经具有评估资格的中介机构评估。以土地使用权以外的无形资产出资的，其出资额不得超过举办该民办学校全部出资额的25%。民办学校的举办者应当按时、足额履行出资义务。举办者投入民办学校的资产应当与举办者的其他资产相分离。
陕西省人民政府关于进一步支持和规范民办高等教育发展的意见	第十条　依法落实合理回报政策。非营利性学校出资人要求取得合理回报的，在扣除办学成本、计提发展基金和国家规定的有关费用后，允许从办学结余中按年度取得合理回报，作为对出资人的奖励。奖励申请由学校决策机构提出，教育行政部门会同有关部门根据原始出资额、追加投入额、学费收入和办学结余等情况，综合确定合理回报额，合理回报额可占到办学结余的40%。取得的合理回报继续用于学校发展的，计入新增出资额，并按有关规定享受税收优惠政策。营利性学校按企业机制获取回报。

　　浙江省规定，除捐资举办的民办学校外，其他民办学校存续期间，出资或投资者对所有者权益（股权）可以增设、释股、转让、继承、赠予。对非营利性民办学校，在产权流转过程中，一律按账面原值计价；对营利性学校按市场规则操作。所有者权益流转要纳入所在地政府产权交易平台，规范操作。④

　　河南省民办学校举办者变更清算时，所获财政奖励或资助的资金及设备应单列，不得作为举办者的投入；在终止办学时，存有的属政府奖励或资助的设施设

---

④　浙江省人民政府：《关于促进民办教育健康发展的意见》（2013年）。

备应根据来源渠道退还政府，继续用于发展民办教育。①

湖北省加强对民办普通高校举办者股权转让行为的监管。民办普通高校举办者是社会组织的，该社会组织的股权转让或股东变更时，社会组织的审批机关或登记机关应函商省级教育行政部门，就变更行为和股权转让协议进行审查，防止举办者变相抽逃学校资金。②

从实施效果上看，《民办教育促进法》等相关法律法规，进一步规范了民办学校的办学行为，使其逐步走向有序化、规范化的发展道路，民办教育发展的生存环境总体趋好。主要表现为以下几个方面：

第一，"非营利性民办学校改制"取得较为明显的效果。在非营利性民办学校的登记管理上，"非营利性民办学校改制"扫除了民办学校不能营利的束缚，进一步减少了社会力量办学障碍，为全国民办学校分类管理提供了经验。据报道，在温州市已申报登记的430所民办学校中，有200多所登记为民办事业单位法人，85所有意向登记为企业法人。③ 2013年永嘉瓯北高中成功引进江苏翔宇教育集团，创办温州翔宇中学。上海新纪元教育集团计划在平阳县建设占地300亩的教育综合体，在瑞安市建设占地200亩的新纪元学校新校区；森马集团投资2.7亿元，在瓯海区民办教育园区内创办了占地150亩的温州市森马新教育学校；温州市直属外国语学校等7个项目在招商中。④

第二，民办学校法人分类登记办法不断完善。浙江省温州市规定，民政部对非营利性全日制民办学校登记为民办事业单位法人，工商部门对营利性全日制民办学校登记为企业法人。经市教育局批准后，义务教育阶段的民办学校可登记为企业法人，原则上不允许改制。优质民办学校和培训机构，如幼儿园、普通高中、职业高中必须达到浙江省或温州市相应办学标准后，可登记为企业法人。⑤

四川省以举办者是否取得办学收益和学校法人是否拥有办学结余为标准，将民办学校分为非营利性学校和营利性学校。非营利性学校依法登记为事业单位法人或民办非企业单位（法人），营利性学校依法登记为企业法人。⑥

广东省鼓励各地以国有资产参与举办为标准，由省教育部门会同机构编制、民政、工商等部门研究制订、完善从事学历教育的民办学校和幼儿园的法人登记制度。对民办教育培训机构，可登记为民办非企业单位法人或企业法人。⑦

新疆维吾尔自治区规定，经县级以上人民政府及教育主管部门批准设立的捐

---

① 河南省教育厅：《民办教育发展专项资金使用管理暂行办法》（2013年）。
② 湖北省人民政府：《关于进一步促进民办普通高等教育发展的若干意见》（2013年）。
③⑤ 温州：《探索"民校改企"新路径》（2013年）。
④ 温州：《"民校改企"后的情况到底怎么样》（2013年）。
⑥ 四川：《所有民办高校将实施分类管理》（2013年）。
⑦ 广东省人民政府办公厅：《关于促进民办教育规范特色发展意见》（2013年）。

资举办或出资人不要求取得合理回报的从事学历教育、学前教育的民办学校、幼儿园，登记为民办事业单位法人；其他经教育、人力资源和社会保障部门批准设立的民办学校、幼儿园、非学历教育培训机构和职业技能培训机构，登记为民办非企业单位法人。①

陕西省以出资性质和是否取得合理回报为标准，经自愿申报和部门核定后，将民办高校、高等教育助学机构分为非营利性和营利性两类。通过保障学校合法权益、规范学校办学行为，以及对非营利性和营利性学校分别采取大力支持、积极引导的差异化政策，逐步形成完善的民办高校分类管理体制。②

第三，举办者（出资人）产权界定逐渐规范。广东省通过在银行开设独立账号，将民办学校的举办者的投入与学校法人资产相分离。③ 湖南省规定公办学校经主管部门批准后，在不利用国家财政性经费和不影响正常教育教学活动的前提下，可参与举办民办学校。

上海市规定，举办者应当将投入民办高校的货币资金转入或存入学校基本账户。以民办高校的名义发生的资金账务往来，如对外借款、学费、住宿费、捐赠、政府资助等，不属于举办者的投入。④

天津市规定，举办者在参与举办民办学校过程中，其投入符合法律规定的知识产权等无形资产出资额，应参照评估机构的评估结果并按照有关规定协商认定。⑤

第四，学校法人和出资人产权权益逐步清晰。广东省加快民办高等学校资产过户工作，对未完成资产过户的民办高等院校，应于2018年前基本完成资产过户工作。⑥ 新疆维吾尔自治区规定，自批准设立之日起1年内，民办学校须将资产全部过户。⑦

陕西省针对出资人要求取得合理回报的非营利性学校，其合理回报额可占到办学结余的40%。营利性学校则按企业机制获取回报。⑧

浙江省规定，捐资举办的非营利性学校的净资产归社会所有。终止办学后，其净资产统筹用于教育事业。其余非营利性学校，出资者拥有实际出资额（含学校存续期间追加投资额）的财产所有权；营利性民办学校，学校所有者权益归投资者所有。⑨

---

①⑦　新疆维吾尔自治区人民政府：《关于进一步促进民办教育发展的意见》（2013年）。
②⑧　陕西省教育厅：《陕西省人民政府关于进一步支持和规范民办高等教育发展的意见》（2013年）。
③　广东省实施《中华人民共和国民办教育促进法》办法［EB/OL］.2009-11-26。
④　上海市人民政府办公厅：上海市推进民办高等学校落实法人财产权的实施办法（2010年）。
⑤　天津市人民代表大会常务委员会：《天津市民办教育促进条例》（2011年）。
⑥　广东省人民政府办公厅：《关于促进民办教育规范特色发展意见》（2013年）。
⑨　浙江省人民政府：《关于促进民办教育健康发展的意见》（2013年）。

温州市对非营利性民办学校资产转让或赠与做出了详细规定。在办学时间满五年且保障学校法人财产不受损害的前提下，经教育主管部门备案后，可由中介机构进行财产清核，并经教育主管部门批准，学校资产可进行转让或赠予。举办者投入的资产，经相关主管部门审核批准后，按国有产权教育有关规定转让。①

第五，多样化所有制产权改革激发办学活力。按照民办学校产权权益比例结构，我国民办学校共有七种出资办学模式，其出资主体分别为个人、公办学校、企业、教育集团（公司），以及中外合资、股份制、捐赠等。目前，广西壮族自治区的民办教育坚持从区情实际出发，先后开展了企业办学、民筹民办、国有民办、购买服务、联合办学等多种所有制形式的改革探索，形成了一批办学特色鲜明、教学质量高、口碑声誉好的民办学校。②

第六，非营利性民办高校联盟助益健康发展。2013 年底，为了贯彻国家关于落实推进民办高校分类管理、大力发展非营利性民办高等教育的精神，26 所民办高校在北京发起成立了非营利性民办高校联盟，通过了联盟章程，签署了《非营利性民办高等学校联盟公约》，提出了"落实学校法人财产权、规范资产财务管理、办学结余全部用于学校办学发展"的倡议，益于为今后非营利性民办高校的发展。③

二、存在的主要问题

目前，国家层面关于民办教育相关法律的修改在议事日程中，尚未正式出台。试点改革地区涉及的一些关键问题和重要政策，尚未形成统一认识。一些举办者办学营利动机强烈，对民办学校的社会责任缺乏准确认识，在办学定位、学校运行和社会责任担当方面存在缺失。此外，相关法律规定与现实情况存在着较大差距，相关专项立法的时机尚未成熟。各地民办学校分类政策标准不统一，试行分类管理后民办教育的具体政策问题不明晰。民办学校举办者与政府部门就分类管理问题的态度存在明显差异，营利性与非营利性的二分法尚未融合民办学校的其他实际分类做法。具体问题如下：

---

① 温州市人民政府：《关于实施国家民办教育综合改革试点加快教育改革与发展的若干意见》（2011 年）。
② 广西成立民办教育协会探索多样化办学形式 [EB/OL]. 2013 – 12 – 10。
③ 非营利性民办高校联盟：倡导坚持公益办学方向 [EB/OL]. 2014 – 02 – 26。

（一）法律制度不完善，法人类属和性质模糊不清

我国《教育法》和《民促法》中的相关规定，明确了民办学校依法具有法人资格，从法律意义上赋予了民办学校法人的实际地位。然而，在实际操作过程中，却很难将其划入具体法人分类中，民办学校的法人类属规定不明确，对法人类属的界定也缺乏法律依据。目前，《民法通则》将法人划分为四类，分别是企业法人、机关法人、事业单位法人和社会团体法人。显然，民办学校不属于机关和事业单位法人，加之民办教育事业的公益属性，在实际操作过程中也不能简单将民办学校登记为企业法人。社会团体法人是从事社会公益事业、文学艺术活动、学术研究、宗教等活动的各类法人，民办学校也不属于这一类。综上所述，民办学校很难单纯地被归入《民法通则》中规定的任何一种法人类型。不难看出，我国现有教育法律、法规对民办学校的法人性质并未做出明确规定，因此，大多数民办学校在事实上一直以特殊的法人形态存在。

（二）法人属性不明，法律地位不相称

"民办非企业单位"的模糊法人属性界定，使得民办学校的法律地位在政策落实和操作层面与公办学校很难真正一致，无法得到公平的政策待遇。特别是关于民办学校的产权制度、税收政策和融资政策等方面的部门规章与国家民办教育法律法规的规定不一致、不协调，造成诸多矛盾。法人属性决定着民办学校的社会地位、财产来源、投资回报、税收种类，以及其与政府的关系、职工福利待遇等诸多切身利益。民办学校在运行和发展中遇到的诸多困难，在一定程度上都与法人属性不清有着直接关联。国务院发布的《民办非企业单位登记管理暂行条例》对"民办非企业单位"进行了界定。并没有和其上位法《民法通则》对接，民办学校的法人类属仍不能得到明确的法律认定，从而带来民办学校在税收优惠、建设用地、信贷融资、教师身份等问题上，无法落实"民办学校公办学校具有同等的法律地位"。目前，多数从事学历教育的民办学校和学前教育机构（其中部分兼有一定营利性质），在民政部门登记为"民办非企业单位"。可见，引发这些问题的根本原因在于"民办非企业单位法人"的模糊性质，以及现有相关法律法规之间的互相碰撞。

（三）非法人主体办学资格，影响法人制度的完备性

从《民办非企业单位登记管理暂行条例》第九条和第十条的规定可以看出，该条例对民办非企业单位在设立登记时的民事主体资格做了宽泛的规定，即可以

包括法人、合伙和个体三种形式,因此,登记为民办非企业单位性质的办学主体并不都具有法人资格,其中还有相当一部分民办学校是非法人主体,如个体办学和合伙办学。这就意味着,具备法人资格的民办学校只是全部非营利性民办学校中的部分办学形式。这种默认非法人主体办学的做法,不利于民办学校法人制度的建立和完善,也不利于保障民办学校的办学自主权和独立承担民事责任的能力,从而会影响民办教育的可持续健康发展。

(四) 现行法规虽有规定,但法人财产权仍不完善

当前民办学校所涉财产的权利主体包括学校法人、举办者和其他权利相关主体。学校各类资产的类型主要包括货币资金、实物、房屋、土地使用权、知识产权以及其他财产,总体可分为动产和不动产。资产所有权具体权能,主要包括占有权、使用权、管理权、收益权、处分权等。目前,民办学校资产的来源多样化、资产多类型、权利多元化,现有相关法律法规尚未很好地明晰产权关系,即未能清晰界定不同类型民办学校中谁对哪些财产应该享有何种权利。举办者作为重要权利主体,其财产权益保障在现行法律法规和政策规定中却未得到明确体现。仅有《民促法》第五十一条关于"合理回报"取得的规定和第五十四条关于举办者变更的规定,第五十九条关于民办学校财产清偿的规定。同时,《民促法》对民办学校财产权的界定,只体现了国家与学校之间的权责关系,私人所有者和学校之间的权责关系,属于狭义的民办教育产权范畴。

(五) 产权主体地位和权能内容尚未明确

《民促法》中有关法人财产权的规定,并未完整体现出法律关系的主体地位与权能内容,主要表现为:在产权主体方面,对"民办"二字没有充分界定;在产权权能方面,明确了学校法人财产权的完整性,但未明确举办者或出资人的产权权益;在允许出资人取得合理回报方面,将其归于其扶持与奖励类别,没有明确出资人以营利为目的的财产收益权;在对待清偿后的资产处理方面,有待细化。

(六) 民办学校利益相关者权益保障有待加强

民办教育的产权合理界定、政府扶持民办教育机构投入资金的性质以及由此对产权结构的影响等问题,有待进一步明确。民办学校法人财产权制度,是调整民办学校法人财产在形成和运作过程中各方利益主体权利和义务的规章。民办学校财产权是广大民办学校投资人、举办者普遍关注的焦点,也是学术界争论的热

点话题。产权关系不清晰、投入资产的收益不明确、管理制度不健全等问题,阻碍了民办学校的健康发展,直接影响各利益相关者的基本权益。从制度层面规范产权关系、保障产权主体的合法权益,对民办学校的发展有着极其重要的意义。

三、理论依据与实践参照

(一)分类管理下民办学校法人登记的理论依据

分类管理作为民办教育管理的现实需要,在《教育规划纲要》中已有明确规定:民办教育机构分为营利性和非营利性组织。在"法人登记与产权归属制度"方面,王善迈指出,对民办教育的分类应依据办学结余和机构资产剩余的归属,营利性民办教育机构的举办者具有利润和剩余资产的索取权,非营利性民办教育机构则不具备索取权。在分类管理的具体实施过程中,应遵循自愿和政府审核两大原则,非营利性的由民政部门注册为事业单位法人或民办非企业法人,营利性的由工商部门注册为企业法人。在财产权和收益权方面,非营利性的没有财产权和收益权,通过适当奖励举办者的方式鼓励捐赠办学。营利性的可按照企业财产和收益进行制度设计。此外,该研究还建议两类民办教育机构在税收和财会制度上应差异化对待,在财政扶持制度上应既统一又有所区别。[1] 同时,有学者针对这一议题,提出通过立法重新解释"事业法人",将非营利性民办高校纳入其中,并推动民办高校"营利性与非营利性"的"分类管理"。巩丽霞指出,民办高校以民办非企业单位法人登记的做法缺少基本法层面的条款依据。以是否"利用国有资产"举办,区分并定性一所高校,折射出现行法律中以"所有制"划分类别并施以不同管理的传统思路。因而应从"清理并纠正对民办学校的各类歧视政策"这一根本问题着手,通过立法重新解释"事业法人",将非营利性民办高校纳入其中,并推动民办高校"营利性与非营利性"的"分类管理",这也是"依法管理民办教育"的有效路径。[2]

(二)马克思主义产权理论与西方现代产权理论的基本内涵[3]

马克思主义产权理论是与所有制相联系的所有权理论,以"所有权""所

---

[1] 王善迈:《民办教育分类管理探讨》,载《教育研究》2011年第12期,第32~36页。
[2] 巩丽霞:《民办高校法人属性研究——基于"民办非企业单位"法人登记的分析》,载《教育发展研究》2010年第18期,第11~15页。
[3] 刘侠:《我国民办高校产权管理研究》,北京师范大学学位论文,2013年。

有权关系""所有制""所有制关系"等为研究重点,分析资本主义企业的产权结构和产权关系,运用所有权和所有制来解释财产权利关系及其演变过程。首先,所有权表现为一组不同权利的组合,是资本主义生产关系再生产的前提。资本主义制度下的所有权体现的是资本主义占有关系,具有排他性和可交易性。其次,所有权是反映经济关系的所有制的法权形式。不同历史发展阶段中的所有权均是生产力与生产关系在特定历史时期下的表现形式。再次,所有制是人们围绕财产客体,依据所有制主体的社会地位和阶级属性而结成的相互间的经济关系。在经济生活中,所有制主体拥有所有权、占有权、支配权和使用权等基本权益。生产资料所有权制度决定了人们在社会生产关系中的地位与相互关系,集中体现了社会经济制度的本质特征。最后,所有制关系本质上是物质利益关系的体现。所有制性质的界定和产权制度的具体安排,能够规范不同产权主体之间权利、责任、利益。因此,可以通过制定产权规则来明确产权关系。

西方现代产权理论主要包括科斯定理、制度变迁理论和企业产权结构理论等三个主要组成部分。科斯以美国为代表的股份制公司为主要研究对象,通过实证研究企业组织的兴起和市场运行机制,提出了交易成本的概念,阐述了产权界定与交易成本和法律之间的内在联系。科斯认为,根据产权主体的不同,产权界定主要有企业界定、市场交易界定和政府界定三种方式。其中,企业界定是对企业内部生产要素进行产权配置,市场交易界定是指运用价格机制配置资源,政府界定是指通过法律手段调整产权权利关系;以诺思为代表的制度变迁理论探讨了产权与国家和意识形态之间的相互关系,强调了国家和意识形态对产权的影响作用。由国家界定和保护产权而制定的产权制度需要发挥意识形态的作用,得到不同阶层和利益集团的理解和支持。这意味着,仅依靠国家的强制手段和单一的成本—收益原则的考量,产权制度的实施很难得到有效保障;以钱德勒、威廉姆森等为代表的企业产权结构理论分析了企业的投资者、所有者与经营者的权利配置,以及产权结构和委托—代理关系,认为不同类型的企业制度具有不同的产权结构特征。

(三)民办学校产权归属类别及其公益性研究

关于民办学校产权归属类别的研究,宁本涛认为,"财产归属问题的焦点在于,要分清民办教育组织中不同办学主体资产来源,包括国有资产、举办者投入的资产以及办学积累。"[①] 陈宝瑜指出,依据民办高校筹资渠道的不同,政

---

① 宁本涛:《中国民办教育产权研究》,齐鲁书社出版社2003年版。

府、民办企事业单位、公民个人或爱国华侨拥有各自投入资产的产权,社会捐赠、学杂费、校办企业收入、科研技术服务、金融机构贷款以及租赁校舍及教育设施等收入形成的资产归学校所有,联合办学或合作办学的收入形成的产权各属原主,互不占有,合作使用。① 徐冬青认为,举办者或公民个人、政府、企事业单位拥有各自投入资产的产权,社会捐资、赞助以及校产增值部分的产权归学校所有。②

关于民办学校产权归属中的公益性问题,学者们对于民办学校产权制度的公益性基本都给予了支持的观点。王一涛认为,公益性的民办高校产权制度是指学校拥有资产的收益权、控制权和对剩余财产的分配权。建立公益性的产权制度,是我国民办高校可以选择和借鉴的发展道路;建立公益性的产权制度,需要民办高校自身和政府的共同努力。③ 石猛指出,在民办高等教育市场化发展过程中,已有的民办高校产权相关法律法规规定仍然存在产权归属不合理、资产收益不明确等问题,成为制约民办高校发展的制度瓶颈。因此,我们要坚持产权的公益性,建立激励性的产权制度,完善内部治理结构,解决当前的产权问题。④

(四) 私立学校办学领域管理和登记归属的国外做法

1. "达标、不禁"的私立学前教育,扮演提高普及率与满足选择的双重角色

近年来,国际社会日趋重视学前教育的独特作用和深入发展,世界主要国家也积极鼓励民间资金进入学前教育领域。随着营利性机构逐步涉入教育、卫生保健等公共领域,私立学前教育的国际格局发生了新变化,主要有三种模式。

一是以美国为代表的"达标为基、开放资助"模式。据现有资料,美国有全球唯一将政府补助向营利性学前教育机构(含保育院和幼儿园)平等开放的早期教育系统。自1998年美国国会认可营利性学前教育机构的合法身份,并称"仅依据营利性幼儿园的纳税身份,就限制其参与联邦早期儿童项目是不公正的"以来,政府致力于为公立、私立非营利性和营利性学前教育机构营造开放、竞争的制度环境。目前,美国学前教育机构中,约10%为政府机构和公共部门举办,60%为私立非营利性,30%为私立营利性。联邦政府通过家庭导向性税收优惠为

---

① 陈宝瑜:《民办学校需要建立多元化的产权关系——谈民办学校的筹资立法问题》,载《北京成人教育》1997年第11期,第38~40页。
② 徐冬青:《办学体制多元化的产权关系与运行机制研究》,载《教育评论》2000年第5期,第13~14页。
③ 王一涛:《论我国民办高校的公益性》,载《教育发展研究》2010年第18期,第6~10页。
④ 石猛:《当前我国民办高校产权问题探讨》,载《中国成人教育》2012年第13期,第42~44页。

高昂的营利性学前教育费用提供资助，还通过先锋计划向优质的营利性教育机构提供财政支持。州和地方政府主要负责营利性学前教育机构的授权许可和质量标准设定。一些州将营利性学前教育机构置于州教育部门管辖序列，但大多数州将之归属于卫生与人道服务部门管理，这主要是出于"避免学前教育过早受到政府行政系统制约"的考虑。但无论将营利性学前教育机构归于何类政府部门管理，只要达到州的学前教育标准（如佐治亚、纽约、新泽西和俄亥俄州），都依法享有联邦政府拨款和补助。

二是以英国、澳大利亚为代表的"依托私立、标准统一"模式。为增加学前教育供给能力，满足妇女就业需求，激发公立和私立非营利性学前教育机构的活力和竞争力，英国和澳大利亚将营利性学前教育作为推进落实学前教育政策的重要力量，强调发挥营利性学前教育的积极作用。例如，英国从1997年开始通过生均补贴鼓励私立学前教育，并鼓励私人融资兴建新的学前教育项目和机构。为保护民间资本的积极性，英国政府在《早期教育监管框架》中明确指出，学前教育提供方的主要差别是国内机构与国际机构的区别，而不是营利性与非营利性的区别。目前，英国学前教育机构中，约10%为政府部门运营，20%为私立非营利性机构和慈善机构运营，近70%为营利性部门运营。所有学前教育机构，无论营利性或非营利性，均需遵守国家质量标准，由国家教育标准局进行质量评估。与英国类似，澳大利亚的学前教育国家质量框架，对公立、私立非营利性和私立营利性机构的行业准入、师资认证、师生比等设置了统一标准。

三是以转型国家为代表的"错位发展、两极分化"模式。在私营部门发展势头迅猛的转型国家，营利性学前教育发展呈现两极分化。一方面，部分营利性机构收取高昂学费，以高自由度的教学时间安排和多样化的课程内容，满足了中高收入家庭的差异性教育需求。例如，巴西学前教育机构中，70%为公立机构，提供免费学前教育；30%为私立机构，提供高质量的学前教育，其中近半数为营利性的。类似的，马来西亚的私立教育机构主要为中高收入家庭提供高质量的早期教育，而营利性机构更是在满足多种族社会的多样化学前教育需求（语言、宗教、兴趣爱好等）方面起重要作用。另一方面，部分营利性机构以超低成本和创新性运营策略，为极贫困地区和家庭提供早期教育。例如，印度贫困人口比重大，公立和私立非营利性机构在缓解幼儿教育短缺、促进地区公平方面明显功能不足，不得不依靠营利性机构解决早期教育难题。虽然这些转型国家正在加大对私立学前教育机构的财政补助，但营利性机构基本无法获得政府补助。

私立学前教育领域的准入和发展程度不同，主要源于各国政治经济结构和家庭形态的差异。第一，美国、加拿大、英国、澳大利亚等国更多地将儿童早期教育视为家庭的责任，父母理应为子女的学前教育买单。政府一面重点扶持公立幼儿园，向低收入家庭普及早期教育，缓解教育不公平现象；一面充分发挥市场作用，鼓励发展非营利性和营利性私立幼儿园，满足差异化教育需求。而日本、韩国、法国、葡萄牙等国家，虽然也重视家庭教育对于幼儿发展的作用，但更加强调发挥国家的主导作用，将早期教育视为国家的公益事业。这些早期教育体系以培养合格的国家公民为宗旨，禁止私立营利性机构涉足学前教育办学领域，但将私立非营利性幼儿园和保育院纳入国家统一的学前教育系统，予以充足的政府补助。第二，在过去的一个世纪里，欧美国家劳动力市场最显著的变化之一，是妇女越来越多的参与经济活动，使得家庭结构、家务劳动分工、家庭内部收入支配以及幼儿照管产生了新的变化。国家通过鼓励和支持各类学前教育机构发展，为妇女就业创造良好的条件。如瑞典既是欧洲人口出生率最高的国家（平均每个妇女 2.5 个孩子），也是学前儿童母亲就业率最高的国家（90% 以上），瑞典的家庭政策和社会保障系统主要围绕男女平等来设计。所以，营利性保育院和幼儿园在瑞典发展良好，并享有与公立和私立非营利性机构同等的政策优惠。而印度、日本和韩国等国家仍然大量保留传统的性别分工，即"丈夫工作，妻子做全职家庭主妇"。包括学前教育在内的社会体系，也是在传统雇佣制度和性别不平等基础上构筑的。另外，日本近几十年来新生儿出生率持续降低，少子化现象严重，营利性幼儿园难有市场位置。

2. "名放实限"的私立基础教育，面临合法性危机与低利润空间的双重挑战

各国基础教育的年限划分不同，通常包括正规的小学和中学阶段教育。由于基础教育是现代公民教育的最重要方式，普遍将基础教育视为政府的公共责任。营利性基础教育较之学前教育和高等教育，有明显不同，主要有两种模式。

一是以完全拥有所有权和管理权为特征的"完全营利性办学"模式。这种教育公司型学校，极少量存在于发达国家的基础教育系统，广泛见于发展中国家的新兴市场。主要原因有三：第一，欧美教育市场不认可此类学校。美国 50 个州中，有 32 个州允许营利性团体开办学校，但由于频现虚假信息、学业成绩不佳、财务违规、以权寻租等违规案例和负面报道，且公立和私立非营利性学校发展成熟，营利性学校发展受阻。第二，欧美发达国家虽然排斥在本国发展营利性基础教育，但将向发展中国家输出营利性学校作为重点支持战略。在作为跨境教育输入国的发展中国家，外国教育公司举办和运营的国际营利性学校占据了一定的市场份额。第三，发展中国家公立教育不足，不得不依靠境内外营利性学校实现政策目标。例如，在巴西和南非，公立学校过度拥挤，且费用高昂，营利性学校反而能够提供低价高效的基础教育，满足低收入家庭学生的就读需求。在尼日利亚、乌干达和肯尼亚等国家，营利性学校成功地为最贫穷地区的学生提供可负担的基础教育，且有效提高了学龄儿童的受教育质量。这些政府对营利性学校予以态度上的许可与鼓励，但实质性的政策优惠仍然只局限于非营利性学校。

二是以部分拥有所有权或管理权为特征的"准营利性办学"模式。这种准营利性学校是欧美发达国家基础教育领域最常见的模式。典型代表包括瑞典的营利性"自由学校"、英国的营利性"独立学校"和联合所有制"自由学校"，以及美国的营利性"办学管理机构"和"混合学校"集团。在瑞典，1992年教育法案规定，每个人都有权举办自由学校，政府须按学生人数对学校进行拨款资助。随着教育市场的日渐成熟，营利性公司加入自由学校的办学者行列，遵守与公立和非营利性学校同样的质量标准，相应地享受同样的政府资助。在英国，独立学校委员会监管具有私立学校性质的独立学校，据不完全统计，2014年其监管下的独立学校（类似于私立学校）共1 267所，共有学生517 113名，其中，营利性学校242所，占私立学校总数的19%。2010年起，英国启动"自由学校"项目，鼓励民众自筹资金创办高质量的新学校，主要面向劳工阶级密集区域的弱势群体。营利性机构不能设立并持有自由学校，但可以按照教育部规定，独立管理和运营学校，英国学术界将之称为"联合所有制"学校。在美国，营利性办学管理机构（EMO）不直接教育学生，而通过管理下属学校获得利润。同一个EMO与一批传统学校签订管理合同，形成办学集团，美国法学界将之称为"混合学校"。

全球大多数国家的基础教育以公立和私立非营利性学校为主；少数国家有营利性私立学校，在学校总数中所占比重较小。主要原因有二。第一，基础教育因与人才培养和国民整体素质密切相关，被普遍视为一种公共责任，主要由政府兴办。世界各国都重视发展基础教育，并将之作为具有基础性、先导性和全局性的国家战略之一。欧美国家的学术界流行这样一种看法，即"由于教育过程的复杂性和长期性，受教育者与学校之间存在严重的信息不对称，受教育者很难准确判断一所学校的教育质量；选择非营利性学校不代表教育质量必然得到保障，选择营利性学校也不代表学生利益必然受到损害。无论是营利性还是非营利性学校都可以提供基础教育服务，而政府需保障这些学校维持最低质量标准"。所以，在发达国家，法律体系完备的基础教育系统，对营利性学校采取开放和包容的态度；而制度体系预设不足则对营利性学校采取禁止态度，以保障原有的基础教育体系和质量不受影响。在一些发展中国家，虽然关于营利性学校的顶层设计难以在短期内完善，但由于基础教育的现代化转型需求强烈，国家不得不向营利性机构放开基础教育领域，使之承载满足社会新阶层教育需求和扩大基础教育普及范围的双重任务。第二，基础教育办学的营利空间有限。营利性机构大规模进入基础教育始于20世纪90年代。当时教育投资者认为，营利性基础教育将带来丰厚利润。但今天看来，营利性和准营利性中小学及办学集团在欧美市场利润微薄。绝大多数学校或集团通过多种方法筹集资本，通过统一采购而节约管理支出，通过雇用无资质或低资质教师而节约人事开支，通过压缩课外活动和体育项目而节约办学经费，但几乎没有哪个学校在经济上获得明显成功。21世纪以来，营利性机构开始进入发展中国家的基础教育领域，仍然主要依靠规模经济和节省开支实现极为一般的经济效益。较为例外的是，在北欧高福利国家，基础教育普及和公平问题已经得到解决，营利性学校因致力于满足多样化的教育需求而获得成功，但仍然极度依赖政府的政策优惠和大额补助。

3. "有放、有禁"私立中学后教育，肩负扩充传统市场与开拓新型市场的双重使命

随着全球高等教育大众化和普及化进程的加速，高等教育的社会需求进一步扩大。一方面，公、私立高校的传统教育项目难以满足成人和在职人员的教育和培训需求；另一方面，现代技术手段与高等教育的结合，为新型教学模式提供了可能。借此契机，营利性高等教育在全球范围内迅速扩张，逐渐成为传统高等教育以外的一个新增长点，主要有三种模式。

一是以美国、加拿大、马来西亚、新加坡、菲律宾、巴西、秘鲁为代表的"非禁即准"模式。美国有世界上最发达的营利性高等教育系统。州政府根据各州法律，将营利性高校归为教育组织或商业组织，分别适用认证或许可模式进行登记；联邦政府根据第三方组织的质量评估报告，向符合标准的营利性高校提供与公立和私立非营利性高校同等的学生补助和教师基本权益保障。加拿大基本复制和学习美国经验，全面放开对营利性高等教育的市场准入。马来西亚、新加坡和菲律宾为拓展高等教育经费来源，完善高等教育供给结构，鼓励发展营利性高等教育，目前营利性高校占私立高校总数的70%~90%。巴西、南非、秘鲁以及大多数海湾国家支持发展营利性高等教育，除非有特定时期的特殊禁止领域，否则不限制营利性机构进入高等教育办学领域。

二是以日本、英国、澳大利亚为代表的"多禁少准"模式。日本至今未在国家法律层面认可营利性高等教育的合法地位，但自2004年起，允许地区试点营利性高等教育。英国和澳大利亚相继于2002年和2004年推行营利性高等教育试点，试点地区可设置营利性高校，非试点地区的高等教育仍不得以营利为目的。此外，在一些东欧和西欧国家，营利性高等教育具有合法性，但政府极力限制其规模，遏制其向更广阔区域发展。如法国营利性高等院校主要集中在厨师、美容师等职业技术行业，德国营利性高等院校都集中在汉莎同盟城市的技术学院。

三是以土耳其、智利、波兰为代表的"非准即禁"模式。土耳其允许国外营利性高校提供营利性高等教育服务，禁止其他任何类型的营利性高等教育，即除营利性跨境高等教育外，禁止本国高等教育机构以营利为目的。智利和波兰认可营利性高等教育的合法地位，但明确规定，营利性高等教育机构只能在"非大学层次"办学。智利非大学层次的高等教育院校主要分为专业高等学院和高等培训学院两类，波兰非大学层次的高等教育院校主要包括专科学院和专业培训学院两类。两国禁止在"非大学层次"之外的高等教育领域举办营利性高校。

就全球范围而言，少有国家被政府全权包揽耗资巨大的中学后教育。近年来，世界各国大力倚重私立高等教育的同时，进一步向营利性机构开放高等教育办学领域。主要原因有三。第一，世界各国对高等教育功能的认识有了新的变化。尤其是在转型国家和（前）社会主义国家，高等教育从作为一种政治工具，转变为亟待释放的生产力领域。第二，新的社会和经济环境下，传统非营利性高校开始从事一些营利性活动，营利性高校也逐渐涉足过去非营利性高校的职能范围。尤其是高等教育人才培养使命发生变化的时代，营利性高等教育对于促进终身教育体系和学习型社会建设功不可没。第三，成人教育、高等职业技术教育、网络在线中学后教育等非传统领域亟须颠覆式创新，而营利性高等教育被认为是具有革新精神的新生力量，最有潜力创造一个全新的市场，弥补传统高等教育与新型市场需求间的差距。国际经验表明，营利性高等教育的不同开放度与各自国情相对应，既要最广泛地吸引和利用社会资源，又要保证高等教育的正确方向，且与国家经济发展相适应。由于各国对营利性高等教育进入资本市场的效益和风险估计不同，制度设计完善程度不同，营利性机构在不同高等教育系统中的参与方式、范围和程度将在长时期内保持较大差别。

4. 分类规范各类私立学校的登记和归属，各得其所

私立教育发展较早且较发达的国家，从政策法规方面对财产归属问题做出了明确规定，私立院校依法选择相应的经营方式。非营利私立学校的办学结余，或形成办学积累或进入学校发展基金，并用于学校的办学发展。营利性私立学校采取企业管理模式，股东每年按股分红，投资者有财产归属权。[①]

美国的非营利性私立高校，资金主要来源于学费、捐赠、政府资助。董事会成员不具有学校财产所有权，仅有财产处决权。办学收益以办学积累或基金会形

[①] 郭艳平：《民办高校产权归属的国际比较及对我国的启示》，载《高等教育研究（成都）》2009年第1期，第17~20页。

式用于学校发展。营利性私立高校以清晰的产权制度为基础,实行企业法人管理,举办者拥有投入资产的所有权、收益权、转让权等权益,可依法进行转让、抵押、入股、合作,也可出售、租赁或赠送给其他机构或个人。

日本私立高校强调公益性,举办者依法捐资办学,不要求回报。政府规定了严格的资产变更手续,未经主管部门审核批准,不得抽逃办学资金,或随意挪作他用。但是,日本允许学校从事有限的符合法律要求的营利性事业。《私立学校法》规定,在不影响学校正常的教学秩序下,学校可以从事与学校相关的以营利为目的的事务,并与学校财务相互独立。例如餐饮、零售、住宿、医院、农场、研究所、制造业等。

四、对策建议

从我国相关立法现状看,民办学校法人登记管理存在立法层次低、相关法律条款冲突等问题。例如,民办学校的"民非企业法人"资格并不是由《民法通则》等高阶位法律法规所赋予,不能适应目前民办教育发展实际情况,尤其是对非营利性民办教育组织而言。[①] 同时,民办学校产权归属相关法律法规存在规范缺失、不具可操作性等问题。例如,民办学校产权不清晰、产权主体权责不分,阻碍了举办者和出资人兴办教育的积极性和合法权益。[②] 因此,在坚持教育的公益性原则前提下,应当修订涉及民办学校法人登记与产权权益相关的法律法规,完善学校法人分类管理的整体设计,充分发挥产权的激励与约束功能。

(一) 适应服务型政府的转型要求,完善分类管理的整体设计

第一,加强民办学校分类管理政策的分析和评估,提高政策效能。分类管理政策应当立足民办学校的长远发展,具有更大的包容性,既坚持公益导向,又兼顾营利需求,提供多种办学经营模式和发展路径。在试点基础上,总结经验,推进分类管理制度,制定具体政策。

第二,增强分类管理制度设计的灵活性,突破"二选一"非此即彼的选择困境。对于营利性民办学校,不能完全将其等同于企业,将其纳入企业范畴管理不仅有违于事理,也有悖于我国现行法律规定;而对于非营利性民办学校,

---

① 巩丽霞:《民办高校法人属性研究——基于"民办非企业单位"法人登记的分析》,载《教育发展研究》2010 年第 18 期,第 11~15 页。
② 孟繁超、胡慧萍:《论我国民办学校的产权归属及其法律规制》,载《河海大学学报(哲学社会科学版)》2005 年第 1 期,第 16~19 页。

不能将出资办学人的出资等同于捐资，出资人应当享有投入资产的所有权或相关权益。

第三，健全国家层面民办教育改革综合协调机制。建立民办教育改革综合协调机制，全国人大、国务院、财政部、人社部、教育部等相关归口部门部委参与，针对法人登记、产权归属等重大问题，统筹规划、落实分工。

（二）明确营利性学校的办学领域，实行有禁有放、有效引导

第一，不允许义务教育学校为营利性民办学校。应收紧营利性民办学校进入义务教育领域办学的政策，不允许义务教育学校为营利性民办学校。义务教育体现着政府公共责任，是现代公民教育的重要教育阶段。现阶段，相关法律法规体系不健全，放开营利性民办学校进入义务教育领域，存在义务教育领域国有资产流失的风险，逐利的短视效应会损害义务教育质量。

第二，不限制幼儿教育、普通高中、普通高校登记为营利性民办学校。不限制营利性民办学校进入非义务教育阶段的学历教育领域，但要制定并全面实施各级各类学校办学标准体系。在非义务教育阶段，除政府投入外，还应鼓励民间资本进入教育领域。同时，"不限制"不等于完全放开，即国家应制定高标准，提高准入门槛，保障民办学校的办学质量。

第三，采取有效的推进策略。在明确营利性民办教育办学领域的前提下，一要市场主导、政府引导并举。营利性民办学校对市场的反应灵敏，各级政府充分发挥市场在资源配置过程中的决定性作用，合理设定和调整非义务教育阶段营利性民办教育的布局和比例。在不得不干预时，可采取"软干预"方式，引导营利性民办学校进入非义务教育领域。二要于法有据、先立后破。对营利性民办学校的治理，应先立法修法、后推行，"先立后破"，确保一切改革举措都在法治轨道上进行。加快修订《教育法》《义务教育法》《民办教育促进法》以及《高等教育法》等一揽子法律，为营利性民办教育发展提供法律保障。待条件成熟时，出台营利性民办教育管理办法，明确规范营利性民办教育的办学领域、办学行为和监管方式，通过细化专门性的规章制度，保障教育改革的合法性。三要先行先试、地方为主。各地可根据国家政策和准入领域的规定，结合本地区实际，制定出台本地营利性民办学校管理制度，先行先试。各地加强对营利性民办学校的监管和服务，积累经验，保障民办教育健康发展。

（三）以重新界定法人属性为切入点，完善法人登记制度

第一，法人登记划分为营利法人登记制度和非营利法人登记制度。修订相关法律法规，如《民法通则》，非营利性民办学校依法登记事业单位法人，出台

《非营利组织法人登记管理条例》。营利性民办学校依法登记为公司企业法人。按照民办学校属性不同办理登记手续,若民办学校登记为非营利法人,不得转为营利性法人。

第二,营利性与非营利性民办学校均须由业务主管部门审批颁发办学许可证后,方可进行申请登记手续。其中,营利性民办学校参照同级同类公办学校办理。营利性民办学校申请登记为公司企业法人时,其注册实缴资金应当严格符合相关规定要求。

第三,县级以上人民政府相应事业部门负责民办学校事业单位法人登记管理工作,工商部门负责民办学校公司企业法人登记管理工作。各级教育行政部门等主管部门以及相应职能部门,应统筹规划工作,沟通协调,资源共享,加强监管,建立相应信息公开机制。

(四) 突出解决重点和关键问题,保障利益相关者权益[①]

第一,正确认识公益性和营利性的关系。公益性是营利性的基本前提,合规合法的营利性对公益性有促进作用,承认营利性不会改变民办学校的公益属性。因此,必须突破长期以来形成的关于民办学校的传统观念,真正将民办学校视为我国教育事业发展的重要推动力量和组成部分,理清"公益"与"非公益"、"营利性"与"非营利性"等相关概念的关系。此外,民办学校自身具有灵活性和适应性强的特点,营利性和非营利性民办学校可以长期存在,共同发展。例如,修订《民办教育促进法》第三条,在承认"民办教育事业属于公益性事业"前提下,明确可分为营利性与非营利性民办学校。

第二,调整和修改现有法律法规,使之相互之间衔接、协调一致。如由全国人大或者国务院协调教育部、财政部等有关部门,针对民办学校产权管理进行深入调研,尽快制定专门规范民办学校产权管理法规。同时,认真贯彻落实已公布的民办学校产权管理法规政策,修订《民办教育促进法》《民办教育促进法实施条例》《民办非企业单位登记管理暂行条例》《民间非营利组织会计制度》《担保法》以及《物权法》等法律法规政策中相互抵触的条款。在民办学校产权归属、合理回报等方面明确规定,免除举办者办学后顾之忧,依法保护民办学校举办者权益。

第三,依法落实民办学校法人产权,明确并保障举办者合法的产权权益。按照尊重历史,实事求是的原则,妥善处理民办学校办学资产历史遗留问题,合法

[①] 刘侠:《我国民办高校产权管理的困境及策略》,载《高校教育管理》2013年第4期,第43~47页。

合理界定民办学校资产的产权归属关系，明确产权主体的收益分配规则。资产过户时，减免服务性收费，简化审批流程。除捐资举办的民办学校外，明确举办者拥有其出资额的所有权。

第四，构建规范的民办学校产权确认和流转制度。依据分类管理标准，针对不同类型民办学校在产权确认和流转方面分别制定措施，明确各类民办学校相关利益者的产权收益。根据资产来源和举办者（出资人）变动情况，兼顾举办者（出资人）在学校发展过程中对办学积累形成的实际贡献度，明确产权主体及资产归属。

第五章

政府对民办学校的分类扶持

本章提要：政府对民办学校的财政扶持是促进民办学校健康发展的重要手段。本章围绕政府对民办学校的扶持制度展开阐述，梳理政府扶持民办教育的现行政策、评析国家和各地扶持政策的实施效果及成因、探析政府扶持制度的理论依据和政策依据、总结国内外典型经验，提出完善我国民办教育分类扶持政策的对策建议。政策梳理涵盖补贴和奖励、购买服务、助学贷款、税收优惠、土地优惠等五个方面。理论基础涉及公共产品、外部性、教育公平和教育成本分担等理论。从明晰营利性和非营利性两类民办学校配套支持的基本原则出发，提出政策建议：（1）针对两类民办学校，构建既有共性又有区别的财政扶持政策，加大对非营利性民办学校的财政扶持力度；（2）完善政府购买民办教育服务制度，建立绩效评估办法；（3）健全民办学校的助学贷款政策，落实同等资助待遇，两类民办学校都应与公办学校同等对待；（4）完善民办学校分类税收优惠政策，提倡非营利性民办学校与公办学校享有同等的税收优惠，营利性民办学校所交税收应低于企业；（5）实行两类民办学校差别化用地政策，非营利学校按划拨方式供应土地。

现阶段，我国民办学校的筹资渠道主要是学费，来自其他渠道的经费也已逐步成熟且趋于稳定，在捐赠尚不能成为民办学校主要经费来源的情况下，依靠政府的财政支持来解决民办学校财政短缺问题，已成为促进民办教育健康可持续发展的重要手段。本部分主要内容聚焦于：梳理政府扶持民办教育的现行政策、评析国家和各地扶持政策的实施效果及成因、探析政府扶持制度的理论依据和政策依据、总结国内外各地政府扶持政策的典型经验,基于以上内容,最后提出完善我国民办教育分类扶持政策的对策建议。

一、相关政策及其成效

政府对民办学校进行相关配套支持并非只是一个简单的是非判断问题,而是直接反映出政府对民办教育的观念态度。政府对民办学校进行相应的扶持,特别是对民办学校进行公共财政资助,意味着国家对民办教育承担了应有的责任,同时也说明国家是站在整个教育发展战略的高度一视同仁地对待公办教育和民办教育。政府对民办教育的扶持可通过对民办学校的补贴和奖励、对民办学校购买服务、对民办学校的助学贷款、对民办学校的税收优惠和对民办学校的土地优惠等政策,分类扶持营利性和非营利性民办学校。

(一) 政府补贴和奖励面逐渐加大

《国家中长期教育改革和发展规划纲要 (2010~2020 年)》(以下简称《教育规划纲要》)提出,各级政府应将发展民办教育作为当前教育改革的重要任务之一,大力支持和依法管理民办教育。与之相应,政府补贴和奖励是民办教育健康发展的重要条件。中央及地方层面对民办学校补贴和奖励上出台的相关政策法规如表 5-1 所示。

表 5-1   中央和地方政府对于民办学校补贴和奖励的相关法律法规

法规名称	规定细则
教育法	企业事业组织、社会团体及其他社会组织和个人依法举办的学校及其他教育机构,办学经费由举办者负责筹措,各级人民政府可以给予适当支持。[1]
民办教育促进法	第三条 民办教育事业属于公益性事业,是社会主义教育事业组成部分。国家对民办教育实行积极鼓励、大力支持、正确引导、依法管理的方针。各级人民政府应当将民办教育事业纳入国民经济和社会发展规划。 第四十九条 人民政府委托民办学校承担义务教育任务,应当按照委托协议拨付相应的教育经费。[2]
民办教育促进法实施条例	第四十一条 县级以上人民政府可以根据本行政区域的具体情况,设立民办教育发展专项资金。民办教育发展专项资金由财政部门负责管理,由教育行政部门或者劳动和社会保障行政部门报同级财政部门批准后使用。

---

[1] 全国人民代表大会:《中华人民共和国教育法》(1995 年)。
[2] 全国人民代表大会:《中华人民共和国民办教育促进法》(2003 年)。

续表

法规名称	规定细则
民办教育促进法实施条例	第四十二条　县级人民政府根据本行政区域实施义务教育的需要，可以与民办学校签订协议，委托其承担部分义务教育任务。县级人民政府委托民办学校承担义务教育任务的，应当根据接受义务教育学生的数量和当地实施义务教育的公办学校的生均教育经费标准，拨付相应的教育经费。①
深圳市民办学校义务教育阶段学位补贴试行办法	第三条　各区学位补贴所需资金由同级财政部门保障，市级财政可综合考虑各区负担和财力等因素，予以适当的转移支付财力补助。 第四条　学位补贴对象为在我市受政府委托的民办学校就读，符合我市义务教育免费就读条件的学生。 第六条　各区按小学不超过每人每年5 000元、初中不超过每人每年6 000元的标准给予学位补贴（以上学位补贴已包含我市免费义务教育财政补助）。受委托学校的收费标准低于补贴标准的，最高补贴额度为其收费标准。受委托学校的收费标准高于补贴标准的，其差额部分由家长缴交。 受委托学校仍可根据本校的服务内容向享受学位补贴的学生收取餐费、校车费、校服费、住宿费等自愿选择的代收费项目的费用。 学位补贴资金应主要用于改善学校办学条件和开展教育教学活动。 本办法实施前已享受区财政学位补贴的学生，其学位补贴标准由区财政部门会同所在区教育行政部门另行制定。②
深圳市民办中小学教师长期从教津贴实施办法（试行）	第三条　各区从教津贴所需资金由同级财政部门保障，市级财政可综合考虑各区教育负担和财力等因素，予以适当的转移支付财力补助。 第四条　享受从教津贴对象为现正在我市民办中小学校教学岗位工作，且符合下列条件的专任教师： （一）在我市民办中小学连续任教3年以上，其中在现学校连续任教满一个学期以上； （二）具有相应的教师资格证； （三）在我市民办中小学连续任教期间已参加社会保险； （四）近3年年度考核"称职"以上。 从教时间计算至教育行政部门制定的中小学校历学期结束时间。学期结束前离职的不予发放。

---

①　国务院：《中华人民共和国民办教育促进法实施条例》（2005年）。
②　深圳政府在线：深圳市教育局、深圳市财政委员会关于印发《深圳市民办学校义务教育阶段学位补贴试行办法》3个配套文件的通知（2012年）。

续表

法规名称	规定细则
深圳市民办教育发展专项资金奖励和资助项目实施细则	第三条　奖励或资助 （一）对获得市级以上政府表彰的民办教育先进单位和先进个人进行一次性奖励，按照全市教育系统评优评先的有关规定执行； （二）对通过市级以上教（办）学水平评估的进行一次性奖励； （三）对承担省级以上教科研课题（在研）的进行一次性资助； （四）每三年，对经市教育行政部门定期组织评审的优质办学学校进行奖励，获奖率为全市学校等级为市一级以上的民办中小学学校总数的20%； （五）根据国家、省和市的有关要求，对需要在限期内达标的改善办学条件项目进行适当资助（具体项目由市教育行政部门在当年申报前公布）。 第六条　奖励和资助标准，按下列规定执行： （一）办学水平评估奖励：每所中学50万元，每所小学40万元； 本办法实施前已通过市一级以上学校评估和市级以上高中教学水平评估的，按照省一级学校每所60万元、市一级学校每所50万元、国家级示范性高中每所100万元、省高中教学水平评估每所80万元、市高中教学水平评估每所60万元标准给予一次性奖励； （二）每个国家级重点课题资助5万元，每个国家级一般课题资助3万元，每个省级重点课题资助3万元，每个省级一般课题资助2万元； （三）优质办学奖：每所高中（含完全中学、十二年一贯制学校）60万元，每所初中（含九年一贯制学校）50万元，每所小学30万元； （四）资助标准不超过该项目所需经费的50%，原则上每个项目最高不超过50万元。对非营利性民办学校的项目对等条件100%资助。
宁波市民办教育促进条例	第二十六条　市和县（市）、区人民政府应当设立民办教育发展专项资金。民办教育发展专项资金用于： （一）对符合规定条件，实施义务教育和中等职业教育的民办学校，按照同类公办学校生均教育经费的一定比例给予补助； （二）对符合规定条件，为具有专业技术职务的教师按规定缴纳社会保险费用的实施学历教育和学前教育的民办学校，给予补助； （三）奖励和表彰对民办教育事业发展有突出贡献的集体和个人； （四）其他有关促进民办教育的经费资助。 民办教育发展专项资金应当随着经济社会的发展及时进行调整。民办教育发展专项资金使用和管理的具体办法由市和县（市）、区人民政府制定。①

---

①　宁波教科网：关于印发《宁波市民办教育培训机构审批与管理规定》的通知（2009年）。

续表

法规名称	规定细则
上海市教育委员会、上海市财政局关于加强扶持民办中小学发展的通知	（一）根据市教委、市财政局《上海市促进民办教育发展专项资金管理办法》，市级财政每年安排一定数量专项资金，主要用于促进民办中小学教育发展、支持全市性的重大教育改革、构建促进民办中小学教育发展的公共服务平台、奖励和表彰为民办教育做出突出贡献的集体和个人。 （二）各区县相关部门要根据本区域实际情况支持区域内民办中小学的发展。一是对符合条件且收费标准低于同级同类公办学校生均经费拨款的义务教育阶段民办中小学校，按照本市义务教育阶段公办学校生均公用经费基本定额给予补助；二是鼓励区县政府设立促进民办中小学发展的专项资金，主要用于区域内符合条件的民办中小学改善办学条件和开展教育教学改革试点；三是将民办中小学教师培训和师资队伍建设纳入全区（县）统筹规划实施。①

由上可见，政府补贴扶持政策的出台，既为民办教育可持续发展营造了良好的政策氛围和政策基础，也让民办学校在实际发展过程中取得了较好的效果。主要体现在：

一是各级政府对民办教育的"扶持和奖励"政策给予了较多的关注。无论是中央层面还是地方层面，在对民办教育发展给予"扶持和奖励"环节的政策制定上，均投入了大量的精力，为民办教育获得政府补贴提供了良好的政策环境。

二是为民办学校拓宽经费来源提供了必要的政策基础。对绝大多数民办学校而言，学费收入是办学经费的主要来源，充足的经费是其生存的基础。作为公共社会事业，民办学校同样为社会培养了大批有用的人才，为促进经济发展做出了积极的贡献。政府相关政策的出台为大力推动民办教育发展，拓宽其经费来源提供了必要的政策基础。

（二）政府购买服务有所探索

政府在赋予民办学校充分自主权、维护其办学公共性、承担其财政责任的基础上，与民办学校形成一种新型的权利义务关系，而两者间的合作方式主要是通过政府购买教育服务来实现的。中央及地方层面在政府对民办学校购买服务上出台的相关政策法规，如表5-2所示。

---

① 徐汇区教育局：《上海市教育委员会上海市财政局关于加强扶持民办中小学发展的通知》（2010年）。

表5-2　　中央和地方政府对民办学校购买服务的相关法律法规

法规名称	规定细则
中共中央关于全面深化改革若干重大问题的决定	全面正确履行政府职能。加快事业单位分类改革，加大政府购买公共服务力度，推动公办事业单位与主管部门理顺关系和去行政化，创造条件，逐步取消学校、科研院所、医院等单位的行政级别。建立事业单位法人治理结构，推进有条件的事业单位转为企业或社会组织。建立各类事业单位统一登记管理制度。①
温州市瓯海区关于下达2014年政府购买民办教育服务专项资金的通知	经研究，决定从试点民办学校购买服务专项资金和民办教育专项奖补资金中下达我区2013学年度民办教育综合改革试点学校政府购买服务资金4 447 689元（试点民办学校购买服务专项资金3 160 000元，民办教育专项奖补资金1 287 689元）。其中啸秋中学3 008 073元通过区教育局下拨学校；其余资金通过各街道财政所下拨到相关学校，各校（园）相应增加"2050999城市教育费附加支出"预算指标。 各校（幼儿园）应将资金用于改善教育教学设施设备及教科研培训等项目，切实加强对资金的管理和核算，确保资金专款专用，充分发挥资金的激励作用，提高资金使用效率。②
宝鸡市人民政府关于政府向社会力量购买服务的实施意见	（一）通过向社会力量购买服务的方式对民办学校进行财务审计。在民办学校自行开展财务审计的基础上，市教育局专门拨出经费，聘请具有资质的会计师事务所有针对性的对一些民办学校进行专项财务审计，整个审计工作严格按照市教育局要求进行。从已完成的民办教育机构年度财务审计情况看，审计结果既客观公正的反映了民办教育机构的经营运行情况，也为主管部门有效监管提供了建设性的意见和建议。 （二）聘请专家组对民办教育机构进行评估指导。针对个别存在问题的民办教育机构，市教育局以购买服务的方式聘请专家组对学校的班子建设、师资队伍、办学条件、招生情况、教育质量、资产与财务管理、稳定安全等工作进行全面评估指导。专家组的评估结论，指出了学校发展中存在的问题，提出了改进意见，既坚定了办学人长久办学的定力和信心，也打消了一些群众的顾虑。 （三）在日常监管工作中积极引入社会力量。结合市政府文件精神，市教育局及时下发文件，要求各县区教体局在民办教育机构年检、民办教育机构非法集资排查复查等工作中积极采用政府购买服务等方式，引进专业机构参与或秘密聘请信息员，切实增强工作效果。③

---

① 中共中央：《关于全面深化改革若干重大问题的决定》（2013年）。
② 瓯海区教育局网：《关于下达2014年政府购买民办教育服务专项资金的通知》（2014年）。
③ 宝鸡市人民政府：《宝鸡市人民政府办公室关于政府向社会力量购买服务的实施意见》（2015年）。

政府通过向民办学校购买教育服务的方式建立起与民办学校的新型合作关系，将引发两者间法律关系及其相关法规的深刻变化。政策实施效果主要体现在：

一是重构了政府与民办学校的合作伙伴关系。在现代国家体系中，政府行政职能范围和边界已被重新定义。政府的作用不再只局限于监管功能，而是全面履行起为社会提供公共服务的职能。政府通过向民办学校购买教育服务，既体现了政府与民办学校间建立起公私合作的伙伴关系，同时也能够与民办学校在教育服务资源上实现共享，以期达到优势互补。

二是创新了丰富教育公共服务的提供方式，提高了公共服务的供给效率。政府作为出资方向民办学校或教育服务机构购买公共服务，民办学校作为供给方提供公共教育服务，两者之间通过达成合同协议的关系来实现特定公共服务目标。这一做法将改变传统政府作为教育服务提供者和生产者的双重身份，在充分发挥财政资金"杠杆作用"的影响下，鼓励更多的社会资本来共同兴办教育，不仅可以增加在教育公共服务上的总体投入，也能够有效缓解因财政投入不足而导致的教育公共服务供应不足等问题，在建立有效竞争机制的基础上，大力改善教育公共服务的效率。

（三）政府对民办学校助学贷款全面推开

国家助学贷款政策，作为国家采用金融手段深化高等教育体制改革的重要举措，为推动我国高等教育事业起到了举足轻重的作用。国家助学贷款政策自1999年实行以来，经过16年的改革已基本形成了比较成熟的运行体制。作为教育重要组成部分的民办学校，国家助学贷款对于解决家庭经济困难学生的入学问题无疑是一种有效的途径。中央及地方层面在对民办学校助学贷款上出台的相关政策法规如表5-3所示。

民办学校的经费来源主要依靠自筹资金，所以学费收入对其发展来说尤为重要。通常学费标准的制定依据是办学成本，因此，较之公办学校来说，民办学校的学费要高出很多。很多民办学校因其贫困生无法缴纳高昂的学费，频繁出现学费拖欠严重的问题，长此以往，由于主要来源渠道的经费无法得到保障，势必会影响到民办学校的长久发展。因此，现有针对民办学校的助学贷款政策实施效果主要体现在：一是缓解了家庭经济困难学生缴纳学费困难的现象，大大提高了民办学校学生入学机会的公平性；二是扩充了民办学校在筹资上的收入空间，也在一定程度上解决了民办学校经费紧缺等问题。

表5-3 中央和地方政府对于民办学校助学贷款的相关法律法规

法规名称	规定细则
财政部、教育部、银监会关于大力开展生源地信用助学贷款的通知	三、贷款性质与条件 （一）生源地信用助学贷款是指国家开发银行等金融机构向符合条件的家庭经济困难的普通高校新生和在校生（以下简称学生）发放的、在学生入学前户籍所在县（市、区）办理的助学贷款。生源地贷款为信用贷款，学生和家长（或其他法定监护人）为共同借款人，共同承担还款责任。[1]
湖南省关于明确民办高校国家助学贷款工作有关事项的通知	为贯彻落实《湖南省人民政府关于促进民办教育发展的决定》精神，进一步做好民办高校国家助学贷款工作，现就有关事项通知如下： （一）从2008年春季起，我省将民办高校（含独立学院）纳入国家助学贷款范围。凡纳入全省统一招生计划、具备颁发学历文凭资格的民办高校的全日制普通本专科（含高职、第二学士学位）在校学生，在学校和学生本人符合国家助学贷款规定的条件下，均可办理国家助学贷款，并享受与公办普通高校助学贷款的同等政策。 （二）根据民办教育"分级管理、分级负责"的管理体制，开展国家助学贷款工作财政承担的经费按照分级承担原则，省属民办高校财政应承担的资金由省财政安排，市州为主管理的民办高职高专院校，作为市州所属高校管理，开展国家助学贷款工作财政应承担的资金，由所在市州财政安排。 （四）民办高校要按照国家有关规定规范办学，每年从学费收入中足额提取4%以上的经费作为家庭经济困难学生资助经费，专款专用。[2]
湖南省人民政府关于促进民办教育发展的决定	民办学校学生与公办学校依法具有同等的法律地位，民办学校学生在学籍管理、表彰奖励、升学、毕业生就业与户口办理、乘车（船）票价优惠等方面享有同等权利。将民办学校的学生资助纳入同级同类公办普通高校的学生资助体系，民办普通高等学校学生按照同层次同类公办普通高校的学生同等享有国家助学金、奖学金，同等办理国家助学贷款，助学贷款贴息和风险补偿金制度与同层次公办普通高校一致。民办中等职业学校的学生与同等享有国家助学金、奖学金。民办学校要按照《湖南省人民政府办公厅转发省教育厅省财政厅关于建立健全高校和中等职业学校家庭经济困难学生资助政策体系实施方案的通知》要求，从事业收入中足额提取4%以上的经费用于资助家庭经济困难学生。义务教育阶段由于公办学校学位不足，所在县市区政府

[1] 财政部、教育部：《关于印发生源地信用助学贷款风险补偿金管理办法的通知》（2014年）。
[2] 湖南省招生考试信网：《关于明确民办高校国家助学贷款工作有关事项的通知》（2008年）。

续表

法规名称	规定细则
湖南省人民政府关于促进民办教育发展的决定	委托承担义务教育责任,且执行同类公办学校收费标准的民办学校,其学生与同类公办学校同等享受有关减免和补助政策,所需经费由人民政府按规定纳入预算。已经有人民政府安排补助资金的项目,民办学校不得再向学生收取费用。①
省教育厅国家开发银行股份有限公司湖北省分行关于做好2013年生源地信用助学贷款工作的通知	一、贷款申请条件 全日制普通高校家庭经济困难新生或在校生,大学入学前户籍在当地县、市、区的,可以申请生源地信用助学贷款。各地在办理贷款过程中,既要确保真正困难学生获得贷款,又要防止家庭不困难学生挤占贷款名额,要坚持以下审核条件(简称"八贷八不贷")。 (备注:湖北省是为数不多的国家助学贷款、生源地信用助学贷款两条助学主渠道都保持畅通的省份,其生源地信用助学贷款覆盖到所有县市区,贷款对象涵盖了所有公办高校、民办高校和独立学院家庭经济困难学生。)②

(四) 政府对民办学校税收优惠展开试点

民办教育是教育领域一个重要组成部分,从长远发展看,对民办学校实施合理化的税收优惠政策体现国家发展民办教育事业的基本方向。中央及地方政府在向对民办学校购买服务上出台的相关政策法规如表5-4所示。

表5-4   中央和地方政府对于民办学校税收优惠的相关法律法规

法规名称	规定细则
营业税暂行条例	对托儿所、幼儿园提供的养育服务,对学校和其他教育机构提供的教育劳务,对学生勤工俭学提供的劳务,免征营业税。③
增值税暂行条例	对直接用于科学研究、科学试验和教学的进口仪器、设备免征增值税。④
耕地占用税暂行条例	学校、幼儿园经批准征用的耕地,免征耕地占用税。还有其他的行政法规也规定了对学校的税收优惠。⑤

---

① 湖南省人民政府办公厅:《湖南省人民政府关于促进民办教育发展的决定》(2013年)。
② 湖北省教育厅:《省教育厅国家开发银行股份有限公司湖北省分行关于做好2013年生源地信用助学贷款工作的通知》(2013年)。
③④ 国务院:《中华人民共和国增值税暂行条例》(2008年)。
⑤ 国务院:《中华人民共和国耕地占用税暂行条例》(2007年)。

续表

法规名称	规定细则
国务院关于鼓励和引导民间投资健康发展的若干意见	四、鼓励和引导民间资本进入社会事业领域 （十五）鼓励民间资本参与发展教育和社会培训事业。支持民间资本兴办高等学校、中小学校、幼儿园、职业教育等各类教育和社会培训机构。修改完善《中华人民共和国民办教育促进法实施条例》，落实对民办学校的人才鼓励政策和公共财政资助政策，加快制定和完善促进民办教育发展的金融、产权和社保等政策，研究建立民办学校的退出机制。 （十六）鼓励民间资本参与发展社会福利事业。通过用地保障、信贷支持和政府采购等多种形式，鼓励民间资本投资建设专业化的服务设施，兴办养（托）老服务和残疾人康复、托养服务等各类社会福利机构。①
民办教育促进法	第七章 扶持与奖励 第四十七条 民办学校依照国家有关法律、法规，可以接受公民、法人或者其他组织的捐赠。 国家对向民办学校捐赠财产的公民、法人或者其他组织按照有关规定给予税收优惠，并予以表彰。②
民办教育促进法实施条例	第六章 扶持与奖励 第三十八条 捐资举办的民办学校和出资人不要求取得合理回报的民办学校，依法享受与公办学校同等的税收及其他优惠政策。 出资人要求取得合理回报的民办学校享受的税收优惠政策，由国务院财政部门、税务主管部门会同国务院有关行政部门制定。 民办学校应当依法办理税务登记，并在终止时依法办理注销税务登记手续。③

尽管民办教育事业取得了一定的成绩，但依然面临一些外部发展环境的限制。政府对民办教育应采取何种税收政策，是影响民办教育发展较为关键的因素。已有税收优惠政策的实施效果体现在：

一是在政策层面体现了民办学校的重要地位。过去政府对于公共教育服务的税收优惠仅限于公立学校，目前相关优惠政策已辐射到部分民办学校，尽管细化的政策法规还有待完善，但这一趋势在政策层面上已很好地体现了民办学校的重要地位。

---

① 国务院：《关于鼓励和引导民间投资健康发展的若干意见》（2010年）。
② 全国人民代表大会：《中华人民共和国民办教育促进法》（2003年）。
③ 国务院：《中华人民共和国民办教育促进法实施条例》（2005年）。

二是有效缓解了民办教育经费不足的问题。我国各地区由于经济、社会、文化等方面发展水平存在较大差异,导致地区间民办教育的发展极不平衡,尤其是西部地区。仅依靠国家财政投入无法提供充足的教育服务以满足大众需求,因此,政府出台一系列税收优惠政策以吸引社会民间资金投入到社会公共事业,这是解决当前教育服务供给不足的关键举措。税收优惠政策的出台,可以在一定程度上有效地解决民办教育办学经费不足的问题。

(五) 政府对民办学校土地优惠各有不同

为改变各级民办教育投入不足、无法满足经济社会发展需求的现状,各级政府亟须出台相应的扶助政策。其中,民办学校土地优惠政策对于民办教育的筹建及其持续发展具有至关重要的作用。中央及地方层面在政府对民办学校购买服务上出台的相关政策法规如表5-5所示。

表5-5　　中央和地方政府对于民办学校土地优惠的相关法律法规

法规名称	规定细则
民办教育促进法	第七章　扶持与奖励 第四十五条　县级以上各级人民政府可以采取经费资助,出租、转让闲置的国有资产等措施对民办学校予以扶持。 第五十条　新建、扩建民办学校,人民政府应当按照公益事业用地及建设的有关规定给予优惠。教育用地不得用于其他用途。[①]
宁波市民办教育促进条例	第四章　扶持与保障 第二十七条　新建、扩建民办学校,市和县(市)、区人民政府应当按照国家公益事业用地及建设的有关规定给予优惠。教育用地不得用于其他用途。 市和县(市)、区人民政府可以依法将公办学校闲置的教育教学设施等国有资产优先出租或转让给民办学校用于办学。[②]
辽宁省民办教育促进条例	第二十八条　新建、扩建民办学校,其建设用地应当纳入当地城乡建设规划,对于捐资举办的民办学校和出资人不要求取得合理回报的民办学校,经有批准权的人民政府批准,可以划拨方式提供国有土地使用权。[③]

---

① 全国人民代表大会:《中华人民共和国民办教育促进法》(2003年)。
② 宁波教科网:关于印发《宁波市民办教育培训机构审批与管理规定》的通知(2009年)。
③ 辽宁省人大代表常务委员会:《辽宁省民办教育促进条例》(2006年)。

续表

法规名称	规定细则
江西省民办教育促进条例	第六章 扶持与奖励 第三十三条 县级以上人民政府及其有关部门应当将民办学校的基本建设纳入城乡建设规划。新建、扩建民办学校,按照公益事业用地及建设的有关规定给予优惠。教育用地不得用于其他用途。 捐资举办的民办学校和出资人不要求取得合理回报的民办学校的基本建设,在耕地占用税、契税及建设规费等方面,按照国家和省有关规定,享受与公办学校同等的优惠政策。①
山东省人民政府关于加强民办教育规范管理引导民办教育健康发展的意见	(九)新建、扩建民办学校,各级政府和有关部门应当按照公益事业用地及建设的有关规定给予优惠。享受国家用地、建设优惠政策的民办学校存续期间,办学资产只能用于办学,不得用于其他用途。遇有学校停办,其资产的处置严格按国家有关政策办理。②
四川省人民政府关于大力促进民办教育发展的决定	第三章 实行平等待遇,强化政策扶持 (八)各级政府、部门要按照公平、公正的原则,认真清理各种政策文件,废除和修订带有所有制差别的对民办学校在征地、建设、税收、用人、办学、社会待遇等方面的不平等待遇和政策规定。 (十)民办学校建校用地和基本建设享受与公办学校同样的优惠政策。新建、扩建民办学校按公益性事业用地实行行政划拨并优先安排。教育用地不得改变土地用途,土地使用权及地上建筑物转让、出租的,应按有关法律、法规办理。民办学校的水、电、气价格与当地公办学校实行统一价格。③

  政府向民办学校提供直接资助的手段包括拨款给学校、提供低息贷款等,间接手段包括税收优惠、减免配套设施建设费、减免或减少土地征用费、提供助学贷款、提高教师社会福利待遇等。在各种资助方式中,土地征用及优惠政策在民办学校的经费筹措过程中所占的补偿比例较大,而土地作为政府所掌握的资源,可由政府通过制定相关的土地优惠政策,以变相地扶持民办学校的建设与发展。民办教育的土地优惠政策,是政府对民办教育办学经费的一种常见、有效的间接补贴。

---

  ① 江西省人民代表大会常务委员会:《江西省民办教育促进条例》(2006年)。
  ② 山东省人民政府:《山东省人民政府关于加强民办教育规范管理 引导民办教育健康发展的意见》(2007年)。
  ③ 四川省人民政府:《四川省人民政府关于大力促进民办教育发展的决定》(2007年)。

二、存在的主要问题

(一) 政府补贴和奖励的区分度、操作性有待加强

尽管政府充分重视对民办学校的扶持，但依然存在一些尚未解决的问题，使得民办学校面临不公平的竞争环境，主要表现在：

一是针对不同类型民办学校资助政策的区分度不够。目前，政府对民办学校实施补贴政策主要取决于学校是否要求取得"合理回报"，但是并没有针对营利性和非营利性两类不同性质民办学校的政策加以区分和细化。这一方式既增加了政府的监管难度，也使得人们在民办学校能否营利等问题上纠缠不清，还可能导致部分民办学校以"非营利"之名行"营利"之实。

二是政府资助政策的操作细则有待完善。各级政府在相关法律法规中，只有向民办学校提供补贴的条款，但规定内容太过笼统，针对财政支持的具体方式和实施办法缺乏细致说明。如针对奖励，规定中只提出"县级以上各级人民政府可以设立专项资金，用于资助民办学校"，但对于资助条件和对象并未加以说明。此外，资助主体（各级政府）间责任不明晰，被资助对象间的资助力度也有待进一步明确。

三是相关法律法规的执行存在障碍。《民促法》及其《实施条例》已针对税收优惠、财政扶持等方面作出了诸多的相关规定，然而，由于不同规定中存在着法律冲突，执行过程中不同利益主体存在利益冲突，部分地方政府还存在认识偏差等问题，使得这些扶持政策在民办学校发展过程中很难真正落实，或是地方政府在落实扶持政策的过程中限制过多，使得民办学校从扶持政策中受益有限。

(二) 政府购买服务有待规范

政府购买教育公共服务，是政府在教育事业发展过程中转变职能的重要制度创新，有利于推进政府职能转变、实现公共服务供给主体多元化，但依然可能带来相应的问题：

一是政府购买服务没有区分不同类型民办学校的购买标准和程序。营利性和非营利性民办学校虽然都可以为政府和社会提供教育服务，但在接受政府资助过程中税收政策、准入标准和程序不应完全相同。

二是民办学校提供公共服务的质量评估不易实现，相应的服务成本和价格难以估算。作为一种无形的"软服务"，教育服务的成本与价格的计算与实物产品

存在较大差别,对服务过程的监督监控难以实现,服务质量的标准体系也很难构建,致使双方合作过程中会产生因执行标准无法界定等原因引发合同漏洞等问题。

三是政府购买和监督过程的规范性有待加强。作为一种新型的合作关系,由于政府教育职能尚处于转型过渡期,其监管机制及其外部市场环境还在孕育之中。政府购买教育公共服务在实施过程中,可能会出现购买程序不规范、监督环节缺乏、问责机制不力等问题,进而可能引发提供公共服务的民办学校过度追求盈利而不注重服务质量的行为。

(三) 政府助学贷款精细化程度不够

一是可贷额度无法满足民办学校学生的合理需求。学生的贷款额度取决于银行对借款人授信额度的判断,合理的标准应与学校的学费标准和学生的生活费用相统一。然而,目前我国在助学贷款制度的设计上,针对民办学校在贫困标准、还款利率和风险补偿率等方面实施的标准与公办院校完全一致,并未考虑到两类学校的差别、特征及其后果:其一,商业银行往往因为无法通过风险补偿率得到补偿,因而对民办学校设置的壁垒较高;其二,采取统一的贫困标准使得民办学校部分有实际贷款需求的学生往往享受不到贷款政策,统一的贷款额度也由于学费标准和学生家庭经济状况等原因不能完全解决经济贫困生的经济困难问题。

二是针对呆账坏账等还贷问题的细化方案不足。毕业生拖欠还款导致大量呆账坏账的存在,这是由各种因素综合造成的,如就业难、收入低、家庭给予的支持有限、失信等。为了减少国家的经济损失,在还贷问题上的政策还应更加细致化。

(四) 政府税收优惠措施不完善

一是现有的税收优惠政策不完善,没有区分不同类型民办学校优惠政策。现有政策规定,捐资举办和出资人不要求取得合理回报的民办学校,与公办学校依法享受同等的税收优惠;出资人要求取得合理回报的民办学校,也享受相应的税收优惠政策,相关的税收优惠政策由有关财税行政管理部门制定。因此,出资人要求取得合理回报的民办学校的税收优惠政策是否和公办学校、不取得合理回报的民办学校相同或者有所差别尚不明确,取决于今后相关税收政策的进一步规定。

二是已有税收政策存在落实困难或落实不力等问题。如部分地方政府在相关规定中,对那些与公办学校享受同等税收优惠的非营利性民办学校,并未明确界定优惠的内容和范围;对那些营利性民办学校,也并未在应减征的税收优惠与其他按国家规定缴纳的税费之间做合理区分;对民办学校在资产变更过程中还会涉及多种税费,如耕地占用税、契税和增值税等,也并未出台详细规定。

三是与捐赠相关的税收优惠政策有待健全。现阶段关于捐资激励的税收优惠政策,大多是针对间接捐赠行为而非直接捐赠行为,相关规定内容还存在不明确、不完善等问题,因此不能很好地激励人们的捐赠行为,也在很大程度上挫伤了捐赠者的积极性。

(五) 土地优惠政策不到位

一是相关政策的执行力度不足。从硬件设施来看,现阶段大多数民办学校依靠租借校舍办学,拥有独立房屋产权证与土地使用证的学校所占比例较小。

二是民办学校很难享受与公办学校同等的用地优惠。有学者在调查中发现,在土地优惠方面,民办学校征用土地具有以下特征:其一,征用土地面积较小;其二,政府对于公办、民办学校征用土地的态度不同,通常公办学校获得政府主动提供的优惠,而民办学校则很少、很难有同等的机会;其三,对民办学校以零地价划拨土地的很少,基本上为优惠价划拨,有偿购地。可见,公办、民办学校在土地征用优惠上获得优惠机会存在较大差别,政府对民办学校建设用地优惠政策的可为空间依然较大。

三、理论依据和实践参照[①]

与政府财政扶持民办教育相关的理论有许多,如公共产品理论、人力资本理论、自由市场理论以及新公共管理理论等,这些理论分别从宏观或微观的不同层面为政府财政扶持民办教育提供了独特的理论视角。

(一) 公共产品理论界定政府提供民办教育产品义务

讨论公共财政是否应该支持民办教育,首先应明确界定在市场经济中哪些产品和服务应由市场提供,哪些产品和服务应由政府提供,哪些产品和服务应由政府和市场共同提供,进而确定教育服务、民办教育服务的性质及其提供者。

由美国经济学家保罗·萨缪尔森和马斯格雷夫等人创立的公共产品理论,为在市场经济中界定政府和市场职能的边界提供了理论依据。公共产品理论以产品

---

① 方芳、钟秉林:《民办高等教育财政支持制度的研究现状与未来展望——我国民办高等教育改革与发展探析》,载《中国高等教育》2011年第13期,第36~39页。

或服务在消费上是否具有竞争性和排他性、是否具有外部性为标准，将全部产品或服务分为公共产品、私人产品和准公共产品。在理性经济人的假定下，依据产品或服务的成本与收益是否对称，界定公共产品应由政府提供，成本应由财政负担；私人产品应由市场提供，成本应由消费者私人负担；准公共产品应由政府和市场共同提供，成本由财政和消费者共担。

本研究认为包括高等教育在内的非义务教育是属于有正的外部性的准公共产品。一方面，此种教育服务在消费上有竞争性，在供给有限的条件下，一个人消费了这种教育服务，就会影响他人对这种教育服务的消费，或者说，增加一个人对此种教育服务的消费，其边际成本不为零而为正；另一方面，此种教育服务也具有排他性，从技术上这种教育服务可以分割，从而可以通过招生数量、考试筛选和收取学费将一部分人排除在此种消费之外。同时，教育服务具有正的外部性，如过度排除则社会成本太高，因一个人接受了教育，除了本人可以受益之外，其家庭及代际间均可受益，整个社会也受益。教育是一国科技进步、社会经济发展的推动力，是一国精神文明和物质文明建设的重要条件保障。既然教育服务属于有正的外部性的准公共产品，理应由政府和市场共同提供，成本应由财政和受教育者共担。由此，政府有责任和义务提供教育服务，财政应予以支持，负担其部分成本。

关于民办教育的性质，学术界研究相对稀缺，本研究认为民办教育服务与公办教育服务在性质上基本相同，属于有正的外部性的准公共产品或服务。区别在于其私人产品属性较强，因为此种教育服务具有较强的排他性，通过较高的学费可以将不付费者排除在这一教育服务之外。因此，民办教育与公办教育一样，应由市场和政府共同提供，教育服务的成本应由财政和受教育者共同负担。然而，与公立教育有所不同的是，民办教育在资源配置中市场的作用更大，因而受教育者在教育服务成本负担中所承担的比重应更大。

而义务教育阶段的民办学校在排他性和竞争性上均与公办义务教育不同，同样具有较强的排他性和一定的竞争性，因此也可视为准公共产品。基于以上分析，本研究认为民办教育应由政府和受教育者个人及家庭共同负担，政府有责任为民办教育的发展提供财政扶持。

（二）外部性理论推演出政府在民办教育产出中获得外部效益

柯佑祥从民办学校属于非营利性组织的角度出发认为，一方面，民办学校所提供的教育服务具有一定的公益性质，存在很大的外部效益；另一方面，它在履行公益性角色时因不能直接追求市场效益最大化而受到损失。因此，政府有必要对民办学校进行财政补贴。阎凤桥认为，教育存在着的正外部性特征是许多国家政府为私立教育提供财政资助的一个主要理论依据。民办教育的外部性表现为，教育活动不仅对于提供教育者和接受教育者有益，而且对于整个社会有益。如果政府不对民办教育承担一定的成本，举办者就缺少动力扩大教育服务、提高教育质量，而求学者也可能出现需求不足的情况。张铁明等认为，民办教育具有"天然的"公益性。在现实中，政府作为获得外部性利益的代表者，从私立大学获得了可观的外部效益。根据"谁受益谁负担"的原则，政府作为民办教育的受益者之一，也应为民办教育提供必要的财政扶持。

（三）教育公平理论推动政府给予民办学校学生同等受教育机会

胡森认为教育公平有三层含义：教育起点公平、教育过程公平和教育结果公平。也就是说，各类教育主体在教育资源（入学机会、教育条件、教育服务、就业机会等）的获取和享用等方面享有公平的权利。王斌林等认为，从教育和社会公平的角度来看，政府是社会公共利益的当然代表，对资助民办学校的发展有着不可推卸的责任。如果对民办教育采取不资助政策或只是象征性地口头支持，则可能会导致学生学费大幅增加，这将大大减少社会底层人士接受教育的机会，造成入学机会的不公平，从而加深社会阶层的固化。这一情形显然有悖于政府的公共职能，更难容于教育与社会公平原则。李黎提出，我国民办教育的公平问题主要体现在受教育机会不均等和学生占有教育公共资源不均等这两个方面。依据教育公平理论，民办学校的学生应享有和公办学校学生同等机会的教育资源。因此，政府有理由对民办学校给予资助。

（四）教育成本分担理论明确政府分担民办教育成本责任

教育成本分担理论是由美国著名教育经济学家、原纽约大学校长约翰斯通于1986年最早提出的。该理论认为教育成本的分担主体由主要是政府或者纳税人逐渐转为政府、家长、学生及个体组织，教育成本应由纳税人（政府为代表）、学生、学生家长和社会人士（捐赠者）共同分担。学生进入大学接受高等教育，他们理应以学费的形式补偿部分教学成本或支付使用费以补偿由政府或大学提供的住宿费和伙食费。约翰斯通还建议，高等学校在制定学费政策时应考虑以下因素：充足而可利用的捐款、国家贷款补助、父母的高等教育支付意愿、学生的实际生活费用以及学生暑假或学期中的兼职工作情况等。依照该理论，我国民办教育作为教育体系的重要组成部分，其成本也应由国家、社会和个人共同分担。万安中认为，政府作为社会和国家公共利益的代表，必须承担相应的责任和义务。教育成本支付应在政府、企业、家庭、个人等各直接利益人之间合理分担并最终实现。

(五) 政府财政扶持民办教育的政策依据

在我国的法律法规中，《民促法》在第一章第三条明确规定："民办教育事业属于公益性事业，是社会主义教育事业的组成部分。国家对民办教育实行积极鼓励、大力支持、正确引导、依法管理的方针。各级人民政府应当将民办教育事业纳入国民经济和社会发展规划。"

《民办高等学校办学管理若干规定》的第三条规定："教育行政部门应当将民办教育纳入教育事业发展规划。按照积极鼓励、大力支持、正确引导、依法管理的方针，引导民办高等教育健康发展"；"教育行政部门对民办高等教育事业做出突出贡献的集体和个人予以表彰奖励"；第四条规定："国务院教育行政部门负责全国民办教育统筹规划、综合协调和宏观管理工作"；第四十四条规定："县级以上各级人民政府可以设立专项资金，用于资助民办学校的发展，奖励和表彰有突出贡献的集体和个人。"

显然，国家已从法律层面规定并强调了政府在民办教育发展过程中的相关职责。民办教育是国家公益性事业的重要组成部分，作为公共服务的主要提供者，政府无论是在资金投入或购买服务等直接资助上，还是在政策优惠或制度供给等间接扶持上，都应当对民办教育做好合理布局和统筹规划，促进民办教育健康、稳定和可持续发展。

(六) 政府财政扶持民办教育的国内外实践经验

私立教育几乎遍布世界上的每个国家，它们在一国的国民教育体系中占有一席之地，发挥着不可或缺的积极作用。在允许开办私立教育的国家里，政府均在肯定私立教育存在意义的基础上，对私立教育机构特别是高水平的私立学校给予了较高的重视或不同形式的支持。我国民办教育在发展中面临诸多亟待解决的问题，尤其是民办教育机构在现实中面临作为社会公益事业的"公益性要求"与作为投资办学行为的"营利性要求"的冲突。《教育规划纲要》提出，"积极探索营利性和非营利性民办学校分类管理，开展对营利性和非营利性民办学校分类管理试点。"基于此，教育部积极规划统筹教育体制改革工作，并将上海、浙江、江苏、云南和深圳地区，以及吉林华侨外国语学院列入全国首批"分类管理试点"名单。分类管理试点确定之后，各试点地区积极制定相关政策，在"扶持与奖励"中的地方典型做法大致如下：

1. 政府补贴方面

2012年，深圳市教育局联合市财委出台的《深圳市民办学校义务教育阶段学位补贴试行办法》《深圳市民办教育发展专项资金奖励和资助项目实施细则》

和《深圳市民办中小学教师长期从教津贴实施办法（试行）》3项新政，从惠及学生、教师、学校3个层面，支持深圳民办学校的发展。初步预计在新政第一年政府将投入5亿元。届时，深圳将有5万名左右义务教育阶段学生、1.4万名民办学校教师、近160所民办学校获益。

据悉，根据《深圳市民办学校义务教育阶段学位补贴试行办法》要求，凡符合条件的学生，将按小学不超过每人每年5 000元、初中不超过每人每年6 000元的标准给予学位补贴。在具体执行中，受委托学校的收费标准低于补贴标准的，最高补贴额度为其收费标准；受委托学校的收费标准高于补贴标准的，其差额部分由家长缴纳。此外，受委托学校仍可根据本校的服务内容向享受学位补贴的学生收取餐费、校车费、校服费、住宿费等自愿选择的代收费用。除了给予义务教育阶段民办学位补贴外，新政对民办教师也有所"青睐"。根据《深圳市民办中小学教师长期从教津贴实施办法（试行）》，凡连续从教3年以上的合格教师，从第四年开始发放从教津贴。具体发放标准为：满3年每人每月300元，以后每满1年每人每月增加100元，每人每月1 000元封顶。从教津贴每年按12个月计发，每学期（6个月）发放一次。

总结各国政府资助私立教育的特点，主要如下：

第一，多数国家资助私立教育的前提是非营利机构。从梳理国外政府资助私立教育的经验来看，并非所有的私立学校都能得到政府资助。对私立教育是否进行资助、资助力度如何，是建立对私立学校的分类管理基础上的。一般而言，多数国家政府资助的前提是私立学校应当是非营利性组织，尤其是政府公共教育经费的直接支出对象几乎不可能是营利性的私立学校，在其他方面也对营利性教育机构进行限制。

第二，各级政府对私立教育的资助力度和内容差异较大。有些国家中央（联邦）政府在私立教育财政资助方面发挥主要作用，而有些国家则主要由地方政府来负责；有些国家有全国统一的资助方案，没有制定统一标准的国家则由地方政府负责，各地资助情况往往很不均衡。例如在意大利，教育行政部门对私立学校的经费资助是按个案资助的方式来进行的，没有全国统一的国家财政资助政策；澳大利亚州政府主要负责对公立学校的资助，而联邦政府主要对私立学校资助；德国法律禁止联邦政府向私立学校的开办者提供经费支持，但宪法规定州政府应当确保私立学校的存在，保证学生不因家庭经济状况受到歧视，因此，州政府有法律义务向私立学校提供财政资助，但资助的数额与具体资助条件各州差异较大，并且不同类型的学校之间也差异较大。另外，中央（联邦）与地方两级政府在资助内容上有所不同，如美国联邦政府为私立教育提供资助的方式主要是馈赠办学土地、就读学生优惠、提供科研项目研究经费，州政府对私立教育的支持则主要是提供科研经费、学生资助和税收优惠。

2. 购买服务方面

浙江温州市在各试点地区中走在了改革的前列。温州市提出，从2011学年起，以当地同类公办学校生均教育事业费为基准，建立政府向基础教育阶段民办学校购买服务的经费投入制度。对登记为民办事业单位法人的民办学校，以落实教师社会保障政策，足额缴纳教师社会保险费的单位应缴部分，以及落实当地民办学校教师最低工资制度和相应会计制度为前置条件，根据民办学校在校生人数，按当地上年度生均教育事业费标准给予一定的补助：义务教育阶段补助比例为30%~50%，学前教育、高中段教育补助比例为20%~30%。各县（市、区）在三年内按比例执行到位。民办学校按照培养的学生人数，由财政给予一定比例的补助。上述经费由同级财政按实列支。2011年以后要逐步提高补助比例，使公办、民办学校享有同等的财政支持。①

上海市浦东区自2009年起也开始大胆尝试政府购买公共教育服务新政。通过百姓"点菜"、政府"埋单"、中介"执行"，多渠道、多形式、多元化提升公共教育服务水平。为使外来人员子女能依法享受到良好的义务教育和其他优质的教育资源，上海浦东新区政府通过向民办学校"购买学位"、加强对农民工子女学校管理等多种途径，来解决外来人员子女入学问题，并逐渐形成政府向民办学校购买学位的一整套制度体系。同时，浦东新区针对外籍人员、高级白领、普通工薪阶层等不同人口的需求，在办好公办学校的同时，通过开设外国学校或优质学校国际部、开办优质民办学校等多种途径，来满足不同人群期待的教育需求。为了扩大公共教育服务的范围内容和服务形式，浦东新区通过购买社会服务组织或中介机构的服务，为民办学校提供服务，如委托万善正教育工作室为农民工子女学校组织教研联合师资培训；通过购买学校科研、教育项目等研究服务，来推动民办教育的发展；购买设施服务，即对向社区免费开放各类设施的公办中小学给予补贴。②

国外实践普遍显示，私立学校（尤其是公益性私立学校）和公立学校在本质上都是社会公共事业的重要组成部分，但两者之间最大的区别在于提供教育服务的主体和方式有所不同。基于此，政府都对私立学校给予了与公办学校同等的政策待遇。政府不仅充分保障私立学校的办学自主权，还在学生资助、科研经费、税费优惠等方面予以扶持。如美国对私立学校购买服务，通常是由联邦政府对科研实力较高的私立学校直接拨款资助，以科技开发研究投入的方式。而日本私立

---

① 温州市人民政府：《关于实施国家民办教育综合改革试点加快教育改革与发展的若干意见》（2012年）。

② 上海浦东模式：多渠道、多形式购买教育服务，2014年8月13日。

学校的办学经费则主要依靠中央政府的财政援助、科研投入、社会团体和个人捐助、学费收入、社会服务收入这五种渠道。

3. 助学贷款方面

从国内看,湖北省是为数不多将国家助学贷款和生源地信用助学贷款两条助学主渠道都保持畅通的省份。湖北省的生源地信用助学贷款覆盖到所有县、市、区,贷款对象涵盖了所有公办学校、民办学校和独立学院家庭经济困难学生。在推动生源信用助学贷款的同时,还积极推动国家助学贷款工作,每年可以为10万家庭经济困难学生发放6亿元的生源地信用助学贷款,为2万名家庭经济困难学生发放1亿元的国家助学贷款,确保家庭经济困难学生"应贷尽贷"。目前,湖北省已在学校建立了"绿色通道""奖、贷、助、补、减"的家庭经济困难学生资助体系,中职建立了国家助学金和免学费学生资助体系,高中建立了国家助学金和社会资助制度,在城乡全面实现了免费义务教育,为农村义务教育阶段所有学生免费提供教科书,对农村义务教育阶段家庭经济困难寄宿学生给予生活补助,并逐步实施了对困难家庭儿童、孤残儿童学前教育资助措施,资助政策已经涵盖了各级各类学校。①

广东省各类普通学校从2002年开始,不论是部委属院校、省市属院校还是私立民办学校,均可实施国家助学贷款政策。贷款学生在校期间均可享受政府100%的财政贴息。为保证所有经济困难学生都能得到资助,2012年广东还取消了各校申请国家助学贷款的额度限制,即省里明确不再对学校下达国家助学贷款额度,而是实行资格"准入"制度,各学校按贷款条件进行审查,学生只要符合条件,均可申请。②

从国际上看,各国政府也纷纷通过为学生提供助学贷款或补助金等形式间接资助私立学校,提升学生的入学机会,进而为私立教育的可持续发展提供动力。如美国联邦政府主要通过补助金、低息贷款和勤工俭学等资助学生的项目来间接资助私立学校;州和地方政府则主要通过减免税收,以及对私立学校学生提供奖助学金的方式来实施资助。韩国为实现社会公平,抑制学费的大幅增长,政府不仅资助私立院校,同时还对其学生增加了贷款或奖(助)学金等的投放,作为私立院校学费补偿的重要形式。日本私立学校在筹集购置和维修设施设备及其他经营方面所需的资金时,可通过私立学校振兴财团得到优于民间金融机构的低息贷款。由于日本私立学校振兴财团的资金来源于国家财政拨款和财政进入投资,所以此类贷款可以理解为政府的间接财政资助。

---

① 湖北省学生资助网:《湖北省生源地信用助学贷款申请指南》(2015年)。
② 搜狐教育网:《广东民办高校学生也能申请国家助学贷款》(2012年)。

4. 税收优惠方面

浙江省温州市根据民办学校的不同类型落实税费优惠政策：登记为民办事业单位法人的民办学校依法享有公办学校同等的税费优惠政策；登记为企业法人的民办学校，提供学历教育劳务所得的收入，免征营业税，企业所得税由税务部门先征缴后再予以返还地方所得部分，该项税收优惠政策每所学校享受五年。①

山东省财政厅、国税局、地税局联合下发《关于支持发展现代职业教育有关税收政策的通知》，明确营业税、企业所得税、个人所得税等九个税种支持发展现代职业教育的有关政策，强调捐资举办的民办学校和出资人不要求取得合理回报的民办学校，依法享受与公办学校同等的税收优惠政策。

对学生勤工俭学提供劳务取得的收入，免征营业税。鼓励企业接收学生实习、实训、学徒，企业为接收学生实习、实训支付的报酬等费用支出，按规定在计算应纳税所得额时扣除。对政府举办的职业学校设立的主要为在校学生提供实习场所、由学校出资自办、由学校负责经营管理、经营收入归学校所有的企业，对其从事营业税暂行条例"服务业"税目规定的服务项目（广告业、桑拿、按摩、氧吧等除外）取得的收入，免征营业税。

支持学校开展教学、技术研究和培训活动。对从事学历教育的学校提供教育劳务取得的收入，免征营业税。对政府举办的、中等和初等学校（不含下属单位）举办进修班、培训班取得的收入，收入全部归学校所有的，免征营业税。学校提供技术开发、技术转让和与之相关的技术咨询、技术服务，符合相关规定的免征增值税。

对国家拨付事业经费的学校自用的房产、土地，免征房产税、城镇土地使用税。对财产所有人将房产、土地等财产赠给学校所立的书据，免征印花税。对学校占用的耕地，符合规定条件的，免征耕地占用税。学校进口国内不能生产的仪器、设备，直接用于科学研究，科学试验和教学的，免征进口环节增值税。②

各国对私立教育的税收优惠政策具有三大特点：一是相关的税收优惠政策较为完善。如日本政府针对私立学校，免征法人税、事业税等税种，尤其对其用于教育的财产采取免征固定资产税的优惠政策，减轻其由收益事业所得的税率，并对向学校捐赠物品或钱款的个人或机构实行免税。二是针对营利性与非营利性私立学校采取差异化的税收政策。美国政府在《国内税收法》中规定，针对专门以宗教、慈善、科学或教育等活动为目的的组织，可享受免缴联邦所得税的政策，

---

① 腾讯教育网：《浙江省温州市：民办教育1+9新政探索分类管理》（2012年）。
② 诸城市地方税务局网：《关于支持发展现代职业教育有关税收政策的通知》（2013年）。

但前提条件是:"其纯收入的任何部分都不能用于增加任何股票持有者和个人的利益。"根据《美国慈善法》中相关规定,一个组织获得免税资格的前提要求是非营利性属性。可见,营利性私立学校在工商部门的管理下,须按照公司法、税法等有关规定照章纳税,往往不享受免税政策。三是捐赠激励机制健全。校友捐赠是毕业生出于对母校的报答或支持其办学理念的捐赠形式,在美国私立大学中,校友捐赠是学校办学资金的重要来源,其捐赠总额之高不仅与美国大学的捐赠传统相关,也源于政府对捐赠相关的税收优惠政策。

5. 土地优惠方面

浙江省温州市在改革中明确要求保障民办学校的用地需求,并根据不同类别的民办学校制定有差异的用地规则。登记为民办事业单位法人的民办学校,可以行政划拨方式提供土地使用权,原以出让方式获得的土地,土地的使用权和教育用地功能均保持不变。登记为企业法人的民办学校原则上以有偿出让方式供地,原以行政划拨方式供地的,分类改革后,其土地作为国有资本保留,需要由划拨改为出让的,按国家《协议出让国有土地使用权规范》(试行)规定处理,出让金由原土地使用者支付。在规划许可的前提下,民办学校可以依法依规通过土地置换迁建、扩建学校,做大做强优质资源。登记为民办事业单位法人的民办学校,各项建设规费减免与公办学校享有同等待遇。①

在美国教育发展初期,由于《莫里尔法案》的巨大影响,教育系统中的私立大学占据了近65%的比重。该法案规定,"每个州凡有国会议员1人可获得3万英亩的公共土地或相等的土地期票,赠予各州作为建立学院的经费资助"。很多学校因此得到了免费赠送的土地,部分学校通过出租土地获得租金收入以扩充学校发展所需资金。在"二战"以后,日本通过低价租赁的方式将大量处于闲散状态的中小学校舍转让给发展初期、质量较优的民办学校,以扩大规模、完善私立教育系统。澳大利亚政府则是通过辅助贷款的方式为私立学校用地给予扶持。

四、对策建议

在梳理政府财政扶持民办学校必要性和可行性的基础上,结合民办教育发展的基本特征和实际情况,本研究将针对营利性和非营利性两类民办学校配套支持政策,主要从基本原则、政策构想以及配套机制等方面进行深入的分析和

---

① 温州市人民政府:《关于实施国家民办教育综合改革试点加快教育改革与发展的若干意见》(2012年)。

思考。

以公共财政支持民办教育的发展已日益成为国家公共政策转型的必然选择。根据民办教育管理制度和财政制度的特点、民办教育服务属性的差异,以及国家现有财政的供给能力等方面,针对公共财政支持民办教育所遵循的基本原则,本研究拟从三方面展开:配套支持的主体、配套支持的对象和配套支持的目标。

分类支持的基本原则主要有以下几点:

第一是区分扶持对象:对非营利性民办学校的扶持力度应大于对营利性民办学校的扶持力度。针对不同类型的民办学校,政府究竟该如何进行配套支持,需要寻求科学的理论依据。因此,本研究将针对两类民办学校的服务属性进行分析和比较。

作为营利组织的教育服务机构,提供的服务基本上属于私人产品,从性质上来说,与作为营利组织的工商企业没有本质区别,其终极目的是营利或利润的最大化,而提供教育服务是手段;资源配置的基本机制是市场供求和价格,服务的成本最终由消费者即受教育者负担,这类服务的供给与需求本质上是市场交换关系。作为营利组织的教育服务机构,实行照章纳税、自主经营、自负盈亏的经营管理制度。营利性的民办学校所获收益由投资者和举办者自由支配,可以用于学校教育支出,也可以归于投资者和举办者所有,不存在所谓"合理回报"和使用去向等问题。由于其提供的教育服务具有正的外部性,成本和收益不完全对称,公共财政应给予一定的支持,这种财政支持只是其服务成本的一种补充,同时也是政府运用财政杠杆促使其健康发展、规范其办学行为的一种重要手段。①

作为非营利组织的民办学校,从制度规范来说,应同公立学校一样,其功能是传承文明和知识技能以培养学生,收取学费和营利是手段。由于这类学校属于非公共服务机构,经费来源和服务成本的主要负担者是其服务的消费者,即受教育者及其家庭。学校收入大于支出的部分(即盈利部分),应用于学校教育支出,而不应归于举办者所有。由于其性质为非营利机构,公共财政应给予比营利学校更大力度的直接支持。②

在确定了两类民办学校的服务属性之后,本研究认为国家的配套支持政策应当给予区别对待。当前,政府资助民办学校应遵循以下原则:对非营利性民办学校予以优先资助,对其资助力度应大于营利性民办学校。在间接资助政策方面,

---

①② 方芳、王善迈:《我国公共财政支持民办高等教育研究》,载《北京师范大学学报:社会科学版》2011 年第 5 期,第 23~29 页。

应落实对不同类型民办学校在土地、税收等方面实施差异化优惠政策，如非营利性民办学校应享受与公办学校同等的优惠政策，营利性民办学校可通过有偿出让的方式享有土地使用权，免征教育劳务收入的营业税等。

第二，明确支持主体：地方政府为主，中央政府为辅。完善对民办学校实施分类扶持的相关制度和政策，首先应明确规定分类扶持的主体，这取决于我国民办教育的管理制度和财政制度。我国各级公立教育现行的管理制度则是由地方政府管理，而财政制度是由中央和地方两级财政支持。

由民办教育或民办学校的概念界定可见，民办学校举办者是来自非政府机构的社会组织或个人，在地方政府教育部门注册，实行省、地市两级管理。在现行的管理制度和财政体制下，我国民办学校提供资助的责任主体主要是各级地方政府。主要原因表现在以下三个方面：一是中央政府尚不具备能力对民办学校进行过多直接的配套支持；二是各地区间的经济发展状况和民办教育发展程度存在着巨大的差异，在全国范围内均衡分配资助资源既不公平也不现实，制度成本较高；三是我国民办学校的管理主要归属于当地政府，而且民办学校发展的主要受益者，在目前和未来较长时期内是地方社会经济，地方政府在配套支持方面有较大积极性和可能性。因此，民办学校在配套支持主体上应以地方政府为主。由于我国区域间经济、财政、民办教育发展的严重不均衡，中央政府也应承担其社会责任，对民办教育不发达的地区给予一定的支持。

总体来看，各级政府可按照《预算法》《教育法》《民办教育促进法》等法律法规和制度要求，因地制宜，调整优化教育支出结构，加大对民办教育的支持力度。财政支持民办教育发展的资金要纳入预算，并向社会公开，接受审计和社会监督，提高资金使用效率。

在对民办学校配套支持的政策制定上，我国应系统总结各省市的实践成果，在借鉴国外政府财政支持私立教育先进经验和充分考虑各地实际情况的基础上，采取切实可行且能真正促进民办教育发展的有效途径。针对现阶段我国民办学校分类管理的发展方向，本研究从以下几方面阐述政府扶持民办学校的政策构想：

（一）针对两类民办学校，构建既有共同点又有区别的财政分类扶持政策

政府公共财政支持民办教育，既体现政府对发展民办教育的重视，也是政府对民办教育进行管理和控制的一种手段。对两类民办高校实施"共同而有区别"的财政支持，主要体现在以下两点：

一是"共同"的客体，即其属性不会随着教育组织类型的改变而改变，如师

生的法律地位、鼓励民办高校特色办学的激励机制等，在任何教育组织内都应同等对待。在实行分类管理的过程中，应着重清理、消除那些针对民办高校的歧视性政策。在师生权益保障上，民办高校和公办高校同样作为公共教育服务的提供主体，其师生法律地位和权利应是平等的，因此，不同类型民办高校和公办高校在保护师生权益上应予以同等对待。同样，对那些具有鲜明办学特色和创新优秀成果的民办高校，无论其营利性与否，都应给予奖励性资助。奖励性资助，不仅能让民办高校和公办高校"平等享受机会，公平参与竞争"，还能充分发挥公共财政的调控作用，引导两类民办高校在教学质量、办学水平、特色发展上予以重视。

二是"有区别"的客体，即其属性在不同教育组织内会产生差异，如非营利性和营利性民办高校的公益性程度和法人属性各不相同，因此可享有的扶持政策上也应加以区分。例如，在教育用地优惠方面，应将非营利性民办高校视同公办高校，采取无偿划拨或有偿转让制度；对营利性民办高校，则按国家有关规定在转让土地使用权时给予低于商业用地市场价格的优惠；对捐资举办的民办高校，其建设用地应享受和公办高校同等的土地优惠政策。税收优惠政策同理。在这类客体上，针对不同类型民办高校，必须实行差异化的财政扶持政策，并遵循"优先资助非营利性民办高校""非营利性民办高校获得资助的力度大于营利性民办高校"的原则。①

无论是"共同"的，还是"有区别"的，政府分类扶持民办高校的行为，不仅仅只是教育部门和财政部门的事情，还涉及税收、收费、金融、人事、社保等不同公共部门间的相互协作，以及相关法律规定的逐步完善。因此，完善与民办高校财政支持制度相配套的，如针对两类民办高校采取不同的收费定价政策、金融信贷政策等方面的政策，是政府财政分类扶持民办高校过程中必不可少的政策支撑，对民办高等教育的健康、稳定、可持续地发展起到了举足轻重的作用。②

（二）完善政府对民办教育购买服务制度，建立绩效评估办法

综上分析，政府可通过购买服务或委托管理等方式对营利性民办学校提供财政扶持，制定向民办学校购买就读学位、课程教材、科研成果、职业培训、政策咨询等教育服务的具体政策措施。针对政府向民办学校购买教育公共服务可能引发的问题，本研究给出以下建议：一是需要明确民办教育公共服务的购买范

---

①② 方芳：《分类财政扶持营利性和非营利性民办高校的问题研究》，载《教育与经济》2016年第2期，第68~73页。

围。即明晰国家财政资金购买民间资本、社会组织、企事业单位提供的教育公共服务领域，例如，包括学前教育、义务教育、高中阶段教育到高等教育的基础性公共教育事业的供给；教育信息化服务；教师培养培训；教育教学改革专业服务；各种检查评估事项等。二是提高合同各方利益主体的风险意识，积极设计并完善相关制度。构建防范风险的责任框架。政府购买教育公共服务，应充分发挥其制度优势，提高供给效率，优化服务质量，以满足社会多元化、个性化、多选择性的教育需求。三是以办学质量为杠杆倒逼民办学校内部及其与公办学校之间形成良性竞争。如可通过实施"教育券"等方式逐步实现公共教育服务的均等化，用竞争机制来倒逼民办学校规范办学，提高教学水准，并在民办学校内部及其与公办学校之间形成良性竞争。四是完善民办教育服务购买的市场化机制。在市场欠发达的领域，要建立公共教育委托服务提供主体的资质评审机制，建立竞争性谈判机制；在市场比较发达的领域，要建立完善的教育公共服务招投标机制。

（三）健全我国民办学校的助学贷款政策，落实同等资助待遇

助学贷款制度是民办学校学生权益的重要组成内容，与公办学校一样，民办学校也是公共教育服务的提供主体，其师生的法律地位是没有差别的。在实行分类管理的过程中，应在师生权益保障方面，积极清理相关的歧视性政策，无论是非营利性民办学校还是营利性民办学校的师生，都应与公办学校师生一样享受同等待遇。

在健全民办学校助学贷款政策上：一是各级民办学校应建立健全民办学校助学贷款业务扶持制度，提高民办学校家庭经济困难学生获得资助的比例。民办学校要建立健全奖助学金评定、发放等管理机制，应从学费收入中提取不少于5%的资金，用于奖励和资助学生。二是针对民办学校特点给予更多政策上的照顾。第一，应提高学生的年贷款额度，使之能与民办学校高学费标准相适应；第二，对家庭经济贫困学生的认定应符合民办学校的特点，而不能采用与公办学校相同的标准；第三，对不同类型学校的助学贷款应采取分类处理，针对民办学校违约率预期较高的问题，可通过市场化来确定适当的风险补偿率，确保商业银行风险可得到充分补偿；第四，延长还款期限，与公办学校毕业生相比，民办学校毕业生在社会上的认可度较低，在就业市场上面临不公平的竞争环境和工作待遇，因此，相对延长的还款期将有利于学生具备充足的能力来还款。三是积极探索生源地助学贷款政策。对家庭经济困难学生的认定工作，无疑是各类高校实施助学贷款政策过程中最困难的环节，而生源地贷款政策则可大大降低对家庭经济困难学生相关信息的甄别成本。由于生源地银行对于学生家庭的真实情况更

容易掌握,这不仅有利于制止非贫困学生的骗贷行为,更能够确保真正需要获得资助的人得到经济帮助。同时,受资助学生父母的居住地也相对稳定,家庭对于学生毕业后的去向及流动情况也相对清楚,银行在联系催还欠款的成本和风险上都大大降低。

(四) 完善我国民办学校分类税收优惠政策

民办学校按照国家有关规定享受相关税收优惠政策。一是两类民办学校应实施差异化的税收优惠政策。对于非营利性民办学校的发展,政府应予以大力支持;对于营利性民办学校的发展,政府应为其创设合理的空间。对于非营利性民办学校,应与公办学校享有同等的税收优惠,如出资人投入到民办学校的设备或房产,应免征营业税、企业所得税等税种;社会组织或个人通过公益性组织实施捐赠行为后,应准予其在税前按一定比例据实扣除。对于营利性民办学校,则应免征营业税、适当扣减企业所得税,或与当地高新企业享有同等优惠政策等。二是完善我国民办教育捐资激励制度。国外私立大学的筹资渠道中社会捐赠部分所占的比例非常高,究其原因:其一,私立大学的地位与其所在国家的经济发展水平有很大关系;其二,这些国家与社会捐赠相关所得税、财产税优惠方面的激励制度非常完善。由此可知,对于民办学校的社会捐赠行为,我国政府应基于《中华人民共和国公益事业社会捐赠法》的相关规定,在未来财产类税开征之后,还应制定出更多的税收激励机制,鼓励社会的捐赠行为,进而增加学校教育经费的收入:如为了鼓励社会力量捐资办学,对捐资建校、捐赠教学仪器设备和图书资料,捐设奖教、奖学金的,可按捐赠者意愿进行命名,或进行表彰;捐资建立的学校与公办学校享有同等的税收优惠政策,捐赠主体应享受企业或个人所得税减免政策,政府也应奖励相应比例的配套资金,予以支持和鼓励。民办学校用电、用水、用气、用热,执行与公办学校相同的价格政策。

(五) 实行两类民办学校差别化用地政策

民办学校建设用地的管理应遵循科教用地的相关办法。在教育用地优惠方面,应将非营利性民办高校视同公办高校,采取无偿划拨或有偿转让制度;对营利性民办高校,则按国家有关规定在转让土地使用权时给予低于商业用地市场价格的优惠;对捐资举办的民办高校,其建设用地应享受和公办高校同等的土地优惠政策。① 同时,还应补充相应具有可操作性的配套规定:一是完善用地费用减

---

① 方芳:《分类财政扶持营利性和非营利性民办高校的问题研究》,载《教育与经济》2016 年第 2 期,第 68~73 页。

免政策。对于那些办学质量较好、需要扩容用地面积的民办学校，应按照公益事业用地的相关待遇给予优先安排，或无偿提供。二是闲置国有固定资产转让优惠。部分工业部门在转让土地、厂房等资源的闲置时，政府相关部门可将商业价值较低，位于偏远地区的土地资源，或其他工业闲置资源提供给民办学校，作为一种公益性投入以帮助校园面积与校舍规模紧缺等问题，进而满足广大人民群众对于民办教育服务的需求。

第六章

民办学校的教师权益保障

本章提要：教师权益保障是民办学校健康发展的力量之源。本章以完善教师权益保障政策为核心议题，梳理民办学校教师权益保障相关政策，分析民办学校教师权益保障和队伍建设的实施效果与存在问题，通过问题原因分析和理论分析，提出民办学校教师分类保障的政策建议。从总体上看，我国民办学校教师权益保障工作有了较大改进并且取得了一些成效，但是，面对全面深化教育领域综合改革的新形势新挑战，我国民办学校教师权益保障依然存在诸多问题。在民办教育分类管理的大趋势下，保障民办学校教师权益的主要对策有：（1）完善法律法规建设，确保相关政策落地，重点明确和规范营利性和非营利性民办学校法人登记类型，找到各利益相关者的利益结合点；（2）明确分类扶持思路，政府、举办者（出资人）、教师等利益相关者多方参与协同推进，重点扶持非营利性、高质量、有特色的民办学校教师队伍建设；（3）政府履行管理职能，切实发挥调控作用，为民办学校教师权益提供多样化保障方式；（4）学校履行办学责任，切实保障教师合法权益，不断提高教师薪酬待遇，构建多层次的社会保障体系；（5）行业组织提供专业服务，建立第三方民办学校教师权益保障定期督导检查制度，助推教师权益保障落到实处。

保障民办学校教师合法权益，是民办教育改革和发展的重要内容。切实实现民办学校教师合法权益是实现民办学校健康发展和加强教师队伍建设的重要保障。因此，保障民办学校师生的合法权益，是一个值得社会高度关注的问题。

本部分梳理民办学校教师权益保障政策，分析民办学校教师队伍建设和权益保障实施效果与存在问题，调研发现目前我国民办学校教师群体面临社会地位不高、身份编制不明、待遇保障不足、职称评定困难、队伍稳定性不够、队伍结构不合理、组织认同感不强、专业发展受限等主要困难。通过问题原因分析和理论分析认为，在民办教育分类管理的大趋势下，既要考虑不同的权益保障措施，也要保障民办、公办学校教师享受平等的职称评审、评优评先、专业发展等权利。今后，要优先规范营利性和非营利性民办学校法人登记类型，破除将非营利性民办学校登记为"事业单位"或"民办事业单位"，将营利性学校登记"企业法人"的法律障碍。政府、举办者（出资人）、教师和社会等利益相关者需要妥善解决民办学校教师身份地位问题，切实提高待遇，健全职称评聘机制，鼓励教师积极参与学校民主管理，注重从权利要求和利益诉求两方面保证民办学校教师权益既要有通畅的实现渠道，又要有可持续的提升渠道。

一、相关政策及其成效

除《中华人民共和国民办教育促进法》（以下简称《民办教育促进法》）及其《实施条例》对民办学校教师权益作了原则性的规定以外，面对教育领域全面深化改革的新形势，很多地方政府针对民办学校教师权益保障出台了新政策，总体趋势是在分类管理框架下，继续加强教师队伍建设，稳步提高教师待遇，逐步建立健全多层次的社会保障体系，实现民办、公办学校教师具有同等的法律地位、享有同等待遇。同时考虑针对不同类型机构属性与特点，采用不同的保障措施。

（一）推行分类管理，实行差别扶持

在民办学校教师队伍建设和权益保障方面，从现有政策看，各地主要鼓励引导、重点支持非营利性民办学校（即按照原有政策，不要求取得合理回报的民办学校）。

广东省积极推行民办学校分类管理，完善法人登记相关办法，实行差别化、有区别的扶持政策，"积极鼓励、重点扶持捐资举办和出资举办不要求取得合理回报的民办学校发展，并在奖励评定、资金扶持、项目安排、人才引进、师资队伍建设等方面实行优惠政策。"[①]

浙江省义乌市探索实施民办学校分类管理，"完善非营利性和营利性民办学校差异化、有区别的扶持政策体系，非营利性民办学校可以享受与公办学校同等

---

① 广东省人民政府办公厅：《关于促进民办教育规范特色发展意见》（2013年）。

的法律地位。"①

贵州省贵阳市在推进民办教育分类登记的基础上，实行教育行政主管部门对民办教育评估分级管理、分类扶持制度，对开展学历教育的民办学校的办学规模、办学条件、管理水平等方面进行全面评估，划分为优质、优良、发展、限制等四个等级，以实行分级管理和对应扶持。其中，评估分级标准把规范法人治理结构，具有相应会计制度和保障师生基本权益作为入选优质、优良级的前置条件，将办学基础设施的投入和办学水平纳入收费的核算范畴。此外，贵阳市探索制定对民办性质优质教育集团提供教师编制的支持政策，即由教育行政部门会同编制部门根据优质民办教育集团的办学规模为其提供合理的教师编制，由优质民办教育集团自行组织招聘，其薪酬及社保由优质民办教育集团负责解决。②

山东省潍坊市坚持和完善政府为非营利性民办中小学提供师资扶持的政策措施。规定公办学校校长、教师如果到非营利性民办学校工作，其原有公办教师身份和档案关系不变，退休待遇仍然执行公办学校教职工相关政策。公办学校在进行编制内教师招聘时，对已经录用的、在非营利性民办学校工作的教师，在其原工作时间的工龄、教龄要按规定连续计算。非营利性民办学校教师在户籍迁移、住房保障、子女就读等方面享受与当地公办学校教师同等的人才引进政策。③

河南省周口市大力支持民办学校做大做强，重点鼓励扶持一批质量优良、特色鲜明、社会反响良好的非营利性民办学校，并选派一定比例的公办学校教师予以对口支持，被选派到民办学校工作的教师可以保留原有公办学校的编制并发放基本工资，绩效工资由民办学校发放。④

（二）制定指导标准，提高工资水平

为解决民办学校教师待遇普遍不高、影响教师队伍稳定等问题，各地纷纷推行了相应的举措，通过制定相应的民办学校教师工资指导标准提高教师实际收入。

广东省积极提高民办学校教师岗位吸引力和教师队伍的整体素质，规定民办学校举办者要依法落实教师相关待遇保障，按时足额发放教师工资，要求地方政府要根据当地经济社会发展水平，参照当地公办学校教师工资标准，制定

---

① 义乌市人民政府：《关于促进民办教育健康发展的实施意见》（2014 年）。
② 贵阳市人民政府：《关于加快民办教育改革与发展的若干意见》（2013 年）。
③ 潍坊市人民政府：《关于进一步加快发展民办教育的意见》（2013 年）。
④ 周口市人民政府：《关于促进民办教育健康快速发展的若干意见》（2013 年）。

民办学校教师工资指导标准，实现民办、公办学校教师平均工资收入水平大致相当。①

福建省龙岩市不断提高民办学校教师工资待遇，并参照公办学校教师绩效工资标准，制定民办学校教师工资指导线（最低标准）。按照同工同酬的原则，提出多劳多得、优绩优酬、倾斜一线、倾斜骨干的分配原则，完善和落实民办学校教师岗位绩效工资制度，提高教师工作积极性。

福建省厦门市鼓励并督促民办高校提高教职工工资水平，根据全市城镇居民消费价格指数、职工个人缴纳的社保和住房公积金、平均工资等因素，参照厦门市企业最低工资标准制定与实施办法，综合各公办、民办高校教师平均工资水平，制定民办高校教师最低工资指导标准。②

河南省济源市对于满足条件的民办学校，直接拨付一定比例的教师工资。民办学校净资产或建校投入达到规定数额，经财政和教育部门委托的中介机构评估认定后，可以根据人事、编制部门核定的办学规模，依照上年全市最低工资标准拨付一定比例的教职工工资，连续扶持5年。具体拨付标准：对于靠滚动发展，净资产达到3 000万元以上的现有民办学校，按30%的比例拨付。并且规定，对于一次性投入5 000万元至1亿元的新建民办学校，按50%的比例拨付；对于一次性投入1亿元以上的新建民办学校，按70%的比例拨付。③

浙江省温州市综合考虑公办学校教师收入分配政策和民办学校实际情况，制定了民办学校（含幼儿园）教师工资指导线（最低标准），其中高中56 000元/年，义务教育学校54 600元/年，幼儿园36 000元/年。

湖北省则要求民办高校提高民办高校教师待遇，制定其教职工工资标准时参照当地公办高校教职工现行工资标准。④

（三）实行优惠政策，加强人才引进

人才引进是困扰民办学校可持续发展的重要因素，2013年全国各地继续探索新举措，探索民办学校人才引进优惠政策。

广东省要求各地要为民办学校吸引人才、留住人才、用好人才创造条件，将户籍迁移、住房待遇、子女就学等公办学校引进高层次人才的政策覆盖到民办学校。鼓励高层次人才到民办学校任教，鼓励公办学校优秀教师到民办学校挂职或任教。⑤例如，广州市探索采取积分制办法帮助民办学校教师解决落户问题，重

---

① ⑤ 广东省人民政府办公厅：《关于促进民办教育规范特色发展意见》（2013年）。
② 厦门市人民政府：《关于进一步支持和规范民办高等教育发展的实施意见》（2013年）。
③ 济源市人民政府：《关于大力促进民办教育发展的意见》（2013年）。
④ 湖北省人民政府办公厅：《关于进一步促进民办普通高等教育发展的若干意见》（2014年）。

点解决在广州市民办学校连续工作 4 年以上、年龄 45 周岁以下、具有本科学历和中级职称以上，教育教学业绩突出的民办学校现任教师及其配偶、未成年子女入户问题。

新疆维吾尔自治区积极落实对民办学校的人才鼓励扶持政策，鼓励高校毕业生和具有相应教师资格的专业技术人员到民办学校任教；民办学校从自治区以外招聘具有硕士研究生及以上学历，并取得教师资格证或具有高级职称的人才及高技能人才，与单位签订 3 年以上劳动合同的，可由当地人力资源和社会保障部门按引进人才办理相关落户手续。①

四川省广安市也积极支持民办学校吸引、稳定、培养优秀教师，鼓励高校毕业生、专业技术人员到民办学校任教，规定民办学校教师在户籍迁移、住房等方面享受与当地同级同类公办学校同等的人才引进政策。②

浙江省义乌市鼓励民办学校建立面向全国的优秀教育人才引进机制，加大人才引进力度，规定民办学校按相关规定引进的高层次人才，可以享受与公办学校相同的人才优惠政策。③

（四）完善社保体系，缩减待遇差距

第一，完善民办学校教师社保体系。广东省积极鼓励和支持民办学校建立年金制，努力实现民办、公办学校教师退休后的待遇大体相当，鼓励支持部分地区，对实行年金制的民办学校予以实质性奖励，对民办学校教师发放从教津贴。④

浙江省要求民办学校为教师缴纳单位部分的社会保险费，鼓励民办学校建立企业年金等补充保险制度，提高民办学校教师退休待遇。民办学校教师参加事业单位养老保险的，可按照当地事业单位养老保险统筹缴费标准参保并享受相应养老待遇；民办学校教师参加企业职工基本养老保险的，可按照当地企业职工基本养老保险缴费标准参保并享受相应养老待遇。同时规定，民办学校教师在不同养老保险制度间转移养老保险关系，其缴费年限可按规定连续计算。⑤ 其中，义乌市规定，符合人才引进政策的或已取得高级职称并被单位聘用、取得中级职称并已被单位连续聘用 3 年及以上、硕士研究生及以上学历的，参加人事代理的非营利性民办学校教师或具备条件的非营利性民办学校管理骨干，可按事业单位社会

---

① 新疆维吾尔自治区人民政府：《关于进一步促进民办教育发展的意见》（2013 年）。
② 四川省广安市人民政府：《关于进一步促进民办教育快速健康发展的意见》（2013 年）。
③ 义乌市人民政府：《关于促进民办教育健康发展的实施意见》（2014 年）。
④ 广东省人民政府办公厅：《关于促进民办教育规范特色发展意见》（2013 年）。
⑤ 浙江省人民政府：《关于促进民办教育健康发展的意见》（2013 年）。

保险统筹标准参加事业单位社会保险,并享受相应社保待遇。①

湖北省鼓励民办普通高校在符合城市规划和土地利用规划的前提下,利用自用土地建设教职工公共租赁住房,享受当地公共租赁住房相关优惠政策,民办普通高校应按照有关规定为教职工缴纳社会保险费和住房公积金。②

福建省厦门市鼓励有条件的民办高校充实学校薪酬体系、探索试行年金制度,为本校骨干教师提供一定程度退休收入保障的补充性养老金,提高教师退休待遇。③

四川省广安市建立了民办学校教师定期体检制度,并设立了市、县两级政府民办学校教师养老保险专项补贴,建立完善学校、个人、政府共同分担的民办学校教师保障机制,提高民办学校教师退休待遇。④

河南省济源市采取直接补助的方式,规定民办学校教师的社会保险和住房公积金学校缴纳部分,可以以上年全市最低工资标准为基数按30%的比例给予补助。⑤

新疆维吾尔自治区则要求将符合条件的民办学校教师纳入自治区城镇住房保障范围,解决民办学校教师住房问题。⑥

第二,不断缩小民办、公办学校教师退休待遇之间的差距。上海市财政对建立年金制度的民办高校拨付师资队伍奖励经费。2013年上海民办高校缴纳教师年金总额1 800万元,市财政给予相应的师资队伍专项经费。为提高民办学校教师在职收入,上海市教委将专职教职工收入与学校学费收入、办学结余挂钩,并设定比例要求,作为核定民办学校政府扶持专项资金的重要依据之一。

(五) 鼓励对口帮扶,促进合理流动

各地方政府为提高民办学校师资质量,制定了多种多样的教师流动政策,促进民公办学校教师流动。

广东省探索加强民办、公办学校教师交流指导。其中,广州市实施"民办学校师资保障工程",建立公办和民办学校教师的双向交流制度,要求各级教育行政主管部门选派一定比例的公办学校优秀管理人员和教师到民办学校开展教育教学帮扶,同时,为民办学校教师到公办学校挂职和跟岗学习创造条件;⑦ 汕头市

---

① 义乌市人民政府:《关于促进民办教育健康发展的实施意见》(2014年)。
② 湖北省人民政府办公厅:《关于进一步促进民办普通高等教育发展的若干意见》(2014年)。
③ 厦门市人民政府:《关于进一步支持和规范民办高等教育发展的实施意见》(2013年)。
④ 四川省广安市人民政府:《关于进一步促进民办教育快速健康发展的意见》(2013年)。
⑤ 济源市人民政府:《关于大力促进民办教育发展的意见》(2013年)。
⑥ 新疆维吾尔自治区人民政府:《关于进一步促进民办教育发展的意见》(2013年)。
⑦ 广州市人民政府:《关于贯彻落实"强师工程"加强教师队伍建设的意见》(2013年)。

选派优秀公办教师到民办学校挂职；高州市、茂港区则选派公办教师到民办学校任教，保留其原有公办教师编制身份。

湖北省建立了民办、公办高校教师合理流动机制，支持公办、民办高校开展对口帮扶，鼓励公办高校派遣优秀干部、教师到民办高校挂职或任教，同时规定，到民办高校工作的公办高校干部、教师，其公办高校教师身份和档案关系不变。①

贵州省贵阳市创新民办、公办学校教师流动和管理机制，实现优质教师资源共享。公办学校教师到民办学校支教，其原有的公办教师身份、档案关系、社会保险等保持不变，工资由民办学校发放，同时享受民办学校教师应有待遇。公办学校教师自愿应聘到民办学校任教的，由所属学校同意，同级教育、人力资源社会保障部门备案，工资由聘用学校发放，社会保险按有关规定执行，人事关系转入所在地教师人才管理中心或人才市场实行人事代理，原档案工资作为调资、晋级、职称评审、计发退休生活待遇的依据，退休时按公办学校退休教师相关政策执行。对合同期满未续聘、本人愿意重新回到公办学校任教的公办教师，参加公办教师招考，在同等条件下优先录用。②

福建省厦门市探索建立了民办、公办高校教师交流带动机制，定期从公办高校中选派教师和干部到民办高校挂职或任教，其原有工资和社会保险等均保持不变，支教期满，回原单位任教。定期从民办高校中选派优秀青年教师到公办高校锻炼，工资、社会保险、住房公积金仍由民办高校发放。③

浙江省义乌市进一步破除民办、公办学校教师流动中的体制性障碍，落实单位用人自主权，鼓励教师在民办、公办学校之间有序流动。创新教师编制管理，为民办、公办学校间教师的有序流动和民办学校引进人才提供编制保障。本市原有事业编制身份的教师在本市民办学校任教，可保留事业身份。对合同期满、本人愿意回到公办学校任教的事业身份教师，可以回公办学校应聘。④

（六）实行人事代理，拓宽发展空间

依据现有政策，民办学校教师档案管理、职称评聘等主要由属地人事局或人才服务中心等政府人才服务机构代理。不仅如此，各地政府还尝试通过拓展人才服务机构的职能，对民办学校教师资格认定、专业技术资格评审、科研项目申报、评优评先、计算工龄等方面给予支持。

---

① 湖北省人民政府：《关于进一步促进民办普通高等教育发展的若干意见》（2013）。
② 贵阳市人民政府：《关于加快民办教育改革与发展的若干意见》（2013 年）。
③ 厦门市人民政府：《关于进一步支持和规范民办高等教育发展的实施意见》（2013 年）。
④ 义乌市人民政府：《关于促进民办教育健康发展的实施意见》（2014 年）。

上海市率先探索将民办高校人事管理统一纳入全市高校人事管理范畴，建立了教师同等待遇保障机制，民办高校教师在职称评定、奖励表彰、科研项目申报、教师培训等方面享有与公办高校教师同等待遇。①

广东省以属地管理为基本原则，建立完善民办中小学教师档案管理制度，探索实行教师档案自主管理制度。保障民办学校教师专业发展权益，明确要求民办学校应按规定比例提取一定的教师培训经费，教育、人力资源社会保障部门将民办学校纳入教师培训计划和范围。其中，广州市探索实行教师档案托管制度，白云区委托人才服务管理中心统一管理民办学校教师档案，费用由财政承担。② 另外，广州市实施"民办学校师资保障工程"，要求各级教育、人力资源和社会保障行政主管部门要将民办学校教师资格认定、职称评审、项目申报、评优评先等工作纳入统一管理。加强民办学校教师的培训，严格执行与公办学校相同的培训成本分担政策，将民办学校校长、幼儿园园长和教师全面纳入培训体系，研究拓展切实可行的民办学校教师培训模式，各区（县级市）要在培训经费上给予保障。民办学校要按规定保障校长和教师培训的经费和时间，按要求完成培训任务。③

浙江省探索创新民办学校教师服务管理模式，为方便民办学校教师合理流动，要求人才服务机构要积极做好民办学校教师的人事代理工作，为民办学校教师提供职称评聘、户口迁移、社保关系转移、劳动关系衔接等服务。④ 义乌市将民办学校教师纳入与公办学校教师同系列、同要求、同待遇的教师培训计划中，促进教师专业发展，在民办学校教师参加职务评审、业务竞赛、评优评先等领域，实行指标计划单列的方式。⑤

重庆市探索统筹加强民办中小学师资队伍建设，要求区县负责民办中小学教师全员培训，市级主要负责民办中小学举办者、管理者和骨干教师培训。同时规定，民办中小学教师在职称评审方面与公办中小学教师一视同仁。⑥

湖北省规定，在政府指定机构办理人事代理的民办普通高校教职工工作发生变动时，如符合国家规定，教龄、缴费年限连续计算。民办高校教师在资格认定、职称评审、考核评价、项目申报、评先选优、国际交流等方面，与公办高校教师享受同等待遇。⑦

---

① 上海市教育委员会：《上海推进民办教育分类管理情况汇报》（2014年）。
② 广东省人民政府办公厅：《关于促进民办教育规范特色发展意见》（2013年）。
③ 广州市人民政府：《关于贯彻落实"强师工程"加强教师队伍建设的意见》（2013年）。
④ 浙江省人民政府：《关于促进民办教育健康发展的意见》（2013年）。
⑤ 义乌市人民政府：《关于促进民办教育健康发展的实施意见》（2014年）。
⑥ 重庆市教育委员会：《关于进一步促进民办中小学发展的意见》（2013年）。
⑦ 湖北省人民政府办公厅：《关于进一步促进民办普通高等教育发展的若干意见》（2014年）。

福建省厦门市规定，市人才服务中心负责代理民办高校教师人事关系、档案管理，指导委托民办高校做好代理教师的考核工作。已在市人才服务中心等政府指定机构办理人事代理的民办高校教职工，工作变动时，教龄、工龄予以连续计算。①

河南省开封市出台意见，规定民办学校教师在业务进修、职称评定、表彰奖励、科研立项等方面与公办学校教师享有同等权利。教师在民办学校工作期间，其人事劳动关系、档案等由各级人力资源和社会保障部门人事代理机构管理，并实行劳动（聘用）合同鉴证制度。委托人事代理的民办学校教师被国家机关、企事业等单位录（聘）用后，其在民办学校工作时间按国家、省、市的相关规定执行。民办学校须为教师交纳社会保险金。②

（七）购买教育服务，加强队伍建设

购买教育服务成为加强民办学校教师队伍建设和权益保障的新举措，各地政府积极探索多种形式的补贴、助学贷款、基金奖励、捐资激励等制度。

上海市教委实施民办高校"强师工程"教师培训项目。从2012年起，上海市教委每年投入约2 000万元财政专项资金，加强对民办高校青年教师和管理干部的集中培训，支持民办高校青年教师开展海外研修、产学研实践。③

重庆市规定所辖区县政府可购买教育服务，对委托承担义务教育任务的民办中小学，可按照师生比派驻公办教师。其中，被评为市级特色中小学、市级示范中小学、捐资举办的民办中小学、出资人不要求合理回报的民办中小学，可派驻一定数量的公办教师，支持学校加强骨干教师队伍建设。④

广州福田区也安排了专项经费成立民办学校名师、名校长工作室。惠州市对公办、民办学校校长培训采用一视同仁的政策。广州、深圳、中山、河源等市均拨出专款对民办学校领导和举办者开展培训。⑤

福建省厦门市将民办高校专任教师、行政管理人员、辅导员纳入全市高职院校"教师素质与教学能力提高项目"实施计划，统筹安排培训、研修等；采取委托培养方式，鼓励选派民办高校青年骨干教师攻读专业硕士学位；鼓励民办高校教师开展科技创新与产教结合活动，在科研课题立项、课题申请、评审、成果转化、财政拨付科研经费等方面对民办高校教师予以支持；鼓励民办高校引进优秀

---

① 厦门市人民政府：《关于进一步支持和规范民办高等教育发展的实施意见》（2013年）。
② 开封市人民政府：《关于促进民办教育发展的若干意见》（2014年）。
③ 上海市教育委员会：《关于实施民办高校"强师工程"教师培训项目的通知》（2012年）。
④ 重庆市教育委员会：《关于进一步促进民办中小学发展的意见》（2013年）。
⑤ 广东省教育厅：《关于报送民办教育规范特色发展情况的报告》（2014年）。

教师，符合条件的民办高校教师纳入市相关人才计划，享受同等的住房保障、子女就学等政策。[1]

浙江省义乌市针对非营利性民办学校建立政府购买服务的经费投入制度，以落实教师社会保障政策、缴纳教师社会保险费的单位应缴部分为前置条件，对符合条件的民办学校在校生，按不少于同类公办学校生均定额公用经费标准30%的比例给予补助。

基于上述关于民办学校教师权益保障的理论分析和理解，部分地区已经在相关理论的基础上开展实践性的探索和进行政策性调整，并且取得了一些成效。主要的政策成效如下：

一是教师身份地位不断提高，"编制内"和"编制外"二元结构被打破。总体而言，我国民办学校教师身份地位不断提高。提高民办学校教师身份地位不仅仅只牵扯教育系统，还涉及编制管理、户籍管理、民政、人力资源和社会保障等政府行政管理部门。因此，教师身份地位的提高需要同时着力规范教育系统内部和外部的政策落实。

在中央政府法律法规方面，《教师法》规定，"各级人民政府应当采取措施，保障教师的合法权益，提高教师的社会地位"，并要求"全社会都应当尊重教师"。[2]《教育法》第三十三条也规定，"国家保护教师的合法权益，改善教师的工作条件和生活条件，提高教师的社会地位。"[3]《民办教育促进法》专门明确要"保障民办学校教职工的合法权益""民办学校的教师与公办学校的教师具有同等的法律地位。"[4] 2010年《教育规划纲要》再次提出要"依法落实民办学校、学生、教师与公办学校、学生、教师平等的法律地位。"[5] 为贯彻落实《教育规划纲要》的相关内容，2012年教育部出台《关于鼓励和引导民间资金进入教育领域促进民办教育健康发展的实施意见》（以下简称"22条意见"）要求"清理并纠正对民办学校的各类歧视政策。依法清理与法律法规相抵触的、不利于民办教育改革发展的规章、政策和做法，落实民办学校与公办学校平等的法律地位。保护民办学校及其相关方的合法权益。"[6]

"22条意见"的出台，基本实现了民办高校及其教师在教育系统内部与公办高校及其教师同等地位的待遇，但教育系统外部，尤其是涉及编制管理和人力资

---

[1] 厦门市人民政府：《关于进一步支持和规范民办高等教育发展的实施意见》（2013年）。
[2] 全国人民代表大会：《中华人民共和国教师法》（1993年）。
[3] 全国人民代表大会：《中华人民共和国教育法》（1995年）。
[4] 全国人民代表大会：《中华人民共和国民办教育促进法》（2002年）。
[5] 中共中央、国务院：《国家中长期教育改革和发展规划纲要》（2010年）。
[6] 教育部：《关于鼓励和引导民间资金进入教育领域促进民办教育健康发展的实施意见》（2012年）（教发〔2012〕10号）。

源与社会保障的民办高校法人属性问题，仍存在政策和法律障碍，导致民办高校教师身份地位权益受损。因此，在即将出台的关于进一步促进民办教育发展的若干意见中，如何规范落实教育系统外的政策，是提高民办高校教师身份地位的重要动向。

此外，有些典型省市已在尝试突破公办学校、民办学校教师身份的"二元"结构禁区。比如，针对民办学校教师的身份地位问题，浙江省的温州、宁波、衢州等地市将非营利性的民办学校教师纳入"民办事业单位"或"自收自支事业单位"的政策设计，同时也通过有关政策相应提高营利性民办学校教师身份地位。

二是教师薪酬待遇不断提高，多层次待遇保障体系正在建立。民办学校教师薪酬待遇不断提高，社会保险体系由为民办学校教师提供"待遇保障"逐渐向提供"社会保险""补充养老保险""住房公积金""教师年金制度"多层次待遇保障体系转变。

1993年《教师法》规定"社会力量举办学校的教师待遇，由举办者自行确定并予以保障"，且"教师的平均工资水平应当不低于或者高于国家公务员的平均工资水平，并逐步提高。"① 由此可见，民办学校教师工资水平是保障重点。之后，民办教育经过10年的发展，《民办教育促进法》更为具体地提出"民办学校应当依法保障教职工的工资、福利待遇"，而且还规定民办学校"要为教职工缴纳社会保险费"。"社会保险"首次在专项民办教育法律条文中出现。2007年，为进一步提高民办高校教师的社会保障，"补充养老保险"的概念出现。2012年，国务院《关于加强教师队伍建设的意见》提出，"民办学校应依法及时兑现教师工资待遇，按规定为教师足额缴纳社会保险费和住房公积金。鼓励民办学校为教师建立补充养老保险、医疗保险。" 2012年，教育部"22条意见"提出要"落实民办学校教师待遇""民办学校要依法依规保障教师工资、福利待遇，按照有关规定为教师办理社会保险和住房公积金，鼓励为教师办理补充保险。支持地方人民政府采取设立民办学校教师养老保险专项补贴等办法，探索建立民办学校教师年金制度，提高民办学校教师的退休待遇。"②

分析上述法律法规对于民办学校教师待遇保障的规定，"待遇""社会保险""补充养老保险""住房公积金""民办学校教师年金制度"等关键词相继涌现，法规政策不断细化，民办学校教师待遇保障政策正由单一工资福利向多层次社会保障体系调整。

---

① 全国人民代表大会：《中华人民共和国教师法》（1993年）。
② 教育部：《关于鼓励和引导民间资金进入教育领域促进民办教育健康发展的实施意见》（2012年）。

三是教师社保体系不断完善,公办、民办社保差距不断缩小。目前,政府、学校、个人等各方面合理分担的社会保障机制初步建立,公办、民办学校教师待遇差距不断缩小。

公办、民办教师"双轨制"社保体系是民办教育工作需要集中破解的关键问题。对此,多省市出台新规,建立健全多层次社保体系,探索实施养老保险、住房公积金、职业年金、企业年金等制度。

在保障民办学校教师社保权益实践探索中,政府制定民办教育法规政策的价值取向,也由鼓励引导、规范促进转为大力支持、积极参与。政府、举办者(出资人)和教师等利益相关者的作用不断显现,各方达成共识和寻求共同目标的期待正在实现,突破公办、民办双轨制社会保障体系具有现实基础。

社会以前关注不同群体社会保障有没有的问题,但现在需要关注公办学校教师和民办学校教师社会保障水平高低的问题。社会保障体系建设应突破只为公办学校配套的局限性,而着力为全体学校教师提供社会保障的角度进行体系建设,扩大其覆盖面。为体现我国经济社会发展和教育发展的进步,应从过去只有公办学校教师群体有保障,向全体学校教师,尤其是民办学校教师也要合理享有保障转变。总体而言,按照学校教师的职业身份来提供社会保障,而非其所供职单位的属性,这符合未来中国整个社会保障改革乃至社会发展的大方向。比如,温州民办事业法人学校和企业法人学校的教师均享有与同级同类公办学校教师同等的社会保障,但前提条件是必须参加人事代理。

在民办学校教师社会保障方面,有民办学校教师认为,民办学校最大的问题是教师的权益得不到保障,没有解决民办学校教师的"后顾之忧",退休后的养老金领取与公办学校教师差距大。因此,实现社保权益是保障民办学校教师权益的重要部分。

四是教师进修覆盖面不断扩大,教师专业发展取得进展。教师培训、科研立项、交流访学等教师专业发展是职称评聘的基础。从已有政策效果看,民办学校教师专业发展的空间正在不断拓展,且在已有法律法规中,关于民办学校职称评聘和专业发展权益的规定更加明确,配套资格认定、进修培训、课题申请、评先选优、国际交流等综合权益也在同步推进。

第一,近年来,多省市创新民办学校教师服务管理模式,建立了民办学校教师人事代理制度,由政府所属人才服务机构为民办学校教师提供职称评定、户口迁移、社保关系转移、劳动关系衔接等服务,保障和落实民办学校教师与公办学校教师享有同等权益。另外,各类评优评先、奖励激励、科研项目申请等已向民办学校开放。民办学校教师在培养培训和考核评价等方面,与公办学校同等纳入统一规划。上海市等地在教师国内外进修、产学研践习等相关项目上已针对民高校实现全覆盖。① 广州市探索建立民办学校校长培训和教师继续教育的鼓励和监督制约机制，严格执行与公办学校相同的培训成本分担政策，要求民办学校要为校长和教师参加培训提供经费保障和时间保障，确保校长和教师按要求完成培训任务。②

第二，从政策调整动向看，在已有法律法规中，关于民办学校教师职称评聘权益的规定更加明确，且配套资格认定、进修培训、课题申请、评先选优、国际交流等综合权益，同步推进。民办学校教师职称评聘和专业发展权益保障由于原有人事管理制度的限制，其资格认定、教龄工龄计算和职称评聘等存在阻碍。尽管民办学校教师职称评审并没有出现在之前的正式法律条文中，但伴随民办教育的发展，民办学校教师职称评审、培养培训和专业发展等问题引起政府和社会关注。2012 年，国务院《关于加强教师队伍建设的意见》提出要"依法保障和落实民办学校教师在培训、职务（职称）评审、教龄和工龄计算、表彰奖励、社会活动等方面与公办学校教师享有同等权利。"与此同时，教育部"22 条意见"明确规定，"民办学校教师在资格认定、职称评审、进修培训、课题申请、评先选优、国际交流等方面与公办学校教师享受同等待遇。"③

针对民办学校教师职称评聘和专业发展权益保障问题，各地民办学校和教育管理部门也进行了积极探索，主要创新举措是推进教育人事制度改革，探索民办学校人事代理制度，为其职称评聘提供渠道；授予民办学校尤其是民办高校教师相应的职称评审权和人事档案管理权；通过支持民办学校教师专业发展，为其职称评聘奠定研究基础。

二、存在的主要问题

当前，在各级政府的积极扶持下，我国民办学校教师队伍建设取得了一定成效，但教师权益保障领域的矛盾仍集中凸显，教师权益问题未能得到及时有效解决，有的甚至进一步激化。究其原因，包括利益相关者不敢担当，遇到矛盾和问题绕道走，存在观望、推诿现象；化解矛盾的办法不当，用老办法解决新问题；民办学校教师权益的保障体制不健全，政策长期得不到落实等。但最根本原因是没有真正建立分类管理制度，学校属性不清，教师身份与配套保障既不能按照事业单位执行，也不能按照企业人员管理方式对待。未来确立民办学校分类管理制

---

① 上海市教育委员会：《上海推进民办教育分类管理情况汇报》（2014 年）。
② 广州市人民政府：《关于促进民办教育发展的意见》（2014 年）。
③ 教育部：《关于鼓励和引导民间资金进入教育领域促进民办教育健康发展的实施意见》（2012 年）。

度后，既可保障营利性和非营利性民办学校教师的基本权益，也可根据不同学校类别、属性制定不同的保障措施。

(一) 教师社会地位不高，身份编制不清

当前，有些民办学校不是人们的优先选择，尤其是一些民办高校，大多是没有希望考入质量更高的公办高校或重点高校的考生的一种无奈选择，很多高校毕业生也不愿意去民办高校工作。毋庸置疑的是，民办学校教师社会地位较低，与公办学校教师相比，法律身份不平等。有些民办学校教师表示，"当走出校园到社会上，我还是感到被差别对待，不被认可或被歧视，自己和公办学校教师站一起，也没有太足的底气，总感觉'低人一等'。"

第一，政府对民办学校教师队伍建设和权益保障扶持力度不足，举办者（出资人）和学校管理者对教师的重要作用和地位认识不到位，社会和民众对教师地位的认识也有待提高。一些地方政府和教育行政管理部门对民办学校教师队伍建设和权益保障的重要意义认识不足，思想观念上仍存在"民办教育是权宜过渡、拾遗补缺，民办学校相当于20世纪80年代的个体户，民办学校教师相当于企业员工，可多可少"的观点。社会和民众对民办学校的管理体制、运行机制、收费标准等理解不够，把民办学校视为举办者（出资人）的私人产业，因此也戴着"有色眼镜"看民办学校教师，视其为"老板和企业的员工"。[1]

第二，民办学校法人属性不清，影响教师的身份地位。导致民办学校教师身份地位权益不能实现的根本原因在于民办学校"民办非企业单位法人"的模糊性质，以及现有相关法律法规之间的互相冲突。我国《民法通则》将法人属性分为四类：企业法人、机关法人、事业单位法人和社会团体法人。[2] 其中，事业单位，是我国特有的社会组织称谓，"指国家为了社会公益目的，由国家机关举办或者其他组织利用国有资产举办的，从事教育、科技、文化、卫生等活动的社会服务组织。"我国事业单位主要分为三类：承担行政职能的事业单位、从事生产经营活动的事业单位和从事公益服务的事业单位。从法人性质上看，我国公办学校显然属于事业单位法人。因此，公办学校正式聘任的教师享有"事业编制"，即成为"编制内"的人，属于"干部身份"。"编制"也是我国特有的名词，指组织机构的设置及其人员数量的定额和职务的分配，有财政拨款的编制数额由各级机构编制管理部门确定，政府各级财政部门根据编制拨款，组织人事部门根据编制

---

[1] 景安磊：《民办高校教师权益实现的问题、思路和措施》，载《国家教育行政学院学报》2014年第12期，第63~67页。

[2] 全国人民代表大会：《中华人民共和国民法通则》（1986年）。

调配人员，主要分为行政编制（公务员）和事业编制。因此，"编制"是财政预算的重要概念，是财政预算能提供的公共岗位。公办学校教师属于事业单位编制的职工，其薪酬待遇、社会保险等由政府财政全额或差额拨款，保障性更强，相当于"铁饭碗"，"编制"实质上意味着资源的配置。

相比较而言，民办学校属于哪种类型的法人，相关法律法规并没有做出明确规定。根据对"事业单位"和《民法通则》四类法人的界定，民办学校显然不属于机关法人、事业单位法人和社团法人，《民办教育促进法》把民办教育定性为公益事业，不得以盈利为目的，因此在实际操作过程中也不能简单将民办学校登记为企业法人。目前，多数从事学历教育的民办学校（包括有一定营利性质的学校），在民政部门登记为"民办非企业单位"。实际上，该条例并没有和其上位法《民法通则》对接，由此造成民办学校的法人属性不能得到明确的法律认定，也致使民办学校教师与公办学校教师具有"同等法律地位"无法落实。因此，引发民办学校教师身份地位权益不能实现的根本原因在于民办学校"民办非企业单位法人"的模糊性质，以及现有相关法律法规之间的互相碰撞。

此外，实现民办学校教师身份地位权益牵扯的利益众多，涉及多个部门，在缺乏有效统筹的情况下，难以真正实现。

（二）教师薪酬待遇较低，社会保障不足

随着教育优先发展战略的逐步实施，一方面，民办学校教师薪酬待遇与公办学校教师的薪酬待遇差距在加大。民办学校在发展之初，凭借灵活的市场机制和充足的民间资本，可以保证教师较高的薪酬待遇，但伴随国家财政性教育经费的不断增长，公办学校得到的财政性教育经费不断增加，公办学校教师绩效工资明显增长。民办学校教师原有的薪酬优势被逐步拉平，甚至低于公办学校教师工资收入，公办学校和民办学校教师的薪酬待遇差距不断加大。另一方面，民办学校教师薪酬设计存在缺陷，与新形势新要求不相适应。有研究者通过案例分析了民办高校教师薪酬制度后提出："我国当前民办高校教师薪酬制度设计不合理，随意性、人为性较大；福利薪酬体系缺乏科学性、可操作性和可持续性；民办学校间和学校内部不同教师群体间差异较大，同工不同酬的现象比较严重；薪酬激励水平较低，缺乏外部竞争力，工作量大、任务重但工资水平却较低。"① 显而易见的是，民办学校教师薪酬待遇和社会保障不足，教师普遍缺乏职业安全感。当前，民办学校教师已成为我国教师队伍中越来越重要的部分，但是他们在付出辛勤劳动的同时，得到的却是与同级同类公办学校教师或与其教育背景和专业训练

---

① 刘翠兰：《民办高校教师薪酬制度与薪酬激励研究》，山东大学出版社 2011 年版。

极不相称的薪酬待遇和社会保障。①

第一，在民办教育发展实践中，民办学校举办者办学目的多样，对教师重视程度不一，部分举办者对教师队伍建设尤其是提高教师待遇缺乏实质性的举措，教师队伍存在不稳定、不安全因素。我们不能否认民办教育"营利性"行为的客观存在，但有些举办者（出资人）想追求利润最大化，致使教师福利待遇失去保障。同时，有的民办学校举办者（出资人）的办学启动资金和后续办学经费不能保证，学校缺少运行经费，囊中羞涩，没有能力再为教师待遇保障贡献力量，甚至有学校不能按时足额发放教师工资，为教师缴纳的各种社会保险按照最低标准执行，教师待遇保障受损严重。

第二，公办学校教师和民办学校教师参加社会保险采用"双轨制"，始终是困扰民办教育发展的"老大难""瓶颈"问题。目前，我国社会保险主要有五大险种：养老保险、医疗保险、失业保险、工伤保险和生育保险。养老保险是社会保险体系中最重要的险种，最能引起社会关注。从现有资料分析看，民办学校教师最关注退休后的养老金问题。目前，公办学校教师属事业编制，缴纳事业单位养老保险，民办学校教师则属于或等同于企业员工，购买的是企业社会保险，比公办学校教师缴费高且退休后领取工资差别很大。那么，公办学校教师缴纳和民办学校教师缴纳的养老保险到底有哪些差别呢？有分析认为，"民办学校登记为民办非企业单位后，其教师按照企业的标准参加社会保险，与同级同类公办学校教师相比，退休后的收入相差一倍以上。"这个观点也得到了民办教育研究学者的赞同。浙江大学吴华教授认为，"民办高校教师如果参加企业养老保险，企业职工缴纳的基本养老保险标准是上年度职工个人平均工资，个人缴纳标准是平均工资的8%，企业为职工缴纳职工平均工资的20%，参保缴费满20年后退休，养老金仅仅能拿到其退休前工资的36%，即使是缴纳满30年后再退休，养老金也就只能拿到其退休前工资的44%；但是，民办高校教师如果参照同级同类公办高校教师参加事业单位养老保险，同为20年后退休，养老金便能拿到其退休前工资的70%以上，若是缴纳30年后退休，几乎可以拿到退休前工资的100%。因此，从比较中可以看到，公办高校、民办高校两种不同的养老保险参保体系，教师退休后的养老金领取额相差一倍以上。"②

第三，由于缺乏监督问责机制，民办学校教师聘任违法违规现象时有发生，变相增加教师工作时间的行为普遍存在，教师的薪酬待遇和社会保险体系有待完善。例如，上海市民办高校教师队伍存在"学历低、职称低、收入低"的"三低"问

---

①② 景安磊：《民办高校教师权益实现的问题、思路和措施》，载《国家教育行政学院学报》2014年第12期，第63~67页。

题，而公办高校的经费投入不断增加，教师待遇尤其是退休后待遇远远高于民办高校。中小学实施绩效工资制度之后，民办中小学原本的在职收入优势也逐渐拉平，这直接影响到广大民办学校教师工作的积极性，影响到师资队伍的稳定。尽管上海实施了教师年金制度等相关措施，并督促举办者加大投入，改善教师待遇，但并未从根本上解决由于法人属性问题带来的教师保障体系问题。①

此外，公共财政支持民办学校缺乏有效渠道也是造成民办学校教师薪酬待遇和社保权益受损的重要因素之一。近年来，中央和地方政府对民办学校的支持力度虽有加强，但由于公共财政预算中没有专门设立民办教育相关科目，公共财政缺乏有效渠道支持民办学校发展及其教师权益实现。②

（三）教师职称评聘不畅，专业发展受限

与公办学校相比，民办学校教师的整体水平偏低，职称评聘和专业发展受限。由于历史和发展的客观原因，有些民办学校自有专任教师学历和职称严重偏低，中高级职称比例较少，专业发展空间严重受限。

第一，与公办学校教师相比，民办学校教师在职称职务评聘、表彰奖励、申请科研项目、交流培训等方面，存在渠道不畅或者明显歧视的情况。很多民办学校的校长及教师获得培训的机会较少，教师专业知识和教学理念得不到及时更新，学校管理及教学水平跟不上社会发展的需求，在很大程度上限制了民办学校的发展。教师培养培训、科研项目申请、交流访学等专业发展是民办学校教师职称评聘的基础，没有这些辅助教师专业发展的条件，职称评聘就无法实现。但现行针对民办学校教师专业发展的歧视性做法时有发生。有研究者对上海19所民办高校教师调查显示，近两年来，有31.5%的民办本科高校教师和47.1%的民办专科高校教师没有承担任何科研项目；40.2%的民办本科高校教师和50.7%的民办专科高校教师没有发表过论文，发表过3篇以上论文的民办本专科高校教师均只有4.3%；43.5%的民办本科高校教师和58.0%的民办专科高校教师没有参加过任何学术交流活动，71.5%的民办高校专职教师没有参加过或只参加过一次培训。③ 由此可见，民办学校教师在承担科研项目机会少、发表论文数量少、学术活动和培训次数少的情况下，职称评聘权益不能实现是客观存在的。因此，民办学校教师在职称评审方面与公办学校教师条件同等，实质上是造

---

① 上海市教育委员会：《上海推进民办教育分类管理情况汇报》（2014年）。
② 景安磊：《民办高校教师权益实现的问题、思路和措施》，载《国家教育行政学院学报》2014年第12期，第63~67页。
③ 徐雄伟、高耀明：《民办高校学术职业现状的调查分析》，载《高等教育研究》2013年第1期，第62~69页。

成了新的不平等,从政策结果看,民办学校教师职称评聘难度相对于公办学校教师难度更大。①

第二,职称评聘资质、评审标准等影响民办学校教师职称评聘和专业发展。一方面,民办学校缺少教师职称评审权。在高等教育领域,截至 2012 年 12 月,具有教授、副教授评审权的高校有 175 所,具有副教授评审权的高校有 123 所,全部为公办高校,没有一所民办高校具有职称评审权。② 另一方面,职称评审标准单一。比如,在职称评审标准方面,民办高校教师职称评聘要求同公办高校类似:政治条件、任职时间、教学课时及质量、外语及计算机操作水平、学术论文或专著数量及刊物等级和承担科研课题的数量、级别及经费等。③ 职称评审标准统一,没有体现民办学校及其教师的特殊性。④

第三,民办学校师资培训经费有限,仅靠一己之力,教师专业发展受限。一方面,民办学校教师培训机会少,培训内容没有针对性;另一方面,教师培训经费多由民办学校自掏腰包,公共财政几乎没有支持。因此,培养培训、科研经费配套和交流访学等有助于教师专业发展的工作仅能靠民办学校一己之力。在办学经费过度依赖学费的情况下,依靠学校自身的经济能力为教师提供培训机会,对于很多民办学校来说,缺乏能力和动力,影响教师的专业发展。

(四)教师民主参与有限,制度机制不全

当前,民办学校教师参与学校民主管理权益的实现程度较低,相当一部分教师认为学校管理过程中人文关怀不够,自身组织认同感不强,学校管理参与机制不健全,参与渠道不畅通。有的民办学校的教师表示,"作为基层教师,我的主要任务是教学,参与学校管理事务的机会很少,学校只开过一次教代会,这些也都是走形式,没有起到实质性作用,教师的发言权很小。"从现有法规政策的规定看,与其他权益相比,关于民办学校教师参与民主管理权益的论述内容最少,这也可能是造成教师民主管理权益没有全面实现的原因。

第一,民主决策和民主管理体制机制不健全。一方面,学校内部民主决策机构不健全。关于民办学校内部决策机构问题,《民办教育促进法》第十九条、第二十条及其《实施条例》第九条、第十六条多是原则性规定,很难在实际操作中落地。许多民办学校决策机构不健全,学校网站也没有董事会的相关介绍,甚至连实际的负责人都难以找到。有的民办学校虽建立了董事会,但是董事会的组成

---

①④ 景安磊:《民办高校教师权益实现的问题、思路和措施》,载《国家教育行政学院学报》2014 年第 12 期,第 63~67 页。
② 教育部:《具有教授或者副教授评审权的高等学校名单》(2012 年)。
③ 赵和平:《学术水平才是职称评审的核心》,载《中国社会科学报》,2012 年 12 月 28 日。

不规范、职责不明确、决策程序不完善、活动不正常,有的董事因种种原因不能履行职务,影响民办学校民主管理,教师参与学校民主管理的渠道受阻。另一方面,教师参与学校民主管理机制不健全,参与机会少且参与意愿不高。此外,办学过程中,教师对于教职工代表大会和工会的作用不了解,教代会等制度没有发挥实质性作用。有研究者调查了湖南省五所民办高校教师,有50%的教师认为自己没有参与学校民主管理的机会,另有50%的教师认为偶尔有机会参与学校的民主管理。同时,约有70%的教师认为学校管理不够民主,约60%的教师认为学校民主管理流于形式。① 2012年,有统计显示,我国98%的公办学校都建立了教代会制度,但仅有约40%的民办学校有工会制度。

第二,举办者办学理念和学校内部管理制度不科学。有些举办者(出资人)认为学校是私人产业,家族化管理、家长制作风、企业式经营比较普遍,有的民办学校举办者甚至将学校视为集团公司的子公司,忽视民办教育发展规律。因此,直接受聘于董事会的学校管理者不能切实落实管理职权,教师话语权和参与权也不能得到充分尊重。我国民办学校办学主体较为复杂,相关法律法规对举办者(出资人)和办学者(管理者)责权关系规定不明,学校内部领导体制缺乏合理的规章制度来保证、约束举办者或办学者的行为。因此,家族出资办学校,实行家族化管理、家长制作风的现象普遍,因此"民办"成"家办"。家族化管理类似早期的民营企业,严重影响民办学校健康发展。

此外,民办学校教师参与学校民主管理的意愿和学校归属感也影响其权益实现。有民办学校管理者表示,"我们觉得民办学校办学过程中还有一个比较难处理的问题,就是如何才能培养教师的归属感,这方面我们学校也做了很多的努力,包括提高教师福利待遇,丰富教师校内外文体活动,目的就是要让教师参与学校的管理,但是收到的效果微乎其微,教师没有归属感和责任感,就不会真心参与,真心付出。"②

三、理论依据与实践参照

(一)民办学校教师权益的再认识

目前关于"权益"的界定主要有三种。第一种观点认为,"权益"就是权

---

① 张文妹:《我国民办高校教师权益维护研究》,湖南师范大学学位论文,2011年。
② 景安磊:《民办高校教师权益实现的问题、思路和措施》,载《国家教育行政学院学报》2014年第12期,第63~67页。

利。"权益"是应该享有的不容侵犯的权利。① 有学者认为,将我国《行政诉讼法》中的"合法权益"理解为权利与利益两个方面是不符合逻辑的。因为如果被侵犯的利益是行政诉讼法所保护的利益,那么它就是权利;如果被侵犯的利益不在行政诉讼法所保护的范围内,那么这种利益也就被排除在行政诉讼法规定的合法权益范围之外了,"合法权益"的内涵应为权利。② 第二种观点认为,权益不能等同于权利。"权益"不仅包括自然人、法人依法享有的各种权利以及行使权利时所要保有、追求、获得、免于责任等利益,还包括合法的、现存的、将来的、各种不容侵犯的利益。但权利和利益处于深刻的统一之中,"权利是利益的有效调整机制,利益是隐藏在权利背后的根本物质内容。权利和利益相结合,使权益获得形式和内容、主观和客观的统一,权利是权益的法律表现形式,利益是权益的客观物质内容。"③ 因而我们在研究权益时,只能通过对其权利的行使来探究其利益的实现状况。研究权利的行使与实现,是研究权益的重要表现形式。权利和利益的不同结合,使权益具有合法权益和非法权益、一般权益和特殊权益等不同的表现形式。第三种观点认为,"权益"就是权利和利益的简称。有研究认为,"权益就是法律确认的并受法律保护的公民、法人和其他组织所享有的权利和相应可获性现存利益和将来利益形而上的概括。"④ "合法权益指相对人拥有的,经法律、法规确认和保护的社会权利和利益"。⑤ 还有研究者认为,"权益"包括权利和利益,前者是法定的利益,后者是法律没有规定的单纯的事实性利益。一旦行政行为处理了事实性利益,该利益即进入法律利益即"权利"的范畴。⑥ 本部分从民办学校教师权益概念的内容要素出发,认为民办学校教师权益既可以包括教师的法定权利,又可以包括个人利益诉求。

根据上述关于民办学校教师权益的理论分析,本部分的民办学校教师权益,指民办学校教师在教育教学活动中依法享有的法定权利和利益诉求,是国家对民办学校教师能够作出或不能作出一定行为,以及要求他人相应作出或不能作出一定行为的许可与保障。民办学校教师权益主要包括教师身份地位、待遇保障、职称评聘和参与学校民主管理等要素。其中,实现民办学校教师身份地位是教师权益保障的前提,指享有与公办学校教师同等身份和地位的权益,涉及政府、学校与教师的实质关系;待遇保障是民办学校教师权益保障的物质基础,主要包括获得工资报酬、享有足额办理社会保险(包括医疗保险、养老保险、生

---

① 《现代汉语词典》,商务印书馆1983年版。
② 张旭勇:《"法律上利害关系"新表述》,载《华东政法学院学报》2001年第6期。
③ 陈永明:《教师教育研究》,华东师范大学出版社2002年版,第98页。
④ 张建邦、白岩:《论教师权益的法律保护》,载《高等师范教育研究》2000年第5期,第112页。
⑤ 高家伟:《论行政诉讼原告资格》,载《法商研究》1997年第1期。
⑥ 景安磊:《我国民办高校教师权益实现研究》,北京师范大学学位论文,2014年。

育保险、失业保险、工伤保险)、子女就学、住房保障等权益；职称评聘是民办学校教师权益保障的非物质诱因，包括教师职称评审、教龄工龄计算、职务晋升、课题申请、表彰奖励、培训进修等权益；民主管理，指教师通过教师代表大会、教师工会等组织形式参与民办学校董事会、学校发展规划、教育教学改革、教职工队伍建设、财务预决算以及事关学校发展的重大问题讨论、决策和监督管理的权益。

(二) 民办学校教师权益保障的理论基础

1. 组织平衡理论

组织平衡理论是社会系统学派中重要理论之一，由社会系统学派的创始人切斯特·巴纳德 (Chester Barnard) 提出。巴纳德把组织界定为一个有意识地对人的活动或力量进行协调的系统。[①] 企业、大学和政府等都是日常生活中见到的组织现象，巴纳德对具体组织现象加以归纳，忽略这些组织现象中各种具体因素的差别，提出了一种抽象型的组织，巴纳德认为组织普遍具备的三个要素：共同目标、协作意愿和信息沟通。[②] 共同目标是组织建立和存在的必要前提。每个组织成员都有不同的欲望和目标，并且必然要为实现其个人目标而采取某种行为。但是，组织成员也要基于组织的共同目标而行事。没有共同目标，组织成员协作的意愿就无法实现，他们就不知道应该为组织贡献何种努力，同时也不知道自己能从协作劳动中得到哪些满足。协作意愿是组织程序不可缺少的环节。没有协作意愿，个体就不可能对组织有持续的付出和努力，更不可能组织协调不同的组织成员的个人行为。不同组织成员协作意愿的强度，取决于自己提供协作的贡献和组织因自己的协作贡献而提供的"诱因"之间的比较。信息沟通是达成共同目标和实现协作意愿的渠道。组织目标和不同成员的协作意愿，只有通过信息沟通才能真正建立；没有信息沟通，不同成员对组织目标就没有共同的认识和普遍的接受，组织就无法了解成员的协作意愿。

可以看出，巴纳德所理解的组织是一种开放式的系统，组织中的所有成员都是寻求取得平衡 (即达到稳定状态) 的协作系统，他们调整内部和外部的各种力量，不断地使整个系统得以保持平衡。[③]

巴纳德的组织平衡学说的方法论是以组织和组织成员的区别和联系为基础的，运用社会心理学和系统分析的方法，把组织目标和个人需求连接起来，把某类组织置于社会这一更大整体中，阐明了在管理中的组织过程和决策行动，对

[①②] 巴纳德：《经理人的职能》，中国社会科学出版社1997年版，第59页。
[③] 郭咸纲：《西方管理思想史 (第四版)》，世界图书出版公司2010年版。

"沟通""动机""目标"和"决策"等问题进行了开创性的专题研究。民办学校是我国教育事业的重要主体，也是社会组织的重要组成部分。满足教师个人目标，保障教师合法权益是民办学校组织效率和生存能力的重要体现。组织平衡理论对如何保障民办学校教师权益，提高民办学校的办学质量有较好的借鉴意义。首先，民办学校内部平衡是学校得以维持和发展的前提条件，学校内部平衡主要体现在学校整体与管理者、教职工和学生等成员之间的平衡，也是学校诱因与成员贡献的平衡，其中以满足教师个人目标，维持学校内部平衡最为关键。当前，提供物质诱因是民办学校实现教师个人目标，保障教师合法权益的主要方式，如提供合理的福利待遇、薪酬保障和绩效奖金等；但非物质诱因没有引起足够的重视，如教师的职称评定、进修培训、参与管理等权益没有全面实现。如何制定并使用合理的诱因方式，促使民办学校共同的目标和其教师个人权益达到平衡状态，既较好地满足了教师的个人目标和合法权益，又保证了民办高校的健康发展是本研究的重要内容。其次，民办学校是社会的一个组成要素，民办学校的健康发展和办学水平持续提高，除了有效维持民办学校内部平衡以外，还必须与民办教育政策环境、经济形势和社会要求相适应。有效保障民办学校教师权益是深化教育领域综合改革、鼓励引导社会力量兴办教育的政策要求，也是充分发挥市场经济对民办教育资源配置作用的必然要求。保障教师合法权益是民办学校维持外部平衡的重要环节。最后，组织平衡理论把决策作为主要研究对象，对制定并落实民办学校教师权益保障的科学决策有重要参考价值。民办学校教师权益保障研究必须基于民办学校、外部影响因素和民办学校教师自身动态环境的框架设计，用发展的眼光和系统分析的视角解决问题。

2. 利益相关者理论

1963 年，斯坦福研究所（Stanford Research Institute）首次提出"利益相关者"（stakeholder）的概念，并将其定义为"那些如果没有他们的支持，组织就无法存在的团体"。[1] 后来，有研究者将"利益相关者"定义为在组织的"程序性活动或实体性活动中享有合法性利益的自然人或者社会团体",[2] 主要包括股东、雇员、顾客、供应商、债权人和社团等。我国学者认为，利益相关者最宽泛的一种界定，即凡是能够影响企业活动或被企业活动所影响的人或团体都是利益相关者；稍窄些的界定，即凡是与企业有直接关系的人或团体才是利益相关者；第三类定义最窄，即认为只有在企业中下了"赌注"的人或团体才是利

---

[1] 爱德华·弗里曼：《战略管理：利益相关者方法》，上海译文出版社 2006 年版，第 37 页。
[2] Freeman R. Edward. Stockholders and Stakeholders: A New Perspective on Corporate Governance [J]. Califonia Management Review, Vol. 25 No. 3, 1983.

益相关者。① 利益相关者理论的代表性观点如下：

企业的最终目标是为了利益相关者的利益，企业是利益相关者之间的一系列多边契约，利益相关者是契约的主体，向企业提供了特殊资源，理应享有平等谈判的权利，这样才能确保契约多方主体的利益受到保护。因此，企业除了追求经济利润，还应该对利益相关者履行各种社会责任，在实现共同目标的同时应满足利益相关者的不同利益诉求。

强调利益相关者的共同参与和满足利益相关者的利益诉求。企业不应仅仅追求股东的利益，而应追求各利益相关者的整体利益，因为企业的发展离不开他们的共同参与和治理，他们一定程度上分担了企业的经营风险，为企业的经营活动付出了成本。企业的生存和发展依赖于企业对各利益相关者利益要求的满足能力。

员工和企业是建立在契约基础上的劳动和雇佣关系，还有一定的法律关系和道德关系。企业应为员工提供安全稳定的工作、公平的薪酬福利、适合的工作环境、平等的升迁机会和培训机会等。同时，雇员也是投资者，应该参与到组织决策中去，甚至可以成为战略决策的积极参与者。②

利益相关者理论在企业战略和公司治理等领域中得到了广泛应用，也得到了经济学、管理学、政治学、社会学和法学等众多学科的关注、借鉴和运用，并在理论研究和实证研究方面取得了很大进展，社会影响也得到迅速扩展。在教育领域的利益相关者研究方面，美国哈佛大学文理学院前院长罗索夫斯基（Henry Rosovsky, 1996）按照与大学关系密切程度，把大学利益相关者分为四个层次：最重要群体（包括教师、学校行政管理者和学生）、重要群体（如董事、校友和捐赠者）、部分拥有者和次要群体（如社会公众、当地社区、媒体等大学利益相关者中最边缘的部分）。③

当前，由于多方面的原因，教师权益保障存在诸多问题是我国民办教育改革和发展过程中遇到的普遍性问题，利益相关者视角能够为民办学校教师权益保障提供一个有效的分析框架，通过利益相关者的框架和视角，有利于建立起最广泛的利益相关者网络和资源，重新设计民办学校教师权益实现机制，破解民办教育改革难题。首先，民办学校利益相关者的界定非常重要，这些利益相关者在民办学校教师权益保障过程中扮演重要角色。毋庸置疑，政府部门、举办者（出资人）、学校管理者、社区、教师和学生等都是民办学校的利益相关者，因此必须十分关注这些利益相关者的期望和诉求。尽管各利益相关方之间的利益或期望可

---

① 杨瑞龙、周业安：《企业的利益相关者理论及其应用》，经济科学出版社 2000 年版，第 129 页。
② 爱德华·弗里曼，盛亚等译：《利益相关者理论现状与展望》，知识产权出版社 2013 年版，第 21 页。
③ 胡赤弟：《教育产权与现代大学制度构建》，广东高等教育出版社 2008 年版，第 160~161 页。

能存在部分冲突，但如果存在创新和重新定义民办学校教师权益的可能性，我们就可以更加关注教师权益保障的诉求结合点，而非冲突。其次，现代民办学校不是出资人或股东的个人资产，也不是教师自己的组织和"董事会能够随意摆布的私人机构"，而是众多利益相关者共同拥有的组织，他们不仅是影响学校决策和管理过程的外部环境，更是学校管理和决策的积极参与者。因此，从利益相关者视角看，民办学校的社会责任就是学校对全部利益相关者所承担的责任，表现为向政府和社会保证教育质量，为教师提供待遇保障和专业发展机会等。保障教师合法权益是民办学校举办者（出资人）的社会责任，也是政府和社区等利益相关者的社会责任。我们可以从利益相关者视角出发，探索如何引导政府、举办者（出资人）、社区和民办学校管理者更加创造性地思考教师权益实现问题。其次，建立政府、举办者（出资人）、学校管理者和教师等利益相关者的合作伙伴关系至关重要，同时可为教师共同参与民办学校治理，满足教师权益诉求提供理论基础。民办学校教师权益保障本身面临着巨大的挑战，不仅需要政府相关部门和民办学校的积极参与，而且需要举办者（出资人）、媒体舆论、社区和全社会以共同利益、相关尊重和相互信任为基础，建立广泛的合作伙伴关系，这种合作伙伴关系可以为民办学校教师权益保障提供有力帮助。

（三）各地的实践

第一，探索突破"编制内"和"编制外"二元结构。尽管在法律法规和政策设计方面，民办学校教师身份地位有相关的条文规定，但保障办法和监管制度没有细化和具体化，法规政策就没法全面落地。公办学校教师"编制内"和民办学校"编制外"的身份地位存在较大差距。如何突破学校教师身份地位的"二元结构"，各地区的主要做法主要有：一是把民办学校教师纳入人事部门或教育行政部门来管理，实行聘任制；二是政府为民办性质的优秀教育集团提供事业编制，薪酬待遇和社会保险由学校予以保障；三是可通过政府购买服务等方式，争取政府给予并核准民办学校教师"事业单位编制"。这些探索和做法在提高民办学校教师身份地位方面起到了积极作用。

第二，探索公办、民办学校教师同等待遇。分析民办学校教师待遇保障的地区探索，各地多措并举，力求实现公办、民办学校教师享有同等待遇；重点关注工资标准制定、养老保险差距缩减；主要方式有制定最低工资指导标准、公共财政适当补贴、民办教育发展资金专项资助等。比如，广东、湖北、厦门等省市制定了民办学校教师最低工作指导标准，通过发放从教津贴、职业福利等多途径提高了教师的实际收入。深圳市实行教师长期从教津贴政策后，84.6%的民办中小学为教师配套增加了工资，工资平均增幅11.2%，教师流动率平均下降16.2%。

广州市、深圳市及东莞市部分镇区对民办学校教师每月给予300~1 000元不等的津贴,还有一些地市积极探索通过各种途径提高民办学校教师福利,如深圳市罗湖区免费为民办学校教师体检,宝安、光明新区为民办学校发放教师节慰问金,惠州仲恺高新区规定民办学校教师均可享受社保财政补助,广州市也采取了以奖代补的方式支持民办学校实行年金制。①

第三,探索健全民办学校教师社保体系。上海市教委从2009年起,探索实施民办学校教职工年金制度,鼓励民办学校参照企业年金制度为专职教师缴纳年金,目前上海市全部民办高校和大部分中小学、幼儿园已实施;重庆市鼓励区县政府探索建立财政资金对民办中小学教师的职业年金补助机制,逐步缩小了民办中小学教师养老金与同级中小学公办教师退休费的差距。②

参加事业单位养老保险的民办学校教师比例不断扩大,如杭州、宁波、温州、绍兴、丽水等地通过采取参加事业单位养老保险、鼓励学校办理补充养老保险、纳入失业单位医疗补助统筹管理等不同方式提高教师待遇。③ 此外,部分省市也将民办学校教师纳入城镇住房保障范围或享受当地公共租赁住房相关优惠政策,民办学校教师职业吸引力增加。

此外,在社会保险衔接方面,云南、天津、内蒙古、贵州、广东等省份明确规定,公办、民办高校教师可以合理流动,教龄工龄连续计算,社会保险衔接。

四、对策建议④

从促进民办教育健康发展的角度出发,政府、举办者(出资人)、教师和社会等利益相关者需要妥善解决民办学校教师身份地位问题,切实提高待遇,健全职称评聘机制,鼓励教师积极参与学校民主管理,把民办学校教师权益保障作为民办教育事业发展最重要的基础性工作,注重从权利要求和利益诉求两方面保证民办学校教师权益既有通畅的实现渠道,同时又有可持续的提升渠道。因此,在分类管理原则的指导下,加强民办学校教师的权益保护需要法律法规保障、政府制度创新、社会相关主体多方参与,共同促进民办教育健康发展,重点调整规范营利性和非营利性民办学校法人登记类型,破除将非营利性民办学校登记为"事业单位"或"民办事业单位",将营利性学校登记为"企业法人"的法律障碍。

---

① 广东省教育厅:《关于报送民办教育规范特色发展情况的报告》(2014年)。
② 重庆市教育委员会:《关于进一步促进民办中小学发展的意见》(2013年)。
③ 浙江省人民政府:《关于促进民办教育健康发展的意见》(2013年)。
④ 景安磊:《民办高校教师权益实现的问题、思路和措施》,载《国家教育行政学院学报》2014年第12期,第63~67页。

具体建议包括：

（一）修订完善法律法规建设，确保相关政策落地

尽管有较多的法律法规对民办教育及其教师权益作出了相关规定，但在实践探索中，缺乏公平、规范、稳定的法制环境，民办学校教师权益问题长期得不到落实。实际上，民办教育的法律制度主要有两种：民办教育权利类法律制度和民办教育秩序类的法律制度。从民办教育权利的法律制度来说，政府应该更少的干预，让民办教育的主体享有更多的自由。而从民办教育秩序的法律制度角度出发，政府应该有更多的干预，为民办教育改革和发展营造良好的秩序。因此，政府一方面要加强民办教育权利的法律制度建设，保障民办学校法人地位及其教师合法权益，消除民办学校教师权益实现的法律障碍；另一方面，也要规范民办教育发展秩序，通过法律手段引导民办学校教师权益实现。

第一，在法律法规修订完善过程中，重点调整规范营利性和非营利性民办学校法人登记类型，破除将非营利性民办学校登记为"事业单位"或"民办事业单位"，将营利性学校登记为"企业法人"的法律障碍。比如，修改调整《事业单位登记管理暂行条例》第二条关于"事业单位"的界定，删除《教育法》第二十五条"任何组织和个人不得以营利为目的举办学校及其他教育机构"、《高等教育法》第二十四条"设立高等学校不得以营利为目的"的规定。

第二，修订完善相关法律法规，需要找到各利益相关者的利益结合点和最大公约数，尊重各方权益诉求，邀请民办学校举办者（出资人）、管理者、教师和专家学者等利益相关者参与修订讨论，充分征求、吸收各方意见，明确各方责任，确保民办学校教师权益实现有法可依，有章可循。

第三，确保民办学校教师权益保障政策落地。民办教育是我国教育事业的重要组成部分，具有社会公益性质，政府理应承担民办学校教师权益实现的相应责任，不应只是监督者，还应出台相关政策进行扶持，否则将引发民办教育对政府教育治理能力的信任危机，教师权益难以实现，民办教育难以健康发展。因此，民办学校教师权益实现，需要地方政府出台具体政策，细化实施办法。加快制定出台《关于进一步促进民办教育发展的若干意见》，构建民办教育协调机制、细化分类管理和分类扶持政策、实行政府购买服务、设立教育发展专项资金、细化落地民办学校及其教师期盼已久的政策，切实实现教师合法权益等。

但在政策制定过程中，要从利益相关者视角出发，构建政府、举办者（出资人）和教师合作伙伴关系，并分担相应责任，不观望、不推诿，充分调动利益相关者的积极性，用利益增量来满足各自的诉求，从而使民办学校教师权益实现的政策落地；加强政策落实督导，全面清理对民办学校教师的各项歧视性政策，解

决阻碍民办学校教师权益实现过程中遭遇的"玻璃门""弹簧门"问题。在当前形势下，民办学校面临新的机遇和挑战，迫切需要进一步完善民办教育的发展环境，寻找民办学校新的增长点和发展空间。

（二）明确分类扶持思路，多方参与协同推进

第一，按照民办学校注册登记的法人性质，对其教师队伍建设和权益保障采用分类扶持、区别对待的方式。一是探索各类学校教师队伍建设和权益保障的不同政策选择和体制机制。在营利性和非营利性民办学校分类扶持框架下，对不同性质的学校实行不同的公共财政资助政策，在教师队伍建设和权益保障方面制定并实施符合学校特点和发展需求的配套政策，重点扶持非营利性、高质量、有特色的民办学校，引导举办者（出资人）不要求回报的非营利性民办学校率先加强教师队伍建设和权益保障。二是在分类扶持基础上体现出教师个体差异特征。可根据教师的个体特征，在民办学校工作年限、社保缴纳年限和职衔层次等方面采取积分制等方式，设置阶梯式教师权益保障政策。三是分类扶持应防止引发新的对营利性民办学校教师的制度性歧视。鉴于民办学校也具有部分公益性质，应将两类民办学校教师统一纳入与公办学校教师同等待遇的培养培训、评奖评优、职称评审计划，不能因学校性质不同而区别对待。

第二，坚持属地为主，中央为辅的思路。一方面，民办学校教师权益实现过程中的综合性和复杂性，要求做好顶层设计和政策框架，中央政府相关行政部门要在政策上打通壁垒，竭尽全力提供公平公正的民办学校教师权益实现环境。在注重顶层政策设计的同时，要鼓励地方政府大胆探索。我国各地经济社会发展状况和民办教育发展实际情况差异显著，中央政府在研究制定民办学校教师权益实现的宏观政策时，需要求同存异，为地方改革创新留有探索空间。另一方面，民办学校在提供多样性教育机会、缓解财政性教育经费不足、培养大批应用型人才等层面，为区域经济社会发展做出了巨大贡献。因此，基于民办学校发展定位的考虑，民办学校教师权益实现应遵循"属地管理"的原则，地方政府发挥主导作用，尤其应在教师编制、薪酬待遇、社会保险和职称评聘方面，发挥更为积极的作用。

第三，民办学校教师权益保障需要政府、举办者（出资人）、教师等利益相关者共同参与治理，共同分担。各利益方应建立新型的合作伙伴关系，在不同权益领域发挥相应的作用，将"利益相关者"政策框架贯穿民办学校教师权益保障的全过程。加强政府、民办学校和教师的互动，但互动不能限于表面、流于形式，不能只参与不介入，互动更重要的是发现并解决民办学校教师权益保障过程中所遇到的实实在在的问题。此外，民办学校教师权益保障涉及人力资源和社会保障、机构编制、发展改革、财政、公安、民政、工商等多个部门，牵扯利益众

多，部门间职责不同，政策依据不一，单独依靠教育部门难以协调，执行政策往往感到力不从心。这需要建立健全各部门之间的沟通协调机制，强化指导督促，形成责权明确、分工协作、齐抓共管的工作格局，及时研究解决民办学校教师权益保障过程中的突出矛盾和重大问题。

第四，促进民办教育健康发展，保障民办学校教师权益是政府的重要职责。政府在民办学校教师权益保障的法制建设、政策引导和财政扶持方面，具有相对优势。在教师身份地位、基本养老保险、基本医疗保险、职称评聘和参与学校民主管理方面，政府应发挥积极作用。

需要重视的是，民办学校是利用民间资本面向市场举办的学校，教师权益实现的本质是教育资源合理配置，因此还需要充分发挥市场作用。民办学校要密切关注市场需要和教师需求，积极拓展办学经费筹资渠道，建立教师权益保障和成本在政府、学校和个体之间的合理分担机制，根据教师权益要素进行成本分类，明确成本承担主体和支出责任，吸引更多民间资本进入，建立和完善经费筹措和资金运筹机制，为教师权益保障奠定坚实的物质基础。尤其是在教师薪酬待遇、企业年金、职业年金、商业保险等方面，遵循市场规律，不断提高教师工资待遇，积极探索采用股权交易等激励手段。

（三）政府履行管理职能，切实发挥调控作用

明确中央与地方各级政府的职责，积极发挥调控作用，建立健全相关体制机制，加强公共财政扶持，为民办学校教师身份地位、薪酬待遇、社会保障、职称评聘和民主管理等权益提供强有力保障。

第一，明确民办学校法人属性及其教师身份地位，提高民办学校教师的职业吸引力。非营利性民办学校登记为"民办事业单位法人"或"自收自支事业单位法人"，教师编制比例应与本地同级同类公办学校大体平衡，可按公办学校教师标准参加社会保险，基本退休费以档案工资为依据，享受与公办学校教师同等的退休待遇，政府给予一定比例的补贴。营利性民办学校登记为"民办非企业单位"或"企业单位法人"，政府给予相应比例的"事业编制"，对于不符合规定的教师参加企业职工社会保险，并通过购买服务鼓励学校建立企业年金制度，提高教师退休后的养老金。

第二，转变政府职能和服务理念，改进管理方式，践行政府治理民办教育事务的职能。树立有限、责任、法治、服务政府的观念，对民办教育实行包容性管理、服务型管理、协作性管理和保障型管理。政府履行管理职责时，也要承担相应责任；政府不作为时，也要被追究问责。把解决影响民办学校改革发展的突出问题和教师群众最关心最直接、最现实的利益问题作为突破口，及时反映和协

调民办学校教师各方面各层次的利益诉求，把民办学校教师满意不满意作为创新民办教育治理体制的出发点和落脚点，依靠教师开创新形势下民办教育发展的新局面。

第三，完善差额补助、定额补助、专项补助、科研补助、奖励性补助等公共财政支持政策，为民办学校教师权益提供多样化保障方式。设立中央、省份和地市三级政府民办教育专项资金，用于支持民办教育发展，部分用于建立教职工年金制度、加强教师队伍建设和骨干教师培养等项目的支持。专项资金和项目纳入财政预算，与同级财政收入同步增长，每年安排一定比例的专项资金，优先用于民办学校教师薪酬待遇、社会保险和教师交流培训等权益保障。加强专项资金监管，拨付民办学校的教师权益保障专项资金，按照要求进行学校专项资金专户管理，专款专用，学校的会计核算系统要对专项资金按项目、按预算进行单独核算。政府可以通过民办学校财务监管平台对资金的流向和使用情况实施监管，并加强对民办学校教师权益保障专项资金使用的绩效评价。

第四，鼓励和引导社会资本以多种方式进入教育领域，拓展民办学校筹资、融资渠道，建立和完善资金运筹机制，使更多经费进入并用在教师身上，为民办学校教师权益保障奠定物质基础。构建教育系统内部和外部多部门组成的综合协调机制，为民办学校教师权益保障扫除体制机制障碍。建立公办学校、民办学校教师权益保障一体化发展机制，推进教师身份地位、薪酬待遇、社会保险、职称评聘和民主管理等方面的公办、民办一体化。

第五，加大政府购买教育服务力度，建立健全政府购买教育服务机制，健全政府补贴、政府购买服务、助学贷款、基金奖励、捐资激励等制度。鼓励民办学校保障教师合法权益，以不增加民办学校和举办者的经济负担为限。完善当地政府购买服务方式，为民办学校教师建立相应社会保障制度和公积金制度，鼓励有条件的地区和学校办理补充（补贴）养老保险和补充住房公积金。逐步建立和完善营利性民办学校教师退休基本养老金的正常增长机制。完善政府、举办者（出资人）和教师合理分担的基本养老保险和基本医疗保险筹资机制，统一公办、民办学校教师基本社会保险财政补助标准，根据教师的职业身份来提供社会保障，而非其所供职单位的属性。

第六，将民办学校教师队伍发展纳入整体规划。一是逐步下放职称评审权，探索建立分类评价、民办学校自主评聘、政府宏观管理的职称评聘制度。建立符合民办学校教师职业特点和队伍实情的职称评聘标准和体系，鼓励民办学校结合自身发展特点，自主制订教师职称评聘标准，自主组建评审组织。同时，确保教师职称评聘工作公平、公正、公开，通过公示制度接受全体教师的监督。二是赋予民办学校相应的人事关系和档案管理权限。无此权限的学校由各级人事部门、人事代理机构部门代理，产生费用由政府财政进行适当补贴。三是建立教师合理流动机制和社会保障机制。民办学校的教师在办理调动、转正定级、职称评聘、业务进修、医疗保险、社会保险等方面享受与公办学校教师同等待遇。四是建立民办教师培训机制，促进民办教师专业发展。通过单列或增加民办学校教师课题立项申请机会和比例，培养学科带头人和骨干教师，以帮助教师实现专业发展。

（四）学校履行办学责任，保障教师合法权益

第一，树立"以人为本"的办学理念，充分重视教师的地位和作用。教育以学生为本，办学以教师为本。民办学校及其举办者（出资人）应树立"以人为本"的办学理念，充分重视教师的地位和作用，完善学校内部管理机制，健全教师管理体系，加强资源配置管理，确保经费优先用于教师队伍建设，创新以教师为核心的民办教育改革与发展新模式。同时，加强资源配置管理，确保经费优先用于教师队伍建设；完善民办学校内部民主管理制度，通过以教师为主体的教职工代表大会等形式，依法保障教职工参与民主管理和监督的权益；逐步培育和完善民办学校教师工会组织，使之具有相对独立性，充分发挥其积极作用；建立健全民办学校教师权益救济机制，保障教师权益矛盾化解渠道顺畅。培育民办学校教师权益意识，使教师具有参与意识、民主意识、监督意识和维权意识，组织教师依法理性有序参与民办学校治理。

第二，不断提高教师薪酬待遇，兼顾群体内分配公平。参照同级同类公办学校教师绩效工资标准，提供符合民办学校教师职业特点的工资待遇，建立教师工资的正常增长机制，使工资水平与公办学校教师工资水平相当，与国民经济发展相协调、与社会进步相适应。要按照同工同酬的原则，完善基础工资档案，落实民办学校教师岗位绩效工资制度。民办学校应积极筹措资金，保障教师工资待遇所需经费，坚持多劳多得、优绩优酬、倾斜一线、倾斜骨干、倾斜长教龄工龄的分配原则，完善内部分配办法，提高教师工作积极性。

第三，构建多层次的社会保障体系。按规定为教师足额缴纳社会养老保险、医疗保险、失业保险、工伤保险、生育保险和住房公积金。根据学校发展情况，建立教师职业福利制度，为本校、本行业从业人员及其家属提供职业福利和住房保障（补贴）；完善补充养老保险制度，如企业年金、职业年金和商业保险制度，构建民办高校教师多层次社会保障体系。

第四，营利性学校探索将部分剩余索取权转让给教师，允许教职工持股。通过权利重新配置，用剩余索取权来激励代理人，既增加教师收入，又调动教师工作积极性，最终形成资本所有者和劳动者利益共同体。

第五，成立教师发展研究中心，加强教育教学指导和学术研究，为教师交流

培训、科学研究、职称评聘和专业发展提供平台。完善课时授课和学术休假制度，保证教师的正常休息休假权益。成立教师权益办公室，负责教师权益保障相关事宜，为教师权益实现提供有力保障。

（五）行业组织提供专业服务，助推教师权益保障落到实处

行业组织应把握其中立、协同优势，多层面、多方式提供专业服务，有力推动民办学校教师权益保障落到实处。

第一，民办学校教师要积极参与。努力提高教育教学水平，提高自身权益维护意识和能力；加强组织认同感、教学责任感和主人翁意识，积极参与教师代表大会，通过提案议案等渠道实事求是地反映意见，行使监督权、民主管理权。依照工会法行使相关权利，建立工会组织，维护自身合法权益。

第二，社会广泛宣传、大力推广民办学校教师先进事迹，营造保障民办学校教师权益的良好社会氛围。对长期在民办学校从教、贡献突出的教师，予以表彰奖励，积极宣传民办学校教师权益保障的先进典型、改革成果和发展成就。同时，充分发挥行业协会和工会的作用，增加社会对民办学校的管理与监督，积极联合企业行业参与民办学校教师的培养培训。

第三，建立民办学校教师权益保障定期督导检查制度。加强民办教育行业组织、中介组织建设，以中立的立场发挥第三方的研究和评估职能。加强国际比较研究，学习借鉴发达国家私立学校教师权益保障经验，为实现教师权益提供理论指导和政策咨询服务，搭建政府、社会和民办学校之间的桥梁，探索民办学校教师权益实现新模式，促进民办教育改革和发展。健全民办学校督导专员制度，把教师权益保障程度作为民办学校评估的标准之一。建立第三方民办学校教师权益保障定期督导检查制度，把民办学校教师权益保障情况作为民办教育督导的重要内容，并公告督导结果，推动各项教师权益保障政策措施落实到位。

第七章

民办学校的经费筹措与资金管理

本章提要：经费筹措与资金管理是长期制约民办学校可持续发展的"瓶颈"问题。本章梳理和分析了民办学校现有经费筹措与资金管理政策及其实施效果，探讨了政策调整的理论依据，提出了突破民办学校资金筹措困境、分类规范民办学校资金管理的政策建议。研究发现，我国绝大多数民办学校办学经费仍捉襟见肘，资金来源主要依靠学费和自筹经费，教育成本分担主体单一；财务内部监督不到位，资金保值增值仍属空白点。借鉴教育成本分担理论、投入产出理论和个人回报率理论、慈善投资理论、生产性教育理论和成本补偿理论、财务治理理论和投资学理论，提出分类管理改革应：（1）大力营造分类筹资的制度环境，鼓励多渠道筹资，吸引闲置资金，促进筹资方合作，完善准入机制，引领捐赠文化；（2）完善分类收费的管理制度，有区别地放开两类民办学校的学费监管，建立市场化竞价机制，改革民办学历教育办学审批管理；（3）健全完善民办学校资产财务的分类监管制度，在政府管理下，以权责发生制为基础，信息公开披露考虑相关者利益；（4）鼓励民办学校基金会发挥双向防火墙功能，探索 BOT（Build-Operate-Transfer）等多元投融资方式与监管方式。

民办学校在我国教育体系中占据着重要的地位，但也面临着许多困难和问题。资金短缺问题是制约民办学校能否做大做强的重要因素，它既关系到民办学校的生存，也影响着民办学校的可持续发展。目前，我国民办学校的经费筹措主要通过学费、由其他投资者出资或捐赠、政府投入以及各种形式的负债等途径实现；民办学校的资金管理问题则主要包括资金的使用、资金的保值和增值问题等。本章的经费筹措部分不涉及政府拨款，仅论及学费、举办方投入、捐赠以及学校自营等通过筹资融资方式获得的资金。此外，民办学校资金管理制度不健全，导致学校资产被侵占、挪用、抽逃问题时有发生，给民办教育带来资金隐患的问题。

课题组通过调研发现，民办学校经费筹措与资金管理问题始终是制约民办学校实现可持续发展的"瓶颈"问题。政府应加强宏观引导，营造有利于民办学校筹资融资以及投资的政策环境，发挥市场在资源配置中的基础作用，分类推进民办学校筹资融资投资水平快速提高，拓宽民办学校办学筹资渠道。特别是要创新教育投融资机制，多渠道吸引和扩大办学资金来源。鼓励金融机构在风险可控前提下开发适合民办学校特点的金融产品，探索办理民办学校未来经营收入、知识产权质押贷款业务，提供银行贷款、信托、融资租赁等多样化的金融服务。在资金管理方面，进一步规范民办学校会计核算，建立健全民办学校财务报告注册会计师审计制度。非营利性和营利性民办学校按照登记的法人属性，根据国家有关规定执行相应的会计制度。

一、相关政策及其成效

目前，我国民办学校筹资与经费管理还没有较为明细的分类管理政策。尽管如此，包括政府在内的各方相关利益群体都在积极促进利于民办教育发展的新政出台。回顾近年来的民办教育政策法规，民办教育的筹资政策空间越发宽松有利。2002年以前，"教育不得以营利为目的"的法律约束降低了社会资本投资教育的热情。这种情况在2002年发生了转变，2002年年底颁布的《民办教育促进法》给举办者和投资者带来了利好消息，明确举办者可以取得"合理回报"。此项政策给社会资本打开了追逐营利的一扇窗，不仅激发了社会资金投入民办教育的热情，也为民办教育的转型发展提供了动力支持。此后，国务院、教育部等部委在2010年和2012年相继出台的《关于鼓励和引导民间投资健康发展的若干意见》《关于鼓励和引导民间资金进入教育领域促进民办教育健康发展的实施意见》放宽民间资本准入门槛，强调在"加大政府教育投入的同时，采取积极有效措施，鼓励和引导民间资金进入教育领域，形成以政府办学为主体、全社会积极参与、公办教育与民办教育共同发展的格局"。可以说，这一系列政策的相继出台极大地鼓舞了投资者的热情，并提供了政策保障，足见国家对民办教育的重视程度。与此同时，相关的法律法规和政策还存在相互矛盾之处，操作性不强直接影响了民间资本投资激励政策效应的有效释放。任何政策的完善都需要一个过程，特别是在实践中遇到新的问题时，需要不断地完善已有政策，并在总结经验的基础上配套具体的实施细则。此外，民办学校产权不清问题一直是困扰各方积极性和有效性的一个难题，政策的不明确无疑增加了社会资本投资教育的不确定性，这些问题可能会对冲教育投资的动力，阻碍民办高校的健康发展。

近年来，我国民办学校虽然发展较快，但却一直面临资金短缺的困境。政府财力的不断增强与越来越广泛的需求之间的矛盾不减，加之我国教育体系庞大、相关政策配套性不够，我国绝大多数民办学校办学经费仍捉襟见肘，资金来源主要依靠学费和自筹经费，教育成本分担主体单一。不仅如此，在经费筹措和资金管理上没有明确的分类政策，既影响了资金进入民办教育的积极性，也影响了民办教育不同属性资金的规范管理。

目前，我国民办学校筹融资比较困难，这与缺乏分类管理政策有关。政府对哪类学校可以获得投资利润，哪些学校不能提取利润，哪类学校可以完全按资本市场资本运作，哪些学校要有资金投资方式限制都没有明确规定，阻碍了社会资金进入民办教育领域。从经费来源渠道看，我国民办学校的自筹资金主要来自于学费、举办方投入、捐赠和学校自营四种途径。其中学费是绝大多数民办学校维持发展的最主要经费来源，学杂费占比很高；举办方投入是除学费之外的最重要资金来源，但企业投入多为过渡资金，最终仍要从学费收入中予以偿还；在西方发达国家作为重要收入来源的捐赠和学校自营收入，在我国民办高校经费中所占比例很小，几乎可以忽略不计。究其原因是奖励政策不到位以及学校自身缺乏公信力，不能有效吸引社会资金通过多种渠道进入民办教育领域所致。

（一）对学历教育和非学历教育学费实行了分类管理

目前，民办教育收费政策主要依据《中华人民共和国价格法》《政府制定价格成本监审办法》《民办教育促进法》《社会力量办学条例》以及各地方政府制定的民办学校收费管理办法、条例。2014年发布的《国务院关于创新重点领域投融资机制鼓励社会投资的指导意见》专门提出了改进社会事业价格管理政策，"营利性民办学校收费实行自主定价，非营利性民办学校收费政策由地方政府按照市场化方向根据当地实际情况确定。"

在我国，不论哪种层次、哪种类型的民办高校，学费都是筹资的主要渠道。我国的各项法律、法规也都明确规定了民办高等学校筹集发展经费的原则，即自筹经费。从实际情况来看，目前我国民办高等学校的投资渠道不畅，由于财团资助落实不了，民办高校只能主要依靠学费收入来解决其经费开支问题。[①] 相当数量的民办高校完全依靠学费办学，以学养学，学费是唯一的筹资渠道。因此，筹

---

① 徐少君：《我国民办高等教育政府资助研究》，浙江师范大学学位论文，2006年。

资在很大程度上成了制约我国民办高校进一步发展的"瓶颈"。①

从现行政策来看,我国目前已初步对学历教育和非学历教育学费实行了分类管理。一是学历教育学费实行核准制,进行审核和批准。一般规定民办学校的收费项目和收费标准由学校提出,经办学登记的教育行政部门审核后,按规定程序由物价、财政部门会审后报省人民政府审批,标准由物价部门批准,并向学生进行收费公示。学校要按照物价部门审批或备案的收费项目和标准收费。二是非学历教育学费实行备案制,只要做登记和备案即可。如北京市管理非学历教育学费标准的是各区的发改委。民办非学历教育教育机构应在确定收费标准时,填写《民办学校非学历教育收费标准备案表》报区发改委备案,再由发改委在政府网站公示。填写内容包括:学校名称、学校地址、法定代表人、法人证书编号、办学许可证副本编号、经办人姓名、联系电话、培训内容、培训方式、收费项目(层次)、培训、课时、计费、单位以及收费标准等。

目前,已经有部分省市民办非学历教育学费不用再备案。如 2013 年 12 月重庆市依据"把定价权交给市场,由市场需求来决定价格,将更大地鼓励社会资本进入医疗领域参与竞争"的原则,开展了一系列行政审批事项的清理工作,包括民办非学历教育收费备案一并取消。

为规范民办教育收费,各地方政府制定了地区内学校收费标准。2008 年 3 月,宁波市物价局制定的《宁波市民办学校教育定价成本监审暂行办法》规定,民办教育定价成本是政府制定价格的基本依据,并将民办教育定价成本分为非国有和国有两种民办学校教育培养定价成本。国有民办教育培养定价成本由五部分构成:日常公用经费支出、工资福利支出、建筑物及设备购置费、财务费用和对个人及家庭的补助支出;非国有民办学校教育培养定价成本由五部分构成:对个人和家庭的补助支出、工资福利支出、日常公用经费支出、固定资产折旧和财务费用。不仅如此,宁波市物价局还规范了包括附属独立核算经济实体的支出、对外投资支出、向出资人支付的利润分成、向行政主管部门上交的费用、投资回报以及对附属单位的补助支出等不得列入教育培养成本的费用。

2009 年,上海市教育委员会规定,民办高校要建立学费和政府扶持资金专户,学费收入须及时、足额地存入学费专户。民办高校的学费收入须纳入学校预算收入,并要按学年度编制学费收入支出预算。学费实际收入须与预算收入大致相当,其使用须按支出预算执行,并分批将学费收入从学费专户中拨付到基本账户中使用。明确了上海市教育委员会负责建立健全民办高校学费及政府扶持资金收支管理的各项监督检查制度,委托相关机构根据有关规定以及学校制定的年度

---

① 王骥:《非营利组织视角下的民办高校筹资》,载《理工高教研究》2003 年第 3 期,第 8~10 页。

财务预算，核对收支情况，加强收支监管，建立健全收支的监控机制，开展收支管理稽查工作。

湖北省 2013 年召开的高等教育工作会议对全省高等教育发展与改革战略进行了新的部署，突出强调进一步扩大民办高校办学的自主权。按照《湖北省人民政府关于进一步促进民办普通高等教育发展的若干意见》规定：从 2014 年开始，湖北省民办普通高校可结合办学成本等因素自主地确定学费标准，这项规定属于突破性政策新举。

2014 年 7 月 31 日，温州市教育局、发改委出台《关于规范温州市民办学校收费管理的通知》分类管理民办学校收费行为。一是民办教育综合改革试点学校分类管理。登记为事业单位法人的民办学校，收费标准实行政府指导价管理，以当地上年度生均教育事业费为基准价，学校在温委发 63 号文件附件 7 中第十五条规定的幅度内自主地确定具体学年收费标准，并上报同级价格主管部门备案，同时向社会公示后方可执行；其中登记为企业法人的民办学校，具体收费标准由学校自主决定，上报同级价格主管部门备案，并向社会公示后执行。二是其他学校的分类管理。登记为民办非企业的民办学校，举办学历教育的学费、住宿费标准，实行政府指导价管理。按照补偿教育成本并适当考虑合理回报的原则，由同级政府价格主管部门会同有关部门制定基准价格和浮动幅度之后，学校在规定幅度内自主地确定具体收费标准，上报价格主管部门备案后方可执行；举办非学历教育的学费、住宿费标准，由民办学校自行确定，执行前应向同级价格主管部门备案。三是规范收费时限。不论登记为民办事业单位、民办非企业单位还是民办企业法人的学校，均按学历教育与非学历教育区分收费期限。民办学校学历教育收取学费、住宿费和代收代管费用，按学年或学期收取，幼儿园收费可按学期或月收取，不得跨年一次性收费；民办学校非学历教育收费，可按授课时间收取，应事先以书面形式向学生明示。

（二）合理回报政策增强了民办教育投资的吸引力

在我国，激励举办者投入的政策主要有 2010 年国务院发布的《国务院关于鼓励和引导民间投资健康发展的若干意见》（以下简称《若干意见》）和 2002 年全国人大常委会通过的《民办教育促进法》。《若干意见》指出："将民办社会事业作为社会公共事业发展的重要补充，统筹规划，合理布局，加快培育形成政府投入为主、民间投资为辅的公共服务体系。"《民办教育促进法》规定："民办学校在扣除办学成本、预留发展基金以及按照国家有关规定提取其他必需的费用后，出资人可以从办学结余中取得合理回报。取得合理回报的具体办法由国务院规定。"但随着民办教育分类管理政策的出台和实施，关于"合理回报"措施将有进一步的规范和完善。

目前，民办学校举办者的原始投入是民办学校最基本的资金来源。早期的民办学校举办方投入较少，多数为白手起家，近年来，举办者投资不断增加，但占比仍然较低。值得注意的是，教育投资与一般的经济投资不同，它的价值呈现和投资效益并非是即时性的，不可能在短时间产生明显的效益，同时民办教育的投资不同于一般的金融投资和产业投资，应该延续公益性的性质。这种民间资本的投资不应以追求利润最大化为目标，它的最终目的应该旨在促进我国教育事业的发展，并弥补教育经费的不足。举办方投入可分为企业投资和个人投资两个部分。其中，企业投资是促进我国民办高等教育发展的主要经费来源。20 世纪 80 年代以来，随着我国私营企业的快速成长和发展，一些有远见卓识的实业家开始将投资目光转向民办高等教育，私营企业出资办学成为一种趋势。如 2000 年，吉利集团投资 8 亿元在北京市昌平兴建了北京吉利大学，一年后北京市人民政府和教育部正式批准北京吉利大学为民办普通高等学校，此后的民办高校纷纷效仿这种发展模式。目前，没有明确营利性民办学校和非营利性民办学校投资的不同政策，能否真正取得收益以及收益的额度都影响了社会资金对教育事业的投资。

（三）捐赠政策为社会资金进入民办学校提供了基本支持

在捐赠政策方面，我国《民办教育促进法》规定："国家对向民办学校捐赠财产的公民、法人或者其他组织按照有关规定给予税收优惠，并予以表彰。"现有政策可参照《中华人民共和国公益事业捐赠法》的相关规定享有优待："国家鼓励公益事业的发展，对公益性社会团体和公益性非营利的事业单位给予扶持和优待。国家鼓励自然人、法人或者其他组织对公益事业进行捐赠。对公益事业捐赠有突出贡献的自然人、法人或者其他组织，由人民政府或者有关部门予以表彰。"并规定："公司和其他企业依照本法的规定捐赠财产用于公益事业，依照法律、行政法规的规定享受企业所得税方面的优惠。自然人和个体工商户依照本法的规定捐赠财产用于公益事业，依照法律、行政法规的规定享受个人所得税方面的优惠。"[①] 但由于优惠和奖励政策不明确，并且不区分营利和非营利民办高校捐赠政策，因此，我国现阶段民办学校捐赠收入非常有限，并且捐赠的形式也以实物为主。同时，民办高校的影响力较低，加之发展历史较短，所获得社会捐赠的能力明显弱于国内公办名校，短期内更无法与国外私立学校相提并论。其中，受捐图书设备等实物或奖学金多来自国内社会组织、企业或个人；货币

---

① 全国人民代表大会：《中华人民共和国公益事业捐赠法》（1999 年）。

资金的捐赠者大多来自中国香港或中国台湾同胞、海外爱国华侨；据了解，办学时间比较长的上海东海职业技术学院和浙江树人大学曾获得过少量毕业校友的捐赠。①

除此以外，学校的部分经费来源于学校自营，政策调整的主要依据是《中华人民共和国公司法》，1989 年国务院印发的《关于高等学校开展社会服务有关问题的意见》和 1993 年国家教委、财政部印发的《中小学校校办产业周转金管理暂行办法》，为了扶持和推动中小学校校办产业发展，培植财源，弥补事业经费不足，促进教育事业的发展，设置了中央扶持中小学校校办产业周转金。1994 年国家税务总局印发的《国家税务总局关于学校办企业征收流转税问题的通知》规定，享受税收优惠的校办企业必须同时具备三个条件：一是必须由学校出资自办；二是由学校负责经营管理；三是经营收入归学校所有。2000 年 3 月国家税务总局下发《关于福利企业、校办企业有关税收政策问题的通知》，规定对校办企业增值税退税政策于 1999 年底执行到期，经国务院批准，自 2000 年 1 月 1 日起，校办企业增值税退税政策停止执行。

民办学校在国家政策许可范围内，可以结合学校自身的专业特色、教学实习和实训需要，通过举办校办产业来获得利润，最后再将一部分利润返回给学校用于支持办学，这也是民办学校经费来源的又一重要渠道。目前民办学校主要参照《文化事业单位开展有偿服务和经营活动的暂行办法》的相关规定："文化事业单位为了方便参加活动的群众，也可以开办一些服务性的经营项目。如开设小卖部、冷热饮食部、招待所、餐厅。"并规定"开展有偿服务和举办经营性活动的收支，应实行不同的管理方法。开展有偿服务的各项收入，均应作为本单位的业务收入，纳入本单位的预算管理。个别有条件单独核算的项目，可单独设立账簿，进行独立核算，收入抵补支出外，纯收入部分，纳入本单位的预算管理。举办经营性活动的项目，一般均应作事业单位的附属单位或网点，实行独立核算自负盈亏。"

（四）财经制度提供了民办学校资产、财务管理的常规依据

民办学校将筹集来的经费用于学校的各项教育教学业务的费用就构成了教育经费支出，经费支出是指民办学校开展教学、科研及辅助活动等有利于学校发展的各项活动所发生的资金耗费和损失。民办学校经费支出主要有两个部分，即事业费支出和基本建设支出。

---

① 周国平：《社会资本与民办高校资源整合研究》，厦门大学学位论文，2008 年。

在资金使用上，我国主要依据《中华人民共和国审计法》《中华人民共和国会计法》以及《会计从业资格管理办法》等法律法规加强会计从业资格管理，规范会计人员行为。

目前，我国民办学校资金除事业费支出和基本建设等学校运营支出外的剩余资金比较少，甚至很多学校仍负债经营。有剩余资金的学校多选择通过将资金存入银行。绝大多数民办学校没有美国哈佛大学基金管理公司那样的专业筹投资部门，学校有关负责人不具备投资知识、不熟悉投资技术，没有配备专门人才。所以，现阶段民办学校的资金保值增值仍属空白点。随着民办学校分类管理的落实，一部分非营利性学校有望通过公司上市等方式实现资金快速增长。

二、存在的问题

（一）学费定价背离市场规律

第一，不能根据自身成本和发展战略的需求分类调节。按照教育成本补偿理论，物价上涨之后，民办学校的学费应随之增长。收取学费的额度过多地受到政府的控制，不能根据自身成本和发展战略的需求调节，不利于民办学校有效收回成本正常运行，进而影响长期生存和发展。

第二，管理上不符合民办教育市场化特性。我国民办学校是按照市场机制，运用社会资本办教育而形成的自负盈亏性质的社会组织。在价值规律的作用下，市场可以调节商品的价格，在价格的波动中完成对资源的无形调配。民办学校的学费不按市场调配，过多地按政府规定定价，不利于鼓励优质民办教育资源流通和增加，导致民办学校平庸化。

第三，民办教育资金来源中学费占比过高。从全球来看，各国的学费所占比例普遍较高，但在中国表现为量上和质上的双向区别；我国民办教育的学费在整个资金来源结构中，比例极高，难以保障民办教育的健康发展和可持续投入。

放开民办教育收费，应注意：

第一，学费水平涨跌的风险。各类教育资源分布不同，各层次教育规律不同，各地区教育发展水平不同，放开民办学历教育收费，更多地发挥市场机制来调节教育收费，会产生不同的影响。一是少数优质民办学校、优质专业的学费会出现一定幅度的上涨。二是多数普通民办学校学费水平保持稳定。三是在教育资源相对匮乏的地区，极少数民办学校可能利用自身的绝对优势提高学费水平。四是个别民办学校也可能会出现学费水平变相下降。放开收费制定权，实质是把民办教育进一步推向市场，市场法则优胜劣汰，个别处于劣势的民办学校为吸引生源，可能会通过大幅度、大范围减免学费等方式变相降低学费。

第二，政府监管的风险。完全放开民办学历教育收费，引入市场机制，政府有形的手受到制约，政府部门面临如何调控的风险。一是学费水平调控困难。目前没有针对民办学校的统一会计制度，各地方、同一地方各类型的民办学校使用不同的会计制度，如重庆民办学校使用《民间非营利组织会计制度》，湖北民办学校分类使用《民间非营利组织会计制度》和《企业会计准则》，福建民办学校分类使用《事业单位会计制度》《民间非营利组织会计制度》和《企业会计准则》，上海、温州则是自己出台会计核算制度。会计制度不统一，核算培养成本的方法不一致，核算的培养成本结果不同。放开民办学历教育收费，价格主管部门对民办学历教育收费没有审批权了，面对学费水平过高，如何根据培养成本、经济社会发展水平和家庭经济承受能力来宏观调控学费水平就比较困难。二是少数民办学校可能滥用定价权。目前，我国教育市场还是不充分竞争的市场，学生不能完全自主选择学校和专业，信息不对称，学生处于被动地位，少数民办学校为追求利润可能滥用定价权，学生可能面临被迫接受高学费继续上学和复读一年重新参加高考的两难选择，危害社会公平正义，侵害学生权益。三是民办教育资源布局调控比较困难。放开收费，营利性民办学校逐利行为更加明显，规模的扩张比质量提升经济效益实现更快，一些民办学校经过十几年的发展，通过政府培育、扶持和自身努力，完成了前期积累和沉淀，具有较强优势，新生的民办学校处于竞争劣势，优势民办学校规模扩张，其他民办学校艰难度日甚至萎缩，如何调控民办教育市场秩序，避免民办学校之间、民办学校和公办学校之间的恶性竞争，实现有序竞争，实现规模与质量同步协调发展，是教育主管部门需要面对的课题。四是保障家庭经济困难学生在民办学校受教育的权利面临挑战。民办学校收费标准高，一些优质民办学校或优质专业学费水平水涨船高，可能出现家庭经济困难学生无法承受高额学费情况，影响学生受教育权利，不符合社会公平正义的要求。有的民办高校在招生简章上温馨提示"家庭经济困难的学生谨慎填报"。五是民办学校优胜劣汰带来的社会稳定风险。放开收费，表象是简政放权，实质是引入市场机制，会加剧民办教育市场竞争，必然会导致优胜劣汰的结果。学校与企业不一样，学校倒闭最棘手的问题是如何妥善安排学生、保障师生权益，学生背后是成百上千的家庭，处理不当会影响社会稳定。

第三，不当（恶性）竞争的风险。基础教育的名校参与举办民办学校，依托优质的公办学校资源，具有绝对的竞争优势，放开收费会带来诸多风险。一是影响教育领域秩序。这类民办学校凭借其公办学校的优质教学资源、优秀的教师团队、优越的管理模式，不愁收不到钱，不愁招不到学生，挖其他学校的优秀教师和学生是轻而易举的，必然会造成不平等、不正当的竞争，影响教育市场的秩序。二是影响社会公平。这类民办学校的一个显著特点就是公办学校的教师到民办学校任教，一方面享受国家保障的公办学校的教师工资待遇，另一方面民办学校高收费又转化为上课劳务费，造成教师工资畸高，引发社会不满。三是容易滋生腐败。在家长望子成龙、望女成凤的心理驱使下，较多的学生追逐较少的优质教育资源，容易在招生上寻租权力，滋生腐败。

第四，法律风险。放开民办学校收费，还存在一些法律障碍。一是收费制定审批权冲突。《民办教育促进法》中第三十七条第一款、《民办教育促进法实施条例》中第三十五条规定：对接受学历教育的受教育者收取费用的项目和标准，民办学校应当报价格主管部门批准并公示。要求民办学校学历教育收费要经价格主管部门和相关部门审批，放开收费制定权，不再审批就是行政不作为。二是民办义务教育收费标准冲突。《民办教育促进法实施条例》中第四十二条规定："受委托的（义务教育阶段）民办学校向协议就读的学生收取的费用，不得高于当地同级同类公办学校的收费标准。"放开收费制定权，必然会导致民办义务学校的收费标准高于当地同级同类公办学校的收费标准。三是收费标准制定依据冲突。《民办教育促进法》中第三十七条第二款规定："民办学校收取的费用应当主要用于教育教学活动和改善办学条件"，这一规定说明民办学校可以主要按教育成本制定收费标准；《民办教育收费管理暂行办法》中第六条规定："民办学校学历教育学费标准按照补偿教育成本的原则并适当考虑合理回报的因素制定。"放开收费制定权，民办学历教育收费按市场机制制定，就要综合考虑教育成本、市场供求、经济社会发展水平、家庭经济承受能力以及合理回报等因素，而不是重点考虑教育成本问题。四是放开民办学历教育收费还缺少一些保驾护航的法律制度。政府部门应保留适度调控权，以保障在必要时实行价格管制或采取临时性措施；制定宏观调控监管措施，禁止恶性竞争、垄断竞争行为，维护健康的教育市场秩序，保障民办教育的举办者、学校和受教育者的权利。

总之，风险是改革与发展过程中无法回避的，风险分析的目的是为了更好建立健全制度，完善相关配套政策，将风险降到最低。由于全国各地民办教育发展水平不同，各省市内不同区域之间民办教育发展水平也不相同，各层次民办教育发展情况也不相同。我们分析认为，民办学历教育收费需要中央放权，地方自主有序、适度、分类推进市场化改革，做到非营利性和营利性分类管理相结合、民办学校申请与政府认可相结合、成本补偿和优质优价相结合、民办学校收费信息公示与政府部门监管信息披露相结合。

(二) 激励投资政策效果不佳

第一，早期举办方投入的资金多来自银行贷款。20 世纪 80 年代我国民办教育恢复初期，政府对设立民办学校的要求很低，相关法律制度不完善，使得当今具有较大规模的民办学校，特别是民办高校，初始投入都极少，很多民办学校当初都是白手起家。①

第二，民办学校未划分营利性与非营利性，投资回报不明确影响了举办方持续投入。近年来，随着大批民办独立学院的设立，公办学校、企业团体和个人对民办高校的资金投入量增长速度加快。② 但由于分类管理政策未出台，"合理回报"政策不明确，举办方投入热情不高，导致投入占比仍然很低。

第三，民办学校资金监管不到位，存在办学资金流失和抽逃问题。办学资金是学校维持运作的经济基础，尤其是对没有国家财政性经费支持的各级各类民办学校而言，专款专用是维持正常教育教学秩序的基本保障。对此，国家有关教育的法律法规如《中华人民共和国教育法》第七十一条第二款，《中华人民共和国义务教育法》中的第四十九条，以及《中华人民共和国民办教师促进法》第三十五条、第三十六条，都明文予以规定。但是，近年来，一些学校的举办者在管理学校资产和拨付教育经费的过程中，利用职务之便，擅自将学校的办学资金抽逃或挪作他用。如一些民办学校将举办时注册的资金或办学的收费及积累，用于从事高额利润的房地产业、风险较大的证券业等商业活动，结果造成学校办学资金的短缺，教师工资难以按时支付，学校办学条件无法及时改善，学校最基本的办公运作也难以为继，教师因工资被拖欠上访或者大量流失，学校正常教学无法开展，招致学生及家长的强烈不满。

捐资方面，第一，我国社会尚未形成成熟的捐赠文化。当前我国经济社会高速发展，但民众财富观念在很大程度上仍受传统文化影响。比如我们对财产的继承方式依然受家族代际传承心理影响，"给后代留点家产作念想"的想法依然是主要动机，导致捐赠意识比较薄弱。

第二，民办学校未明确分类标准、类型与捐赠奖励细则，吸引捐赠资金能力不强。一方面，我国的社会捐赠事业还不发达，一定程度上影响了民办学校获得社会捐赠的可能性；另一方面，民办学校自身存在的一些不足也制约了吸引社会捐赠的能力。一是由于大部分民办学校，特别是民办高校办学时间不长，毕业生还未能

---

① 姜华：《现代民办大学制度研究》，载《辽宁教育研究》2006 年 11 期，第 11~15 页。
② 占盛丽、沈百福：《2004 年全国民办教育经费分析》，载《教育发展研究》2007 年 6 期，第 80~86 页。

在社会上产生一定的影响，未能体现出由毕业生反映的学校声誉。二是民办高校的办学层次总体偏低，培养出来的社会精英人才较少。三是我国民办教育，尤其是民办高校是在公立教育体系比较完备的背景下产生的，社会上对民办高校还存在疑虑和误解，认为民办教育只能起到拾遗补缺的作用。这些因素的存在，使社会对民办学校缺乏足够的认可。① 四是民办学校举办者在经营管理过程中的出现的家族化、偏重经济利益而不看社会效益、运营与财务透明度低等问题，既影响了民办学校的声誉，也影响了政府和社会对民办学校的授信与融资。

（三）学校自营水平低收入少

第一，民办学校科研水平低，与企业合作少。民办学校自营资金较少的原因主要是由于大多数学校，尤其是民办高校的科研水平较低、与企业合作较少，不能提供更多高质量的社会服务所致。目前，我国民办学校基本定位在本科、专科人才培养，科学研究和服务社会功能较弱，加之资金的缺乏，很难创办规模较大的校办企业。

第二，民办学校起步晚，校办企业创办艰难。校办企业的创建，一般都经历过缺少资金、设备和人才的艰苦阶段。民办学校发展历史较短，多数学校无法兼顾企业经营。办厂（场）、经商、办第三产业离不开各级政府的支持和社会各行各业的援助，这是校办企业发展的环境条件。

（四）经费使用与监管不到位

第一，缺少有效的财务分类管理体制。民办学校财务收支和管理方面存在问题的主要原因在于缺少有效的财务管理体制。由于体制原因，许多民办学校各级领导及管理部门缺乏理财意识，还有少数民办学校未建立成本核算制度，不按权责发生制核算教育成本。譬如，在经费的使用上未按预算使用经费，预算变更频繁，造成预算执行刚性不强。有些领导只从分管部门利益出发，很少顾及校内其他部门，使预算丧失了约束力。② 此外，学校中还缺少专门的财务监督机制和问责机制，使得财务管理人员责任意识缺失，财务管理方面出现问题，也引不起工作人员思想上的高度重视。有效的管理体制能在很大程度上防止财务上产生的种种问题，从根本上遏制财务问题的产生，因此，民办学校建立起有效的财务分类管理体制任务迫在眉睫。

第二，缺乏科学合理的经费分配方式。民办学校中出现的经费支出结构不合

---

① 林雅榕：《民办高校融资模式的反思与构建》，载《中国经贸》2010年第6期，第112~113页。
② 蔡瑜：《基于系统动力学的民办高校财务预测仿真研究》，江西理工大学学位论文，2009年。

理现象，主要是由于相关人员缺乏合理的经费分配方式，没有一套科学的经费分配体制机制。经费支出结构要有一定的制度作保障，否则就会影响经费的使用效率。民办高校的教育经费是其生存发展的重要条件，因此，在使用经费的时候，要进行科学合理的分配规划，在保证各方面基本建设可以正常充分地利用的前提下，合理安排教育经费，保证各方面教育经费的支出合理，把它们投入到最需要和最有用的地方。

第三，资金保值增值能力较弱。一是民办学校缺乏专门的投资机构。没有专门的部门和人员负责投资管理，缺乏管理经验，使资金不能有效地在资本市场流动，影响了资金的保值增值。我国民办学校没有建立起基金管理公司专职负责资金的投资，美国设有大学基金会，大学基金会能给大学的可持续性发展提供足够支持，基金会每个财政年度新接受的捐赠和捐赠基金的运作收入可以有计划、按比例地消费和再投资，以保证捐赠基金为大学的发展提供持续、稳定、长久的财力支持。[①] 我国民办学校发展起步较晚，市场化程度不高，影响了专门资金管理和投资机构的形成和发展。二是对风险的恐惧影响了学校管理者的决策。民办学校资金整体规模较小，并且严重依赖学费，使得民办学校难以承受金融市场的波动。这不仅是金融问题，也是法律问题，民办学校哪些资金可以用于投资，可以投资哪些领域并没有明确规定。从对民办学校风险监控的角度看，为保障民办学校的正常教学和运营，办学资金不应用于风险大的投资领域。

三、理论依据和实践参照

（一）学费政策调整依据教育成本分担理论

学费政策调整理论依据主要是教育成本分担理论。教育成本分担理论是美国教育经济学家约翰斯通在20世纪70年代提出的，他认为高等教育的教育成本应当由在教育中获得益处的各个主体分担，并应遵循两条原则：利益获得原则和能力支付原则。"利益获得原则"是指谁从教育中获得利益和好处，谁就应当支付教育费用，而且收益越多，支付越多；"能力支付原则"是指受益者按照支付能力大小支付教育成本，也就是说能力越大，支付越多。总而言之，他认为，高等教育费用应该根据收益获得和能力支付两个原则，由政府、社会用人单位、受教

---

① 孟婧：《中美大学教育捐赠基金运作的比较与启示》，载《教育财会研究》，2011年第5期，第16～20页。

育者个人及家庭共同分担教育用，其比例应根据各自的收益和能力而定。①

民办教育的发展既需要社会投资人、捐资人的投入，政府财政的扶持，也需要享受教育产品的受教育者分担教育成本。但应区分营利性和非营利性民办学校学生分担比例的不同。非营利性民办学校应得到政府和社会更多的扶持，减轻学生学费负担。

（二）举办方投入政策调整依据投入产出理论

举办方投入政策调整的主要理论基础是瓦西里·列昂惕夫的投入产出理论和埃尔查南·科思的个人回报率理论。投入产出理论是由美国经济学家、哈佛大学瓦西里·列昂惕夫教授创立的。在1941年发表的《美国经济结构（1919～1929）》，以及已出版的《美国经济结构研究》中，他详细介绍了"投入产出分析"的基本内容，阐述了"投入产出分析"的基本原理与发展。投入产出技术是一种经济数量分析方法，将复杂深刻的经济内涵与简洁的数学表达形式相结合，在经济、事件影响、环境等方面被广泛地应用，随着动态投入产出模型的开发，投入产出技术由静态扩展到动态。② 美国学者阿尔文·汉森1963年通过研究发现，投资高等教育的个人收益率比投资中学教育要高出50%。之后，乔治·萨卡格普罗斯在1985年发现，高等教育个人回报率高于社会回报率。埃尔查南·科思在前人研究的基础上，1989年指出：劳动者收入的差别是由他们获得的人力资本决定的劳动数量和劳动质量所决定的。该理论认为，在未来的工作中，接受高等教育者比没有接受高等教育者获得更多的收益，这些收益既包括显性的经济性收益，也包括隐性的非经济收益。③

投入产出理论和个人回报率理论为营利性民办学校发展提供了理论支持。投资营利性民办学校的投资人可以获得利润和回报，选择民办学校的学生同样可以获得个人经济性和非经济性收益。

（三）捐赠政策调整依据慈善投资理论

捐赠政策调整理论依据主要是慈善投资理论，即公司公民理论的操作性理论。对于"公司公民"这一概念，英国的戴维·罗根在1997年出版的《全球公司公民——原理与战略》从狭义和广义两个角度给出了界定。狭义上，"公司公

---

① 王莹、王彤：《运用成本分担理论分析我国高等教育费用问题》，载《教育学术月刊》2010年第4期，第38～39页。
② 叶常青：《基于投入产出理论的水上货运企业管理应用研究》，北京交通大学学位论文，2008年。
③ 洪柳：《学费对我国高等教育个人投资的现实影响》，载《高等财经教育研究》2013年第1期，第1～5页。

民"意味着在公司运作的所有场合坚持法律、规则,以及公认的商务惯例。广义的解释,"公司公民"是与社会、社区和自然环境有关的更加一般的行为操守。

公司公民含义的多样性和公司公益行为的丰富内涵为不同文化和经济背景下公司捐赠行为提供了一定的依据。公司公民说表明法人公民身份的思路和行为存在着差异:第一,大公司比较常用公民身份这个词。第二,外资公司与中资公司存在差异。第三,公司捐赠的动机和行为走向存在差异。传统的公司捐赠主要是公司基金会或企业家个人的行为,目标趋向是完全的利他主义。但是现代公司公民的概念已不是慈善道义概念,并将纯粹利他的慈善捐赠视为公司履行社会责任的一种方式。新的捐赠模式将自身利益与社会利益交织互惠,而不是断开和分离,是一种"长期、理性、自我利益"捐赠模式。研究表明,世界上仅有少数公司承担了利他性的慈善捐赠,而大部分公司开展的公益慈善捐赠都有保护本公司雇员、吸引消费者、改善公司商业环境等目的。也就是说,对公司而言,慈善事业不仅仅是爱心,更是市场,公司捐赠社会公益事业其实是投资慈善市场。因为通过这种投资,公司可以获得用平常手段无法得到的资源,如来自政府、社区、员工等多方面的资源。慈善投资理论体现了公司慈善捐赠中利他与利己的互动,实现了公司营利性和社会性的"双赢"。①

我国捐赠文化氛围还未真正形成,慈善投资理论为民办学校筹资提供了新的可能。我国的社会资金闲置问题在于投资理念和捐赠概念的缺乏。捐资民办教育如果能得到更多税收等优惠,对捐赠个人或公司来说是将自身利益与社会责任交织互惠的过程。

(四)学校自营政策调整依据生产性教育理论和成本补偿理论

学校自营政策调整的理论依据主要是生产性教育理论和成本补偿理论。根据冯·波雷斯特尔的研究,英国的政治哲学家洛克是历史上最早提出生产性教育的学者之一。在《为贫困儿童开办工作学校计划》一书中,他设想了一个培训和照顾贫困儿童的机构,这个机构由儿童自己通过工作支持运转。计划的突出特征是通过销售学校生产的商品而自我维持。冯·波雷斯特尔也在欧文发表于1818年的《给减贫联合会委员会的报告》一文中发现了相似的思想。在欧文于新拉纳克创建的社区中,他曾把生产性教育的理念付诸实践。应用这一概念最近的范例是20世纪70年代在美国出现的政府资助的工作示范项目,这些项目创办了一些企业。在资源缺乏成为巨大压力的情况下,成本回收逐渐成为校办企业的一个越来越重要的目标。在许多发展中国家,学校从校办企业中获得的收入通常能

---

① 李洁:《大学捐赠基金运作问题研究》,华中科技大学学位论文,2010年。

补偿很大比例的学校成本。冯·波雷斯特尔曾考察了27个在发展中国家的生产性项目,结果发现,其中有9个产生的收益足以完全补偿学校成本,有5个可以补偿学校成本的60%~90%,有6个补偿的范围在25%~45%。这意味着校办企业不仅可以弥补自身的生产成本,在多数情况下也可以补偿教育成本。在更为丰富的环境中,校办企业的潜在盈利性仍然存在。例如,在美国有许多学校经营着能够营利的旅馆、发型屋和食品加工服务。然而,相对经营得比较好的校办企业通常并不以追求产品、收入或利润的最大化为目标,在一定程度上是因为这样的目标会要求学生们做大量重复性的工作,从而会偏离他们自身教育发展的要求。

坎贝尔和罗尔德认为学校组织的高效率在于如何利用和控制学校的教育资源,这种合理的利用实际上就是进行学校的经营管理。20世纪初,美国威斯康星州立大学校长范海斯创立了"威斯康星思想"。该思想提出,依托教学和科研,通过专家学者向社会传播知识,并为产业界服务,充分发挥大学的高技术辐射功能。他的办学思想与威廉·冯·洪堡相比,更能拓展大学的功能,并成为大学服务社会功能或高科技产业思想的基石。创建大学工业园,并以此创办高技术开发区,这种学术与商业结合的模式是西方发达国家校办产业的突出特点。美国的"硅谷"和"波士顿128号公路"高技术区的成功所形成的技术革命浪潮,迅速蔓延至全美及西方其他各国。① 我国民办学校资金来源单纯借助外力是不够的,应重点研究发挥自身教育产品优势,拓展学校自营项目,形成自己的产业链。

(五)资金使用政策调整依据财务治理理论

资金使用政策调整的主要理论依据是财务治理理论。在经济学中,公司治理问题由来已久,最早的研究可以追溯到亚当·斯密1776年的《国富论》。有关公司治理问题的研究始于伯利和米恩斯提出的"所有权与控制权分离"的观点,伯利和米恩斯在《现代公司与私有财产》中做了系统性分析:为了改善公司的管理状况,股东把公司的经营权委托给具有专业知识和管理才能的经营者,这样便在股东和经营者之间形成了一种委托代理关系,这种授权安排被认为是最有效率的公司制企业形态。

(六)资金保值增值政策调整依据投资学理论

资金保值增值调整主要理论依据是投资学理论。现代投资理论的起源可追溯

---

① 张红星:《我国高校科技产业对高校科研的拉动研究》,东北大学学位论文,2008年。

到 1952 年马科维沃在《金融杂志》发表的经典论文《资产组合选择》。在这篇论文中，作者阐述了如何构造一个投资组合的边界以使得在给定的风险水平下组合中每一证券的预期收益本都达到最大化。在此基础上，夏普、林特纳和莫森提出了著名的资本资产定价模型（CAPM）。这一模型在其后的十多年间一直在金融领域中占据着统治地位。它不仅被写入金融专业的教科书，还被广泛地运用于投资实践中资产组合表现的衡量、证券的估值、资本预算的决策等。在美国，学校有专门的资金管理机构，聘请专业金融从业人员负责投资，使资金保值增值。如耶鲁基金投资组合的构建过程是金融理论运用与市场判断的统一。构建投资组合的理论框架是均值方差分析，这一理论是由诺贝尔奖获得者托宾和马克维茨发展起来的，他们在研究这一重要的投资理论期间还曾得到耶鲁考尔斯基金的资助。通过运用统计学方法和均值方差分析，基金对各种资产组合的风险和收益进行分析对比，并对各种假设条件对结果影响的敏感度进行检验。耶鲁认为投资既是一种科学，也是一种艺术，一些非量化的判断对投资组合构建也起到了重要作用。对一种资产类别的定义通常是很主观的，并且投资回报很难预测，历史数据只能提供一个参考，当发生结构性变化或在反常时期，数据都要进行修正以识别这些变化。另外，数量方法很难把一些重要因素诸如市场的流动性，小概率但对市场有深远影响的事件等加入到模型中。尽管如此，均值方差分析还是为耶鲁捐赠基金的资产配置带来了重要的指导。数量方法和市场判断的结合，使耶鲁构建了较好的资产组合。

（七）各地方通过实践拓展资金来源

从具体实践看，不少学校开始探索自营项目，例如西安职业技术学院正是通过举办信用社、开发房地产及相关校办产业，使学校从中获益，求得生存和发展，创出了一条发展民办高校的成功之路。[①] 为提高社会力量投资办学的积极性，浙江省和山东省部分地区的民办教育法规做出了调整，允许投资民办学校的投资者取得略高于银行利息的合理回报。据报道，山东省民办高校中，校办产值经多年积累达 1 亿元至 1.5 亿元的有 8 所。[②] 但山东和浙江的现象在全国并不普遍。现实情况是，从全国的整体水平来看，各地民办高校的校办产业仍处于极其弱小的阶段，很难依靠校办产业的盈利补充教育经费的短缺。[③]

[①] 刘耀胜：《民办高等教育投资效益研究》，武汉理工大学学位论文，2005 年。
[②] 周玉容：《民办高校定位、特色与资源配置研究》，华中科技大学学位论文，2008 年。
[③] 王梓：《民办高校融资问题研究》，华中师范大学学位论文，2004 年。

四、对策建议

鼓励和吸引社会资金进入教育领域是促进民办教育快速发展的有效途径；探索制定符合民办学校特点的财务管理办法是保障民办教育健康发展的长效机制。在民办教育分类管理的趋势下，应明确政府的职责，引导民办学校分类筹资，发挥不同类型民办学校的优势，多渠道吸纳社会资金，并不断完善分类筹融资、收费、财务的监管机制。

（一）大力营造分类筹资的制度环境[①]

1. 发挥分类管理优势，鼓励多渠道筹资，拓展优质民办教育资源

拓展优质民办教育资源，单凭政府投资难以高效实现，需要充分借助社会力量多渠道筹集资金，促进教育服务能力全面提升。就我国教育实际情况来看，相对于公办学校明显的筹资优势，普通民办学校由于发展历史较短、发展定位模糊、影响力较弱等，导致知名度和筹资能力不强。如何借助我国经济转型和结构调整的契机，通过市场多渠道筹措资金，增加社会捐赠、校友捐赠、投资增值以及企业合作等资金来源的比重，尽快摆脱过度依靠学费的经费来源模式，吸引社会资金助力学校发展，成为民办学校发展的重大课题。针对我国民办学校投资运作的意识和能力不强，加之金融市场不健全、风险偏高而限制资金增值空间的现状，政府可以鼓励民办学校根据营利性和非营利性的不同类别，建立自己的资金管理机构，通过专门机构筹集和管理资金，将筹得的资金投资运作管理，使资金保值增值。随着市场机制的不断完善与健全，以及政府职能的进一步转变，一部分民办学校可以先行先试，按商业化模式运作学校捐赠资金，通过金融市场大幅增加学校办学资金，为未来建成高水平民办学校解决资金的后顾之忧。

2. 通过财税配比组合，引导闲置资金分类进入民办教育领域

从宏观上看，国家鼓励社会力量兴办教育主要通过财政扶持和税收优惠两种方式，各级政府财政应向非营利、优质学校倾斜。就我国社会可动员资金来看，闲置资金投资或捐资民办教育的可能性很大，这部分资金不会影响企业正常的运营。但应注意社会闲置资金虽然暂时处于闲置状态，却带有逐利的倾向，一旦企业动用闲置资金，大部分要追求保值增值或期待通过税收优惠来获得其他利益。社会闲置资金能否投向教育领域，关键在于政策能否给予适当的激励，可操作的

[①] 周海涛、张墨涵：《如何突破民办高校筹资的困境》，载《国家教育行政学院学报》2015 年第 2 期，第 7~8 页。

税收优惠政策是最有效的措施。例如，探索对投资到营利性民办学校的企业允许获得投资利润，对捐资到非营利性民办学校的切实落实减免税收的办法，对其中贡献较大的企业可以给予适当形式的专项奖励。这种财政奖励配合税收政策，双管齐下，将会产生政策叠加的效应。这些税收优惠可以补偿企业的经济利益，将有限资金转化为能长远影响国家、社会、个人的教育收益，起到正面激励和引导资金流向的作用。

3. 政府搭建平台，促进筹资和投资双方深度合作

民办学校筹资方和投资方的合作，也是学校提供服务、企业购买服务的过程。发达国家学校选择与企业合作的比例非常高，有的国家甚至达到了90%以上。我国民办学校主动寻求合作的意识较为薄弱，多停留在就业层面，且没有通过开展校企合作常态化联络企业寻求合作伙伴与推广科研成果的平台和机制。同样地，企业选择与学校合作的比例偏低，即使有意向，也多选择与国内公办重点大学合作。在参与科技成果转化方面，政府可以运用市场机制为筹资、投资双方搭建合作的平台和桥梁，鼓励民办学校积极拓展校企合作方式。如，可借鉴德国职业教育体系，由高校以"订单式"培养模式为企业输出对口人才，换取企业对学校的投资；或通过产学研合作，以技术参股或同建产业园区的形式实现学校和企业的双赢。

4. 完善准入机制，解决社会资本投资难问题

为激励社会资本顺利进入民办学校，拓展筹资渠道，应进一步深化教育综合改革，明确教育投资开放的领域和政府投资扶持的范围，将民办学校作为社会公共事业的重要补充，通过完善的政策引导民间资金高效、顺畅地进入民办学校。在当前，我国应及时修订《民办教育促进法》《民办教育促进法实施条例》以及各地民办教育管理制度，细化民办学校的准入规则、政府的监管程序与职责、政府调控权范围、信息披露机制等，同时，明确出资者的职责和禁止性行为、民办学校的职责和禁止性行为、受教育者权利的保障机制，并健全退出规则和平台，消解民间出资者进入教育领域的经营冲动，妥善解决投资难的问题。

5. 引领捐赠文化，制定遗产税征收办法

转变企业家族财富传承观念，培养公民社会责任感。转变财富传承观念既要从文化培育入手，也要健全法制规范，正确引导全社会树立新型财富观。研究制定遗产税征收办法，彻底改变富裕阶层家族财富传承观念与模式。设置合理偏高的税率，有可能打消大部分富裕阶层将企业财产或个人财富由家族继承的念头，转而考虑从事慈善事业或捐资教育，进而延续社会影响力。可以想象的是，未来优质民办高校将得到更多的捐助。此外，无论在国内还是在国外，也无论捐赠者是学校校友还是企业界的知名人士，捐资群体大多是富裕阶层或成功人士。学校

应积极构建社群网络，研究潜在捐资群体，并通过各种社群活动加强与捐资群体长期密切联系，吸引富裕阶层捐资民办教育。

（二）完善民办学校分类收费管理制度

1. 逐步分类放开营利性和非营利性民办学校学费监管

非营利性民办学校的学费可以高于同级同类公办学校，按同级同类公办学校生均教育费用的倍数定价。营利性民办学校不限制学费价格。第一，公办学校资金来源不仅有学费，还有政府对学校基础建设、教师的财政投入，而民办学校在单纯依靠学费的情况下，不提高学费价格很难保证人才培养质量。第二，一些民办中小学的质量确实比公办好，按优质优价要倍数收费。民办学校有巨大生存压力，需要明确的办学目标、先进的办学理念和优质的教育服务。教师之间竞争激烈，教师需要不断进行知识学习及业务培训，管理者需要不断学习先进的管理经验以确保学校教育教学质量和管理不断提升，满足社会要求、家长的期望。公办学校性质是全民所有制、经费以财政拨款为主的事业单位。学校经费由政府拨发，学校生存压力较小，学生的学习状况对学校、教师的直接影响不大，有些学校采取传统的应试教育模式，教学方法相对单一；而民办学校走市场经济路线，实行真正的聘任制，优者进、劣者汰，特别是待遇好的民办学校，竞争非常激烈，教师工作主要目的是提高教育教学质量和学生成绩。综上所述，对于教学质量优于公办学校的优质民办教育可以放宽价格。

因此，我国可采取对非营利的学校实行上限管理，根据市场需求收取公办学校学费的3~6倍，并要公示学费价格，以避免出现变相核准的现象。对营利性民办学校，成本、生源可以自主确定，按程序公示即可。

2. 建立市场化竞价机制

民办学校学费价格定价应按市场竞争机制定价，不应简单通过行政命令"一刀切"。

民办学校按照上年度生均教育事业费的一定倍数标准，自主确定学费；同时，明确民办学校收费项目和标准。各级各类非营利性民办学校收费项目统一为学费、住宿费、服务性收费和代收费。其中：学费标准由学校根据市场情况、自身办学条件和培养成本合理确定；规范住宿费、服务性收费和代收费行为，住宿费按照住宿条件和管理成本合理定价，其余服务性收费和代收代付费应坚持学生自愿和非营利原则，不得强制收费或只收费不服务，不得强行统一收取。按"市场调节、按质论价"的原则，非营利性民办学校收费标准可以依照同级同类公办学校生均经费，结合民办学校的办学成本来确定。另外，营利性民办学校收费项目和标准由其自主确定。

合理核算教育成本。明确民办教育成本包括开办学校先期投入成本、维持学校正常运行的实际支出成本和实行固定资产折旧制度。民办学校主要依据生均培养成本，综合地区经济发展状况、受教育者经济承受能力、政府投入与社会捐赠、科研支出、奖助学金和纳税成本等因素，合理确定教育成本。

完善民办教育收费相关制度。提供学历教育的民办学校收取的公共性资金（学费、财政拨款、政府补助、捐赠收入等），应存入学校银行专款账户并接受政府监管。其中，非营利性民办学校收费项目和标准实行统一上限管理，在上限区间内自主确定，向社会公示后执行。学校依据办学条件、办学成本、社会需求等因素，自主确定对接受非学历教育的受教育者收取费用的项目、标准，并向社会公示。营利性民办学校、经营性教育机构自主确定收取费用的项目和标准，实行市场调节。

严格执行收费公示制度，认真落实收费管理"一把手负责制"和责任追究制，教育、价格、财政、审计部门严格实行教育收费的监督和责任追究制度，对违规收费相关人员和学校实行"一票否决"制，并追究相关责任人的责任。

3. 改革民办学历教育办学审批管理

取消民办学历教育办学审批管理，改由民办学校举办者根据政府公布的准入条件向教育主管部门申报备案，民办学校可自主选择学校的性质，并向主管部门提交申请。提交后，主管部门依照营利性与非营利性标准进行严格审核、登记、管理。其中，非营利性民办学校属于民办事业单位法人或民办非企业法人，应建立监事制度，并适用于非营利性组织财务会计制度；而营利性民办学校属于企业法人，应建立董事会，并设立独立董事，财务与审计适用于公司财务会计制度。

放宽投资准入，推进教育领域有序开放。根据实际情况和不同教育阶段的特点，尊重教育规律，取消针对民办学校的投资额度、土地面积、基本教学设施和生活设施等方面的人为性限制规定。

落实和进一步扩大民办学校办学自主权。招生方面，凡是非营利性民办学校招生都应纳入当地政府招生计划，保障学校享受与公办学校同等招生待遇的同时，又有较大的招生自主权。允许民办学校在法定规模内，可以自主招生，各地不得为民办学校跨区域招生设置障碍；凡属营利性民办学校的招生由学校自行决定，自主进行，同时，教育行政主管部门应加强对其指导与监督。教学管理方面，应允许民办学校根据国家课程标准的要求，自主编写或挑选教材，自主设置专业和课程，自主开展相关教学试验。人事管理方面，允许民办学校根据相应标准，自主招聘教职员工。

（三）健全完善民办学校资产财务的分类监管制度

1. 政府财政部门分类制定民办学校会计制度

我国民办学校会计监管存在漏洞，政府应更有效地分类制定会计监管、审核监察制度。在高等教育领域我国的高校会计制度不同于美国，美国是双轨制，政府会计准则委员会（GASB）负责规范公立大学财务管理，私立大学则由财务会计准则委员会（FASB）管理。这种体制，虽然很难解决会计信息的可比性问题，且近几年，美国公、私立大学的会计制度也开始趋向一致，但还有很多值得我们借鉴之处。目前，我国的国情决定了政府财政部门是会计管理的唯一机构，因为我国民办学校处于起步阶段，采用与公办学校一样的核算办法，可以协调公、私两种学校的会计差别。未来，民办学校分类管理政策出台后，可考虑营利性和非营利民办学校按照不同的标准审核。

2. 会计制度设计应充分考虑利益相关者的诉求

新中国成立后到改革开放之前，我国各级各类的办学学校经费都来自国家财政拨款，会计制度主要是针对学校预算，为了加强预算管理、防止国有资产流失等出发点而设计。近年来，随着各类学校特别是民办学校多渠道筹资能力的发展，将会有越来越多的政府以外的投资主体关注学校财务状况，这些利益相关者也非常想了解学校的经营情况。为此，在设计民办学校会计制度时，也需要考虑这些利益相关者的需求。建议民办学校会计信息应公开披露，不仅是向上级管理部门汇报，也通过在学校或政府网站公开公布年报等形式，使社会投资主体获得需要的信息，这不仅有利于提高公信力，吸引更多的社会资金，也利于国家、捐赠人、师生共同监管学校财务，提高民办学校资金的使用效率。

3. 发展以权责发生制为基础的民办学校会计体系

对我国民办学校而言，资金使用不规范会影响学校长远发展，因此进行成本核算十分必要。其中较好的方法是采用权责发生制。从目前来看，权责发生制是民办学校进行收支配比和教育成本核算的现实需要。民办学校在考核教育活动的业务成果、筹划办学资金等经济决策、制定学生收费标准等多方面都需要利用以权责发生制为基础的教育成本核算信息。权责发生制不仅有助于进行较为合理的教育成本核算，而且还能如实地反映民办学校在教育经济活动中的权责。但应注意，民办学校的权责发生制是就非限定性资金而言的，对那些具有专门用途和指定用途的专用基金和专项资金等，要求专款专用，实行单独核算，甚至单独提供会计报告，因为出资者真正关心的是所投资金是否按其指定用途使用，并且达到了预期的目的。因此，这类资金的管理难以采用或没有必要实行权责发生制会计，此类资金的收支宜采用收付实现制会计。

4. 探索使用"基金"模式会计核算方法与会计报表

资金来源单一和资金来源多样的学校会计制度应有所区别。如美国高校资金来源除政府拨款和学费外，其他形式的资金如捐赠等所占的比例也比较大。所以这类学校用基金账户分开核算，利于反映不同的责任。从我国当前教育政策和教育经费的开支情况看，政府还没有对民办学校提供大量的直接投资，发展中的民办学校往往采用多种渠道筹措经费，有的以产养学、以学养学，还有的实行教育股份制、引进外资、提供有偿社会服务等。由此可见，拓宽融资渠道，进入资本市场，也是解决我国民办学校经费问题的有效途径。目前，"基金"模式应逐步成为我国民办学校普遍采用的核算方法。民办学校应按规定使用具有指定用途的各类专项资金和专用基金，并单独管理。尽管专款专用原则削弱了民办学校的资金使用权限，但却是保障出资者对其资金使用的一种控制和约束，是出资者权利的体现。[①]

（四）鼓励探索多元投融资方式及监管方式

1. 鼓励金融机构开发适合不同类型民办学校的金融产品

政府应鼓励金融机构在风险可控前提下开发分别适合营利性和非营利性民办学校特点的金融产品，探索办理民办学校未来经营收入、知识产权质押贷款业务，提供银行贷款、信托、融资租赁等多种形式的金融服务。随着民办学校的稳步发展，学校可质押产业不断增加，以及信用的保障能力增强，民办学校与金融机构的合作不断增多。分类管理实施后，营利性民办学校更应与银行等金融机构长期合作。

2. 借鉴 BOT 融资方式合作发展学校基础设施建设

BOT 投资模式不仅适用于一般领域的合作，也适用于教育领域的基础设施建设。BOT 是 Build-Operate-Transfer 的简称，也就是建设—营运—转让。具体定义是：东道国政府给予某一外国投资者以项目建设的特许权，授权其负责该项目的融资、建设，并在授权期内经营该项目，待授权期结束后再将此项目移交给东道国政府或政府部门指定的公共机构。[②] 从合作共赢的角度看，将一定的公共服务委托或让诸民间力量兴办，既减轻了政府的资金投入、管理负担及营运风险，也提供受托机构与"兴建""营运"有关之重大的业务机会。基于

[①] 龙晓玲：《关于建立我国民办高校会计制度的思考》，载《黄河科技大学学报》2005 年第 3 期，第 24 页。

[②] 周继红：《我国 BOT 投资发展特点与前瞻》，载《深圳大学学报（人文社会科学版）》2000 年第 5 期，第 22~27 页。

该机会，受托机构除可取得机会兴建业务外，且常常可以在一定期间独占经营特定业务，取得相关市场之优势的竞争地位。因此，将公共服务委托民间机构兴建、营运具有"特许经营"的特征，必须兼从特许对于市场竞争可能发生之影响的观点加以考量。所以，实施 BOT 特许，一方面必须经公开甄选及竞标的方法决定受托对象，以确保公平与效率，另一方面必须设法维护兴建、营运及转移所具有的公共利益及交易利益。民办学校可以借鉴 BOT 融资方式建设学生公寓、食堂等设施，协议期满后，设施的所有权无偿移交给学校，满足学校发展需要。

3. 发挥基金会的双向防火墙功能

目前，从世界范围看，基金会在民办学校资金筹措、管理和投资中发挥的作用越来越大。基金会可充分发挥双向防火墙作用，一方面保障资金专款专用，使捐资、学费都进入公用资金账户；另一方面，可保障投资资金的投资安全。仅就高等教育而言，大学教育基金会对私立大学意义重大，通过提供丰富的科研经费和丰厚的奖金基金，为学校吸纳优秀人才和优秀生源。对于大学而言，主要任务是研究和教学工作，所以大学会将尽可能多的资金用于研究和教学。学校尽可能提供具有竞争力的研究和教学条件，以及薪资、福利和奖学金，来吸引更多的优秀教师和学生。薪资和福利在私立大学运营支出中所占比例最高，哈佛大学为 49%，斯坦福大学为 60%，耶鲁大学为 61%。美国大学研究经费开支的 50% 为人员经费，包括教授本人的工资，研究生的奖学金和买断教授应承担的教学时间的支出，教师的收入普遍高于平均水平。另外，大学基金会为奖励基金提供资金来源，哈佛大学 65% 的奖学金和学生奖金来自捐赠和基金收入。民办学校应充分发挥基金会的作用多方筹资，吸引优秀人才和生源。[①]

4. 建立资金风险防范和监管机制

民办学校资金风险防范和监管是保障民办学校平稳运行的经济基础。可以从两个角度理解和把握营运资金的风险防范理念，分别是流动资产风险和流动负债风险的角度。从流动资产角度分析，民办学校保持一定的绝对量和相对量的流动资产是非常必要的，这样不仅有利于降低学校短期财务风险，并保持良好财务状况，而且利于确保学校在未来发展中具有相应的举债能力。还需注意的是，由于营运资金流动性较强，对它的风险防范和控制，要因外界环境及学校自身环境的变化而调整，不能照搬特定模式，应灵活运用多种风险防范措施。从流动负债角度分析，民办学校破产风险多来自学校的到期负债。如果长期负债是民办

---

① 王勇：《美国典型研究型大学经费管理研究》，载《科技管理研究》2007 年第 9 期，第 158～162 页。

学校潜在的财务风险，短期负债则是民办学校面临的直接财务风险。一旦对短期负债疏于有效控制，就会使学校陷于营运资金失控、筹资困难等境地。然而，民办学校在经营管理过程中不可避免地使用流动负债。相应地，也应对流动负债的风险加以防范，其原则就是学校在任何时候都应该确定一个流动负债绝对量和相对量的最高限额，以使学校流动负债的规模和比例都保持在学校所能够承受的风险范围内。[①]

---

① 宋常：《财务风险防范》，中信出版社2012年版，第142页。

第八章

分类管理下的现代学校制度

本章提要：建设现代学校制度是时代发展的要求，是协调民办学校校内和校外关系的制度安排。本章梳理了政府现行政策及民办学校自身实施效果，参照教育市场化理论、寻租理论、两权分离理论、交易费用理论、委托—代理关系理论、法人治理等理论，借鉴美国私立学校治理经验和我国民办学校现代学校制度试点经验，提出两类民办学校建设现代学校制度的政策建议。在分类管理制度框架下建议：（1）非营利性民办学校以转变政府职能、健全监督机制、强化社会参与作为外部制度建构的重点，以完善理（董）事会决策机制、健全内部监督制约机制、发挥党组织的政治核心和监督保障作用、重视学校章程的规范作用、明确校长负责制及校长管理团队建设、发挥学术权力的作用和建立利益相关者共同治理机制作为内部制度建构的重点。（2）营利性民办学校须符合"依法办学、自主管理、民主监督、社会参与"的共性要求和营利组织制度建设的共性特征，以健全配套的政策法规、落实充分的办学自主权、进行有效的财务监控为外部制度建设的重点，以完善成熟的公司法人治理结构为内部制度建构的重点。

现代学校制度是一个在实践中内涵不断得到丰富和更新的动态概念，它的实质是"依法办学、自主管理、民主监督、社会参与"，构建政府、学校、社会、市场之间的新型关系。建设现代学校制度，从教育治理结构角度来说，涉及外部治理结构和内部治理结构两大方面。其中，外部治理结构主要涉及政府、学校、社会三方面的制约与联系；内部治理结构则涵盖学校内部治理的各种层次和各个方面，关系到教师、学生和其他利益主体，涉及学校内部政治权力、行政权力、学术权力的关系以及决策机构、行政机构、学术机构和监督机构运作的全过程。

本章通过对民办学校现代学校制度建设的政策梳理与实施效果分析，探究在分类管理制度框架下如何进行两类民办学校现代学校制度建设，以及如何完善外部制度和内部制度建构两大问题。

一、相关政策及其成效

（一）依法规范民办学校办学行为

依法规范办学一方面是指政府用法律指导和约束民办学校办学，另一方面是指民办学校内部依据国家法律法规制定学校章程和规章制度，借以形成有法可依、有法必依的依法治校模式。改革开放以来，我国民办教育实践已有30余年，在民办教育迅速发展的同时，我国有关民办教育的立法、执法工作也取得了重大的成就。

第一，确立了民办学校的法律地位。民办教育实践的过程也是民办教育法制建设的过程。1987年，教育部颁布了《社会力量办学的若干暂行规定》，我国的民办教育走上了有法可依的法制轨道；1997年，国务院颁布了《社会力量办学条例》，这是一部规范民办教育的重要行政法规；2003年，《中华人民共和国民办教育促进法》（以下简称《民办教育促进法》）正式实施；2004年，《中华人民共和国民办教育促进法实施条例》（以下简称《实施条例》）正式实施，对促进民办教育的发展起重要作用。《民办教育促进法》明确规定："民办教育事业属于公益性事业，是社会主义教育事业的组成部分"，从而在法律层面上确立了民办教育的性质及地位。在这样的法律背景下，民办教育的发展与国家整个教育事业的发展目标相一致，民办教育健康发展的良好环境逐渐形式。

我国相关法律还明确规定了民办高校与公办高校具有平等的法律地位。《民办教育促进法》规定："民办学校与公办学校具有同等的法律地位""民办学校教职工在业务培训、职务聘任、教龄和工龄计算、表彰奖励、社会活动等方面依法享有与公办学校教职工同等权利""民办学校的受教育者在升学、就业、社会优待以及参加先进评选等方面享有与同级同类公办学校的受教育者同等权利"。由此，民办学校及其师生都应享有与公办学校平等的权益。《民办教育促进法》的这些规定，从法律上解决了民办教育的平等"国民待遇"问题。

第二，实现了民办学校法定权利的保障。因我国的民办学校发展长期处于"拾遗补缺"的地位，使得民办学校的地位、教师和学生的身份与权利、招生等方面得不到社会应有的承认与尊重，在办学活动中遇到很大的困难，严重阻碍了民办学校的发展。面对这一历史问题,《民办教育促进法》也给予了明确规定,其第五条规定:"国家保障民办学校的办学自主权"。在《实施条例》中,又进一步具体规定了民办高校有"自行设置专业""开设相关课程""自主确定招生范围、标准、方式"以及"享有与公办学校同等的招生权",体现了国家对民办高校办学自主权的尊重。同时,《实施条例》第二十二条还对民办学校的管理方式进行了规定,"实施高等教育和中等职业技术学历教育的民办学校,可以按照办学宗旨和培养目标,自行设置专业、开设课程,自主选用教材……民办学校应当将其所设置的专业、开设的课程、选用的教材报审批机关备案"。通过管理方式从审批制到备案制的转轨实现办学权力下放,既保护了民办学校的合法权益也有利于民办教育发挥自身优势,根据劳动力市场的需求灵活高效地培养人才。2012年,教育部又配套出台了《关于鼓励和引导民间资金进入教育领域促进民办教育健康发展的实施意见》(以下简称《实施意见》),提出了落实民办学校办学自主权的相应细则。

第三,明确了民办学校承担的法定义务。坚持依法治校,明确各种法律关系,规范各种管理行为,有利于学校各项事务的顺利开展。《民办教育促进法》等有关法律法规涵盖了学校管理工作的各个方面,制定了民办学校组织机构与活动管理的准则。民办学校的开设申请材料与运行管理程序要严格遵守国家法律法规的规定,学校举办者、管理者等需要履行职能的条款都要有明确的规定,从而依法保障教职员工和学生参与学校民主管理和监督的权利。

(二)落实民办学校办学自主权

自主权是民办高校的生存权、发展权,是现代学校制度建设的核心内容,是社会进步的重要表现。1995年颁布并实施的《中华人民共和国教育法》(以下简称《教育法》)是我国教育领域的根本大法,是依法治教的基本依据。《教育法》规定的学校权力有如下九项:按照章程自主管理;组织实施教育教学活动;招收学生或者其他受教育者;对受教育者进行学籍管理,实施奖励或者处分;对受教育者颁发相应的学业证书;聘任教师及其他职工,实施奖励或处分;管理、使用本单位的设施和经费;拒绝任何组织和个人对教育教学活动的非法干涉;法律、法规规定的其他权利。

2003年实施的《民办教育促进法》是国家支持和规范民办教育发展的主要法律,该法第五条规定"民办学校与公办学校具有同等的法律地位,国家保障民办学校的办学自主权"。《民办教育促进法》赋予了民办学校以下职责:依据县以上人民政府教育行政部门按照国家规定的权限审批的学校章程,设立学校理事会(或董事会),并行使下列职权:聘任或解聘校长;修改学校章程和制定学校的规章制度；制定发展规划，批准年度工作计划；筹集办学经费，审核预算、决算；决定教职工的编制定额和工资标准；决定学校的分立、合并、终止；决定其他重大事项。

《教育规划纲要》作为我国进入 21 世纪之后的第一个教育规划，在第三十九条明确提出"落实和扩大学校办学自主权"，并对高等学校和普通高中及中等职业学校的自主权进行了阐述："高等学校按照国家法律法规和宏观政策，自主开展教学活动、科学研究、技术开发和社会服务，自主设置和调整学科、专业，自主制定学校规划并组织实施，自主设置教学、科研、行政管理机构，自主确定内部收入分配，自主管理和使用人才，自主管理和使用学校财产和经费。扩大普通高中及中等职业学校在办学模式、育人方式、资源配置、人事管理、合作办学、社区服务等方面的自主权。"第四十三条更是明确提出："大力支持民办教育。依法落实民办学校、学生、教师与公办学校、学生、教师平等的法律地位，保障民办学校办学自主权。"

国家相关法律法规对保障民办学校办学自主权做出了明文规定，为落实民办学校办学自主权提供了依据，也奠定了实践基础，同时，各地也积极探索了很多值得推广的创新实践。

第一，逐步放开价格管制，增大收费定价权限。随着放开民办学校价格管制的呼声越来越大，民办学校收费自主权在省级政府政策制订中的范围正在逐步扩大。一是对民办幼儿园、民办中职学校、民办技工院校和民办高校学历教育和非学历教育实行收费备案制，如广东省规定民办中职学校、民办技工院校和民办高等院校学历教育的收费由学校根据市场情况、自身办学条件和各专业的学习培养成本合理确定，在报教育或人力资源社会保障部门及价格主管部门备案后执行。① 二是依据法人登记属性或营利性、非营利性实行民办学校分类管理。如浙江省规定各级价格行政主管部门在核定非营利性民办学校的学费、住宿费时，现阶段应充分考虑学校发展来制订基准价格和浮动幅度。放开营利性民办学校的收费标准，由民办学校根据实际自行确定。② 三是允许符合条件的民办学校在政府指导价限度内自主确定学费收取标准或进行一定比例的浮动。如福建省规定通过人才培养工作评估或教学评估的民办高校，允许其自主选择本校当年招生专业总数 20% 以内的专业，以相关价格部门核定的学费标准为基础，在 20% 浮动范围内，自主制定具体的学费收费标准。③

第二，扩大招生计划编制、招生范围和招生方式的自主权。目前，各地民办

---

① 广东省人民政府办公厅：《关于促进民办教育规范特色发展的意见》（2013 年）。
② 浙江省人民政府：《关于促进民办教育健康发展的意见》（2013 年）。
③ 福建省教育厅：《福建省民办教育收费管理实施细则》（2013 年）。

学校在招生计划编制、招生范围确定、招生方式改革等方面的权限得到了一定程度的扩大。在招生计划编制权限上，允许办学规范、管理严格的民办高校，在核定的办学规模内自主确定招生计划，这已成为各省市较为普遍的做法，尤其在生源总量下降的现实背景下，部分省市将招生计划增量部分优先安排给管理规范的民办高等院校，这一做法体现了政府对民办学校的政策扶持；在招生范围上，跨地区招生封锁和民办高校全国招生受限的现象已不复存在，取而代之的是跨省、跨区域招生，并且落实了民办学校与公办学校的同批次招生；在招生方式上，民办高职院校试行"校考单录""三位一体"等改革都体现了民办学校不断扩大的招生自主权。

第三，专业设置适度放开，自主开展教育教学。一是逐步放开民办高校的专业设置权，如浙江省教育厅按照民办高校的办学规模，比较同类公办高校，放宽20%比例核定专业设置总数。在专业设置总数以内，允许民办高校根据教育部修订的学科专业目录及设置管理办法，自主设置除国家和省控制布点外的专业；允许民办高校自主确定专业方向。① 二是自主开展教学活动。在教学实施活动中，各地民办学校在教学内容的选择、教学计划的安排、教学方法的运用、教学过程的组织以及学生成绩的评定等方面拥有一定的自主权。如湖北省鼓励民办普通高校推进学分制改革，探索适合学校特点、有利于创新人才培养的教学管理制度。新疆维吾尔自治区规定基础教育阶段的民办学校在完成国家、自治区规定课程的前提下，可以自主开展教育教学活动。②

（三）完善民办学校的内部治理

办学自主权作为一项法律授权，其范围和权限应该遵循特殊的法律规定性，也就是说，学校的自主权不是无条件的，更不是绝对的。办学自主权有其必需的边界和限制，它的基本前提是学校具有完善的内部治理。③

《民办教育促进法》第三章规定了民办学校的组织与活动，包括设立学校理事会、董事会或者其他形式的决策机构，学校理事会或者董事会的组成形式和职权范围，以及保障教职工参与民主管理和监督。第五章则重点阐述了学校资产与财务管理要求，民办学校应当依法建立财务、会计制度和资产管理制度。

《教育规划纲要》对民办学校完善法人治理结构和落实民办学校法人财产权两大核心问题也提出了明确要求："完善民办学校法人治理结构。民办学校依法

---

① 浙江省教育厅：《关于进一步扩大民办高等学校办学自主权若干意见》（2012年）。
② 教育部：《关于进一步促进民办教育发展的意见》（2013年）。
③ 张慧英：《我国中小学自主办学的权限及存在问题》，载《教学与管理》2009年第4期，第31～33页。

设立理事会或董事会，保障校长依法行使职权，逐步推进监事制度。积极发挥民办学校党组织的作用。完善民办高等学校督导专员制度。落实民办学校教职工参与民主管理、民主监督的权利。依法明确民办学校变更、退出机制。切实落实民办学校法人财产权。依法建立民办学校财务、会计和资产管理制度。任何组织和个人不得侵占学校资产、抽逃资金或者挪用办学经费。建立民办学校办学风险防范机制和信息公开制度。"

《实施意见》专门对规范董事会（理事会）运行提出了要求：规范民办学校董事会（理事会）成员构成，限定学校举办者代表的比例，校长及学校关键管理岗位实行亲属回避制度；完善董事会议事规则和运行程序，董事会召开会议议决学校重大事项，应做会议记录并请全体董事会成员签字、存档备查。《实施意见》对涉及民办学校内部管理的重点工作均提出了明确要求：健全校长和领导班子的遴选和培养机制，实行校长任期制，保障校长、学校管理机构依法行使教育教学权和行政管理权；要切实加强民办学校党的建设工作，实现民办高校党组织全覆盖，充分发挥民办学校党组织政治核心作用，健全民办高校督导专员制度，建立民办学校教职工代表大会制度；民办高校要根据相关规定和实际工作需要，配备足够数量的辅导员和班主任，建立健全校园安全管理和保卫制度，配备安全保卫力量，完善安全防控体系，维护校园安全稳定。这些规定涉及民办学校内部管理的主要方面，言简意赅，十分清晰。

第一，逐步完善的法人治理结构。目前，民办学校主要实行以下几种法人治理结构：一是董（理）事会领导下的校（院）长负责制，根据教育部有关部门对若干民办高等教育机构和民办中小学的调查，实行董事会领导下校长负责制的民办高等教育机构约占67%，这是目前最主要的法人治理结构；① 二是实行校长负责制，当民办学校投资者与校长两者合一时，往往采取这种领导体制；三是校务委员会领导下的校长负责制、教职工代表大会基础上的校长负责制，这类学校主要由集体发起成立，无实质性的出资者。

第二，较为精简高效的内部机构设置。民办高校必须面向市场，客观上要求有灵活的组织结构与之相适应，在高校管理中注重淡化层次观念，因事设机构、因事设人和注重机构之间的有效联系。② 突出因事设岗原则，民办学校较少因人设岗、机构臃肿、人浮于事现象，机构岗位设置往往根据实际学校发展的规模需要，能合则合、能并则并。突出效能原则，民办学校管理机构及人员配置强调的是"三效"，即讲效益、讲效率、讲效果。

---

① 马露奇、杜继军：《民办高校办学风险之内因与出路探析》，载《当代教育论坛》2010年第7期，第33~36页。
② 王昆来：《民办高等教育管理研究》，西南财经大学出版社2012年版，第43页。

第三，更为灵活的人事聘任机制。一是公开招聘，双向选择，学校用人一般根据岗位需求设置用人条件，用人学校与应聘者能真正做到自愿、自主，双向选择。二是工资待遇与工作能力、实绩挂钩，这种分配制度较充分体现了多劳多得的分配原则。三是能上能下，能进能出，民办学校的这种用人制度和分配制度，较大调动了人的积极性和聪明才智。在民办学校，没有"大锅饭""铁饭碗"和"铁交椅"。民办学校的这种用人制度和分配制度，越来越被政府办学系统借鉴和采用，促进了公办学校用人制度与分配制度的改革。

第四，相对独立的财产使用管理权。民办学校具有从社会获取资源的能力，就能够有效地弱化对政府资源的依赖，增强财产使用管理的自主权。2006年国务院办公厅印发《关于加强民办高校规范管理引导民办高等教育健康发展的通知》，提出"民办高校要落实法人财产权，出资人按时、足额履行出资义务，投入学校的资产要经注册会计师验资并过户到学校名下，任何组织和个人不得截留、挪用或侵占。"2007年，教育部发布第二十五号令《民办高等学校办学管理若干规定》对民办高校资产过户时间作了明确限定："民办高校的资产必须于批准设立之日起1年内过户到学校名下。本规定下发前资产未过户到学校名下的，自本规定下发之日起1年内完成过户工作。资产未过户到学校名下前，举办者对学校债务承担连带责任。"民办学校法人财产权落实工作已经从民办高校开始覆盖了所有民办学校，各地也纷纷出台相关实施细则，对资产过户中的验资问题、税费问题等作出规定。

（四）促进民办学校的社会参与

社会作为现代学校制度的治理主体之一，对现代学校制度建设的影响很大。民办学校有更广泛与社会接触的天然优势，能够通过促进社会参与对教育服务和其他服务使用者的需求做出更灵活的反应。

《教育规划纲要》提出要扩大社会合作，探索建立高等学校理事会或董事会，健全社会支持和监督学校发展的长效机制；探索高等学校与行业、企业密切合作共建的模式，推进高等学校与科研院所、社会团体的资源共享，形成协调合作的有效机制；推进专业评价，鼓励专门机构和社会中介机构对高校学科、专业、课程等水平和质量进行评估；建立科学、规范的评估制度，探索与国际高水平教育评价机构合作，形成中国特色学校评价模式。在中小学管理上提出要建立中小学家长委员会，引导社区和有关专业人士参与学校管理和监督。发挥企业参与中等职业学校发展的作用，建立中等职业学校与行业企业合作机制。《教育规划纲要》尤其强调要扩大社会参与民办学校的管理与监督。

《实施意见》明确要求提高民办教育管理和服务水平。各地要逐步建立满足公众需求、方便办学者需要、有利于提高政府管理服务水平的民办教育服务和管理信息平台，推进民办教育信息化建设，加强民间资金参与教育事业和社会培训事业的信息统计和发布工作。积极宣传民办教育先进典型、改革成果和发展成就，积极协调相关部门制定进一步促进民办教育发展的政策措施，营造全社会支持民办教育发展的良好环境。要引导民办教育中介机构健康发展，加强民办教育研究机构建设。

教育部《民办高等学校办学管理若干规定》明确教育行政部门会同民政部门加强对民办高等教育领域行业协会的业务指导和监督管理；充分发挥行业协会在民办高等教育健康发展中提供服务、反映诉求、行业自律的作用；教育行政部门配合新闻单位做好引导民办高等教育健康发展的舆论宣传工作，营造有利于民办高校健康发展的舆论环境。

二、存在的问题

（一）尚存在无法可依、有法不依、执法不严的现象

总体而言，经过30余年来的法制建设，我国已初步建立了民办学校的法律制度体系，这个体系是以《宪法》为母法，以《教育法》为基本法，以《民办教育促进法》和《高等教育法》为主体，以《学位条例》《教师法》《职业教育法》为枝干，同时包括国务院的有关行政法规、教育部发布的部门规章以及各地制定的有关民办高等教育的地方性法规、地方政府规章的法律法规体系，从而为实现民办学校依法办学和政府依法治教奠定了良好的基础。自《民办教育促进法》及其《实施条例》实施以来，我国的民办教育得到新的发展。教育部统计数据显示，2014年全国共有各级各类民办学校（教育机构）15.52万所，各类民办学校在校生达4 301.91万人。但总体来看，我国民办教育的法律法规起步较晚，体系尚不健全，主要存在问题为：

第一，无法可依。一是可操作性的条文少。依法治校的核心是依法行政，前提是要有法可依，有完善的、可操作性的法律作为指挥棒。但一些法律条文由于缺少具体的配套政策，甚至有些法律条文相互冲突，在实际执行中遇到了瓶颈，如《民办教育促进法》中规定，民办学校在扣除办学成本、预留发展基金以及按照国家有关规定提取其他的必需的费用后，出资人可以从办学节余中"取得合理回报"，但是，《民办教育促进法》对何为"合理"、如何"取得"并没有详细说明。二是分类管理缺少具体的法规支撑。《教育规划纲要》提出，积极探索营利性和非营利性民办学校分类管理。但现实中尚缺乏具体的法规来明确分类管理的

标准，明晰两类民办学校的法人属性、产权归属与合理回报、政府扶持制度以及师生权益保障等核心问题。构建符合非营利性、营利性民办学校良性发展的配套教育政策，需要马上启动相关工作。

第二，有法不依。一是政府尚没有完全做到依法治教。首先，政府对一些本该管的"大"问题，管得不够，如规划民办教育的发展规模、发展方向、经费资助等。这种缺位还表现在信息上，很多民办学校无法获得与公办学校一致的政策信息，这种信息的不对等制约着民办学校对宏观形势的把握。其次，行政部门对于民办学校管理的"越位"，部门转变职能滞后，简政还权、放权少，政府对民办学校的干预过多，层层关卡限制，扼杀了一部分民办学校的积极性，以致侵犯了学校的办学自主权。最后，政府职能还存在"错位"现象。一些地方政府直接操作公办教育资源转制，直接或间接地参与办学，使转制学校享受特殊政策，成为地方政府的资金来源渠道之一，"执法扰校""评估扰校"现象比较严重。二是民办学校存在违法办学和不规范办学的行为。从民办教育的自身看，虚假广告、乱抢生源、经营不善、资金困难、师资不稳、教学条件短缺、质量不高以及发展不平衡等问题还比较突出，制约着民办教育的健康发展。

第三，执法不严。执法主体、执法权限分工不够明确，民办教育的相关立法由谁来执行、如何执行是实践中未能解决好的一个问题。例如，依据高等教育法的规定，政府、教育行政主管部门、有关主管部门和高校都可以作为高等教育法的执法主体，但几者之间的法律地位及其相互之间的权责界定并不十分明确。由于我国教育行政管理体制正处于转型时期，教育行政管理要突破传统的以行政手段管理的模式，向法制化管理模式转变。因此，教育行政执法机制也正在探索与实践过程中。

（二）办学自主权落实程度不高且存在差异性

办学自主权调动了学校的办学积极性，激发了民办学校办学体制机制的活力。凭借更加灵活的办学体制机制，民办学校掌握了更多的主动权，并在整个教育体系中拥有了相对自由的发展空间。民办学校在特色化发展上显示出更多的优势，它们立足于学校的办学理念和人才培养方针，遵循人才成长的客观规律，注重充分发挥教师和学生的主体精神，改革教学方法和课程内容，着重培养学生的创造精神与实践能力，为发展学生的个性特长创造必要的环境条件，也形成了民办学校多样发展的格局。但是，民办学校办学自主权的落实也存在诸多现实问题。

第一，政策制订的笼统性。尽管《教育法》《高等教育法》《民办教育促进法》等法律法规明确规定了办学自主权的主要内容，各地也纷纷出台了一些相关政策，但现有法律法规对自主权的规定仅局限在制度规定层面，针对性不强，未体现出不同院校之间的差异性。如在高校学科和专业的设置权方面，教育部相关政策明确规定，各高校不得设置和开办其颁发的专业目录上没有的专业，这与《高等教育法》中对高校专业设置权的规定是否存在冲突等。可见，针对民办学校办学自主权的很多问题都缺乏法律的明确规定和具体的实施细则。①

第二，权力使用的局限性。目前，民办学校办学自主权的落实还受举办者管理方式的较大制约。民办学校尚未完全建立独立的法人治理结构和合理的权力制衡机制，以民主决策、有效监督为特征的法人治理结构没有完全建立，存在着权力运行中的出资人（举办者）控制、以校长为核心的执行团队职权不明确、内外监督机制缺失及缺少利益相关者参与等问题，缺乏依法自我发展、自我约束的能力，影响了学校作为独立法人行使办学自主权。在招生计划及自主招生考试录取权方面，管理方式基本沿袭计划经济体制的模式，虽然政府在这一方面有所改革，但尚未从根本上实现转变。在学科专业设置权方面，政府对学科专业的设置口径过窄，一些社会急需的专业难以及时设置。在收费方面，应允许民办学校根据自身办学条件、办学水平和办学成本，结合社会需求和承受能力等因素，确定收费项目和标准。

第三，区域间的不平衡性。社会主义市场经济具有区域性特征，这种不平衡性决定了民办教育资源发展区域环境的不平衡性。我国民办教育发展中出现的"浙江现象""广东现象"都是这一特征的体现。民办教育发展较快的省份，往往给予了本地民办学校发展的良好政策环境，根据民办教育发展实际需要，更好地落实了民办学校的办学自主权。地方政府是制度创新的源泉，制度创新往往是由地方政府发动，在地方率先实施。因此，各地需要针对本地的实际情况，在遵循有关法律的基本精神和基本原则的前提下，制定一些既切合本地实际又符合本地民办学校发展的地方性规定。

第四，办学层次的差异性。我国民办教育涵盖了学前教育、义务教育及高中后教育等各种类型和层次，但相关法律法规并未针对不同类型、不同层次民办学校之间的差异作出不同的执法要求和规定，因而会带来执法中权利边界不清和针对性不强等问题。从我国民办学校办学自主权的研究和实践来看，专门针对民办中小学办学自主权问题的研究相对较少。尤其是随着九年义务教育的普及，民办中小学办学自主权一直未能予以重视，学者更多地关注民办高等教育领域。

---

① 黄新宇：《我国高校办学自主权实现的障碍及其法律对策》，湖南师范大学学位论文，2004年。

（三）内部治理存在责权监管混乱问题

内部治理是学校良性运行的根本保障，民办学校内部治理结构的优化为教育教学的创新管理奠定了基础，有利于推进现代学校制度建设。民办学校逐步优化的内部治理结构增强了内部管理的自主性，许多学校在此基础上建立了适应社会要求的优化机制，如人才经营机制、校内竞争机制等，这些使得民办学校在内部管理方面发挥了自身优势。

但是，由于我国民办学校创办时期的社会环境不同、办学基础不一以及举办者对自身办学角色认同的差异（捐资还是投资、营利还是非营利、要求取得回报还是不要求取得回报），造成目前治理机制混乱和学校内部权力冲突频起，存在一些突出问题：

第一，权力运行中的举办者（创办人）控制现象。法人财产权的不清晰以及由此引起产权的归属问题、分配问题、重组问题和改制问题，造成了民办学校权力运行中的举办者（创办人）控制现象。在现实中，由于出资人所有权与学校法人财产权不分，使举办者（创办人）陷入"学校是我的"这一概念误区；由于出资人所有权与学校法人经营权不分，造成了"大家得听我的"这一决策误区；由于出资人对学校法人收益权不放，形成了"钱是我辛苦赚来的"这一收益处置权误区。在这里特别强调的是，出资人的所有权，而非学校所有权，两者概念是不能混淆的。正是由于这种控制权，使得一些民办学校的财务管理、教学管理等难以与现代学校制度接轨。

第二，以董（理）事会为主的权力决策运行机制不规范。董事会组织依据不明确，决策权乃至经营权始终掌握在举办者（创办人）手里；董事会人数和结构不尽合理，有"夫妻店、兄弟连、父子兵"家族化的倾向以及"子（女）承父（母）业"代际传承的特点。董事会议事规则不健全，开会"董事长一言堂"等。董事会制度不健全使得民办学校决策缺乏科学的机制和制度安排，学校发展决策中往往家族利益至上，决策短期效应明显，缺乏有远见的可持续发展战略和思路。[①]

第三，以校长为核心的执行团队职权不明朗。举办者往往从资本的角度考虑学校的发展和运作，学校校长往往从学校教育教学的角度谋划学校的发展，这一不同的思维出发点造成了董事长和以校长为核心的执行团队纷争不断。比较典型的三种情况：一是民办学校"校长不长"。校长走马灯似地换，有的民办高校一年换一个校长，有的甚至一年换几个校长，校长无权或权力很小。二是校长越权

[①] 徐绪卿：《我国民办高校内部管理体制改革和创新研究》，中国社会科学出版社2012年版。

反客为主。如学校董事长疏于管理，校长反客为主。三是董事长、校长频起战火，冲突不断，关系僵化，影响了学校日常教育教学工作的开展。

第四，内外监督机制的缺失。民办学校监事会制度不健全，学校没有成立监事会或者监事会职责不明，或单一监督学校，成为董事会的附属。政府监督缺失，教育行政部门聘请会计师事务所等机构对民办学校进行的外部审计基本没有开展，民政机关的监督主要是年检，面对成千上万的民办学校及各个行业的民办非企业单位，登记机关有限的管理人员很难通过年检达到有效监督。师生、家长、社会的监督力更是薄弱，家长对民办学校的监督主要是通过"用脚投票"（不就读该校）的方式进行，这种监督方式其实主要是监督民办学校的教育教学质量，而对其财产、治理结构的内部运转模式往往知之甚少，由于信息不充分，事实上家长及学生对学校的监督非常有限。

（四）社会参与的程度和影响力较低

随着独立性和自主性的增强，民办学校与社会接触的机会更加广泛，能够对教育服务和其他服务使用者的需求做出灵活的反应，这有利于充分激发民办学校的办学活力，形成一种主动的"自适应"机制。得益于这种强烈的社会参与意识，民办学校能够主动为自身的战略选择承担责任，制定长远的计划，并履行自己的使命。但是，在我国教育发展过程中，长期以来封闭式办学是一个问题。虽然在民办教育改革发展过程中，学校这种封闭式运行已经有所突破，但真正从内在机制上保证学校与社区（会）之间的良性互动依然非常缺乏。

第一，社会力量参与积极性低。社区、市场主体缺少介入或参与学校发展的积极性，群众普遍把教育看作是政府的事情、学校的事情，很少看作是"自身"的事情。随着市场经济的进一步发展，学校在办学过程中可利用资源增多，从制度上保证学校和社区互动具有重要意义，也是实现教育民主化的时代要求。全方位建立包括家长、学生、知名人士、企业事业单位等多元参与的机制，从投资体制、管理体制和发展机制方面深度改变学校运作模式是建立现代学校制度的又一个实践价值所在。

第二，社会参与作用发挥不显著。社会力量的培育和成熟是彻底放权、竞争适度和有限市场以及教育自愿性、公益性正常实现的根本保证。从日本、美国和英国等国家的私立学校和公立学校发展历史来看，社区的志愿者参与学校的管理和发展是非常广泛和深入的，这其中包括家长、学生、社区代表等多方人士，也包括理事会、董事会或各种委员会制度等多种形式。当一所学校的发展利益与社区利益紧密结合在一起的时候，任何一个其他主体要想轻易介入，改变办学的公共性特征，从现实操作上是非常困难的。也正是在这个意义上，社会参与在保证和促进学校的公共性方面具有最大价值。① 但是，从我国社会参与总体情况来看，社会参与力弱、参与面窄、参与形式单一直接影响了其重要作用的发挥。

第三，中介组织尚处于起步和培育阶段。教育中介组织在联系政府与学校、政府与社会过程中，在平衡各类办学主体的利益冲突，优化教育资源的配置，维护学校法人和公民受教育的合法权益等方面都发挥着重要作用。从现有政策规定来看，教育中介组织的主要任务是承担政府的部分管理职能，而并没有以社会自发调节、自组织发展为导向。就我国目前的中介组织来说，依然存在不少问题，比如：我国教育中介组织还不够系统、健全，不能承担政府分离、转移出来的职能；有些中介机构成员组成不具代表性，评估结果缺少科学性、权威性和专业性等；有些中介组织成了政府部门的派出机构，政府官员担任中介组织领导。总之，我国目前教育中介组织的发展程度基本还处于起步和逐步培育阶段。

第四，家校共建与合作有待加强。在"互联网+"的时代，传统的学校教育功能正在逐渐衰弱，而家庭范围内的学习功能和家庭教育功能正日渐加强，因此建设现代学校制度必须高度重视家庭教育以及家长的权益和作用问题。此外，随着当今社会人们的教育诉求越来越趋于个性化、短周期性和随时性，这些教育诉求往往是传统的学校教育功能无法完全满足的，因此更需借助互联网的便捷推进家校共建。有学者预测，人类未来的教育发展趋势将是强制性、标准化的学校教育与个性化、自由化的家庭教育的有效结合。

三、理论依据和实践参照

（一）民办学校现代学校制度建设的理论依据

1. 教育市场化理论

美国著名的经济学家、诺贝尔奖获得者弗里德曼是教育市场化理论的首倡者，其主要观点有三：一是重新界定政府在教育中的角色，即政府应将市场法则和竞争机制运用于教育领域。二是教育市场化必须具备三个条件：要在"消费者"和"生产者"中形成市场观念；要形成取代免费集体服务的市场交换关系；要建立起全国统一的生产者机构市场，市场中所有的机构（无论是私立还是公立的）均是独立、竞争的企业，社会无论是对私立还是公共的机构都应一视同仁。三是提倡一种开放的、无限制的教育凭证计划。即所有公民不论富穷都可以

---

① 徐冬青：《市场引入条件下的政府、学校和中介组织》，华东师范大学学位论文，2005年。

得到凭证，其子女可凭此进入经政府认可的学校就读。①

按照弗里德曼的观点，公共教育制度是政府对教育的垄断，缺乏必要的市场竞争约束只会导致效率低下和资源浪费。因此，现代学校发展的唯一出路就是市场化，当然市场化的程度需根据学校发展阶段和水平来确定。在中国，民办学校的市场化程度应当与民办学校的属性直接相关，营利性学校和非营利性学校的开放程度应当呈现出各自的特色。在全面深入了解各类主体利益诉求的基础上，积极主动地参与市场活动。此外，适度探索适合各校发展的"教育凭证"制度，努力打通生校之间、校校之间的流动障碍，实现营利性学校和非营利性学校之间的良性互动，互利共赢是当前需要破解的难题之一。

2. 寻租理论

"寻租"一词最早由著名经济学家阿兰·克鲁格于1974年提出，其最初含义是权力中心为获取额外收益而无原则地让渡权力。一般而言，寻租是寻找机会获得租金的意思。但"寻租"不同于"寻利"，寻利是在市场经济中通过竞争来获得利益，不以损害他人利益为代价，因而有利于市场的良性发展；但是在特定的制度背景中，人们通过竞争来寻租，是以损害他人、社会或国家的利益为代价来实现自身利益的最大化，这种寻租活动对他人和社会是无益的。② 在发展中国家，尤其是从计划经济向市场经济过渡的国家中，由于行政力量远远强于市场力量甚至仍然在管制和干预市场，政府便成了各利益集团寻租的猎物。一般来说，过渡时期的社会特征会为寻租者利用公共权力谋取私利提供广泛的可能性，这种寻租行为虽然符合其利益最大化原则，但对社会整体而言，寻租者的所得却远远小于对他人造成的伤害。

随着我国社会主义市场经济体制改革的不断深入，教育领域的政府垄断性已经大幅减弱，尤其是各级各类民办学校的兴起，政策导向越来越趋向于鼓励支持民间资本参与教育领域，以期增强教育的整体活力。但在由计划经济体制向现代市场经济体制的过渡中，势必要经历一个新旧体制并存的阶段，从而形成了双轨差价、利差和税差等"政策差"，产生了巨额的租金以及为获取租金而展开的寻租活动。同时我们也应当看到，当前民办学校尤其是民办高校仍是一种松散的科层制组织结构，存在着二元的行政权力和学术权力。内部治理中仍然存在泛行政化特征，行政级别划分严格，这在一定程度上容易导致行政权力寻租，不利于学校内部治理结构的优化。

---

① 袁东敏：《西方教育市场化理论对我国高教体制改革的启示》，载《邵阳学院学报》2005年第3期，第119~120页。

② 韩喜平、曲海龙：《教育领域寻租特征、原因及其治理》，载《东北师大学报（哲学社会科学版）》2014年第4期，第153~157页。

3. 两权分离理论

所有权、控制权和受益权的分离也是基于经济学的界定。经济学中研究公司治理结构问题时，首先提及的都是"所有权"与"控制权"（或者经营权）的分离问题（简称两权分离理论），并视其为构建公司治理结构的重要基础和前提。美国著名学者伯利和米恩斯在他们的经典著作《现代企业与私有财产》中第一次提出两权分离理论：公司不由股东经营，而是由股东大会产生的董事会经营管理，公司的日常运作都由董事会来操纵，股东充其量只能通过行使选举权来间接地影响公司的决策和资本的运营。

"所有权"有两种定义：一种是指"剩余索取权"，是对企业收入在扣除所有固定的合同支付余额的要求权；另一种是"剩余控制权"，即指在契约中没有特别规定的活动决策权，这两种定义对公司制企业而言没有太大的差异，因为剩余索取权与剩余控制权归属的主体是同一类人，即公司的股东。因此在营利性的公司制企业内，仅存在所有权与经营权之间的"两权"分离，而剩余索取权与剩余控制权是合一且相互匹配的。但是在非营利组织中，不仅是所有权与经营权相分离，同时剩余索取权与剩余控制权也相分离。著名经济学家亨利·汉曼斯教授认为非营利组织因不享有任何的利益分配[①]，也就没有任何人能够同时插手非营利组织的经营和对剩余收益的分配，非营利组织的"剩余索取权"和"剩余控制权"不相匹配。由此，公司治理结构中的"两权分离"在非营利组织中演绎到了剩余控制权、剩余索取权与经营权"三权分离"的状态。

现代民办学校的治理问题，首先要解决好权利划分和归属问题。现代企业管理中两权分离理论，可以为产权分离问题提供较好的分析思路。所有权和经营权分离已经成为现代学校制度建设的发展趋势，并在一些学校取得了实践成效，改善了学校内部治理结构，但是两权分离的不彻底性也成为现代民办学校管理中一个不得不面对的事实。借鉴两权分离理论，努力探究适合营利性和非营利性民办学校的权力运行机制，关系到民办学校制度建设的可持续性。

4. 交易费用理论

交易费用概念是由科斯创立并提出，交易费用的"分工说"成为新制度经济学的核心范畴。他在提出"交易费用"的概念后进一步指出，交易费用不仅仅存在于市场，企业本身产生的如行政管理费用、监督缔约者费用、传输行政命令费用等组织费用也可以看成企业内部的交易费用。因此，当企业的规模和效益不断扩大时，企业内部的交易费用也随之增加，当其扩大到与市场上的交易费用相当时，企业的规模便不再扩大，趋向相对稳定的状态。社会组织在社会分工中作为

[①] 亨利·汉曼斯，于静译：《企业所有权论》，中国政法大学出版社2001年版，第332页。

一种参与市场交易的基本单位，其经济作用在于把若干要素的所有者组织成一个单位参与市场交换，以降低信息不对称的程度，最终减少交易费用。因此，交易费用实际是一种源于分工的制度成本。

经过30多年的发展，我国民办学校的数量呈递增态势，伴随而来的是民办学校办学规模的扩张。借鉴交易费用理论的分析思路，民办学校在规模扩张的进程中，内部的交易费用也在不断扩大，当其扩大到与市场上的交易费用相当时，学校的规模便不再扩大。而民办学校作为一种社会性组织，最终目的是减少互动过程中的费用，因此，从顶层设计上确立一种较为科学、合理的分类方案，让营利性、非营利性民办学校在现代学校制度建设中找准立足点，是当前迫切需要解决的问题。

5. 委托—代理关系理论

委托—代理理论是组织经济理论中的重要议题，其含义较为广泛，只要一方的行动影响到另一方，则存在委托—代理关系。信息的不对称性，是导致代理问题的主要原因。掌握私人信息的一方叫作代理人，而不掌握私人信息的一方叫作委托人。在委托—代理分析框架下，委托人委托代理人从事某项工作，但是由于委托人不可能掌握所有的私人信息，更无法直接观察代理人的行动，因此代理人在代理过程可能产生损害委托人利益的行为。公司治理结构就是要在降低代理成本上做文章，建立起一套规范代理人行为的制衡机制；其目标就是以最低的代理成本获取最大的效益。委托—代理理论的应用主要在于如何激励代理人努力工作，不违背股东、债权人等委托人的利益。这一理论在民办学校治理结构中也应当适用。

在民办学校组织中，存在多种委托—代理关系。最为明显的有两种，一种是学校资产所有者和学校实际经营者之间的委托—代理关系，也即作为委托人的出资者和作为代理人的校长之间的委托—代理关系。另一种是学校内部的委托—代理关系，也即校长等管理者和教师之间的委托—代理关系。此外，由于教育的公益性，以及家长和学生对学校的教育期望增高，由此就在社会、学生和学校之间形成了委托—代理关系。

以民办高校为例，校董事会是出资人在学校内部的主要代表机构，校董事会不仅包括校长、教师在内的校内董事，还包括政府等外部人士。面对众多利益相关者的公共治理局面，如何厘清各方关系、明确各自职责、协调矛盾冲突是民办高校董事会设置的一个课题，直接关系到学校的内部治理环境和外部治理声誉，最终关系到现代学校制度的发展。

6. 法人治理理论

"法人治理"主要源自经济学中营利性的公司、企业等法人组织研究，所以也叫作"公司治理"。从广义方面来看，公司治理被看作是一套制度安排或合约安排。如研究者林毅夫指出，公司治理结构是指所有者对一个企业的经营管理和绩效进行监督和控制的一整套安排。他指出，人们通常关注的公司治理结构实际指的是公司的直接控制或内部治理结构，但对公司而言，更为重要的是通过竞争的市场所实现的间接控制（也即外部治理）。① 由此可见，公司治理结构是为了在一定条件下实现组织价值的最大化，用以协调组织内外众多利益相关者的相互关系。

尽管法人治理理论最初是用于研究营利性的企业组织的，但其研究思路和方法也适用于非营利性或者准营利性的民办高校组织，公司治理所关注的问题也是民办高校组织运作中无法回避的关键问题。如同企业运作离不开一定的政府监管和法律制约一样，民办高校组织的运作也与政府的规制、相关的法律法规息息相关，这些都体现了外部治理环境对民办高校的影响。

以分类的视角探索民办学校的内部和外部治理制度，可以充分借鉴公司法人治理理论的研究思路和方法。在社会主义市场经济日渐兴旺、市场在资源配置的作用愈发关键的外部治理环境下，民办学校也不得不关注一些现实性的问题，而这些问题正是公司治理中经常面对的。民办学校和企业一样，也是由出资人、经营者、教职员工组成的一种组织，只是该组织必须首先保证教育的公益性，服务学生和社会，在此基础上应调动各利益相关者共同参与到制度建设中。

（二）民办学校现代学校制度建设的国际经验

在高等教育领域，美国私立高校最具特色的学校治理制度，便是外行董事会制度。该制度赋予了美国高校较为充分的自主权，使其既不受政府的完全控制，又不受内部共同体成员的独自支配。

1. 内部管理与决策层面

美国私立高校享有比较充分的自主权，这首先源自董事会的人员选聘都是由学校自主开展的，联邦政府和州政府很少插手。美国私立高校董事会成员遴选方式主要有两种：一是由现任董事会成员共同选举，二是由校友选举，其中由现任董事会成员选举产生的新董事会成员的任期通常是终身的。美国私立高校董事会一般设主席、副主席、秘书和司库四个职位。其中，董事会主席是最重要的职位。作为董事会的领导者，董事会主席负责与校长一起确立董事会会议的议程，独立主持董事会会议并在必要时候引导会议的讨论、避免会议偏离主题、确定达成

---

① 林毅夫、蔡昉、李周：《国有企业改革的核心是创造竞争的环境》，载《改革》1995年第3期，第17~28页。

决议的时机。① 这种遴选方式可以减少外部政治因素对董事会成员的影响,保证其相对独立的自主权。美国私立高校内部管理系统主要形成了以董事会、校长、教授委员会等多方共同制衡的机制,保证了学校内部治理规范有序开展。

第一,以董事会为主的决策管理。董事会是美国私立高校的最高决策机构。董事会通过会议的形式来行使职权,通过会议表决对大学的重大问题进行议定。首先,就董事会议的议题和议程而言,决策议题由校长和各功能委员会提交,在由董事会主席和校长充分协商并广泛吸收各利益相关者建议的基础上达成,并由董事会下设的功能委员会完成。其次,就董事会议的频率和时间而言,据全美大学与学院董事会协会(AGB)2004 年的统计,私立高校董事会平均每年开 4 次会议,有的私立高校每年仅开会 1~2 次;私立高校董事会会议每次平均时间为 7 小时,有时甚至持续 1~2 天,这样就能够对学校发展的重大问题进行比较深入的探讨。最后,就董事会议的方式而言,美国私立高校董事会议通常以秘密的方式来集体决策。这种秘密的方式对于讨论一些复杂的、容易引起争议的问题更为适宜,因此私立高校的董事们不太愿意放弃这种方式。

第二,以校长为首的行政管理。按照美国私立大学的章程,校长是大学的首席执行官,通常是由董事会遴选并任命,对大学的行政事务进行全面的管理和监督。在遵循董事会既定的学校发展目标基础上,校长负责学校的一切行政工作。同时,校长在一定程度上受到董事会的监督,避免其滥用权力作出不利于大学发展的决策。美国私立大学校长行使权力的方式主要是通过各级委员会而实现的,校长一般是各级委员会、董事会、教授委员会的当然成员,通过这些机构行使章程中规定的权力,诸如简单管理学校内部各类事务、任命学校内各类职员、有限支配学校资源、监察学校财务等。② 校长也可以将部分权力授予下级行政人员或委员会执行,同时校长也可以对各级部门的工作进行有效监督。

第三,以教授为主的学术管理。美国私立大学治理中十分重视教授的参与,教授治学的途径也各有特色,较为完善,这在各校的章程中可以找到根据。例如耶鲁大学的教授委员会、康奈尔大学的教授会以及密歇根大学的评议会,都给予了教授参与学校治理和学术管理的权利,这有力地保障了学校教师的教育教学积极性,有利于教授保持高度的责任心,保证学校教育教学质量;同时也有利于汇聚教授的智慧,共同为学校的发展建言献策。总之,私立高校教授参与治学的方式不尽相同,但一般都包括制定学术政策、教师管理聘用、学生教学、课程及学科建设、学位授予、考核评价、学术交流等。

---

① Richard T. Ingram and Associates. Governing public colleges and universities: a handbook for trustees, chief excusive, and other campus leaders [M]. San Francisco: Jossey-Bass Publishers, 1993: 339-342.
② 湛中乐:《大学章程精选》,中国法治出版社 2010 年版,第 369 页。

2. 监督与保障层面

美国私立高校治理的保障机制主要包括法律保障和组织保障。

第一，以大学章程为主的法律保障。在美国，除了州颁布的一系列有关高等教育的法律条款外，各个私立大学都有自己大学章程或类似的条例。美国私立大学的章程大多是由西欧中世纪大学的"特许状"演变而来，大都规定了以董事会制度为表现形式的内部治理结构，而且美国私立大学章程都具有明显的法律特征，法律效力很高。例如，耶鲁大学章程确立由校长及董事会全面负责耶鲁大学事务的制度，并对董事会及其人员的构成和职责、董事会会议的召开、校长的权力以及董事会的运作程序、董事会主席的产生程序、职责和任期等做出了明确规定，为董事会的良性运行提供了坚实的法律保障。

第二，以功能委员会为主的组织保障。在美国，除了规模非常小的董事会不下设机构而由董事会负责处理所有事务外，几乎所有的董事会都会下设常委会和若干功能委员会来保证和监督学校各个方面的良性运作。根据耶鲁大学宪章，耶鲁大学董事会中有11个常设委员会：重大事务委员会、财政委员会、投资委员会、审计委员会、机构政策委员会、教育政策委员会、荣誉学位委员会、建筑与土地委员会、薪酬委员会、董事会职责委员会、发展与校友事务委员会。[①]

3. 社会参与层面

大学的外部利益相关者（政府、企业和校友等）在美国大学的治理中扮演着重要角色，在学校内部治理中产生了积极影响。

美国私立大学董事会的成员从一开始就是由校外人士构成的，如工商界人士、校长、行政人员和校友。曾担任美国多所私立高等教育机构校长的詹姆斯·弗里德曼这样写道，美国大学董事会（无论是公立还是私立）"主要由外行人士组成，是颇具美国特色的机构，它与那些已控制着欧洲高等教育的教育部以及教师行会有很大的差异"。[②] 成员职业背景多样化，其中工商业者的比例最高，就董事会的人员结构来说，具有商界背景的人员比例越来越大，这取决于董事会的经费筹措能力。[③] 例如，耶鲁大学的董事会由19名成员组成，其中包括3名当然董事——校长、州长和副州长，10名原董事继承人和6名校友董事。耶鲁大学设有耶鲁校友协会，致力于为校友与学校提供一个沟通的平台，用以指导、监督校友机构的发展；耶鲁大学内部还设有校友事务与发展委员会，负责处理校友事务并对相关财产实施监督。[④]

---

① The Yale Corporation. The Yale Corporation By-Laws. [EB/OL]. 2014-06-09.
② 罗纳德·G. 埃伦伯格，沈文钦等译：《美国的大学治理》，北京大学出版社2010年版，第3页。
③ 李奇：《美国大学治理的边界》，载《高等教育研究》2011年第7期，第95~97页。
④ The Yale Corporation. The Yale Corporation By-Laws. [EB/OL]. 2014-06-09.

社会各界的代表体现着各方的利益和价值,这样的结构在某种程度上减少了董事成员对个人利益的追逐,也有利于集思广益从而作出比较全面的决策。总之,外行人员参与学校内部决策,一方面可以使大学与外界保持稳定的联系,另一方面可以获得更多的资源和支持,有利于学校决策更好地把握政府的政策导向、提高社会参与大学治理的积极性。

(三) 民办学校现代学校制度建设的试点经验

2015年1月7日召开的国务院常务会议,明确要求对民办学校实行分类管理,允许兴办营利性民办学校。《教育规划纲要》提出:"积极探索营利性和非营利性民办学校分类管理""开展对营利性和非营利性民办学校分类管理试点"。2011年1月,国务院办公厅印发了《关于开展国家教育体制改革试点的通知》确定了上海市、浙江省、广东省深圳市和吉林华桥外国语学院为试点地区和单位,探索营利性和非营利性民办学校分类管理办法,由此掀起了分类管理试点改革的热潮。

1. 建立现代学校制度方面的经验

以湖南省为例,衡阳的民办教育享有盛名,其规模稳居湖南省第二,各类民办教育机构占全市所有学校的三分之一,在校生数量位列全省前列;老百姓心目中的基础教育名校,有一半是民办学校。

由于学校实行"家族式"管理,缺乏科学民主的管理机制及严格的财务风险监控,衡阳市不少民办学校已经面临倒闭,造成了巨大的损失和不良的社会效应。该市教育行政部门"坚持管理兴教,在规范发展上创新"的发展思路,出台了《关于进一步规范衡阳市民办教育管理的意见》《衡阳市民办学校财务管理办法》等十几个规范性文件,努力打破民办校"家族式"管理模式,建立现代学校制度。规范性文件明确规定,民办学校要建立董事会或理事会;要建立财务监控专户;要实行教育发展基金专户,每校每年要提取学校净收益的25%作为发展基金和风险基金,教育行政部门和学校双控管理。规范民办学校董事会成员构成、议事规则和运行程序,充分发挥董事会作为决策机构的重大作用。保障校长在董事会授权范围内依法独立履行行政管理和教育教学权,逐步推行民办学校监事制度。民办学校重大决策信息实行民主公开,建立健全民办学校党团组织,积极发挥民办学校党团组织的作用,落实民办学校教职工参与民主管理、民主监督的权利。

经过3年努力,衡阳市大多数民办学校建立了董事会或理事会,民办学校现代学校制度基本建立,市直全日制学校也都设立了"基金专户"。现代学校制度的建立,给民办学校带来了管理上的正效应。

2. 对民办高校实施分类管理方面的经验

为推动陕西民办高等教育快速健康发展，陕西省政府出台了《关于进一步支持和规范民办高等教育发展的意见》，明确提出建立和完善民办高校的分类管理体制，将分类管理作为规范管理和财政支持的依据。规定每年3亿元专项资金用于支持非营利性民办高校发展，非营利性民办高校可获公共财政扶持。

据悉，陕西省将民办高校、高等教育助学机构分为非营利性和营利性两类，由举办者自愿申报，省级有关部门审核确定。其中非营利性包括捐资举办的、出资举办不要求取得合理回报的学校，以及出资举办要求取得合理回报的学校。对不同类型的民办学校实行不同的法人登记管理办法，依据学校的营利性和非营利性给予不同的政策支持。非营利性学校经省教育厅审核后，由省民政厅依法登记。其中出资举办要求取得合理回报的学校登记为民办非企业法人，捐资举办、出资举办不要求取得合理回报的学校，登记为民办自收自支事业单位法人。营利性学校由省教育厅审核后，省工商行政管理局依法登记注册为企业法人。

陕西省规定，非营利性民办高校、高等教育助学机构依法享受与公办高校同等的税费优惠政策。同时，在科研课题立项、课题申请、招标、评审、科研成果转化以及财政拨付科研经费等方面与公办高校享有同等权利。非营利性学校出资人要求取得合理回报的，在扣除办学成本、计提发展基金和国家规定的有关费用后，允许从办学结余中按年度取得合理回报，作为对出资人的奖励。奖励申请由学校决策机构提出，教育行政部门会同有关部门根据原始出资额、追加投入额、学费收入和办学结余等情况，综合确定合理回报额，合理回报额可占到办学结余的40%。取得的合理回报继续用于学校发展的，计入新增出资额，并按有关规定享受税收优惠政策。营利性学校按企业机制获取回报。

除陕西外，新疆、内蒙古、宁夏、甘肃、江苏、海南、吉林、辽宁、河北、天津、江西、安徽、湖北、湖南、河南、贵州、云南、重庆、四川等省（自治区、直辖市）也在各省份的教育规划纲要中提出，探索对营利性和非营利性民办学校分类管理，上海市将民办学校分类管理作为独立项目；深圳市将民办学校分类管理作为"改善民办教育发展环境"的子项目；浙江被确定为全国民办教育综合改革试点省，并把宁波市、温州市作为分类管理改革试点地区。总体而言，各地提出的分类管理配套制度清单，涵盖了分类审批登记制度、学校资产产权制度、学校财务制度、督导检查和社会监督制度、法人治理制度、教师人事制度、捐赠激励制度以及财政、税收、政府管理等方面的配套政策。但总的来看，各地对相关制度建设的系统性还认识不足，多数方案并未列出一些重要制度。

四、对策建议

不同所有制有不同的制度逻辑、行为特征、组织文化和实质利益关系，营利性组织和非营利性组织在组织目标和价值、运行规律、内部治理结构等方面有明显差别，两类组织与政府、市场、社会、服务对象的关系，以及组织存在和发展所遵循的基本规则也有明显区别。因此，营利性与非营利性的区分，是民办教育制度建设的逻辑起点。① 以此为起点，两类民办学校现代学校制度建设在呈现其共性特征的基础上，根据其差异化的组织目标和价值、运行规律、内部治理结构也应呈现出不同的制度倾向。

需要说明的是，建立现代学校制度，并没有一种固定模式可以适用于所有学校，必须具体问题具体解决，对行业和学校进行合理分类、分别处置，并坚持让实践检验各种改革尝试，避免发生脱轨失序现象。

（一）非营利性民办学校现代学校制度构建对策

非营利性组织的运营目标一般不以获取利润为目的，而是追求拟定的社会目标。非营利性组织具有合法的免税资格并可为捐赠人减免税收，是以执行公共事务为目的而成立的组织。当然，非营利性组织以公众服务为宗旨，并不等于没有盈利，而是指不以取得个人私利为目的。非营利性组织具有非营利性，所提供的服务具有福利性、公共性，并且具有有多样化的资源支持系统。

非营利性民办学校是教育领域的非营利性组织，其现代学校制度的建立必须符合"依法办学、自主管理、民主监督、社会参与"的共性要求和非营利组织制度建设的共性特征。在此基础上，其外部制度的建构，需要强调政府简政放权、健全监督机制和强化社会参与；其内部制度的建构，则着重在于突出完善理（董）事会决策机制、健全内部监督制约机制、发挥党组织政治核心和保障作用、重视学校章程的规范作用以及明确校长负责制和校长管理团队建设、发挥学术权力的作用、建立利益相关者共同治理机制等方面。

1. 外部制度建构

第一，转变政府职能是非营利性民办学校现代学校外部制度构建的基础。政府必须彻底改变传统的控制模式，明确自身角色定位，推动"管、办、评分离"，构建政事分开、权责明确、统筹协调、规范有序的教育管理体制。

一是明确政府角色定位。新公共管理理论认为，政府的角色是"掌舵"而不

---

① 王烽：《营利性与非营利性民办学校分类管理》，载《挑战及对策》2014 年第 4 期，第 22～24 页。

是"划桨",政府的服务应以市场为导向,采用私营部门成功的管理经验和手段,在公共管理中引入竞争机制;政府应改变以往严格行政管制方法,广泛采用授权的方式,保证政府行为的有效性。二是转变政府管理职能。美国教育部的基本职能只有两项:建立国家教育数据库,为教育评估、教育决策提供信息服务;维护和保证教育的公平性。① 我国政府的教育管理职能主要是切实履行统筹规划、政策引导、监督管理和提供公共教育服务等。具体而言,在高等教育领域政府可根据民办高校办学条件核定办学规模,逐步扩大本科层次招生自主权,积极扩大大专层次招生自主权,适度扩大高职层次的招生自主权,高职招生可由学院自主确定年度招生计划、招生范围、入学标准和录取办法,支持高校科学选拔符合培养需要的学生;支持民办学校根据经济社会发展需求自主调整优化学科专业,坚持特色办学;允许民办学校根据自身办学条件、服务水平和办学成本,结合社会需求和承受能力等因素,自定收费项目和标准,报价格主管部门备案后公示。今后,务必以转变职能和简政放权为重点,加强部门联动,确保放权到位。三是改变政府管理方式。改变直接管理学校的单一方式,综合应用法律规范、财政扶持、发展规划、信息服务、政策指导和必要的行政措施进行宏观管理。政府管理手段、方式转变的核心要求是由直接管理走向间接管理、由微观管理走向宏观管理、由办教育向管教育转变、由管理向服务转变。政府对学校的直接管理转变为宏观调控,不是政府职能的削弱,而是在更高层次上的加强,意味着它要承担更大的责任,发挥更为重要的作用。② 目前,尤其需要完善相关法律,细化相关规定,增加可操作性;在确保民办学校办学自主权的同时,明确规定相关义务主体的义务及其法律责任。在充分认识各级各类学校差异性的基础上,依据不同类型学校的特殊性分类立法。

第二,健全监督机制是非营利性民办学校现代学校外部制度构建的保障。有研究者提出,高校办学自主权是一项涉及多方主体、需各方充分联动的系统工程,在政府逐步权力下放和高校办学自主权不断扩大的情况下,民办学校一方面要在高校内部设立专门的监督机构对权力机构的行为进行监督和约束,即内部监督;另一方面也要通过政府管制、社会化的机构等对高校办学活动进行评价,即外部监督。民办学校的外部监督机制包括政府监督和社会监督,其目标在于建立起"政府主导、部门配合、社会参与"的监督机制。③

政府的监督作用主要在于检查民办学校对法律法规的落实情况以及有无违法

---

① 王昆来:《民办高等教育管理研究》,西南财经大学出版社 2012 年版,第 176 页。
② 吴涛:《我国高校办学自主权的保障机制研究》,浙江大学硕士学位论文,2008 年。
③ 施文妹、周海涛:《落实民办高校办学自主权的地方实践与创新发展——基于六省区民办高等教育政策的分析》,载《教育发展研究》2014 年第 Z1 期,第 86~91 页。

行为。具体来看，一是民办学校日常管理工作的规范化监督，即民办学校能否按照章程规定，建立健全内部管理制度，完善法人治理结构，推进民主决策和民主管理；二是监督和查处民办学校运行中的失范行为，查处那些未经登记而擅自开展活动的、抽逃、转移或挪用办学资金的、办学结余分配不符合国家有关规定的行为。

社会监督主要包括群众监督、新闻舆论监督、民主党派监督及社会团体监督等。可以通过各类媒体如报纸、广播、电视、网络等向社会公众介绍、公布监督和举报方法，并创设各种条件、措施，如免费举报电话、举报信箱、举报电子邮箱、为举报者保密、奖励举报者等。

此外，应健全财务会计和审计制度。非营利性民办学校执行非营利组织会计制度（或暂时适用事业单位会计制度）；非营利性民办学校，要建立银行专款账户，将收取的学费、财政拨款、政府补助等公共性资金分项存入专款账户，专款专用，保证资金用于学校教育教学活动；建立学校财务年度会计决算报告制度，每年年终要将学校的学费收入、财政拨款、政府补助等公共性资金使用情况报告学校董事会、理事会、职工代表大会，报送同级教育主管部门备案，并通过校园网等媒体向社会公开；会计年度终了，由经教育主管部门认定的会计师事务所对民办学校资产和财务状况进行审计，并出具审计报告。

第三，强化社会参与是非营利性民办学校现代学校外部制度构建的重点。强化社区参与学校管理。1993年中共中央、国务院颁布的《教育改革和发展纲要》指出："支持和鼓励中小学同附近的企事业单位、街道或居民委员会建立社区教育组织，吸收社会各界支持学校建设，参与学校管理，优化育人环境，探索出符合中小学特点的教育与社会结合的形式"。在美国，社区参与学校管理的形式包括：学校与学区单位挂钩，争取单位工作人员的帮助；社区中知名人士、家长代表联合组成教育委员会；由家长选举成立家长工作委员会，直接参与学校管理。以法国为例，在学校管理体制中，教师委员会、家长委员会、学校理事会和校长共同参与学校管理。如何在为我国建立"社一校"联系机制，真正发挥民主参与协商机制在学校发展中的能量，除前面的校务委员会制度外，还可以采用不同层面委员会制度，如家长、班级、学生和学校委员会制度的建设。①

此外，应引导和支持中介组织的建立与发展。例如美国的联邦和州都设立了单独的负责私立教育事务的机构，同时还依靠社会机构对私立教育进行管理，很多管理职能是由非官方的社会机构承担的，如非官方的评估系统、非官方的拨款

---

① 徐冬青：《市场引入条件下的政府、学校和中介组织》，华东师范大学学位论文，2005年。

委员会等,均承担了在特定方面对私立学校的管理。①《教育规划纲要》第十五章第四条指出:"培育专业教育服务机构。积极发挥行业协会、专业学会、基金会等各类社会组织在教育公共治理中的作用。"在国家的鼓励和推动下,一批承担教育督导评估、决策咨询、信息管理、考试认证、资格评审等功能的教育中介机构相继成立。要充分发挥社会组织在教育评估监测中的作用,提供管理咨询、监督和评估服务,通过提供专业评价服务为政府决策提供必要参考,为教育教学改进提供合理依据,为社会公众监督提供有效信息。

建立家校新型伙伴关系。通过建立家长咨询委员会,促进教师与家长定期交流,让学校提供的各种社会服务惠及家长,逐步建构新型的家校伙伴关系。

2. 内部制度建构

第一,完善理(董)事会决策机制。非营利性民办学校的理(董)事会是法人的最高权力机关和最高决策机关。决策权对一个组织来讲,是具有根本性意义的重要权力,而执行权是在决策权基础上实施的、带有具体操作性的权力,监督权则以监督决策权和执行权的行使及其合法性等为职责,三项权力共同构成了相互配合、相互支持、相互制约的有机统一的组织权力架构。

在高等教育领域,学校决策权来源于投资者或举办者的财产,理应由投资者和举办者所掌握,但是,现代大学制度的发展,特别是随着高校办学规模的不断扩大、学科专业建设而日趋技术化和专业性,高校更需要一个专业性的组织来进行管理,而投资的多元化结构也更加强化了这一点。②

在理(董)事会的内部结构方面,应对理(董)事会的产生办法、组成人数、任期和任职资格、权力范围、议事规则等作详细规定。尤其是随着当前利益主体多元化和身份来源多样化的社会现实,董事之间的亲属关系、兼任问题、资信问题愈发突出,必须对其进行明确要求,例如我国台湾地区就明确规定私立学校的董事会和校长,不得由家族三代以内的亲属(含直系和旁系)同时担任,这些做法值得我们关注和借鉴。董事有权要求获得适当报酬,并履行义务,确保其声誉。理(董)事参加决策,承担责任的同时给予一定的合同收入,保障其劳动能够获得基本的报酬,这些报酬可以体现为工资(可设上限)、资金或出席费等。此外,理(董)事会在实际运作过程中也存在着角色谱系,有的是控制型、有的是协调型,有的仅仅提供咨询,还有的是形式化的机关。因此需要更好地明确董事会的权力范围和职能以及议事规则,规定会议召开的最少人数(有些规定至少是过半数参加才能召开)、参加会议是否能委派代表、通知传达程序、回避制度、

---

① 王昆来:《民办高等教育管理研究》,西南财经大学出版社 2012 年版,第 176 页。
② 彭宇文:《中国高校法人治理结构研究》,中国社会科学出版社 2006 年版,第 151~152 页。

表决程序、理（董）事会无法召开或出现违法情况时主管机关的作为等问题。

第二，健全内部监督制约机制。监事会制度是公司法人治理结构中的一项重要制度，构成了公司内部重要的制约机制。在权力配置上，监事会必须与董事会、校长为主的行政系统、教代会等其他机构实现合理、恰当的平衡，避免畸轻畸重，而导致权力结构失衡。①

民办学校成立监事会具有重要意义。监事会的成员应该来自以下四个方面：一是教育行政机关指派的代表，以便于对学校办学的监控；二是学校教职工代表，以利于维护其合法权益；三是学生、家长代表以及社会公益人士，确保在信息不对称情况下保护受教育者的权利；四是来自股东的代表，以维护其作为投资者的权利。

对于监事会的职权，我国《公司法》第五十四条有明确规定。日本《私立学校法》第三十七条对监事会的职责规定也颇具借鉴意义：监察学校法人财产状况；监察理事执行业务的状况；对学校法人的财产状况或理事的业务执行状况。立足于我国民办学校的实际情况，监事会的职权按如下方式设计：定期检查学校的财务状况、学校教学诸事项的执行情况、学校教职工和学生权利保护状况；有效监督董事、校长执行职务时违反法律、法规或者学校章程的行为；当董事和校长的行为损害学校、教职工或学生的利益时，董事和校长应予以纠正，必要时可以对董事或校长提起诉讼。除此之外，应发挥纪检、审计监察等党政系统内部监督机构以及其他多种形式的内外部监督的作用，形成内外兼治的合力。

第三，发挥党组织的政治核心和监督保障作用。首先，必须承认民办学校党组织在内部治理中的核心作用，有效落实民办学校的政治领导权，宣传和执行党的路线方针政策，执行上级党组织的决议，坚持教育公益性原则和社会主义办学方向；落实民办学校党组织的管理参与权，建立党委参与学校重大问题决策机制和党政联席会议制度，建立民办学校党组织、理事会和校长之间的沟通协调机制，保证学校决策机构和校长依法行使职权，支持民办学校的改革发展，帮助解决影响学校改革发展的突出问题；落实民办学校党组织在行动上的监督权，引导和监督学校依法行使职权，督促学校决策机构和校长依法治教、规范管理、科学办学。

第四，重视学校章程的规范作用。人们把组织看作是契约的联结，章程则是当事人达成并相互遵守的共同契约，是法人的设立者就法人的重要事务所做的长期性的和规范性的安排。学校章程是学校进行民主管理、制定内部各项规章、实现依法治校的基础，也是大学自主办学和规范运作的必要条件。民办学校章程的

---

① 彭宇文：《中国高校法人治理结构研究》，中国社会科学出版社2006年版，第151~152页。

内容应当涉及：民办学校的办学性质，在公益性与营利性之间寻求制衡点；民办学校的人才培养模式与目标，逐步确立适合学生发展、以人为本的人才培养体制；民办学校各利益相关主体的权责关系，逐步建构起适合民办学校长期发展的治理结构。

第五，明确校长负责制及校长管理团队建设。校长对于一所学校的建设和发展，发挥着极为重要的作用，而且这种作用往往是学校内其他组织所无法替代的。"校长处于行政管理结构的顶端，他们对下进行指挥、下达命令并负全部责任"。[①] 在依法保障校长行政管理权力的取得和行使的同时，必须明确校长的工作规章与权责划分，构建起校长、董事长、院系负责人等民办学校管理人员的激励与约束机制。一是建立校长遴选制度，积极推进校长职业化。西方发达国家校长的选拔，体现出较强的学术性、广泛性和民主性。如美国大学校长的选拔一般需要几个月到一年的时间，董事会制定选拔的程序规范，并成立专门性的选拔委员会。二是建立校长任期制、责任目标制及利益共享制。TIAA-CREF 在其《公司治理的政策声明》中指出，对经理层的总报酬计划必须在行业标准内能吸引人、留住和激励最佳的领导者和经理人。三是建立民主集中制，确保校长决策的科学正确。校长必须按照民主集中制的原则办事，凡是涉及教学、科研、学生等重大问题，均需提交校长办公会讨论，并按少数服从多数的原则进行决策。同时要坚持正、副校长分工负责制，防止校长专权独断、无法监督，造成重大失误。

第六，发挥学术组织的作用。就高校而言，高校作为学术性组织，存在着行政权力和学术权力两种权力。两种权力各有特点，彼此区别而又相互补充，构成了高校内部权力的二元结构。[②] 从管理行为产生的行政权力与教育教学行为产生的学术权力互相博弈甚至冲突的情况在高校中屡见不鲜。为此，要设置评议会或教授委员会，逐步实现校级层面的董事会、校长、教授的职责明晰，实现学校行政权力与学术权力的制衡，保证学校决策的科学性、合理性与可行性。评议会成员应涵盖民办高校教授、一般教师、双师型教师、行政管理人员、学生等各类主体。评议会或教授会作为民办高校中学术权力的代表机构，负责管理学术事务、制定学术政策等，因此应充分考虑教师学术发展和教育教学自由，避免出现行政权力凌驾于学术权力之上的情况。

第七，建立利益相关者共同治理机制。利益相关者共同治理机制，是指学生家长、用人单位、校友、教育行政部门以及所在地区政府等利益相关者，参与学校法人治理，共同促进学校发展的一项治理制度。鉴于民办学校中存在主体与学

---

① 教育部人事司组：《高等教育学（修订版）》，高等教育出版社 1999 年版，第 141 页。
② 彭宇文：《中国高校法人治理结构研究》，中国社会科学出版社 2006 年版，第 151~152 页。

校、主体与主体之间多层的利益关系,共同治理实际上是对学校和相关者利益的共同维护。应建立利益相关者沟通机制和信息公开披露制度,及时让公众掌握信息;建立利益相关者指导机制,建立教(职)代会对校园管理决策的参与机制,学生及家长、校友、社会公众协同参与学校事务;建立利益相关者监督机制,切实维护教职工的民主管理和民主监督的权利,明确教(职)代会作为教职工的代表性组织有权行使对办学活动的监督权;建立利益相关者权利救济机制,全方位维护利益相关者的合法权益。[①]

(二) 营利性民办学校现代学校制度构建策略

营利性组织是经工商行政管理机构核准登记注册的以营利为目的,自主经营、独立核算、自负盈亏的具有独立法人资格的单位,如企业、公司及其他各种经营性事业单位。"营利"区别于"赢利""盈利"的概念,"营利性"的含义并不是经济学意义上的一定有利润,而是一个用以界定组织性质的词汇,它指这种组织的经营、运作目的是获取利润。营利性组织在管理和经费上更多地独立,较多地引入了商业性、经营性、竞争性和独立性的机制。

营利性民办学校具有双重性质,既是商业机构也是学术机构,是融合了企业和学术机构特点的独特的机构,营利性民办学校的现代学校制度建立必须符合"依法办学、自主管理、民主监督、社会参与"的共性要求和营利性组织制度建设的共性特征。在此基础上,其外部制度的建构,侧重于健全营利性民办学校配套政策法规的制度、落实充分的办学自主权以及进行有效的财务监控。其内部制度的建构,则按照成熟的公司法人治理,完善内部治理。

1. 外部制度建构

第一,健全法规制度是营利性民办学校现代学校外部制度构建的基础。目前,营利性民办学校法规制度构建主要解决两个问题,即公益性和营利性的关系问题与教育规律和经济规律的统一问题。一是解决公益性与营利性的关系问题。根据《教育法》这一教育基本法律,教育不得以盈利为目的,在这一法律制度下,营利性民办学校生存空间较小。因此,教育立法的第一步是要修改这一上位法,给予营利性民办学校正式的法律地位。与此同时,要建立一系列营利性民办学校相关的配套政策,如申请设立程序、组织运行要求、监督保障规定和政策扶持制度等,使得营利性民办学校这一新生事物在出生期就有一适宜生长的"土壤"。二是解决教育规律和经济规律的统一问题,营利性民办学校首先是一个教

---

① 施文妹、周海涛:《落实民办高校办学自主权的地方实践与创新发展——基于六省区民办高等教育政策的分析》,载《教育发展研究》2014年第Z1期,第86~91页。

育机构,必须以教育规律为指导,遵循《教育法》《高等教育法》《教师法》《职业教育法》及《民办教育促进法》等相关法律法规。营利性民办学校又是按照企业运行规律运作的独立经济法人,必须遵循《公司法》《市场规制法》《价格法》《合同法》及《知识产权法》等公司法律制度。因此,要充分考虑这些法律规定同时作用于营利性民办学校的统一性、协调性,注重创新和发展,使我国营利性民办学校的法规制度具有现实性、适用性和科学性。

第二,充分的自主办学权是营利性民办学校现代学校外部制度构建的关键。根据我国经济体制改革的基本经验,以市场为导向的社会主义市场经济改革首先从发展民营经济试点开始,逐步实行国营经济扩权、民营经济放权的改革,作为营利性民办学校应该有完全独立自主的办学权。具体包括:招生自主权,自主确定学校规模和年度招生总规模,在国家法律法规及政策允许的范围内,以市场化、社会化为导向自主招生;收费自主权,结合学校未来发展规划的需要以及物价波动的因素,自主确定、调整收费标准;教学自主权,根据学校办学定位及特色,自主地开展学生教育教学;学历授予权,在教育行政部门指导下,采取行业、专业组织认证、评估的方式获得所发文凭的市场信誉,自主授予学历证书;财务自主权,实行自主经营、自负盈亏。

第三,有效的财务监控是营利性民办学校现代学校外部制度构建的重点。亨利·汉曼斯提出的"契约失灵"极具代表性,他认为,如果让营利性机构来提供某些产品或服务,那么这类产品或服务需具有以下特点:一是它们本身很复杂,产品或服务的提供者比购买者具有更强的信息优势,购买者很难对这些产品和服务的质量进行评估或判断;二是这些服务的付费者本身可能不是服务的直接享有者;三是这些服务的周期较长,则购买者与提供者很难达成一致的契约,即使契约达成很难实施,从而出现契约失灵现象。营利组织提供这些产品和服务则很可能利用信息不对称降低服务的质量和数量,为追求利润的最大化而出现坑害消费者的机会主义行为。

因此,需要对营利性民办学校进行财务上的有效监控,一方面应该实施财务公开制度,努力实现营利的光明正大,同时,政府要正确对待民办学校营利,在监管中要区分投资人的营利行为和学校法人的营利行为。只有财务公开,实施公开监督,才能控制资金流向。另一方面,建议在一些民办学校中进行会计制度改革试点,实施会计委托代理制,从制度上保证财务公开、公平、公正。①

2. 内部制度建构

第一,按照公司制度健全治理结构。营利性民办学校内部制度的构建需要按

---

① 徐冬青:《市场引入条件下的政府、学校和中介组织》,华东师范大学学位论文,2005年。

照《公司法》的要求，形成由股东（代表）会、董事会、监事会和高级经理人员组成的相互依赖又相互制衡的公司治理结构，以保证内部制度的有效运转（见图8-1）。一是健全股东会制度。股东会是公司的权力机构，股东会的职权主要包括：决定公司的经营方针和投资计划；选举和更换非职工代表担任的董事、监事，决定有关董事、监事的报酬事项；审议批准董事会的报告；审议批准监事会或者监事的报告；审议批准公司的年度财务预算方案、决算方案；审议批准公司的利润分配方案和弥补亏损方案；对公司合并、分立、解散、清算或者变更公司形式作出决议；修改公司章程；公司章程规定的其他职权等。① 二是优化董事会运行。通过董事来源多元化提高董事会决策的科学化，探索建立独立董事制度，独立董事对于维护股东权益、完善公司治理有积极意义，探索建立专职董事，保证董事的履职能力和履职时间，通过健全董事会专门委员会提高决策的专业化，如建立战略、审计、提名、薪酬和考核委员会等。三是发挥监事会作用。监事会是现代公司治理中的法定必备监督机关，强化监事会对公司经营者的监督、对于改善公司经营业绩、保护股东权益意义重大。在监事会的设立和运作方面，《公司法》明确规定，监事会是独立于董事会和经理层之外，由股东代表和职工代表组成的对公司经营决策机构行使监督检查的机构。②

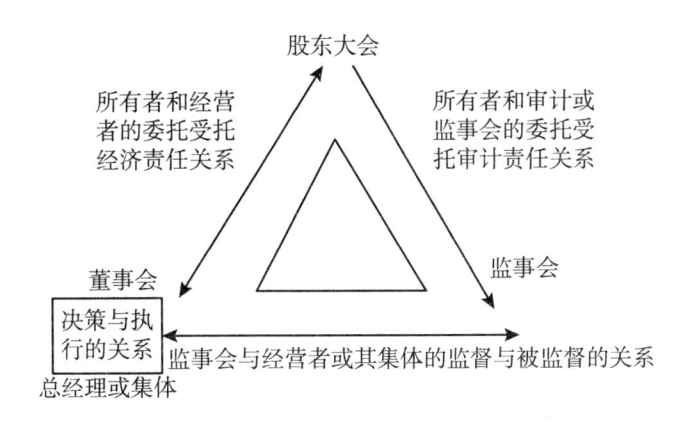

图 8-1 营利性民办学校内部治理结构

第二，建立现代学校资产管理制度。现代企业制度是以市场经济为基础，以企业法人制度为主体，以有限责任制度为核心，以产权清晰、权责明确、政企分开、管理科学为条件的新型企业制度。营利性民办学校按照相关法律法规规定可以登记为公司制企业、个人独资企业、合伙企业及其他法人企业，具有建立现代

---

① 夏露：《经济法概论》，高等教育出版社2010年版，第39页。
② 庄乾志：《集团治理与管控》，社会科学文献出版社2013年版，第100页。

企业制度的条件。

"产权清晰"是指产权的占有权、使用权、收益权和处分权等关系明晰，营利性民办学校享有学校法人财产权，举办者与民办学校的财产关系可以按照股东与公司营利组织的关系进行处理。"权责明确"是指合理区分和确定企业所有者、经营者和劳动者各自的权利和责任。民办学校所有者按其出资额，享有资产受益、重大决策和选择管理者的权利，民办学校破产时则对学校债务承担相应的有限责任。"政企分开"是指，政府行政管理职能、宏观和行业管理职能与企业经营职能分开。对营利性民办学校来讲，就是要扩大学校办学自主权，实现管办评分离。"管理科学"是要求企业管理的各个方面，如质量管理、生产管理、供应管理、销售管理、人事管理以及研究开发管理等方面的科学化。管理的核心是激励、约束机制，致力于调动人的积极性、创造性。

第三，形成适宜的组织形式和科学的内部管理制度。营利性民办学校可以根据现代企业制度要求，建成适宜的组织形式和科学的内部管理制度，处理好学校与学校、学校与政府、学校与市场、学校与社会之间的多方面关系。一是要更新陈旧的经营管理理念，确立以市场为中心的现代化管理观念；二是要实现管理组织的现代化，建立市场适应性能力强的组织命令系统；三是要建立高水平的战略研究机构和高效率的决策机构，加强学校发展的战略研究制定，实施明确的发展战略、创新战略和市场营销战略；四是要广泛采用现代管理技术方法和手段，包括用于决策与预测的、用于技术和设计的现代管理方法、用于生产组织和计划的以及采取包括电子计算机在内的各种先进管理手段；五是要增强各种生产要素的开放性和流动性，营利性民办学校可以与外部的资本市场、经营者市场、劳动力市场及其他生产要素市场相配合，通过经营者的选择和再选择以及劳动者的合理流动，不断优化学校结构、有效提高学校竞争力。

总体来看，无论是营利性还是非营利性民办学校，都应依法制定章程，按照章程管理学校，健全董事会（理事会）和监事会，优化人员构成，完善学校法人治理结构，规范办学。政府应健全针对两类民办学校现代制度建设的法律法规和财政监管制度，以外促内、内外结合，合力推进民办学校现代学校制度建设。

第九章

民办学校的风险防范和监管服务

本章提要：分析民办学校面临的风险，根据营利性和非营利性民办学校特点建立有区别的办学风险防范和监管机制，是促进民办教育健康发展的关键所在。本章通过梳理民办学校风险防范和监管政策，分析影响民办学校收入和支出的风险因素，研究民办学校风险防范和监管的相关理论，形成对策建议。影响民办学校资金收入的因素包括：国家和地区政策、财政拨款、学费、举办者投入、社会捐赠、适龄人口变动、招生模式、教学质量、社会声誉以及学校管理等。影响民办学校资金支出并有可能诱发办学风险的因素包括：资金挪用、关联交易、学校对外投资、盲目扩张以及办学成本增加等。建议：(1) 政府部门健全对民办学校的分类监管，完善民办学校年检制度、学校评估制度，强化对民办学校的督导，建立民办学校诚信机制，完善民政、税务、工商、审计、土地、消防等多部门联合执法机制；(2) 民办学校提高自身的风险防范能力，完善信息披露制度；(3) 社会第三方组织发挥监督、评估职能，强化教育协会（联盟）的监督作用，重视教育评估（排行）机构的引导功能，重视媒体的监督功能，发挥学者的监督作用。

根据组织学理论，任何组织由于受到内部和外部诸多不确定因素影响，都会面临一定的风险。[①] 学校作为一个教育生产组织，需要吸收各种资源以向社会提供教育服务，在这个过程中也会面临很多不确定因素。和公办学校相比，民办学校诞生于市场环境之中，经费、师资、生源都受到市场的影响和制约。市场从来

---

① W. 理查德·斯科特、杰拉尔德·F. 戴维斯，高俊山译：《组织理论》，中国人民大学出版社2011年版，第100页。

都不是一成不变的，市场存在很多不可控因素，这就使得民办学校面临的风险比公办学校更大。

对民办学校所面临的风险进行认真分析，并在此基础上根据营利性和非营利性学校特点分类建立防范和监管办学风险机制，是促进民办教育健康可持续发展的关键所在。民办教育风险防范和监管的两大重点是：防范和监管哪些风险；谁来防范和监管这些风险。围绕上述两大问题，本章梳理民办学校风险防范和监管服务政策，分析了政府部门和非政府部门防范和监管民办学校办学风险的现状，列举了影响民办学校办学风险的各种因素，建立了剖析民办学校潜在风险的分析框架，并提出了优化民办学校风险防范和监管的对策建议。

一、相关政策及其成效

从现有的政府机构设置和政策看，中央和部分地方省市已经设置了民办教育监管机构。教育部于2008年在发展规划司设立了"民办教育管理处"，旨在加强民办教育全国调研，促进民办教育事业发展和规范管理相关工作，为教育部出台全国范围内的民办教育政策提供决策参考。省级教育行政部门主要负责对民办高校的管理，同时负责对省内民办学校的调研和信息统计。有些省份（如陕西、黑龙江、贵州、江西等）的教育厅建立了专门的民办教育主管部门，名称一般是民办教育处或民办教育管理办公室；也有一些省份在计财处、政策法规处等处室安排了专职人员负责民办教育管理工作。市级和县级教育行政部门主要负责监管民办幼儿园和民办中小学，大部分市县教育行政部门一般都不设立专门的民办教育学校管理机构，由各职能处室对区域内的公办学校和民办学校进行管理。

（一）实行年检政策，保障民办教育的基本质量

年检是民办学校办学质量和办学规范性的基本保障制度，可以将办学条件不达标的民办学校及时从教育领域淘汰出局，也可以督促办学条件较差的学校不断改善办学条件、提高教学质量。对于防范和及时化解民办学校的办学风险，维护受教育者的权益具有重要意义。

2007年出台的《民办高等学校办学管理若干规定》第二十八条指出，"省级教育行政部门按照国家规定对民办高校实行年度检查制度。"这是国家层面上第一次提出对民办学校的"年检"规定。从此，对民办学校的年度检查成为一项常规性措施。2012年出台的《教育部关于鼓励和引导民间资金进入教育领域促进民办教育健康发展的实施意见》第二十一条进一步强调"加强对民办学校办学行

为的监督……开展民办学校年度检查"。很多地区还根据本地民办教育发展的实际情况出台了区域性的民办学校年检条例。比如，湖北省于2011年出台了《湖北省民办学校年检办法（试行）》，陕西省教育厅于2013年制定了《陕西省民办普通高校、独立学院年度检查实施办法（试行）》。

目前，教育部尚未对民办学校的年检内容作出统一规定。根据各省民办学校年检实施办法，各省民办学校的年检内容主要包括：学校遵守法律、法规和执行政策的情况；学校办学条件基本情况（包括教学基础条件、教学经费投入、师资队伍建设等方面）；党组织和团组织建设、和谐校园建设状况、安全稳定工作的情况；内部管理机构的设置和人员配备情况；学校按照章程开展活动的情况；学校重大事项的办学许可证核定项目的变动情况（如举办者或校长变更）；财务资产情况、负债情况（银行贷款数额）、收入支出情况、现金流动情况、办学风险保证金缴纳情况、教师工资发放和社会保障金缴纳情况；《收费许可证》年检及收费项目增减变动情况；法人财产权的落实及变动情况（包括举办者变更、土地、房屋所有权等证明材料）；其他需要检查的情况。

在进行年检时，民办学校需要向教育行政部门提交能够证明上述情况的材料。教育行政部门组织专家审阅学校提供的材料，并结合实地调查最终确定年检结果。关于学校的资产和财务情况，各地区一般要求各民办学校提供具有相应资质的会计事务所出具的财务审计报告。年检结果一般分为合格、基本合格和不合格三个档次。各地一般给予"基本合格"的民办学校限期整改的机会。对于"不合格"的民办学校，有的地区给予他们一定的期限进行整改，整改后如果依然"不合格"则停止招生；有的地区则直接对"不合格"的民办学校限制招生。表9-1是2013年我国部分地区民办学校的年检情况：

表9-1　　　　　　　我国部分地区民办学校的年检情况

地区	检查结果	存在的主要问题
陕西	17所民办高校和10所独立学院合格；1所基本合格；1所不合格；1所未接受年检。	法人治理结构需进一步完善；师资队伍建设亟待加强；人才培养模式需进一步改革；办学条件参差不齐；有的独立学院办学投入不足。
河北	18所独立学院、14所民办普通高校、14所民办中专学校、30所民办本学历高等教育机构合格；12所民办学校（高等教育机构）责令整改。	
乌海	12所民办学校合格，3所民办学校基本合格，22所幼儿园合格，85所幼儿园基本合格或不合格。	相当比例的幼儿园在安全管理、办学条件、教师资质、日常管理等方面存在问题。

续表

地区	检查结果	存在的主要问题
晋中	合格民办学校19所，民办幼儿园150所，民办培训机构182所。年检整改的民办幼儿园38所、培训机构9所。年检停办的民办幼儿园1所，民办学校1所，民办培训机构5所。	依法办学行为不够规范；风险保证金制度执行不到位；教师队伍管理有待进一步加强；民办学校办学条件有待改善；民办学校财务管理不规范。
昆明	年检优秀的民办学校、幼儿园和培训机构225所，年检合格的民办学校、幼儿园和培训机构1 120所，限期整改的民办学校、幼儿园和培训机构25所，暂停办学、停止办学的民办学校、幼儿园和培训机构13所。	
安徽	优秀的民办高校5所，合格的民办高校12所，基本合格的民办高校3所，合格的民办高等教育机构5所，基本合格的民办高等教育机构2所。	

年检的意义在于通过最低的成本、在尽量不干扰学校正常教学活动的情况下，获得关于民办学校的最多信息，进而实施对民办学校的监督，并使学生和家长作出适合自己的教育选择。但是，我们在调查中发现，关于民办学校年检的内容、程序等，尚存在较大的优化空间。

（二）开展水平评估，提高民办学校的社会声誉

评估有广义和狭义之分，广义的评估包括政府、社会中介机构、行业及用人单位、国际教育评估机构对民办学校进行的评价和监督；狭义的评估仅指教育部评估中心开展的本科教学工作合格评估。本研究的评估主要是指狭义上的评估。

2003～2008年，我国完成了第一轮本科教学工作合格评估。2011年，教育部发布了《关于普通高等学校本科教学评估工作的意见》（以下简称《意见》），对新一轮的高校教学评估工作作出了全面规定。根据《意见》，新一轮高校评估包括合格评估和审核评估两种。合格评估的对象是2000年以来未参加过院校评估的新建本科学校；审核评估的对象是参加过院校评估并获得通过的普通本科学校。[①] 由于大部分民办高校都属于新建本科院校，所以，大部分民办高校都要参加合格评估。

评估和年检存在重大不同（见表9-2），评估是对本科高校的教学和人才培养工作进行系统性、整体性的评价和检查。虽然教学和人才培养是评价检查

---

① 刘振天：《从象征性评估走向真实性评估——高等教育评估制度的反思与重建》，载《高等教育研究》2014年第2期，第27～32页。

的重点和重心，但是由于教学和人才培养受到学校方方面面工作的影响，所以，本科教学工作的检查范围基本上涵盖了学校的所有方面，包括：学校领导、教学条件、教学质量、教师队伍、质量管理、教学条件、专业与课程、质量管理、学风管理与学生指导、教学质量等7个一级指标、20个二级指标和39个观测点。和公办高校相比，民办本科学校相应增加1个观测点，即共有40个观测点。

表9–2　　　　　　　　　　评估和年检的区别

	对象	内容	周期	组织者	成本	结论使用
年检	民办学校及教育培训机构	以资产和财务为重点	一年一次	省、市、县教育行政部门或民办学校登记机构	手续较为简便，成本低	年检不合格的民办学校停止招生。
评估	公办本科院校和民办本科院校	以教学为中心的全面检查	五年一次	教育部评估中心	工作量大，成本高	"不通过"的学校，限制或减少招生、暂停备案新设专业

针对民办高校和公办高校的差异，《教育部办公厅关于开展普通高等学校本科教学工作合格评估的通知》（以下简称通知）对民办高校两个指标进行了如下调整：

其一，增加了一个新的观测点"领导体制"。《通知》要求民办高校要建立完善的合格标准：领导体制健全，法人治理结构和内部领导体制完善。具体标准包括：第一，学校董事会（或理事会）、校务委员会、党委会机构等机构设置健全且发挥了各自的职能，不允许举办者一言堂；第二，建立了学校的发展决策咨询机构并且运行良好，充分发挥了作用；第三，建立了学校师生员工民主管理监督、建言献策的参与渠道和参与机制。

其二，考虑到民办高校兼职教师比例较高这一情况，观测点"生师比"合格标准中增加了如下一条："自有专任教师数量不低于专任教师总数的50%"。《通知》规定了专任教师的计算方法是：自有教师及外聘教师中聘期超过两年（含）以上并且完成满足学校规定教学工作量的教师按1∶1的比例计入，聘期一年至两年的外聘教师按50%的比例计入，聘期不足一年的不计入专任教师总数。

根据不完全统计，截至2014年，我国接受了教育部本科评估的民办高校共有22所（见表9–3）。

表9-3 接受教育部本科评估的民办高校

评估时间	评估院校
2007 年	黄河科技学院、南京三江学院
2010 年	西京学院
2011 年	浙江树人大学、长沙医学院
2012 年	广东培正学院、黑龙江东方学院、武汉生物工程学院
2013 年	烟台南山学院、辽宁对外经贸学院、上海建桥学院、湖南涉外学院、西安外事学院、西安欧亚学院、上海杉达学院、青岛滨海学院、西安培华学院、安徽新华学院、西安翻译学院
2014 年	三亚学院、山东英才学院、青岛工学院

从评估结果来看，我国民办本科高校经过多年的建设和发展已经取得了很大的进步，一些民办本科高校的评估结果并不逊于公办高校。但是，评估也显现出民办高校中许多需要解决的问题，如师资队伍和学科建设仍是民办高校普遍存在的两块"短板"，这两块"短板"已经成为我国民办高校持续发展的障碍。

(三) 建立督导制度，保证政府对民办学校监管

《民办教育促进法》第四十条指出"教育行政部门及有关部门依法对民办学校实行督导"。教育部二十五号令进一步指出，"依法建立政府对民办高校的督导制度，省级政府教育主管部门向民办高校委派督导专员"。从此，对民办高校派驻督导专员就成为政府监管民办高校的重要举措。不过，各地在实施教育部二十五号令"向民办高校派驻督导专员"的规定时有所不同。江西等省严格执行向民办高校选派督导专员的规定，并且督导专员同时担任学校党委书记。山东省的做法是向民办高校派驻督导专员，督导专员同时担任学校的党建联络员而非党委书记。浙江省根据本省的实际状况，则建立了一支由专职督导专员和专兼职督导专员相结合的民办高校督导专员督导队伍，督导专员以督导组的形式定期或者不定期地对民办高校的办学情况进行监督，发现需要纠正的情况后立即通知各民办高校并汇报省教育厅。各民办高校的党委书记作为兼职督导员，协助专职督导组开展工作。

应该说，督导专员制度实施几年来，取得了一系列的成绩。但是从近几年督导专员制度的实施来看，仍存在一些突出问题，第一，监督专员的个人力量难以应对监督的专业性和复杂性。尤其是对民办学校财务的监督需要较高的专业水平，而督导专员一般是教育系统的专家，对财务管理并不熟悉；第二，督导专员

往往被民办学校"收买",站在民办学校举办者的一边,对民办学校可能存在的损害学生利益的风险不管不问不报。

(四) 推行信息公开政策,帮助学生理性选择民办学校

《教育部关于普通高等学校本科教学评估工作的意见》指出,"建立评估信息公告制度,评估政策、评估文件、评估方案、评估标准、评估程序以及学校自评报告、专家现场考察报告、评估结论等均在适当范围公开,广泛接受教师、学生和社会各界的监督。"涉及民办教育的法律法规也对民办学校的信息公开进行了规定。《民办教育促进法》第四十条规定,"教育行政部门……组织或者委托社会中介组织评估办学水平和教育质量,并将评估结果向社会公布。"《民办教育促进法实施条例》第十七条规定,"对批准正式设立的民办学校,审批机关应当颁发办学许可证,并将批准正式设立的民办学校及其章程向社会公告。"第二十条指出,"民办学校修改章程应当报审批机关备案,由审批机关向社会公告。"教育部二十五号令第二十七条指出,"省级教育行政部门应当建立健全民办高校办学过程监控机制,及时向社会发布民办高校的有关信息。"《实施意见》第二十一条指出,"开展民办学校年度检查,向社会公布检查结果"。所以,民办学校信息公开的法律依据是充分的。

当前我国大部分民办学校的重要信息还处于封闭状态,学生等利益相关者无法通过权威渠道查找到民办学校的关键信息。信息不对称为部分民办学校虚假宣传、蒙骗考生提供了可能。在缺乏对学校准确了解的情况下,学生只能根据民办学校的宣传来作出选择。就此意义而言,信息公开有利于学生理性选择民办学校。[①]

目前,发展较好的民办学校愿意主动对外公开自己的信息。但是,对处于高风险之中的民办学校而言,信息公开可能使其生存状态更为恶化。因为学生会避开高风险的学校,这会使处于困境中的民办学校招生更加困难。但从保护学生利益的角度看,信息公开是必要的。如果大量学生在对学校不了解的情况下进入了风险极高的学校,可能会因为学校教育质量差学不到知识而虚度光阴,如果学校突然倒闭,学生就失去继续读书的机会,从而引发社会不稳定。从整个民办教育行业来说,最重要的利益相关者是学生,如果学生经常被民办学校欺骗,对民办教育不满意,最终受到损害的是整个民办教育行业。

(五) 培育第三方机构,推进管评办分离

自1985年《中共中央关于教育体制改革的决定》颁布后,我国教育管理体制改

---

① 刘小燕:《民办教育中的信息管制研究》,载《民办教育研究》2009年第3期,第38~41页。

革进入了新的历史时期。2010年《教育规划纲要》再次发力,提出要"促进管办评分离"。2013年《中共中央关于全面深化改革若干重大问题的决定》再次重申提出要"深入推进管办评分离""委托社会组织开展教育评估监测"。

1. 教育协会(联盟)等第三方机构实施效果

教育协会(联盟)是指介于政府、学校之间,并为学校提供服务和咨询的社会中介组织,教育协会同时为学校提供互相沟通、监督、自律、协调的平台。教育协会(联盟)是一种民间性组织,它不属于政府的管理机构系列,而是政府与学校的桥梁和纽带。教育协会(联盟)属于我国《民法》规定的社团法人,是中国民间组织社会团体的一种,即国际上一般统称的非政府组织机构(又称NGO),属非营利性机构。教育协会(联盟)具有四大职能,分别是组织职能、协调职能、服务职能和监管职能。当前,民办教育领域中最有影响的教育协会(联盟)组织是中国民办教育协会。中国民办教育协会成立于2008年,成立8年来,对我国民办教育的健康发展起到了非常重要的作用。其业务范围包括"开展民办教育评估活动""开展民办教育的行业规范、行业自律和行业维权活动"。

除了中国民办教育协会,省一级、市一级和县一级的民办教育协会,也在民办教育的发展中起到了非常重要的作用。中国民办教育协会和省级、市级、县级的民办教育协会都具有一定的官方背景,中国民办教育协会的业务主管单位是教育部,在教育部的领导下开展工作,其他级别的民办教育协会也在同级教育行政部门领导下开展工作。除了具有官方背景的民办教育协会,我国还有一些纯粹民间性质、草根性质的协会组织,比如由吉林华桥外国语学院、北京城市学院和浙江树人大学等倡议发起的"非营利性民办高等学校联盟",由无锡太湖学院倡议发起的"中国独立学院协作会",由《中国教师报》倡议发起的"中国民办教育共同体"等。纯粹民间性质的教育协会(联盟)一般都不具备法人资格,没有在民政部门登记,因此这些组织所发挥的作用都有待提高。一些"联盟"召开成立大会以后,就不再有任何活动了。

客观上说,在目前的社会生态环境下,缺乏政府支持的纯粹教育协会组织很难获得社会的信任,难有很大的行动空间。这种状况的产生与我国行政力量的强大和对教育资源的高度垄断有关。当所有的资源都掌握在政府手中时,行业协会就很难有发挥作用的空间。所以,在中国的社会生态环境下,建设具有中国特色的、真正独立的教育中介组织,就成为一个巨大挑战。①

---

① 王新明:《内涵发展时期我国的高等教育中介组织》,载《国家教育行政学院学报》2013年第12期,第57~61页。

2. 教育评估（排行）机构实施效果

大学排行榜是目前世界各国广泛存在的针对各类高等院校的排名。大学排行榜的考查范围可以是全球、全国或者某一区域的大学，其对扩大各国各地院校的知名度具有重要意义。① 在我国，大学排行榜最重要的功能之一是为考生选择高校提供参考依据。目前，教育部对高校评估结果的公布范围很小，大部分社会公众不知道通过什么途径查找教育部对各高校的评估结果。而且教育部的评估结果仅仅是"优秀""良好""合格""不合格"（第一轮教学评估）或者是"通过""暂缓通过"和"不通过"（第二轮教学评估），区分度不高，无法为考生选择高校提供足够的依据。在这种情况下，社会评估机构对高校的排行就成为社会公众（尤其是高中生）评价和选择高校的重要依据。目前，国内较有影响的大学评价机构有5个，其中有4个排名涉及民办院校。

从2003年起，上海交通大学世界一流大学研究中心2003年首次对全世界研究型大学的学术表现进行评价，并发布推出了英文版"Academic Ranking of World Universities"（世界大学学术排名）。这个排名在很短时间内引起世界关注，成为世界上较为认可的全球大学排行之一。2007年和2009年，上海交通大学又先后开发出"学科排名"和"领域排名"，但是这些排行榜都未对我国民办高校进行评价评估。武汉大学邱均平教授领衔的中国科学评价研究中心每年发布《中国大学及学科专业评价报告》（武大版），该中心发布的2014年"民办院校排行榜"前十强分别是：江西科技学院、北京城市学院、吉林华桥外国语学院、浙江树人大学、烟台南山学院、黄河科技学院、宁波大红鹰学院、黑龙江东方学院、西安外事学院、西京学院。中国校友会网也发布"大学综合排名榜""大学分类排名榜""大学杰出校友榜""大学科学贡献排名榜"等排行榜。中国校友会网最新公布的2013中国民办大学排名中，北京城市学院排第一；湖南涉外经济学院位列第二；山东英才学院位列第三；西安欧亚学院位列第四；三亚学院位列第五；仰恩大学位列第六；黄河科技学院位列第七；西京学院位列第八；南昌理工学院位列第九；浙江树人大学位列第十。武书连教授领衔的《中国大学评价》课题组每年发布"中国大学排行榜"（武书连版），但没有专门的民办高校排行榜，而是将民办高校和公办高校一起评比。武书连发布的《挑大学选专业——2012高考志愿填报指南》包含了我国705所本科高校，其中有25所民办高校。民办高校中居于第一位的是仰恩大学，排名第570名，排名第二的是浙江树人大学，居于排名第601名，黄河科技学院和三江学院的排名分别是第611名和第624

---

① 菲利普·阿特巴赫、贾米尔·萨尔米：《世界一流大学：发展中国家和转型国家的大学案例研究》，上海交通大学出版社2011年版，第18页。

名。进入该排行榜的其他民办高校依次是：北京城市学院、吉林华桥外国语学院、长沙医学院、湖南涉外经济学院、上海杉达学院、西安培华学院。武书连发现，科学研究是民办高校最大的薄弱点，只有少数民办高校的科研可以和公办高校相竞争，比如科研得分最高的浙江树人大学的科研得分在全国所有大学中居于科研得分第481名，该校的人文社会科学领域的研究得分列全国所有大学第351名。

  这些排行机构在一定程度上给社会公众提供了评价和选择民办高校的依据，降低了公众选择的盲目性，但也引起了很多质疑，原因之一在于各个排行机构的排行结果存在很大差异，而且一些民办高校的排名和人们心目中的实际地位不相符合，这使得人们更加怀疑某些排行机构的客观性。之所以产生这种现象，很重要的原因是一些排行机构对我国民办教育的实际情况不了解，而我国民办教育的发展形势变化很快，一些发展形势很好的民办学校往往由于某些原因在短时期内由盛至衰。所以，如果民办教育排行机构不熟悉我国民办教育的最新发展情况，就不能对民办学校作出准确客观的评价。而不客观的排行实际上会误导受教育者的选择，加大了受教育者选择民办教育的风险。

二、存在的主要风险

（一）政策制度、财政拨款、学费收入等因素对民办学校收入的影响

  从长期来看，民办学校只有处于收入大于支出的状态时，才能实现可持续发展。若民办学校长期处于"入不敷出"的状态，就会出现办学风险。所以，要对影响民办学校的收入和支出因素进行认真分析。

  资金收入的多寡在很大程度上影响了民办学校的办学稳定性。收入越多、收入来源越稳定，则民办学校的风险越小，相反，民办学校面临的风险就越大。民办学校的资金收入主要有举办者投资、政府拨款、社会捐赠和学费等，所以，很多因素影响了民办学校的资金收入，民办学校必须对资金收入来源进行监控。

1. 政策因素对民办学校收入的影响

  第一，政府的招生政策对民办学校收入的影响。我国实行严格的学籍管理制度，民办学校的生源数量一方面取决于自身的社会声誉和吸引力；另一方面也取决于政府的指标分配。所以，一所学校能够争取到的招生指标，对于学校的发展往往能够产生非常大的影响。《民办教育促进法实施条例》规定民办学校"可以自主确定招生的范围、标准和方式"。但是，很多地方政府对民办学校招生尤其

是跨区域招生设置了很多门槛和障碍,《民办教育促进法实施条例》所赋予民办学校的"自主招生"权利实际上无法落实。

对于公办学校而言,即使没有足够的生源也不会有太大的办学风险,因为公办学校的所有经费都由公共财政埋单。而对于民办学校而言,生源就是民办学校生存发展的基础,学费收入是民办学校最大的收入,大部分民办学校的所有收入都来自学费。限制了民办学校的自主招生,必然给民办学校带来办学风险。

第二,政府的学校布局调整对民办学校收入的影响。从一定角度看,民办学校和公办学校可以形成相互竞争的关系,同一个区域内的民办学校和公办学校(如相同省份内的高校,相同市县内的中小学等)的竞争关系更为明显。因此,政府调整特定区域内公办学校的布局会对民办学校的招生情况产生影响,进而影响民办学校的收入。

在各类型民办教育中,民办幼儿园受到政府学校布局政策的影响最为深远。民办幼儿园占公办幼儿园的比例超过所有其他教育层次中民办学校占公办学校的比例。我国大部分地区民办幼儿园占全部幼儿园的比例超过50%,个别地区达到了70%或80%。民办幼儿园比例之高,一定程度上与政府在幼教领域的"不作为"有关,很多地区没有公办幼儿园,这为民办幼儿园的成长提供了生存空间。一旦地方政府在某地区重新布局公办幼儿园,民办幼儿园就会面临"灭顶之灾":公办幼儿园的收费低、校园硬件设施优良、师资队伍水平高,民办幼儿园无法与之相抗衡。由于近几年国家重视幼儿教育,很多地区在布局公办幼儿园的过程中没有考虑民办幼儿园的发展现状,导致很多民办幼儿园被迫关门。政府的政策出发点是好的,但是在发展公办幼儿园的过程中也可以兼顾民办幼儿园的利益,采取诸如"公私合作""混合所有制"等形式,这样既不浪费已有的幼儿教育资源,又解决群众"入幼难"问题。①

第三,国家教育政策设计不周全对民办学校发展和资金收入造成的影响。政府所出台的一些教育政策,其政策出发点是为了促进教育发展、提高教育质量,但是由于政策设计存在瑕疵,一些政策对民办教育产生较大伤害。比如,当前我国出台的一些中职教育政策,由于政策设计不周,对民办中职学校产生了非常大的伤害。

民办中职学校在人才培养目标定位、专业设置、课程安排、实践教学和校企合作等方面非常重视和劳动力市场的衔接,其培养的人才在劳动力市场较受欢

---

① 方建华、邓和平:《困境与出路:民办幼儿园发展问题探究》,载《中国教育学刊》2014年第10期,第45~49页。

迎。我国在21世纪早期非常重视民办中职学校的发展，教育部曾于2005年在江西省新余市组织召开了全国民办中等职业教育工作经验交流会。会后，教育部还于2006年出台了《教育部关于大力发展民办中等职业教育的意见》。这些措施使得民办中职学校在一段时间内呈现良好的发展势头。但近年来，国家所出台的针对中职学校的政策，客观上对民办中职学校造成了非常大的冲击和影响，导致民办中等职业教育大规模萎缩。

　　首先，追求规模效应的政策导向导致很多"小而精"的民办中职学校无立足之地。根据教育部2010年教育部关于印发的《中等职业学校设置标准》的通知规定，中职学校学历教育在校生数应在1 200人以上；新建中职学校的建设规划总用地不能少于4万平方米，生均用地面积指标不能少于33平方米；新建校舍建筑面积（不包括含教职工宿舍和相对独立的附属机构）不少于2.4万平方米，生均校舍建筑面积指标不少20平方米。此外，对图书、体育设备等也有明确硬件要求。对于很多中职学校而言，要达到1 200人的在校生规模是很难的。公办的中职学校可以在地方教育行政部门的主导下通过"合并"或者"扩招"的方式达到政策规定的目标，但是民办中职学校却很难通过与他校"合并"的方式来扩大规模。该政策出台以后，全国很多"小而精""小而特"的民办中职学校被迫关门。其次，国家近年来大力推动的"中职全免费"政策也给民办中职的发展带来了负面影响。中职教育因为需要大量的实训设备，所以培养成本很高。公办中职学校所需要的实训设备都是国家投资，而且在公办中职学校就读的学生不仅不需要交学费，而且每年都可以得到国家生活补贴。大部分民办中职学校的学生不仅无法享受公办中职学校学生所享受的财政补贴，而且还要缴纳较高的学费，这无疑加大了民办中职学校的招生难度。2006年浙江省有183所中职学校，到2014年底只有68所民办中职学校，8年时间内62.8%的民办中职学校倒闭了。

　　2. 财政拨款对民办学校收入的影响

　　政府对民办学校提供的财政资金数量可以极大降低民办学校的办学风险。政府的资金扶持一方面可以直接增加教育经费，另一方面还可以向外界释放出民办学校值得信赖的信号。

　　迄今为止，中央政府层面尚没有针对民办教育的专项扶持资金，但是很多地方政府已经开始了各种努力，省级政府中对民办教育扶持力度最大的当属上海市和陕西省。自2005年以来，上海市级财政设立了民办教育政府专项资金，每年额度为4 000万元，2008年增扩至1.3亿元，2010年市级财政共安排专项资金约5.47亿元（其中民办高校约2.27亿元、民办中小学4 000万元、民办小学2.8亿元）。"十一五"期间上海市各区县政府也建立了民办教育专项扶持资金。陕西省财政从2012年起每年设立3亿元的民办高等教育发展专项发展资金，大力支持陕西省民办高等教育发展。除此之外，浙江、山东、河南等地也开始对民办教育进行资金扶持。

从整体来看，政府拨款在民办学校的经费总额中所占的比例不高。但是，随着民办教育政策的进一步优化，今后省级政府及市县级财政可能会对民办学校提供更多的财政拨款。[①] 所以，民办学校今后应该努力向政府争取社会资金来化解办学风险。从目前的政策导向来看，绩效标准是各级财政扶持民办教育的首要标准，办学规范、办学水平高的民办学校会得到更多的财政扶持，比如吉林华桥外国语学院被吉林省政府遴选为省内的10所重点高校之一，每年得到3 000万元的财政拨款。

3. 学费收入对民办学校收入的影响

对于我国大部分地区的民办学校而言，学费收入占总收入的95%以上，学费是影响学校总收入的最主要因素。一旦学校的学费收入出现持续性的、大规模的下降，民办学校就会面临非常大的困境。从总体上看，学费总量取决于民办学校的学费水平和生源数量。我们首先分析学费水平对民办学校总收入的影响，下文将详细分析影响生源数量的因素。

学费作为教育服务的价格，是教育服务的提供者（民办学校）和教育服务的消费者（学生和家长）相互博弈的结果，是市场竞争的结果。从总体来看，民办学校的学费受到其办学质量和学生家庭整体支付能力的影响。

一部分民办学校的学费和公办学校的学费差距不大，这些民办学校主要为社会中下阶层成员的子女提供教育服务，因此必须走"平民化"路线，农村地区的民办学校以及设立在县城的民办学校基本是这种情况。还有一些民办学校的收费是公办学校收费的十几倍甚至几十倍，远远超过一般家庭的承受能力，这种民办学校往往被称为"贵族学校"。这些贵族学校往往带有浓厚的国际化色彩，北京、上海、广州等大城市中有许多该种类型的民办学校。当然，有一些民办学校虽然不走国际化路线，但是教育质量非常高，所以学费也非常高。我们近期在山西一些地市调研发现，一些民办初中的学费在4万元/学年左右。

目前，我国民办学校的收费往往受到政府的监管，政府的学费管控政策使得很多民办学校无法根据自己的实际办学质量和面临的社会需求状况调整学费。虽然很多地方在政策文件上都允许民办学校自由确定学费，比如将价格"审批"制度改为"备案"，但实际上政府往往以"不备案"的形式限制民办学校提高学

[①] 方芳、王善迈：《我国公共财政支持民办高等教育研究》，载《北京师范大学学报（社会科学版）》，2011年第5期，第23~29页。

费。这导致很多地方的学费在多年内没有变动,当学校的师资成本、教学设备成本普遍上涨时,学校收入和支出之间的缺口就会越来越大。

政府对民办学校的监管往往有很好的出发点,但是,民办教育提供的是"选择性"教育,允许民办学校自由定价是提高民办教育的特色和质量的必要条件。价格管制的结果不但无助于民办学校质量的提高,也不利于推进教育公平。世界银行在2008年召开的一次学术研讨会中将允许民办教育机构自由定价作为促进民办教育发展的八条对策建议之一。[①]

4. 举办者投资对民办学校收入的影响

我国很多民办学校是"滚动发展型",初始投资基本为零,学校依靠学费实现滚动发展。但是也有很多民办学校(特别是民办高校)属于"投资发展型",投资方往往投资数亿元资金将校舍一次性建设完毕。有一些民办学校(特别是民办高校)在发展过程中仍然得到举办者的资金注入。举办者持续不断的资金注入并且不从学校结余中取得回报,为民办学校的发展注入了强劲动力。

但是,如果举办者由于各种主客观的原因,停止向民办学校注资,甚至要求民办学校"偿还"自己所投入的资金,民办学校就会遇到较大的困难。我国很多民办高校是房地产企业或其他企业举办的,自身存在一定的经营风险。一旦企业自身遇到了经营风险,面临资金链断裂的可能,不但无法继续向民办学校投资而且很可能通过外界难以监督的方式挪用学校的资金以挽救企业,从而最终影响民办学校的资金安全,这种案例在我国民办教育领域已多有发生。[②]

5. 社会捐赠对民办学校收入的影响

美国知名的私立高校中(如哈佛、斯坦福和耶鲁等)社会捐赠资金在经费总额中的比例很高。但是,能够得到社会捐赠的私立高校占美国私立高校总数的比例极小,办学质量不佳、社会声誉一般的私立高校得不到社会捐赠资金。

在我国,大部分民办学校所得到的社会捐赠微乎其微。一些民办高校在办学之初,曾经得到过一些社会捐赠,比较典型的有上海杉达学院和浙江树人大学。但是,根据调查,近几年我国民办学校所得到的社会捐赠并没有随着民办学校增多和民办学校办学规模的增大而增多,反而出现了社会捐赠下降的现象。

民办学校得到的社会捐赠少有如下几个原因。第一,我国社会捐赠的文化氛围不浓厚,我国虽有筑路、修桥、捐学的优秀传统,但是这种捐赠传统不如西方

[①] The World Bank. The Evolving Regulatory Context for Private Education in Emerging Economies, WORLD BANK WORKING PAPER NO. 154, 17.

[②] 王一涛:《民办学校财务风险及其防范——由华茂学校资金链断裂所引发的思考》,载《教育发展研究》2008年第24期,第25~28页。

宗教慈善文化中的社会捐赠氛围浓厚。第二，我国的社会捐赠激励制度有待完善，富豪们愿意将资金用于他处而不愿意捐赠。第三，我国民办学校的教育质量和社会声誉不高，大多数捐赠者倾向于将资金捐赠给社会声誉好的公办学校而不愿意捐赠给社会声誉不佳的民办学校。第四，我国的民办学校对学生和校友的服务意识差，毕业生对母校的情感淡薄，影响了毕业生向母校捐赠的积极性。第五，民办学校所培养的人才还处于事业发展初期，很多民办高校成立于2000年左右，最早的毕业生的年龄也在30~40岁之间，尚未达到事业和财富的顶峰时期，所以对母校的捐赠还不多。

6. 适龄人口变动对学校收入的影响

适龄人口变动对民办学校的招生会产生直接的影响，进而影响民办学校的总收入。我们以幼儿园和高等院校为例，看近几年我国适龄人口变动对民办学校招生的影响。

有研究发现，从2000~2008年这8年时间中，中国高等教育适龄人口（18~22岁）的规模逐年增加大，并于2008年达到1.25亿人的峰值。从2009~2020年，我国高等教育适龄人口前后逐年下降。与高等教育适龄人口的变化相对应，我国高考报名人数在2008年达到峰值，为1 060.7万人，峰值后，呈现逐年下降的趋势。2009年、2010年和2011年的高考报名人数分别为1 022.6万人、957万人、933万人。总体上而言，适龄人口下降并不会引起我国高等教育生源危机。根据《国家中长期教育改革和发展规划纲要（2010~2020年）》，到2020年，我国要新增96 070多万具有高等教育文化程度的劳动力人口，主要劳动年龄人口中受过高等教育的劳动力比例要从2009年的9.9%增加到2010年的20%，高等教育在校生规模将达到3 300万人，其中高等职业教育在校生规模将达到1 480万人。因此，可以看出，今后一段时间内我国高等教育规模还会有一定的增长空间。[①] 但是，需要注意的是，高等教育整体规模的增加并不意味民办高校和公办高校在校生的同等增加，也不意味着所有民办高校都会增加。实际上，近几年我国很多民办高校的招生越来越困难，尤其是民办专修学院遇到了非常大的生存困境，其主要原因就是适龄人口的下降。

《人民日报》在2013年曾经报道过一些地区民办高等教育机构的招生困局与招生压力。北京昌平区的一家民办高等教育机构共8个院系，但是2013年招生人数仅为100余人；位于北京延庆的一所民办高校规模由前几年的万余在校生降

---

① 谈松华、夏鲁惠：《适龄人口下降对我国高等教育的影响》，载《中国发展观察》2011年第9期，第17~19页。

为目前的千余人;房山的一所高校因为生源锐减,只得将一半的建筑封存起来;北京华夏管理学院发起"免费求学行动",计划从 2012 年起每年为 500~1 000 名左右的优秀贫困生提供免费就读机会,但是两年来人数只有 200 人左右。上海市在 2008 年有 256 所民办非学历高等教育机构,但是 2012 年只剩下了 234 所。从全国范围来看,2008 年该类学校注册学生共计 92.02 万人,2012 年则降至 82.82 万人,注册人数减少近 10 万。①

7. 招生模式对民办学校收入的影响

招生手段可以影响学校的声誉和招生数量,进而对学校的资金收入状况产生影响。很多民办学校在招生中投入巨大精力,这提高了生源数量。适当的招生宣传是包括北京大学和清华大学等重点高校在内的我国高校的普遍做法,但是过犹不及,一些民办学校采取的招生手段已经影响了民办学校的办学声誉,需要我们给予关注。

第一,过多的宣传将民办学校置于不良的舆论环境中。作为教书育人的机构,民办学校有其组织特殊性,但是很多民办学校的宣传不亚于商业性的企业,花样百出的宣传可能不利于民办学校提高自身的公信力。

第二,民办学校针对公办学校的不正常竞争手段也降低了民办学校的社会声誉。当前很多地区规定公办学校不允许跨区招生,但是《民办教育促进法》赋予了民办学校自主招生的权利,很多地方的教育行政部门也对民办学校跨区域招生"网开一面"。很多民办学校利用这一法律和政策优势,采取了许多"非正规"的招生手段,这些手段对公办学校构成了很大的竞争和威胁。我们在山西某县的调研表明,很多民办学校在一年中的任何时期都在招生,很多正在公办学校读书的学生也可能被招入民办学校。各种招生手段对当地的公办学校形成了非常大的冲击,导致公办学校的校长、教师、部分学生和家长对民办学校的盲目扩张非常反感。这就为民办学校的发展形成了不良的舆论环境,不利于民办学校的健康可持续发展。②

第三,过高的招生成本减少了学校可用于教学方面的资金。无论是民办高校还是民办中小学,都在招生中投入了大量的成本。我们对某省民办高校的调查表明,该省民办高校的生均招生成本接近 2 000 元。巨额的招生成本大大减少了学校可以用于教学、科研等方面的投资,如果将这些资金节省下来,无疑会提高人才培养质量。

第四,扰乱了学校正常的教学秩序,降低了教学质量。招生工作是很多民

---

① 民办院校生源锐减折射生存困境 [EB/OL]. 2013-09-26.
② 肖军虎、王一涛、李丽君:《民办中小学"非常规扩张"现象透视及对策建议——以山西省 Y 县为例》,载《教育发展研究》2015 年第 3 期,第 26~31 页。

办学校教师的重要任务,也是民办学校对教师考评、发放奖金的重要标准。能够招到更多学生的教师会得到更多的奖金,而埋头教书但招不到学生的教师在学校中的地位以及收入都不太好。这就使得很多教师不是研究如何提高教学、育人和科研,而是琢磨如何才能多招学生。更严重的是,很多民办高校还将在校生作为重要的招生力量。一些民办高校在高中生填报高考志愿时(一般自5月份开始)就组织教师带领学生以实习实践的名义到全国各地招生。为此,学生每年要减少在校学习时间1~2个月。这显然会严重降低教学质量。针对民办学校的招生乱局,江西省教育厅在《关于做好2013年民办高校招生工作的通知》中指出:"不得将招生任务与教师福利待遇挂钩,禁止组织在校学生参与招生工作,不得干扰各级生源学校正常教学活动。"但是,该类现象在全国很多地区依然存在。

第五,降低了学生对民办学校的情感。一般而言,毕业生是母校最重要的宣传者和捐赠者。但是,我国部分民办高校往往通过夸大性的宣传甚至是欺骗手段将学生招到学校,学生来到学校后发现实际情况和招生人员所宣传的情况有巨大差距的时候,就会对学校颇有怨言。这不仅会降低学生的学习积极性和实际学习效果,还会大大降低学生和学校之间的感情。

第六,引起了民办学校之间的恶性竞争。民办学校本来应该互相团结、抱团取暖,但是因为招生中的竞争关系,一些民办学校互相中伤,利用诽谤手段打击竞争对手。这些手段不仅不利于我国民办教育事业健康发展,对民办学校自身发展也无好处。

8. 教学质量和社会声誉对学校收入的影响

民办学校的生源数量虽然在很大程度上依赖于政府分配指标,但是政府所分配的招生指标能否完成,在根本上取决于是否有足够的学生报考;学生的报到率也直接影响收入,很多学生报考民办学校被录取以后,并不到学校报到;最后,学生能否在学校中坚持完成学业也很重要,很多民办学校(尤其是民办高校)的学生并不能坚持完成三年或者四年的学业。报考率、报到率、学业完成率等指标都取决于学校的社会声誉和教学质量。所以,从根本上说,学校的社会声誉和教学质量是决定民办学校收入最重要、最关键的因素。

近年来,很多民办高校的报考率和报到率都非常低,导致这些民办高校处于"齐脖深的水中",只要涌来一阵细浪,就会陷入灭顶之灾。青岛某民办高校曾经是山东省内规模最大的民办高校之一,生源最多的时候曾经有在校生1.6万人,但是2012年该校只招到了300多名学生,2014年则完全失去了招生资格。该校在短时间内由盛至衰,教学质量和社会声誉急剧下降是主要原因。

9. 学校管理因素对学校收入的影响

学校管理因素作为学校内部因素的第一个环节，能够对学校的教育质量和社会声誉产生影响，从而最终影响学校的生源数量和资金收入。

第一，举办者个人的办学动机、远见、管理能力等深刻影响学校的发展。无论是民办中小学还是民办高校，举办者在民办学校中都拥有最大的职权，负责最重要的决策，所以他们对民办学校的发展影响巨大。有一些民办学校的举办者对我国教育的发展趋势没有正确的了解和把握，所以导致学校的衰落；有一些民办学校的举办者管理水平不高，制约学校的发展；有一些举办者功利性太强，过于追求经济回报，也对学校发展造成潜在的风险。

第二，学校内部的管理制度是否完善也在很大程度上影响了学校的教育质量。从管理学的角度看，不同的制度能够使相同的资源发挥不同的价值。同样的资源投入在不同的管理制度下，会产生不同质量的教育。如果民办学校没有建立起完善的决策机制、教学质量保障机制、教师激励机制和科研机制（主要对于民办高校而言），学校的发展长期依赖于某个人（主要是举办者），则学校的发展就会面临巨大的风险。

（二）民办学校财政支出存在资金挪用、关联交易、盲目投资的风险

民办学校的风险最终取决于收入和支出是否均衡，当民办学校的收入保持不变或者下降时，民办学校支出的增加会加剧民办学校的风险，即使民办学校的收入增加，但成本增加的幅度大于收入增加的幅度，学校也会面临风险。

1. 资金挪用的风险

如果民办学校所有的经费都能够用于教学、人才培养和科学研究，民办学校就更有可能呈现稳健发展的状态。但是，如果民办学校的资金被挪用，就会面临较大的风险。

包括学校在内的所有教育机构的资金收入都有明显的周期性：一年或者半年的资金收入在某一个时间点（往往是9月份）全部进入学校账户，而资金的使用则在一年或半年内平均使用。所以，学校总是有大量的闲置资金，这就为学校的实际控制者（一般是举办者）挪用资金提供了客观上的便利条件。举办者挪用办学资金导致学校出现重大风险的案例很多。

我国很多民办学校的举办者在举办民办学校的同时，还举办了其他的公司企业。企业经营状况好时可以用企业的利润"反哺"学校；但是若企业经营不好，在缺乏健全的财务监管制度的情况下，举办者就可能挪用学校的经费来挽救企业，从而对学校构成巨大的风险。近期因为投资方资金链断裂导致学校运转困难的例子是安徽省内的一所民办本科高校。所以，在民办学校和举办者所投资的企

业之间建立一种风险分割机制十分重要。很多地区都将防范举办者挪用民办学校资金作为监督民办学校的重要内容。《重庆市民办学校财务管理办法（试行）》规定，"民办学校举办者出资后，又以借款、租用等形式，无偿或不合理占有、使用民办学校资金、资产的，按涉及金额，视为抽逃资本或没履行出资义务处理。"

2. 关联交易的风险

《公司法》附则规定，"关联关系，是指公司控股股东、实际控制人、董事、监事、高级管理人员与其直接或者间接控制的企业之间的关系，以及可能导致公司利益转移的其他关系。"关联方之间发生转移资源或义务的事项，不论是否收取价款，均被视为关联交易。《公司法》对企业的关联交易作出了严格规定。根据《公司法》第一百二十五条规定，"上市公司董事与董事会会议决议事项所涉及的企业有关联关系的，不得对该项决议行使表决权，也不得代理其他董事行使表决权。该董事会会议有过半数的无关联关系董事出席即可举行，董事会会议所作决议须经无关联关系董事过半数通过。出席董事会的无关联关系董事人数不足三人的，应将该事项提交上市公司股东大会审议。"

但是，民办教育领域内的相关法律法规都没有对民办学校的关联交易作出规定，这就导致民办学校的关联交易现象十分普遍，关联交易也是包括韩国在内的许多国家的民办学校的普遍现象。① 实际上，对于很多民办学校举办者而言，关联交易是其获得合理回报的主要方式。虽然《民办教育促进法》和《民办教育促进法实施条例》等法律规定举办者可以获得合理回报，但获得合理回报有严格的条件，而且要在学校章程中注明，所以几乎没有民办高校通过法律许可的方式来获得合理回报。一方面很多举办者希望获得办学回报，另一方面他们又不通过法律许可的方式获得合理回报，他们的实际选择就是通过设立与民办学校具有关联关系的公司，通过关联交易来获得办学回报。近几年我国民办学校进行的大规模基建较多，这些基建项目往往存在较多的关联交易，频繁的关联交易可能会对民办学校产生较大影响。② 一些地方政府已经对民办学校的关联交易行为给予了关注，《上海市教委关于拨付 2014 年民办教育政府专项扶持资金的通知》中指出，"对举办者与学校存在大额关联交易的学校，按一定比例扣减经费"。该政策的执行效果如何，还需要进一步的跟踪研究。

3. 学校投资的风险

财政部和教育部于 2012 年修订的《高等学校财务制度》规定，高等学校可

---

① Kee-Hong Bae, Seung-Bo Kim and Woochan Kim. Family Control and Expropriation at Not-for-Profit Organizations: Evidence from Korean Private Universities [J]. Corporate Governance: An International Review, 2012 (4): 388-404.

② 文东茅:《走向公共教育——教育民营化的超越》，北京大学出版社 2008 年版。

以利用货币资金、实物、无形资产等方式向其他单位投资。美国私立高校的基金会对外投资收益已经成为私立高校重要的收入来源。至2010年，美国一些一流富有的私立大学基金资产规模已经超过10亿美元，有的甚至高达几百亿美元，为私立大学发展提供了丰厚的资金支持、财力保障和物力支持。为保证基金保值增值，美国私立大学一般都委托富有投资经验的专业机构来具体运作。近年来，美国一些私立高校还将基金投入到了私募股权、房地产、大宗商品、房地产、林地和期货基金等"具有较高的投资回报率，但流动性较差且资产价格波动较大、投资风险较高"的领域。[1]

总之，投资在带给民办学校收入的同时也使民办学校面临着风险，如果对外投资失败，就会加剧学校风险。我国《高等学校财务制度》规定高校应该严格限制对外投资，只有在保证学校正常运转和事业发展并且履行了有关审批手续之后，才可以对外投资。此外，考虑到我国实际情况，该规定还要求高校不能从事股票、期货、基金、企业债券等高风险领域的投资。

4. 盲目扩张的风险

盲目扩张导致民办学校面临风险甚至倒闭，曾经给我国民办教育带来惨痛的教训。在20世纪90年代，很多在当时有很好社会声誉的民办学校，因为盲目扩张导致资金链断裂，从而导致学校倒闭。近几年也有民办学校因为对形势判断不准，盲目扩大规模，大量购买土地建造校舍，但是生源不足，导致学校资金链断裂。

我国对普通高校的办学条件有硬性规定。根据《普通高等学校基本办学条件指标（试行）》，民办高校的生均占地面积、生均教学行政用房、生均宿舍面积、生均图书等都要达到要求。民办高校举办者由于自有资金有限，为了满足土地和校舍等方面的要求，往往从办学伊始就靠借钱来解决资金缺口问题。当前，高职和专科层次的民办高校遇到了很大的生存困境，本科及以上学历层次的高等院校对于广大考生具有更大吸引力，所以高职和专科层次的民办院校谋求升格本科的愿望非常迫切。但是，本科院校的硬件要求更高，普通本科学校生均占地面积应达到60平方米以上，学院建校初期的校园占地面积应达到500亩以上。为了满足升本的需求，一些学校四处举债，在硬件和软件上大量投入，谋求升格，试图闯出一条生路，但也因此背上了沉重的债务包袱。一旦升本不成功，或者升本后没有争取到足够多的招生指标，不能在短时间内化解债务风险，学校就会陷入办学危机中。

---

[1] 王云儿：《美国私立大学基金会最新发展及管理特色研究》，载《教育与经济》2012年第3期，第68~71页。

5. 师资成本增加的风险

20世纪80年代至21世纪初，我国公办学校的教师收入相对较低，这个时期民办学校的教师收入相对于公办学校而言具有优势，所以民办学校能够从公办学校吸引部分教师。但是，进入21世纪特别是近几年以来，公办学校的教师收入普遍大幅提高，民办学校失去了"教师收入高"这一优势，很多民办学校的教师收入已经明显低于公办学校。此外，公办学校享受事业单位保险，而民办学校退休教师大多享受企业单位保险，这导致退休后的民办学校教师收入大大低于退休后的公办学校教师。

许多地方政府允许民办学校登记为自收自支的事业单位，但是由于财政并不拨付相应的财政补贴，所以民办学校要保持在职教师和退休教师与公办学校教师大体相当，必须从有限的资金总额中切出更大的"蛋糕"支付给教师。

实际上，对于大部分民办学校而言，即使学校再努力，也无法使得教师待遇和公办学校持平。公办学校有国家财政的强大扶持，而民办学校的收入主要依赖学费。所以，民办学校越来越成为公办学校的培训机构。民办学校脱颖而出的优秀教师往往被公办学校所挖走，这使得民办学校的教育质量越来越不如公办学校。

三、理论依据与实践参照

从经济学的角度看，风险即发生危险事情（事故）的可能性。因为这些危险事情（事故）能够给人们带来损失，所以须加以防范而不能听之任之。风险时刻存在，是任何组织必须面对的挑战。只有成功地应对这些风险，组织才能实现基业长青。

（一）民办学校办学风险的分析框架

一个完善的分析框架有助于人们深入认识事物。为了全面分析民办学校可能面临的风险来源，我们建立了一个民办学校风险防范的分析框架（见图9-1），这个框架涵盖了民办学校可能面临的主要的风险因素。

从图9-1中可以看出，民办学校的办学风险首先是学校的资金收入和资金支出所导致的财务风险。虽然学校和企业的组织目标存在根本的不同，但是学校和企业也存在很多类似之处：它们都需要一定的资源才能够生存，而且只有收入大于支出的时候，才可能实现可持续发展。当学校的办学资金长期处入入不敷出的状态时，学校就存在倒闭的风险。

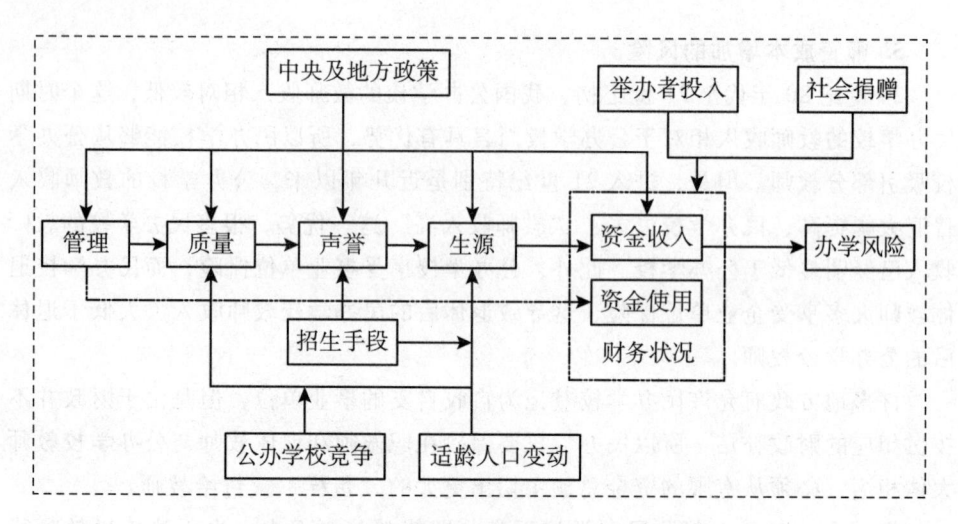

图 9-1　民办学校办学风险分析框架

民办学校的办学风险在宏观上受到学校内外部各种因素的影响。外部的因素包括中央及地方政策、举办者投入、社会捐赠、公办学校的竞争和适龄人口变动等因素。有一些外部因素是通过影响学校的内部因素从而最终影响学校的收入和支出的，如公办学校的竞争和人口变动等因素；也有一些外部因素会直接影响学校的收入和支出，比如举办者投入和社会捐赠；也有一些外部因素既影响学校内部因素，也会直接影响学校的收入和支出，比如中央和地方政策会影响学校的管理、生源等。内部的因素则包括民办学校内部管理、办学质量、社会声誉、生源状况、财务收入和支出等因素。可以说，内部因素是影响民办学校风险状况的主要因素，许多外部因素通过影响内部因素而间接对学校发展产生作用。如果内部因素所导致的风险特别巨大，即使外部的环境对民办学校非常有利，民办学校也会陷入风险之中。近几年我国很多民办学校停滞不前，甚至办学规模明显下降，办学风险加大，根本原因就在于民办学校内部存在诸多风险因素。

（二）民办学校的财务风险指标

财务状况是决定民办学校办学风险的最直接因素，学校所有的风险最终都会反映在学校的财务指标中。同样，所有的风险因素只有最终影响了财务状况（包括即期财务状况和预期财务状况），才会最终影响到学校的办学稳定性。所以，分析民办学校的办学风险必须首先分析其财务状况。

财务风险可分为有狭义和广义两大类：狭义的财务风险指由负债引起的资不抵债的风险；广义的财务风险是指在财务系统中客观存在的由于各种难以预料或无法预料和控制的因素作用，经济组织实际完成实现的财务目标和预期财务目标不相一致发生背离,因而可能有蒙受损失的机会,财务风险发生在筹资、投资和资金运作的全部等过程中。① 本章关注的是广义上的民办学校风险。目前,财务管理学科已经发展出了成熟的风险管理技术。一般而言,对风险的管理包括两个步骤:一是收集风险和识别风险;二是对收集的风险进行评估和评价,即对风险事件发生的显著性、可能性和时机按主次顺序进行优选,并建立风险容忍度。②

规避学校财务风险的第一步是根据一定的财务指标对民办学校所面临的风险进行识别和评估。财政部和教育部在 2012 年印发的关于《高等学校财务制度》的通知中,以附件的形式印发了"高等学校财务分析指标",其中包括 11 个财务分析指标,这些指标的计算公式和所反映的内容如表 9-4 所示。

表 9-4　　　　　　　　高等学校财务分析指标

指标	计算公式	反映内容
预算收入执行率	本期实际收入总额/本期预算收入总额 ×100%	反映高校预算管理水平
预算支出执行率	本期实际支出总额/本期预算支出总额 ×100%	
财政专项拨款执行率	本期财政项目补助实际支出/本期财政项目支出补助收入 ×100%	反映高校财政项目补助支出执行进度
资产负债率	负债总额/资产总额 ×100%	反映高校的资产中债款筹资的比重
流动比率	流动资产/流动负债 ×100%	反映高校的短期偿债能力
人员支出比率	人员支出/事业支出 ×100%	反映高校人员支出结构
公用支出比率	公用支出/事业支出 ×100%	反映高校公用支出结构
人均基本支出	(基本支出 - 离退休人员支出)/实际在编人数 ×100%	反映高校按照实际在编人数平均的基本支出水平
总资产增长率	(期末总资产 - 期初总资产)/期初总资产 ×100%	从资产总量方面反映高校的发展能力
净资产增长率	(期末净资产 - 期初净资产)/期初净资产 ×100%	反映高校净资产的增值情况和发展潜力
固定资产净值率	固定资产净值/固定资产原值 ×100%	反映高校固定资产的新旧程度

---

① 康伟:《我国非营利组织财务风险识别与控制》,载《会计之友》2008 年第 10 期,第 30~31 页。
② 田建桥:《企业全面风险管理中风险收集及评估取得成功的关键因素分析》,载《生产力研究》2012 年第 2 期,第 212~214 页。

表9-4中，反映学校"财务风险管理"的指标共有两个，分别是资产负债率和流动比率。除了上述两个指标之外，现实的财务操作中还经常用学校累计借款总额占总资产比、累计借款占总收入的比率、学校借入款项占学校货币资金的比率三个指标来衡量学校的财务风险。

1. 资产负债率

资产负债率是一个"极小型"指标，"极小型"指标意味着该指标越小越好，也就是说，资产负债率比率越高则风险越大。目前，我国高校目前的平均资产负债率在8%~12%波动，但个别高校的负债率已超过这个水平并有明显的上升趋势。经济领域的证据显示一般认为，资产负债率超过20%就会呈现出较大的财务风险。因此，民办高校的资产负债率最好保持在20%以下为宜，可以将预警线设置在20%的水平上，一旦超过这个预警线，就应该对风险保持高度关注。

2. 流动比率

流动比率是一个"极大型"指标，比率越高则风险越小。经济领域的经验表明，一般认为流动比率在2∶1以上是比较安全的，流动比率2∶1意味着表示流动资产是流动负债的2倍，即使一半的流动资产有一半无法在短期内不能变现，也能保证全部的流动负债得到偿还。当然，这两个比率并非越高越好。流动比率过高，即流动资产相对于流动负债太多，说明民办学校可能是持有的现金太多，说明学校不善理财，资金利用效率低下。①

3. 学校累计借款总额占总资产比

学校累积借款是指学校的借款总额，以货币形态来衡量，历年从校外获得的货币资金形态的借款总金额年末数，包括招生、教学、科研、社会服务、基建和后勤等业务活动的长期负债。累计借款总额与总资产的比率可以衡量学校对借款的依赖程度，规模筹集资金的程度，比率越大，预示学校借债比率越大，意味着学校的财务风险也越大。学校累计借款总额占总资产比率＝借入款累计数/资产总额×100%。这个指标比从数值上看比资产负债率要高，因为累积借款只是负债的一部分，学校的负债中除了借款之外还有其他部分（比如应付款项）。这个指标是一个极小型指标，该指标越小越好。一般而言，预警线设置在25%的水平上，超过这个水平就应该给予关注。

4. 累计借款占总收入的比率

这个指标是指学校累计借款总额占当年学校经费收入之比的比率。该指标可以衡量学校年收入承受财务风险的程度。在实际的财务管理中，这个指标比

---

① 冼永光：《高校财务风险预警指标的建立及运用》，载《财务会计》2011年第3期，第165~167页。

其他指标更经常用来衡量学校的风险。需要注意的是，因为该指标的分母是当年的总收入而不是资产总额，因为学校的资产是不能抵押、难以变现的公益性资产，所以无法用于偿还债。学校用于还本付息完全依靠学校现金的收入和靠流动资金而不是靠固定资产。这个指标是一个极小型指标，指标越大表示风险越大，将对学校的发展形成越大的威胁。根据经济学和管理学的研究，借鉴某些专家调查分析结果，该比率应保持在45%以下，超过该预警线意味着学校的风险较大。

5. 学校借入款项占学校货币资金的比率

该指标反映学校年末借入的总款项与年末学校货币资金（银行存款、现金和债券投资的总额）的对比，反映学校的还款储备水平率。学校借入款项占学校货币资金的比率＝学校借入款项/（现金＋银行存款＋债券）。由于学校借入款项来自分不同的渠道，并且有不同的还款期限，所以无法准确测算各种款项的年度偿还额，只能以其总额与自有货币资金的比率来大体衡量一定时间内测算到期的还款压力。若这一比例过高，说明学校的财务风险较大，到期还款的压力大。若该指标较小，表明学校有足够多的流动资金来偿还债务。一般而言，这项指标应低于5，高于5则应引起注意。

四、对策建议

按照政府、学校和第三方三个主体，以原框架为基础，在各主体下增加以下内容：学校要完善财务会计、内部控制、审计监督制度，加强自身风险防范能力；建设民办学校信息强制公开制度，强制推进信息公开。政府要完善民办学校年度报告和检查制度；建立民办学校诚信机制，严惩失信违规学校；完善各部门联合执法机制，严格查处违规办学行为。在民办学校分类监管中，考虑到非营利性民办学校将得到更多财政资助，所以应强化监管；营利性民办学校主要按市场规律运作，主要是检查学校教育教学、经营管理和财务、资产状况。

在具体的教育实践中，不同的主体往往出于不同的目的而对民办学校的风险进行防范和监督。根据利益相关者理论，学校是一种典型的利益相关者组织。按照弗里德曼的理解，利益相关者是指那些能够"影响"组织目标的实现或是被这种实现"所影响"的所有个体或群体。[①] 民办学校的内部利益相关者和外部利益相关者，包括举办者、管理者、教师、学生、家长、政府、社区和媒体等，都会

---

① Freeman, R. Edward. Strategic Management: A Stakeholder Approach [M]. Pitman Publishing Inc, 1984.

对民办学校的风险给予关注,因为民办学校的生存和发展状况都在一定程度上与他们的利益相关联。

世界银行在2008年召开的研讨会上对各国民办教育的发展提出了8项对策建议,其中第七项建议是向父母和学生提供充分的信息以利于他们作出理性的教育选择,第八项建议是建立民办教育质量监控机制。① 这两项建议的实质是一样的:让受教育者获得民办学校的真实信息以做出理性的选择,并通过"用脚投票"的方式促进民办学校的竞争,提高民办教育发展质量。

根据经济学的观点,不同利益相关者对组织信息的了解程度是"不对称"的,因为对信息的了解程度不同,所以不同利益相关者对民办学校风险的防范和监管能力也不同。举办者拥有最多、最充分的信息,但是由于利益关系,他们可能会掩盖学校的真实信息而不对外发布学校所面临的真实风险状况。管理者(如校级领导干部和中层干部)也拥有较多的信息,但是他们往往和举办者"站在同一条战线"上,也有意识地隐蔽学校许多风险信息。政府也会有关于民办学校的风险信息,政府可以通过评估、督导等方式获得民办学校的风险信息。教师会根据自己对学校管理情况和学校发展情况的判断来获得学校的风险信息。学生是所有利益相关者中最为弱小的,他们缺乏对民办学校的风险进行防范和监管的能力,如果学校出现重大办学危机,他们是直接的受害者,而且他们所受到的伤害超过任何其他利益相关者所受到的伤害。

不同主体所关注的风险信息既有相同的方面,也有不同的方面。如果学校出现重大危机,那么所有人都将是利益受损者;若学校发展越来越好,则所有人都会从学校中获益。但有些时候,不同利益相关者的利益是不同的。学生等利益群体主要关注学校的教学质量,而举办者则既关注学校的办学质量和社会声誉,也会关注自身的经济利益能否得到保障。比如,在不危及学校生存的前提下,举办者转移学校经费,会损害教师和学生等利益群体的利益,对于教师和学生而言,转移学校办学经费是风险,但是对举办者而言则不是风险。再比如,国家出台的25号令要求民办学校进行资产过户,资产过户提高了学校抗击风险的能力,对学生而言是收益,但是对于举办者而言可能是风险,因为这会导致他们的办学经济收益受到损失。

本章中,我们将按照政府、学校和第三方这三大主体建立一个民办学校风险防范和监督框架的分析框架,具体分析不同主体在防范和化解民办学校办学风险中作用和任务。

---

① The World Bank. The Evolving Regulatory Context for Private Education in Emerging Economies, World Bank Working Paper No. 154, 18.

(一) 健全政府部门对民办学校的分类监管

教育行政部门是监督民办学校的主要政府部门,除此之外,民政、税务、工商、审计、土地、消防等政府部门也会在各自的工作范围内实施对民办学校的监督。其中,教育部主要负责制定国家层面上民办教育的法规政策。在分类管理的大框架下,应针对营利性和非营利性民办学校分类监管。

1. 完善民办学校年检制度

第一,无论是营利性民办学校还是非营利性民办学校的年检标准都应该适当降低,都应针对当前我国民办教育发展的实际,适当降低某些民办学校的年检标准。比如,根据消防管理办法,幼儿园必须符合消防安全的规定,只有经过消防部门的检查验收后,教育行政部门才可以对其发放办学许可证。但是,目前的消防标准非常高,符合标准的消防设施价格往往在三四十万元。一些小规模的民办幼儿园根本无法承受。达不到消防部门的标准,教育行政部门就不能给予办学许可证。我们在浙江调查时发现了一个典型的案例:一所设施较为齐全的民办幼儿园旁边有一口水塘,但是消防部门依然根据《消防法》的规定要求该幼儿园建造消防水塔。消防水塔总价 30 万元左右,幼儿园无力承受,所以,该幼儿园最终无法通过消防部门的验收,教育行政部门也就无法向其发放办学许可证,导致该幼儿园长期处于"无证办学"状态。在全国范围内,类似该案例因为学校达不到年检要求而处于"非法办学"的民办学校和幼儿园还有很多。"无证经营"给民办学校或幼儿园留下了更大的安全风险,因为它们实际上得不到教育行政部门的有效监督。因此,政府部门应该根据本地区的具体情况,适当降低对某些民办学校的检查标准。

第二,检查不是为了检查而检查,检查的目的是消除风险,促进学校的健康发展。所以,如果在检查中发现某些民办学校的办学条件达不到要求,也应该从促进民办学校发展、保护受教育者教育权益的角度妥善处理,而不能对民办学校"一关了之"。在过去的几年中,媒体经常报道教育行政部门牵头取缔一些向外来务工者子女提供廉价教育服务的"非法"民办学校,这些学校被取缔以后,在这些学校读书的学生往往被迫回家乡读书而成为留守儿童,或者失去受教育的机会而早早进入劳动力市场。近来北京市"教育控人"的政策也受到了很多学者和媒体的批评。所以,检查的最终目的是保护受教育者权益,不能反而损害了受教育者的利益。

第三,教育行政部门要扩大年检结果公布范围,让更多的受教育者了解年检结果并将年检结果作为他们选择民办学校的依据。年检的重要意义之一是获得关于民办学校办学质量和办学规范性的信息,并将信息向社会发布,帮助家长和学生作出理性的选择。当前教育行政部门对民办学校的年检结果只在很小的范围内公布,受教育者和他们的父母往往不知道年检结果,所以可能作出非理性的教育选择。

2. 完善民办学校评估制度

根据目前民办学校的主要问题,对民办学校的评估主要应从师资队伍建设、和科研发展、教育教学等方面入手。营利性和非营利性民办学校教师待遇应同等对待,通过评估,依法保障教职工的工资、福利待遇。

一方面,对于民办学校而言,加大师资队伍建设力度至关重要。清华大学原校长梅贻琦曾说过:"大学者,非有大楼之谓也,乃大师之谓也。"有了一流的教师,才有一流的学校、一流的教育,才能培养出一流的人才。下一阶段,我国一是要加大人才培养和引进力度,努力造就一支拥有师德高尚、业务精湛、结构合理、充满活力的高素质师资队伍;二是要不断加大教学科研团队建设力度,通过学术交流、研修培训、学术交流、项目资助、外出培训、经费支撑优惠政策等方式,培养与引进教学骨干和学术带头人,建成若干支高水平教学团队;三是要加大投入,改善办学条件,提升办学实力,为教师提供良好的科研条件,为师生创造良好的工作、学习、生活环境,采取激励措施,充分调动广大师生的积极性和创造性。

另一方面,加大科研工作力度。由于民办高校的师资水平不高,所以我国民办学校科研能力也较差。主要表现为:高水平纵向课题很少,特别是国家级和省部级课题非常少;教师发表学术论文的数量少,高水平论文比例(核心期刊、EI等)偏少;国家级、省部级科研成果获奖少,国家级、省部级研究机构、研究团队少;国家级、省部级重点学科少,缺少高水平的学科带头人;教师整体上缺乏科研意识,科研能力不强。科学研究是现代大学的四大职能之一。科研带动教学,提高师资水平和教学质量,促进学科建设,提升学校核心竞争力。一个学校没有科研,就没有发展的后劲。所以,民办高校今后必须加大科研工作力度,以科研工作引领学校整体上一个新台阶。

3. 强化对民办学校的督导

营利性和非营利性民办学校组织机构的构成既相同又不同,两类学校都应建立董事会、校务委员会、监事会,构建依法办学、产权明晰、责权明确、管理科学的现代学校制度,但营利性民办学校还可以建立股东会。从对民办学校督导的共性看,解决当前督导专员制度所存在的困境,可以在督导专员的基础上成立民办学校监事会。在公司的法人治理结构中,监事会是非常重要的一个机构。而设立民办学校的监事会必须明确四个问题:第一,代表谁的利益,监督对象是谁;第二,主要的监督内容是什么;第三,成员结构如何组成;第四,监事会的运作费用谁来承担。

第一，代表谁的利益，主要监督对象是谁？因为对这个问题认识不清，导致很多学者关于民办高校监事会制度的观点值得商榷。有些学者认为民办学校的监事会应该由出资人、教职工和学生三方代表组成，他们尤其强调出资人在监事会中的地位和作用。这种对策的错误之处在于简单模仿了公司监事会的治理形式，没有看到民办学校的特殊性，尤其是没有看到我国民办学校中存在的举办者控制学校的现象。

在经济领域，现代公司成立监事会的目的是对公司董事、总经理以及其他高管进行监督以维护出资者（股东）和职工的利益，所以，监事会的主要成员是股东代表和职工代表。而民办学校设立监事会，所要解决的主要问题不是维护举办者利益的问题——当然这个问题在我国部分民办学校中也存在，而是要解决举办者对学校控制过于严格的问题。大部分民办学校的举办者控制了学校重要决策权，而学校的校长和其他高层管理者都是举办者聘任的，在这种情况下，极有可能发生举办者侵害教师和学生利益的现象。为了解决这个问题，我们才需要成立民办学校监事会。所以，民办学校监事会的主要成员应该是能够维护和保护民办学校学生和教师利益的代表，而不是投资者代表。

第二，主要的监督内容是什么。首先，检查学校财务和资金运作。包括是否存在资金挪用行为、关联交易情况、学校法人财产权落实情况等。对财务和资金运作的监管是监事会最主要的监督内容。财务管理和资金运作也是民办学校年检的主要内容，但年检主要是一种"事后"监管，而监事会则可以同时做到"事前""事中"和"事后"监督。其次，对举办者、董事、校长等高级管理人员的行为进行监督。当举办者、董事、校长等高级管理人员的行为损害学校利益时，监事会有权制止董事、高级管理人员的行为，并予以纠正。最后，监事会有权提议召开临时董事会会议。因为董事会是学校的决策机构，所以，当监事会认为有必要召开临时董事会时，可以提议召开临时董事会。需要注意的是，监事会的职责是"监督"而非"决策"。设立监事会不是为民办高校请了一个"婆婆"，监事会不能干预民办学校的内部自主权。

第三，监事会成员结构如何构成。我国台湾地区的《私立学校法》规定，台湾私立高校校内的监督机构称为"监察人"，学校置监察人1~3人。我国民办高校的监事会也可由2~3人组成，设监事会主席1名。监事会主席可以由政府派驻的督导专员担任，负责对学校教育教学情况的监督；一名监事熟悉财务和会计，主要负责监督学校的财务运作；根据其他需要可酌情增加一名监事。需要注意的是，虽然监事会主要维护学生和教职工的利益，但是监事会不宜包括教师和学生代表，因为普通教师和学生代表没有足够的专业性，没有能力对民办学校的财务运作等事务进行监督。从时间上来看，监事需要投入大量的时间和精力，普通教师和学生在时间和精力上也没有保障。

第四，监事会的运行经费由谁承担。监事会是代表政府部门对民办学校办学行为的监管，所以其运行费用不应该由民办高校来承担，应该由政府来承担。

4. 建立民办学校诚信机制

教育领域具有鲜明的信息不对称性，学校比学生拥有更多的关于学校治理的信息。因此，诚信办学对于保护受教育的权益和民办学校的可持续发展十分重要。尤其是非营利性民办学校自律问题尤为重要，防止抽逃办学资金等问题不能单凭学校自律，也要靠政府监管。民办学校的诚信是指在招生宣传、招生、教育教学等各个环节中诚实守信，珍惜学校声誉，认真忠实于学校的义务，严格履行自己对国家、社会和受教育者的承诺，不断提高教育质量。诚信办学既是一种法律的内在要求，也是一种道德义务，是民办高校不断提高办学水平和办学声誉的根本。

诚信办学不仅要靠民办学校的自律，也需要政府建立完善的机制。从经济学的角度看，制度就是一种作为博弈的规则，是供给和维持人们之间诚信关系的关键和基石。制度是一个国家最重要的公共产品，提供稳定的制度是政府的重要职责之一，如果一个政府提供的制度安排能使履行契约的人受益而比不履行契约的人受损，那么人们就会为了自己的长远利益而抵挡住短期机会主义的诱惑，人们之间的诚信的人际关系就可以建立起来并得到长久的维持。

第一，应完善民办学校的信息发布制度。民办教育机构在公布招生信息时要同时公布本校的招生要求、办学规模、师资数量和水平（包括数额、学历、年龄、职称等具体信息）以及各项审批文件。在学校其运行过程中要定期公布本校的学生规模、招生数额、资产财产状况、学生就业情况等各类真实信息。

第二，建立信用评价制度体系。对于民办学校的宣传、招生、教学、资产、财务、内部运行以及学生就业等基本情况和每一笔信用信息都要备案在册，建立民办教育机构的"信用数据库身份证"，通过信用记录、信用风险评价、信息公开等制度，建立民办教育机构的信用服务体系。在条件成熟之际，也可由专门的信用中介机构来操作实施。

第三，加大监督和奖惩力度。为保证信用机制的约束效力，必须建立与信用制度相配套的监督和惩戒机制，加强对守信行为的鼓励和奖励力度，同时加大对欺诈、违规违约、失信等行为的监督惩治。要对失信者追究民事责任，并补偿受害人（如教师和学生）的损失。对于欺诈者行为还应该追究行政责任，情节严重的要追究刑事责任，推动全社会形成"守信者受益、失信背信者受罚"的良好社会风气氛围。

第四，政府自身要诚信管理。政府要在引导民办学校诚信办学的同时，自身也要坚持诚信管理民办学校，政府的诚信对于民办学校诚信办学具有积极的作用。具体而言，一是要保持民办教育政策的稳定性。稳定的制度规则会使民办学校的举办者和管理者拥有明确的预期，促进教育市场有序化运作。我国的一些民办教育政策多变，没有从根本上保护民办学校举办者的合理产权诉求，从而导致某些民办学校举办者办学行为的短视化，最终往往诱发非诚信的办学行为。二是要以公平、公正的规则对待不同的民办学校的竞争者，促进民办学校之间的合理竞争，杜绝地方保护主义。如果政府在制定、执行制度规则时把公办学校的利益置于优先特别保护地位，那么竞争的市场秩序就会被削弱破坏。当民办学校发现它从现有规则中无法获取实质性的利益时，就可能以非诚信的行为来获取各类利益。三是政府要依法管理、依法行政。政府应严格在法律许可规定的范围对民办学校进行管理。若权大于法，政府不依法行政，就可能损害法律的权威性和公正性，诚实守信的办学行为难以形成，就难以得到法律的保护。若政府存在以权谋私的行为，社会就难以形成正义和公平的秩序，诚信就难免成为镜中花、水中月。

5. 完善各部门联合执法机制

民办教育的管理不仅涉及教育部门民办教育的管理，还涉及公安、消防、工商、民政、人事、编办、物价、税务、消防等部门，因此需要建立多部门联合执法机制。比如，很多民办培训机构在工商部门登记注册，但是往往存在持工商营业执照超范围经营现象，这就需要教育部门和工商部门联合执法，杜绝不规范办学现象。比如，很多民办学校存在乱收费现象，这就需要教育部门和物价部门联合执法。再比如，很多民办学校和民办幼儿园设施简陋，缺乏必要的消防设施，安全隐患大，这就需要教育部门和消防部门联合执法。

政府在联合检查中，应对存在问题的民办学校及时下发检查整改通知书，提出明确的整改意见和整改期限。对整改不及时或整改后仍达不到要求的应责令其终止办学，并取消办学资格，吊销《办学许可证》；对个别无证办学等非法办学者应下发停止办学通知书，坚决纠正其违规违法办学行为。

（二）健全民办学校自身的风险防范能力

民办学校是办学风险防范的第一防范主体，民办学校能否及时化解办学的风险，能否实现持续健康发展的目标，关键还在于民办学校自身。因此，民办学校内部需要建立完善的风险防范机制体制，包括确立良好的自身发展愿景、优化教育资源配置、完善内部管理等方面。要完善财务会计、内部控制、审计监督制度，加强自身风险防范能力；应建设信息强制公开制度，强制推进信息公开。

此外，当前我国民办学校信息公开还处于起步阶段，这不利于学生和家长作出客观准确的选择，今后必须加快民办学校信息披露的步伐。信息披露会促进民办学校自身不断提高风险意识，提前披露信息将把影响学校发展的风险因素化解在萌芽之中。

1. 加强民办学校自身的风险防范能力

第一，要树立科学的办学理念，摒弃急功近利的办学行为。我国大部分民办学校的现代学校制度建设较为滞后，学校处于举办者控制之中，举办者之外的利益相关者在学校决策中的地位有限。在这种情况下，正确的办学理念对于学校可持续发展特别重要。当前民办学校的办学者和管理者应树立科学的教育理念，立足于学校的可持续发展，遵循树立科学的教育理念，按教育规律办事，摒弃功利化办学的倾向。坚持办学的长期性，防止短期行为；坚持办学的稳定性，防止违犯法纪；坚持办学的公益性，克服过于营利性的动机，防止急于营利；坚持办学的社会责任感，防止社会信誉的丧失。[①]

第二，完善民办学校内部治理机制，最大限度减少决策风险。民办学校应借鉴国外学校法人治理的经验，建立董事会领导下的校长负责制。优化董事会成员结构，实行董事会成员亲属回避制度，提高教职工代表在学校董事会中的比例，赋予其决策权。吸纳社会人才、教育专家、管理专家等出任独立董事。完善董事会议事章程，规范运行程序，加强会议召开程序、议事程序和决定程序的规范性、严肃性、公开性和透明度。要增强其他治理主体（包括党委、校长、教代会、学术委员会等）的话语权和决策权，实现对董事会和举办者权力的监督和制约。要坚持和完善党对民办学校的领导，确保民办学校的社会主义办学方向。要赋予校长在教学和科研等事务中的独立决策权。要完善民办学校的教代会制度，关注教职工的切身利益。在民办高校中，要加快建立学术委员会制度，使其在专业设置、学科建设、职称晋升等事项中发挥论证、评价和咨询作用。需要注意的是，现代学校制度并没有统一的模式，要赋予民办学校在探索现代学校制度中的自主权，允许民办学校建立符合自身实际特点的现代学校制度。[②③]

第三，建立完善的财务管理制度，有效预防和化解财务风险。具体包括：完善贷款管理、完善内部审计和加强监管力度。

首先，要完善贷款管理。贷款额度过高导致财务负担沉重，是近几年许多民

---

① 李钊：《防范办学风险：政府和民办高校的责任》，载《高等教育研究》，2007年第11期，第49~55页。

② 黄达人等：《大学的治理》，商务印书馆2013年版，第8页。

③ 王一涛：《我国民办高校董事会实际运行及优化路径》，载《教育研究》2015年第10期：第30~36页。

办学校办学风险的根源,因此民办学校需要加强贷款管理工作。要从根据学校的发展需要和承受能力出发,科学、合理确定贷款的项目范围和额度大小,做到负债有度、还债有时。必须对项目贷款进行严格、科学的可行性论证,杜绝不搞短期化行为,确保贷款项目科学化、合理化,坚决抵制、有效防止脱离实际的攀比建设和所造成的奢侈浪费,主动规避财务风险。要建立贷款额度控制机制。在考虑民办学校的贷款规模和贷款期限时,在考虑事业发展与资金效益问题时,可以利用有关技术指标进行科学测算,在实事求是的基础上,研究确定本单位的合理的贷款控制规模,随时掌握和了解自身的财务风险状况,有效防范和化解财务风险。

其次,完善内部审计工作,警惕资金挪用的风险。内部审计作为民办学校内部重要的管理监督机制之一,在学校发展中发挥着不可替代的作用,担当着制定与修订学校内部控制制度的重任。民办学校内部审计部门一方面要参与制定规划和设计内部控制的具体制度、措施、方法及程序,另一方面又要不断整合、提升、完善和修订参与内部控制制度。需要注意的是,我国大部分民办学校都是"投资办学",举办者有获得合理经济回报的办学诉求,和西方"捐资办学"有本质差异。一些投资者在投资民办学校的同时还投资了其他项目,也往往有其他投资项目,因此,建立并完善学校和投资方之间的风险划分分割机制十分重要。要在将学校的资产和企业的资产之间建立防火墙,进行有效分离,防止企业的风险影响到学校的运行。

最后,加强监管力度,建立财务风险预警系统。风险预警系统包括信息收集、信息传递以及财务风险分析三大主要环节。灵活高效的信息收集和传递系统是风险预警系统的前提和基础之一。财务人员是风险预警系统得以发挥作用的主要前提和基础。高校应建立可以快速收集、传递信息的信息畅通渠道,财务人员可以通过这一渠道把学校信息准确、及时地传递给关键的利益相关者,供利益相关者决策参考。在这一信息链条中,预警分析人员可以迅速得到所需的各类财务数据,并将分析结果及时反馈传递回去。财务风险分析机制是财务预警系统的核心,可以根据获得的财务数据区分轻度风险、中度风险和高度风险,排除影响小的风险,重视可能引发重大后果的财务风险。在对风险进行甄别和判断的基础上找出可能产生风险的原因并评估可能造成的损失。明确的风险责任机制是建立财务预警系统的重要保障。为保证民办学校有效地防范和控制风险,应该在预警系统建立之初就将风险责任明确给个人,以使警报出现之后有人注意和负责。

2. 健全完善民办学校信息披露制度

根据相关法律法规,针对当前我国民办教育发展现状,民办学校应该对外公开"常规性信息"和"重大临时事项"。其中,常规性信息包括:学校章程;学校各个年级学历教育和非学历教育的人数；学校收费的项目、依据、标准；主要会计数据和财务指标；举办者姓名及简历；董事会成员的姓名及简历；学校领导班子成员及简历；董事会议事规则及董事会报告；重大建设项目的批准和实施情况；学校发展规划。

当民办学校出现重大事件，并可能对学校发展产生重大影响时，民办学校应该以临时报告的形式立即对外披露这些事项，说明事件的起因、目前的状态和可能产生的影响。其中，重大事件包括：学校名称、层次、类别的变更；学校的分立、合并；举办者变更；引入新的投资者；法人代表、董事和校长的变动。

此外，鉴于网络技术的普及，学校应该建立唯一的官方网站，作为学校信息公开的主要平台。尤其需要注意的是，对于可能会影响学生选择学校的重大事项，民办学校应在学校网站的醒目位置予以说明。

同时，省级教育行政机构也负有监督责任，民办学校未按要求发布信息的，省级教育行政部门应给予警告。教育行政机构也可以通过适当途径发布本区域内民办学校的重要信息。比如，福建省教育厅早在2007年出台的《关于对民办学校章程依法进行公告的通知》中指出，"民办学校的章程由审批机关利用其门户网站或者其他便于公众知悉的方式进行公告。民办学校修改章程报审批机关备案后，审批机关应及时进行公告。"但是，对于大部分地区而言，包括民学校章程在内的重要信息还没有对外发布。

（三）发挥社会第三方组织的监督、评估职能

"小政府大社会"是改革开放后出现的重要改革理念之一。所谓"小政府大社会"就是在社会活动中要在弱化政府职能的同时赋予社会更多的职能，政府应该由管得过"宽"过渡到管得"窄"，与此同时，充分发挥市场和社会组织的自我调节、自我建设和自我发展能力。政府的权力不断缩小了，社会的权力才能不断扩大，政府设定"权力清单"，清单之外的不干涉的事事项统统由"大社会"来解决。"小政府大社会"也是我国教育领域重要的改革目标。

1. 发挥教育协会（联盟）的监督作用

建设具有中国特色的教育中介组织可以遵循两条路径。第一条路径是从下而上的，这条路径的特点是"政府赋权"。政府应赋予民办教育中介组织一定的权力，将评估、监督民办学校的部分权力交给教育中介组织。在授权过程中，要防止中介组织成为政府的附属物，使各类中介组织更多地体现民间色彩。第二条路径是从上而下的，这条路径的特点是"政府瘦身"。政府将一些官方机构和半官方机构向市场化、民间化的方向发展，"强迫"这些机构从市场中获取资源而不是依赖公共财政运作。比如，政府可以把针对民办学校的技术领域、专业领域的

能够转移出来的某些职能让渡于中介组织，扩大中介组织的业务范围，拓展其职能空间。实际上，这也是教育领域去行政化的具体举措之一。教育领域去行政化的呼声已经存在多年，国家也在许多重要的文件中表达了对"高校去行政化"的支持，但是当前教育领域中的行政化似乎并没有削弱的表现。去行政化的最大困难在于利益既得者的强烈抵制。行政化意味着资源的垄断权，而去行政化意味着要剥夺某些组织和某些人手中所掌握的资源垄断权，对某些机构而言，去行政化意味着"革自己的命"。教育领域的去行政化需要政府拿出壮士断腕的决心和勇气，真正实现"小政府大社会"的社会治理模式。

2. 重视教育评估（排行）机构功能

针对当前教育领域的排行乱象，很多人认为政府应当对教育排行进行必要的监管，规定大学排行的标准和准入门槛，政府部门也可以自己对大学进行排行。我们认为，应该充分相信市场的力量，允许各个排行机构相互竞争。假以时日，这些排名榜会更加科学准确，因为不科学、不客观的排行榜会被淘汰出局，最优秀的排行榜会受到越来越多的人的关注。当前我国教育领域的主要矛盾是学校和教育中介机构自主权不足和政府管制太多之间的矛盾，如果所有的事情都要政府来管，会浪费政府宝贵的行政资源，而且，政府并不是万能的，不可能把所有的事情都管好。

3. 重视媒体的监督功能

从心理学的角度看，当人们处于被观察的状态时，做善事的倾向性会高一些。个人是如此，作为由人组成的社会组织同样也是如此。某个组织和行业若能够得到客观、独立、深入的观察，其发展态势就会好一些，相反，若缺乏外界的监管，就可能出现无序竞争和权力寻租行为，其发展就会存在更大的不确定性和风险性。所以，媒体作为社会的观察者、记录者和信息的传播者，能够对民办教育的健康发展起到非常重要的作用。

具体而言，媒体的作用可以归纳为两点："扬善"和"止恶"。媒体正面报道对优秀的民办学校而言是一种表扬和激励，会促使它们发展得更好，正面的报道还可以传递"正能量"，在社会中树立良好的榜样，从而带动更多学校的健康发展。媒体对不良学校或不规范办学行为的报道，能够为民办教育发展提供纠错的可能。一是组织往往对自己的某些行为和这些行为的后果缺乏正确的认识，所谓的"不识庐山真面目，只缘身在此山中"。在这种情形下，媒体的报道会促使民办学校深刻反思，纠正错误。二是不良行为被曝光之后，会使政府部门积极介入，不良行为被迫取消。三是不良行为被曝光之后，社会公众"用脚投票"，让某一些学校因为错误的行为而受到市场的惩罚。

需要注意的是，一些所谓的负面报道往往容易被各种利益相关者所扼杀，这样，媒体因揭露丑恶和负面问题所彰显的警示功能和监督功能被削弱，媒体所提供的社会自我修复机能逐渐丧失，很多矛盾冲突日积月累将不可避免在更广大范围以更激烈方式爆发。对不良行为的客观报道，虽然在短时间内可能会对民办教育发展产生一些负面影响，但是从长远的角度看，只要是真实客观的，对于民办教育的健康发展就具有正面的意义。

当前，一些民办学校热衷于各种各样的宣传，对媒体的宣传性报道非常欢迎，但是对媒体客观的采访、报道，尤其是对涉及学校负面新闻的报道则唯恐避之不及。一般而言，越是对媒体的客观报道持开放心态的民办高校，发展态势越好，因为媒体的进入可能给学校带来"正能量"，相反，越是管理不规范、办学质量不太好的民办学校，越有可能抵制媒体的报道。

4. 发挥学者的监督作用

监督并不是学者本来应该承担的职能，但是客观上而言，学者能够通过多种渠道发挥对民办教育的监督职能。学者的主要任务是进行理论研究，但是理论研究建立在对事实了解的基础之上，脱离具体时间和空间的普适性理论是不存在的。教育研究者提出具有中国特色的民办教育理论体系，并用这个理论来解释、指引我国民办教育的发展，就需要主动地观察并反思中国民办教育。虽然观察和记录的方式与媒体不同，但是就实际效果而言也起到了监督的作用。

和媒体的监督相比，学者的监督还有一个明显的特点，即学者能够在长时间内对民办教育进行跟踪性观察，所以更能够得出客观、冷静的结论。此外，学者可以对国外民办教育的发展进行比较，寻找其他国家民办教育的发展经验对我国的启示。所以，学者往往比一般媒体更能够影响政府的决策。当前，教育智库建设已经成为我国教育理论和实践中的重要问题之一，政府高度重视，学术界也展开了丰富的研究。

当前有影响的民办教育研究机构或者涉及民办教育的研究机构有中国教育政策研究院、中国民办教育研究院、上海教科院民办教育研究所、北京教科院民办教育研究所等。有一些高校在较长的时间内致力于民办高等教育研究，如北京大学、北京师范大学、厦门大学等。此外，一些民办高校也设立了专门研究民办高等教育的研究机构，如西安外事学院和浙江树人学院等。这些机构的研究成果有利于学术界和社会公众准确客观地认识我国民办教育的发展，有利于政府更加科学合理地制定相关的民办教育政策。正因为如此，政府认识到了学者和民办教育研究机构对促进民办教育发展的重要作用，提出了建设"民办教育研究机构"和"民办教育智库"的建议。我国民办教育发展还存在许许多多的问题，这些问题需要学者进行更加深入的研究，学者的研究对于我国民办教育的可持续发展将发挥重要作用。

第十章

民办学校的退出机制

本章提要：退出机制是民办教育管理体制改革的重点和难点问题之一。不同于企业退出，民办学校退出机制具有自身的特点，本章总结了民办学校退出的类型与问题，分析了民办学校退出相关法理依据及实现路径，提出了民办学校退出时保护利益相关者权益的意见。研究发现，民办学校退出在法律法规层面和具体操作层面都存在诸多问题，其中，财务清算制度是亟待解决的重点问题之一。全面分析民办学校整并型、终止型、破产型等退出形态，探讨各自适用的法律依据、法律程序、法律效果和法律路径。为保护利益相关者权益，提出政策建议：（1）保护出资人利益，以营利性和非营利性民办学校的分类管理为预设前提，保护营利性民办学校出资人合理回报权、出资转让权、剩余财产分配权，建立非营利性民办学校出资人利益规则体系，限制营利性运作，禁止个人借机牟利，强化信息披露义务，明确法人的董事义务；（2）加强受教育者相关权益保护，完善学生权利保护的法律救济机制；（3）保护债权人权益，可通过法律的一般性保护和契约性保护实现。

建立规范有序、有进有出、良性循环的退出机制是关系民办教育持续健康发展与社会和谐稳定的重大课题。2015年12月26日举行的十二届全国人大常委会上，对民办学校分类管理规定作出了暂不复表决的决议。与此相伴，民办学校变更、退出机制亦举步维艰，进展缓慢。作为民办教育领域两项重大的顶层制度设计，改革难度前所未有，理论研究任重道远。

由于我国至今尚未建立完善的民办学校退出机制，现实中诸多无序性退出不仅严重损害了民办学校的健康发展,也成为诱发各种矛盾、冲突,甚至群体性事件的重要原因。同时,危机亦是转机。建立民办学校退出机制,推动民办学校合并重组,有利于促进教育资源合理配置、创新教育竞争机制、增强民办教育整体竞争力。

《教育规划纲要》指出,应"依法明确民办学校变更、退出机制"。教育部《关于鼓励和引导民间资金进入教育领域促进民办教育健康发展的实施意见》也再次提出要积极建立民办学校退出机制。退出机制已成为深化民办教育体制改革的关键环节,事关民办教育健康发展大局,具有极为重要的理论和实践价值。

一、相关政策及其特点

(一)民办学校退出机制的特征

退出机制指市场主体退出市场的机制。有学者认为:"所谓市场主体退出机制,是指市场经营者因为出现阻碍继续经营的特定事项而主动终止运营或者依法被强制终止运营的事实状态及其法律程序,它包含丰富的内容,但主要是指运用市场系统组成要素之间的相互作用,推动市场主体退出市场系统的过程和方式。市场退出机制是一个综合的体系,包括退市标准、多种退市途径及退出不同层次的市场等。"① 民办学校退出可做广义和狭义之分。在广义上,民办学校退出机制泛指任何民办学校主动终止运营或者依法被强制终止运营的事实状态及其法律程序,主要包括办学主体资格终止、法人消亡(倒闭)或因资产转让而发生的举办者变更行为。狭义上的退出机制仅指那些运营失败或陷入困境的问题学校在出现阻碍其继续运营的特定事项而主动终止运营或者依法被强制终止运营时所适用的一系列程序及规则。其仅限于问题民办学校、也不包括举办者变更行为。与普通企业不同,民办学校退出主要有如下特征:②

第一,退出条件设置严格。我国目前存在大量以营利为目的的民办学校,由于民办学校营利性与非营利性分类管理相关制度不健全,现行法律仍然将民办学校规定为具有非营利性质的社会公益组织。作为教育体系中的重要组成部分,民办学校具有从事教育教学、人才培养和社会服务、文化传承等多种社会公共职能。教育本身具有的复杂性、连续性及广泛影响性等特点,使得教育成为牵动每

---

① 陈春建:《对市场主体退出制度中几个基本问题的思考》,载《工商行政管理》2004年第12期,第22~28页。
② 张利国:《民办学校退出法律问题研究》,西南政法大学学位论文,2013年。

个个体、每个家庭以及社会发展的重要一环。学校的终止或退出具有扩散效应和传导效应,对部分问题学校采取的破产、退出、解散等措施可能诱致一系列风险,甚至引发社会矛盾和冲突。各国基于民办学校(特别是学历教育)退出的敏感性和特殊性,对民办学校的退出大都采取比较审慎的态度,并设置了相对严格的退出条件。以破产为例,一般公司、企业在出现资不抵债,不能清偿到期债务的情形,仅依债务人或债权人的申请,就可以要求法院实施破产。但对民办学校来说,即使学校符合《破产法》规定的条件,主管部门也首先要考虑安全性和稳定性等问题,即如何通过积极的救助或采取重组、合并、并购等再生或救助等方式,使之度过困境,一般情况下不轻易宣告学校破产,这也成为各国在私立学校立法及实践运用中的惯例。例如,如日本《民事再生法》以及《私立学校法》规定,对陷入经营危机的学校法人可通过采取合并等方式重建或者对外转让。2002年,我国台湾地区修订的"私立学校法"增加并修订了改制、合并、解散、停办、清算以及评鉴等相关退出机制方面的若干条文,允许办学绩效不好的私立学校有序退出招生市场。①

第二,退出审批制度严格。《民办教育促进法》对民办学校变更问题规定指出,涉及民办学校的变更事项,必须经学校理事会或董事会报请审批机关批准。对民办学校终止问题也做了类似规定。尽管在法律条文中,对于"因资不抵债无法继续办学的"以及"被吊销办学许可证的"两种终止形式没有出现"经审批机关批准"的描述,但相对于"变更"来说,上述两种终止情况涉及的问题更多,重要性更大,特别是学校破产清算还涉及学生安置、学校资产处置等重大问题,故依举轻明重的道理,民办学校的破产申请,也理应先行报经审批部门批准同意。②

相对于民办学校退出需要遵守严格的审批制度,我国《公司法》第九章"公司合并、分立、增资、减资",第十章"公司的解散和清算"对公司变更、终止等事项做出了具体规定,总体原则是公司自治原则和自愿协商原则。在法定事由下,只要公司内部同意或者直接利益相关人(如债权人)提出即可,一般并不需要经过审批机关的批准同意。

第三,受教育者权益保护问题成为退出机制的关键。教育投资具有持续性、长期性、累积性、高投入等典型特征,作为受教育者及其家庭需要支付高额费用。一旦由于学校退出导致教育中断,会对各方利益关系人造成极大的经济和精神损失甚至诱发冲突和矛盾。因此,各国一般都高度重视学生等受教育者权益的

---

① 教育部:《教育部决定推动大学进退场机制》,载《中国时报》2005年7月15日。
② 郭瑞、陈秀良:《法院组织民办学校清算若干问题研究》,载《法律适用》2006年第7期,第15~19页。

保护，并作为构建学校退出机制的核心问题之一。我国台湾地区《私立学校法》规定，私立学校依法解散或停办时原校应发给在校学生转学证明书，允许其转学他校，在必要的时候，主管教育行政机关应该负责将该部分学生分发至其他学校。日本私立学校事业团与文部科学省共同公布了"学生转学援助计划"。根据该计划，对可能发生倒闭等事件的私立大学，准许学生以就近原则编入各大学以继续完成学业。目前，私立学校事业团正在酝酿设置专门的机构，由其专门来管理私立大学的学籍，同时，它们也在积极主张建立学生保险制度，对无法转学又不能拿到退还的学费的学生给予保险和补助。① 我国《民办教育促进法》第五十七条规定："民办学校终止时，应当妥善安置在校学生。实施义务教育的民办教育终止时，审批机关应当协助学校安排学生继续就学。"第五十九条规定，"对民办学校的财产应当首先退还受教育者的学杂费与其他费用。"

第四，法律适用的特殊性。普通企业的退出行为一般由《破产法》《公司法》《民事诉讼法》等相关法律予以规范。但相对于公司、企业等，多数国家对私立学校的退出行为既有相关法律规定，又制定专门法律予以规范。如根据《企业破产法》第一百三十五条规定，对于法律规定的企业法人以外的组织的清算，属于破产清算的，参照适用本法规定的程序。"可以参照适用"体现了民办学校等非企业法人破产清算法律适用问题的特殊性，其在法律适用时，必须考虑民办学校的特殊性，应结合使用《民办教育促进法》《企业破产法》等相关法律的规定。以民办学校的破产清算案件为例，在程序法方面，人民法院的职能是组织清算工作，不宜启动重整与和解程序；在目前的法律框架下，当事人不能适用《企业破产法》第一百〇八条规定，向人民法院主张终结清算程序；实体法方面，《企业破产法》第一百〇八条、第一百三十二条对担保债权及其法律规定的优先权进行优先清偿的规定并不完全适用于民办学校的清算案件的清偿顺序等。②

（二）民办学校退出的主要类型及分析

对民办学校退出形式进行科学有效的划分，是建立民办学校退出机制的前提和基础。尽管我国民办学校办学历史不长，但现实中民办学校退出的事件并不鲜见。学者对其退出类型的划分各异，主要有以下几种类型：

1. 民办学校退出的主要类型

第一，学校倒闭。有研究者将其主要划分为以下几种：其一，彻底停办或消

---

① 解艳华：《日本私立高等教育变革时期的应对策略及对我国的启示》，载《国家教育行政学院学报》2008 年第 5 期，第 93~96 页。
② 王欣新、尹正友：《破产法论坛》，法律出版社 2009 年版，第 359~361 页。

亡。其二，被兼并、合并或转让，包括被公办院校合并、成为公办院校的分校或独立学院、被其他民办高校或民办教育集团所兼并和转让。其三，学校改制（即由民办转为公办）。①

第二，学校重组。一直以来，许多民办学校为促进教育资源优化配置、提升整体竞争力，纷纷选择重组，这也成为民办学校退出很重要的一种类型。有学者把民办学校间的重组，大致归纳为以下类型：政府收购、跨国跨行业并购、企业收购民办学校、民办学校收购企业、民办学校之间的并购、民办学校并入公办学校、民办学校兼并公办学校、企业与民办学校联合办学。

2. 对民办学校退出形式的类型化分析

类型化方法是重要的法学研究方法之一。所谓类型化，简而言之，就是分类，即通过对错综复杂、表现各异的具体事物的分析、提炼，概括和抽象出共同的标准或特征，使人们更好地掌握、理解某一特定的研究对象。按照不同的标准，民办学校的退出主要包括以下类型：②

第一，营利性与非营利性法人退出。按照民办学校在法律性质上属于营利性还是非营利性法人，可将民办学校的退出分为营利性法人退出和非营利性法人退出。

两种退出方式主要区别在于：一是适用法律不同。一般来讲，营利性民办学校在本质上相当于公司，因此，其退出主要应适用《企业破产法》《公司法》等商事法律，并参照适用《民办教育促进法》等相关法律。非营利性民办学校，其退出应首先适用《民办教育促进法》相关法律规定，并参照适用《企业破产法》《公司法》等相关法律。二是双方退出的法律效果不同。根据《财政部、国家税务总局关于非营利性组织免税资格认定管理有关问题的通知》以及《民间非营利性组织会计制度》相关规定，非营利性民办学校其退出时，清算后的剩余财产在用途上应继续用于社会公益事业，或者由登记管理机关转赠给与该组织宗旨、性质相同的其他组织，并履行社会公告之义务。经清算后的剩余财产，不可以向投资人分配。对于营利性民办学校，则类似于一般公司企业，在清偿债务后，如果学校仍有剩余财产，则应当按照股东出资比例或股权性质在股东间分配剩余财产。如果清算过程中，发现公司财产已不足以清偿到期债务时，清算人即可向人民法院申请宣告破产，并按照破产清算案件相关程序办理。三是注销登记机关不同。按照2001年《教育类民办非企业单位登记办法（试行）》的规定，教育类

---

① 周国平、谢作栩：《我国民办高校倒闭问题之思考》，载《高等教育研究》2006年第5期，第35~37页。
② 张利国、严翔：《民办学校退出形式的类型化研究》，载《浙江树人大学学报（人文社会科学版）》2014年第2期，第1~7页。

民办非企业单位必须按照《社会力量办学条例》的规定审批设立，由县级以上地方人民政府教育行政部门发给《社会力量办学许可证》后，到同级民政部门进行登记。由此可见，登记并不是民办学校成立的条件，登记的目的是为了方便管理的需要而做的备案。我们认为，应结合不同性质的民办学校，严格登记管理制度。对于营利性民办学校，其成立应采取《公司法》或《企业法》的登记生效原则，即其正式成立须经民办学校所在地的工商管理部门完成登记手续。同样地，其退出也应到登记机关履行注销登记手续，这样才意味着该民办学校的主体资格消除。对于非营利性民办学校，当地的民政部门是其成立的登记机关，一旦因各种原因需要退出，也应当到登记机关履行注销登记手续，审批机关要及时收回学校的办学许可证，销毁印章等，此时学校的主体资格方能消除。

第二，自愿型退出与被动型退出。按照民办学校退出主体的意愿特征，民办学校的退出可分为自愿型退出（主动型退出）与被动型退出。前者指民办学校因合并、分立或出现民办学校章程规定的解散事由时，按照自己的愿意，主动、自愿地退出民办教育的情形。后者是指基于法定性事由出现，相关教育主管部门依职权主动对学校做出终止决定或者人民法院依法宣告学校破产，导致民办学校退出教育领域的行为。

两者区分的法律意义在于：一是有利于明确政府职能，厘清民办学校与政府之间的关系。自愿型退出应是民办学校办学自主权的重要内容，在法律框架下，在不违背社会公共利益和善良风俗的前提下，民办学校按照市场规律和自身发展状况，自主决定选择合并、分立、重组等退出行为，政府相关部门一般不应该强加干预，而应更多承担审批、引导和监督等间接干预的职能。对于民办学校被动型退出，主要是当民办学校出现各种违法行为或严重影响教育利益相关者利益等重大事件时，政府相关部门施行主动介入、直接干预的功能。二是退出法律效果有所差异。自愿型退出中民办学校一般作为主导，以市场需求和自身发展为行为导向，其退出一般有利于实现教育资源的优化配置，有利于促进现代学校法人治理机构的形成和建立，能够有效发挥民办学校的办学自主性和自觉性。不利之处在于自愿性退出如果缺乏必要的管理监督机制，可能诱发民办学校退出行为的各种非理性化行为，破坏教育秩序。被动型退出主要以审批机关或政府其他相关部门为主导，通过行政权力强制介入，并主要采取吊销办学许可证、责令停止招生、责令限期改正等退出方式来实现。被动型退出客观上提高了退出效率，有利于遏制各种影响民办教育秩序的不良事件，保证教育的健康有序。同时，也可能进一步增加各种监管成本、并可能诱发各种道德上的风险。

第三，破产型与非破产型退出。按照是否适用《破产法》及其相关法律为标准，民办学校的退出可以分为破产型退出和非破产型退出。其中非破产型退出主要包括并购、停办、撤销和转制等类型。一是并购，即兼并和收购的简称。主要包括纵向并购、横向并购以及混合并购三种模式。大多数国家的营利性私立学校选择更多的是横向并购的方式，横向并购主要包括：整合上司公司并购、成长型并购，以及与境外教育机构合作进入资本市场等三种类型。二是终止，指已成立的民办学校在出现导致终止的各种法定事由时，依照法定程序和条件，自行停止或由有关机关做出的停止民办学校办学资格等行为，致使民办学校退出相关教育领域的行为。根据《民办教育促进法》相关规定，民办学校终止主要包括三种情况：民办学校根据学校章程的规定自行要求终止的；被审批机关依法撤销而终止的；因资不抵债无法继续办学而被终止的。三是吊销办学许可证。对于民办学校，办学许可证是其办学资格的证明，也是保证其办学合法性的有效证件，相当于企业等市场主体的营业执照。吊销办学许可证即意味着剥夺了学校正常合法地开展相关教育教学活动的能力和资格，尽管其并不直接宣告学校法人资格的消除，但由于剥夺了其开展教育教学活动这一本质活动的资格，实质上宣告民办学校已经丧失了继续从事教育活动的存在意义。因此，吊销办学许可证成为导致民办学校退出一种重要的原因和方式。四是转制。在实践中，民办学校的转制主要包括民办学校向公办学校转制以及公办学校向民办学校转制两种类型。

区分破产型退出与非破产型退出的法律意义在于：一是二者适用条件不同。破产型退出只适用于民办学校出现因资不抵债而无法继续办学的情况；而非破产型退出除符合法定的强制性条件以外，也充分考虑当事人经自由协商和约定而达成的条件。如吊销办学许可证要由主管机关或审批机关依照职权来做出，而民办学校采取的终止、转制、并购等退出形式，主要是当事人通过自主协商而达成的结果。二是法院在其中的地位和作用不同。在破产型退出中，法院居于主导地位，直接决定纠纷的解决和案件的处理，仅在一些涉及案件处理的问题上需要与学校、教育行政部门等沟通联系；而非破产型退出更多体现学校主体意志，以及在一些退出行为中审批机关或教育行政部门的指导和参与，通常不涉及法院，只有当过程中出现民办学校资不抵债的情形，有权机构方可向法院提出破产清算的申请。

二、存在的主要问题

与一般市场主体退出相比，我国民办学校退出无论在法律法规制度层面，还是在具体操作层面都存在诸多不足之处，实施分类管理制度后一些问题将可能更加凸显，成为制约民办学校健康有序发展的桎梏。

（一）退出过程需要加强法律约束、政府监管和方式选择

第一，法律法规层面。我国民办学校退出法律制度存在缺失，主要表现在：一是整体立法不完备、不统一。目前民办学校退出相关法律仅在《民办教育促进法》中有所规定，实践中也可以参照适用《公司法》《企业破产法》《民事诉讼法》等相关法律规定。但由于民办学校分类管理改革进展缓慢，围绕民办学校退出问题的专门法律规定付诸阙如，难以规范和有效指导民办学校各种退出行为。二是民办学校退出程序法和实体法规定存在较大缺陷。对民办学校退出的方法、方式、标准、类型、程序和范围等的规定很简单、粗糙，更缺乏可具操作性的制度规定。例如《民办教育促进法》中，缺乏对民办学校各种具体退出类型的清晰分类；对并购、重组、转制等业已存在的退出类型没有做出具体规定；针对民办学校合并、分立等情形，在进入财务清算环节，究竟是由学校董事会、理事会报请审批机关批准，是先清算后报批，还是先申请再清算，最后报审批机关批准，都没有做出清晰的程序性规定。再比如，民办学校破产退出时，究竟谁有资格启动破产申请程序，民办学校能否适用破产和解、重整制度或是否有必要引入其他国家的再生制度，破产财产如何分配等问题均没有明确的法律规定。可以说，目前我国民办学校退出制度在整体上还基本处于"制度空白"的状态。三是相关法规及政策缺乏可操作性。比如民办学校终止时，《民办教育促进法》对学生安置问题仅作出"应当妥善安置在校学生"的宣示性规定，对于如何具体安置，如何充分保障在校学生及其利益相关者的相关权利，相关法律并未给予明确可操作性的制度规定。这使得现实中很多问题的解决最终不得不依靠政府行政强力或发布临时性的政策加以调整和管控，缺乏制度的稳定性和连续性，不利于整个民办教育的有序发展。由于法律制度缺失，在面对一些民办学校校退出等情形时，往往习惯让被撤销院校先停止招生，待现有学生全部完成学业后，再依法履行撤销手续；对于一些招生严重不足、资不抵债的民办学校，也采取类似的措施，待其学生全部毕业后再关闭学校，清偿资产，不仅浪费了资源，也极易诱发各种社会风险。

第二，政府层面。一是政府对民办学校评估的作用有限。对民办学校非学历机构，基本采取政府评估，行业协会等非政府组织评估没有真正发挥作用。近年来随着民办教育非学历机构的大量涌现，单纯依靠政府力量力不从心，很多甚至到退出前都没有接受过任何评估和预警。对于民办高校而言，由于评估主要参照的是公办高校的评估标准，对于主要依靠学费收入而缺乏政府资助的民办高校而言，无疑是不切实际的。二是行政监管工作不够到位。[①] 表现为：现有涉及民办

[①] 董圣足、忻福良等：《民办学校退出机制研究（结题报告）》，上海建桥学院高教所，2012年。

高校合并分立及举办者变更的规定缺乏可操作性；一些地方教育行政部门对于民办高校内部动态跟踪不够，对于举办者的不规范变更及资产交易行为，信息反应滞后；政府相关部门之间沟通不畅，协调不够；教育行政主管部门对民办学校或举办者违规、违法的变更、退出等行为查处不力等。

第三，退出主体层面。一是对于一些民办学校特别是民办非学历教育机构而言，由于我国民办学校退出机制不健全，在完全可竞争的市场环境下，基于政策变迁、规避风险、竞争失败等因素的考量，更愿选择交易成本最低的方式，即"自灭式"的退出方式来退出。据统计，在全国1 000多所民办非学历高等教育机构中，有70%~80%的学校处于无自有校舍、无必要师资、无充足资金的"三无"状态，这些机构选择"自灭式"的退出方式，不仅会扰乱民办教育正常健康的退出秩序，也会衍生各种风险，因为在一个缺乏明确制度约束的情况下，任何一个"理性经济人"都可能会基于追求自身利益最大化的需要而出现转嫁风险、逃避义务甚至坑蒙拐骗、违法乱纪等情况。[①] 二是相当一部分民办学校在资产并购重组、办学主体变更及其后续管理中，都存在着不少问题。如部分举办者随意进行变更或退出，不向主管机关报告，也未办理相关变更或终止手续；有的出于避税目的，在变更时私自签订所谓"零资产"转让协议，由原举办者作出"放弃所有者权益"承诺，在完成变更后再由新举办者支付原举办者一笔可观的资金；有的干脆把投资教育作为一种短期的商业活动，将民办学校作为市场上的商业标的随意买卖，使民办学校沦为举办者的逐利工具。由于退出机制相关法律法规不健全，这些现象实际上并没有得到及时、有效的制止和惩戒。

（二）实施分类管理后需要变革制度、健全环境、简政放权

《规划纲要》提出"积极探索营利性和非营利性民办学校分类管理"制度，很多地方已经开展了分类管理的有效尝试。在分类管理框架下、如何建构民办学校退出机制并没有随着分类管理制度的"尘埃落定"而自然生成。相反，由于制约分类管理的各种制度困境短期内难以破解，民办学校退出机制将遭遇更多的理论和现实困惑。

第一，民办学校退出机制需要民办教育的根本性制度变革。一是民办学校的法律地位问题。根据我国《民法通则》的规定，法人被划分为企业法人、事业单位法人、机关法人和社会团体法人，而民办学校并不当然属于其中任何一种法人类型，这导致民办学校的法律地位长期混同。如果民办学校在法律性质和地位上

[①] 卢彩晨：《危机与转机：从民办校倒闭看民办高等教育发展》，广东高等教育出版社2009年版，第191~192页。

无法做到明确化、具体化，就难以建立不同种类民办学校退出机制。二是民办学校产权问题。特别是与退出机制密切相关的产权归属问题、产权流动问题、产权保护问题一直处于一种模棱两可、模糊不清的状态，制约了退出机制的建立。三是关于合理回报问题。鉴于我国民办学校本质是以投资办学为特征，"合理回报"制度实质上作为一种鼓励手段，赋予了举办者或投资人有限的"分红权"和"收益权"。从目前各地有关退出机制的制度实践来看，似乎没有决心完全取消"合理回报"制度，这将成为分类管理后建立民办学校退出机制需要克服的另一个制度"瓶颈"。

第二，营利性与非营利性准确的退出的制度环境亟待健全。一是我国尚缺乏民办学校退出预警机制、科学及时的信息披露机制、科学规范的评估认证机制以及健全的风险分担机制，导致任何一种民办学校（尤其是非营利性民办学校）退出将面临沉重的"沉没成本"。二是就非营利性民办学校退出机制而言，目前我国的退出机制主要采取停办、解散或政府"买单"或"兜底"等消极被动退出形式，在制度设计上缺乏重整、再生、辅导计划等"缓冲性""补救性"退出形态，加之缺乏政府力量和市场资源，民办学校一旦退出将对民办教育带来较大的冲击和影响。三是对营利性民办学校而言，仍需进一步理顺与《公司法》《证券法》《破产法》以及《民办教育促进法》之间的关系，使营利性民办学校的退出始终置于法律框架下。美国营利性私立大学主要采取并购方式退出，除了必须严格遵守《公司法》《证券法》的相关规定外，还要符合教育部门的相关规定。比如在并购时，当目标学校的所有权或控制权发生变化时，教育部将视其具体变化方式对其进行重新认定，部分州的审批机构或认证机构也要对其进行重新认证。①

第三，依法行政和科学干预的问题。所谓依法行政，指分类管理后，营利性和非营利性民办学校退出需要建立一套相对独立的退出标准、法律依据、程序、法律效果等法律机制，改变以往政府放任自流式和粗放式管理模式。因为民办学校主动退出往往对学生、教职员等利害关系人影响较大，尽管我国《民办教育促进法》第五十七条对民办学校终止时如何安置在校学生，第五十九条对民办学校的剩余财产分配做了一些规定，但这些规定，过于原则且缺乏可操作性。如当民办学校退出时，教师究竟如何安置？其相关权益如何得到保障？学生是否具有转学的自由选择权？是公立学校负责直接接收还是需要经过入学考试才能进入其他学校？再比如，政府有无义务为整合社会资源，减少民办学校退出带来的社会动荡积极创设民办学校合并、重组的诱因？如我国台湾地区"行政程序法"第一百

---

① 卢彩晨：《危机与转机：从民办高校倒闭看民办高等教育发展》，广东高等教育出版社2009年版，第191~192页。

六十五条对行政指导作出明文规定,行政机关在其职权或所掌握事务范围内,为实现一定之行政目的,得以一定之行政目的,得以辅导、协助、劝告、建议或其他不具法律上强制力之方法,促请特定人为一定行为或不作为之行为。[1] 不少学者也积极主张相关政府部门应该出台措施积极增加私立学校合并的诱因,这实际上涉及政府有关部门的科学干预和有效引导民办学校退出的问题。

三、法理依据以及实现路径

(一) 完善民办学校退出路径

民办学校退出形态各异,结合不同的退出形态,设计相应的法律路径,对于保障民办学校有效退出具有重要意义。

1. 整并型退出

整并型退出主要指因合并、并购、重组等原因而出现一方或几方退出民办教育领域的情形。

我国明确提出关于民办学校合并问题的是 1997 年的《社会力量办学条例》,"教育机构合并、应当进行财产清查和财务清算,并由合并后的教育机构妥善安置原在校学生。"2002 年《民办教育促进法》第五十三条对民办学校合并、分立也做了比较明确的规定。

第一,法律依据。我国《民办教育促进法》第五十三条规定,民办学校的分立、合并,在进行财务清算后,由学校理事会或者董事会报审批机关批准。申请分立、合并民办学校的,审批机关应当自受理之日起三个月内以书面形式答复;其中申请分立、合并民办高等学校的,审批机关也可以自受理之日起六个月内以书面形式答复。

第二,法律程序。根据我国《公司法》以及司法实践,公司合并的程序主要包括以下 5 项:签订合并协议;代表机关向股东会或董事会提请决议;股东大会决议;相关利害关系人(主要为异议股东或公司债权人)保护程序;重新登记。我国以投资为主的民办学校不同于西方大多数国家以捐资助学为主的私立学校,笔者认为,在现有法律的基础上,可参照《公司法》的相关规定,并借鉴美国、日本等国《私立学校法》的相关规定,明确其合并的程序。

结合我国《公司法》《企业法》相关规定,我们选择合并作为考察对象,由

---

[1] 许巾荣:《浅论行政指导》,载《法制与社会》2009 年第 2 期,第 33~34 页。

此认为民办学校整并型退出的程序主要应包括以下方面：① 一是拟合并学校协商确定合并方案，签订合并合同。合并合同重点包括合并的条件、类型、拟合并学校以及合并后存续或新设学校的名称、地址、合并学校的资产和负债等情况、对价条款、解散工作人员以及受教育者的安置和处理办法以及拟合并学校的学校章程所规定的任何记载事项等。二是由学校理事会或董事会审议并通过合并方案和合并协议。鉴于学校合并属于学校的"重大事项"，作为民办学校的决策机构，理事会或董事会理应有权对民办学校的合并事宜行使决定权，并需经三分之二以上理事或董事同意。三是提请审批机关批准。审批机关在受理之日起三至六个月内，委托教育专业评估机构对拟合并学校提交的申请书及其可行性报告进行论证、评审，作出是否批准合并的决定。四是获得批准的学校按照相关规定，办理资产过户及变更登记等手续。

第三，法律效果。一是债权债务的承担。学校合并后，合并各方原有的债权债务一般由合并后的存续的学校或新设的学校继承或承担。二是办理相关手续。学校合并后，应向民办学校原登记机关履行变更登记，因合并而灭失的学校，应履行注销登记手续。对于因合并而终止的民办学校，审批机关应当及时收回办学许可证，销毁印章，同时办理注销登记手续。学校印章、办学许可证和法人登记证书均属于民办学校合法存在的依据和证明。在学校终止后，上述证明文件也应当由审批机关及时收回，并及时履行注销登记手续。

第四，存在的问题。近年来学校合并、并购已成为世界各国私立教育发展中一个引人关注的现象。未来，在分类管理制度背景下，民办学校退出更趋多元化，但非营利性民办学校的退出则可能更多采取并购、重组等方式，这是因为，并购已成为国际教育发展的重要趋势之一，并购更加契合当前我国民办学校以投资办学为主，鼓励民办教育大力发展以及适应教育国际化、教育需求多元化等客观需要。鼓励民办学校整并，实现资源整合、优势互补、提升整体竞争力具有重要意义。一方面，在立法层面要进一步明确民办学校整并的条件，规范整并行为；另一方面，政府应发挥政策引导功能，积极创设民办学校整并诱因。如：可规定"学校合并后存续的或新设的学校应适当安排因合并而灭失的民办学校董事总额一定的比例，由灭失学校的创办人、主要董事留任或担任。"对因合并而履行移转不动产、应登记之动产及各项担保物的变更登记时，减免相关契税。因合并而一同转移之土地，在依法核定其应缴纳的土地增值税后准予记存，不直接由承受该土地之学校缴纳，唯有当该项土地再移转时方由承受该土地之学校一并缴纳。合并后取得土地的民办学校在解散时，经记存的土地增值税，应优先于一切

---

① 张利国：《民办学校退出法律问题研究》，西南政法大学学位论文，2013年。

抵押权及债权优先受偿。

2. 终止型退出

终止型退出主要包括民办学校自行终止和强制终止两种形式。对于那些由于客观原因不能继续办学的民办学校，少数不具备办学条件且长期得不到改善的民办学校，允许其自行终止或转变办学类型。对少数办学行为极不规范且已导致严重后果的民办学校，可以吊销其办学许可证或实施强制终止。

第一，法律依据。《民办教育促进法》第五十六条、五十六条、六十二条以及《民办教育促进法实施条例》第五十一条主要对民办学校的终止情况进行了规定。

第二，法律程序。对于要求自行终止办学的民办学校，应履行如下程序：一是需经董事会会议 2/3 以上董事通过，并作出会议决议。二是学校提出学生安置、教职工遣散和学校债权债务处理方案，连同董事会会议决议一起报审批部门审核。三是经教育行政部门核准后，由学校自行组织清算。即由学校举办方委托具有规定资质且经教育主管部门认可的会计师事务所，进行学校财务清算，对资产状况进行审计、评估和鉴定。四是清算完成后，依《民办教育促进法》第五十九条规定的顺序进行清偿。五是在妥善安置在校学生和教职工，稳妥处理各类债权债务后，举办者应向审批部门交回办学许可证，并向登记机关办理注销手续。六是要求转为非学历教育且符合条件的民办学校，按照举办非学历教育机构的要求，重新进行申报，审批部门应予以特事特办、从速审批。①

对于被吊销办学许可证的民办学校，一般应履行以下程序：一是审批机关依法向被吊销办学许可证的民办学校派驻清算工作组，启动财务与资产清算工作（具体清算业务则可委托专业会计师事务所进行）。二是审批机关在向学校派驻清算工作组的同时，应妥善做好在校学生的安置和教职工的遣散工作，并先行提供必需的经费援助和渠道支持（必要时要商请公安机关介入学校，以维持稳定）。在举办方存在隐匿资产或逃避债务的情况下，还要提请人民法院协助查封或冻结举办者与学校相关的资产。三是审批机关在清算过程中，一旦发现学校存在不能清偿到期债务或清算资产不足以抵债的情况，按照有关法律法规的规定，应及时与学校举办方（债务人）和相关债权人通报，并停止清算工作。四是在没有发生不能清偿到期债务或清算资产不足以抵债的情况下，当清算工作结束之后，审批机关依据《民办教育促进法》第五十九条所规定的清偿顺序，敦促校方启动清偿工作。五是在妥善处理民办学校剩余财产的分配事宜后，审批机关收回学校办学许可证，勒令学校办理注销手续，终止办学行为。

---

① 董圣足、忻福良：《民办高校重组与退出路径探讨》，载《教育发展研究》，2007 年第 5 期，第 13～15 页。

第三，需要进一步探讨的问题。一是对吊销办学许可证行为的认识。从严格意义上讲，"吊销办学许可证"只是取消学校的办学资格，并不必然导致学校民事主体资格的丧失。而"撤销"意味着学校民事主体资格的丧失。因此尽管二者都能导致学校的退出，但含义并不相同。① 在实践中，一些被吊销办学许可证的学校仍然可以依靠校产出租来维持生存，这对学校存续以及债权人利益的保护均为有利，但从规范民办教育市场来看，也潜藏着诸多风险，因此，在吊销学校办学许可证的同时，是否撤销学校，实行强制终止值得探讨。二是利害关系人权益保护问题值得重视。如何在民办学校终止时切实保护利害关系人的利益对推动民办学校有序退出，维护社会和谐稳定具有至关重要的意义。

3. 破产型退出

第一，法律依据。我国《民办教育促进法》第五十八条规定，民办学校因资不抵债无法继续办学而被终止的，由人民法院组织清算。2007 年《中华人民共和国企业破产法》第一百三十五条规定，其他法律规定企业法人以外的组织的清算，属于破产清算的，参照适用本法规定的程序，这为民办学校这样的企业法人之外的组织的破产清算找到了法律依据。另外，我国司法实践亦出现了民办学校破产案例，特别是 2010 年 12 月 16 日，最高人民法院针对贵州省高级人民法院《关于遵义县中山中学被终止后人民法院如何受理"组织清算"的请示》的批复指出："依照《中华人民共和国民办教育促进法》第九条批准设立的民办学校因资不抵债无法继续办学被终止，当事人依照《中华人民共和国民办教育促进法》第五十八条第二款规定向人民法院申请清算的，人民法院应当依法受理。人民法院组织民办学校破产清算，参照适用《中华人民共和国企业破产法》规定的程序，并依照《中华人民共和国民办教育促进法》第五十九条规定的顺序清偿"。② 据此，我们认为，因资不抵债无法继续办学的民办学校具有破产能力。

第二，法律适用。一是申请主体的问题。我们认为，有权启动破产程序的主要包括以下主体：民办学校或清算组、债权人。对于债权人应审慎对待有权启动破产申请的民办学校债权人的范围，因为民办学校的债权人主要是建筑商、贷款银行等主体，它们往往关心经济利益的补偿，较少关心受教育者等相关权利和社会公共利益等问题。因此，应有条件、限制地允许其申请破产。同时，要进一步明确民办学校法人财产权，逐步建立和完善民办学校债权人资格审查制度、破产风险评估机制、人民法院与教育行政部门联系机制、债权人恶意申请惩罚性赔偿与社会保障机制等。

---

① 张弛、韩强：《学校法律治理研究》，上海交通大学出版社 2005 年版，第 224 页。
② 孙佑海、吴兆祥、孙茜：《关于因资不抵债无法继续办学被终止的民办学校如何组织清算问题的批复》的理解与适用，载《人民司法》2011 年第 5 期，第 32～34 页。

二是清偿顺序问题。《民办教育促进法》第五十九条规定,"对民办学校的财产按照下列顺序清偿:应退受教育者学费、杂费和其他费用;应发教职工的工资及应缴纳的社会保险费用;偿还其他费用。民办学校清偿上述债务后的剩余财产,按照有关法律法规的规定处理。"《企业破产法》第一百一十三条规定:"破产财产在优先清偿破产费用和共益债务后,依照下列顺序清偿:破产人所欠职工的工资和医疗、伤残补助、抚恤费用,所欠的应当划入职工个人账户的基本养老保险、基本医疗保险费用,以及法律、行政法规规定应当支付给职工的补偿金;破产人欠缴的除前项规定以外的社会保险费用和破产人所欠税款;普通破产债权。破产财产不足以清偿同一顺序的清偿要求的,按照比例分配。"根据《立法法》特别法优于一般法适用的相关规定,在确定清偿顺序时首先应优先适用《民办教育促进法》第五十九条的规定,在第五十九条没有规定或规定不明确的情况下,可以参照企业破产法的相关规定来执行。①

三是剩余财产分配问题。② 对于剩余财产的分配问题,《民办教育促进法》第五十九条规定"按照有关法律法规的规定处理",未提出具体的分配办法,也没有明确剩余财产的最终归属。我们认为,对民办学校清偿债务后的剩余财产不能实施"一刀切",应视资产来源方式的差异分别作出规定:对于捐资设立的民办学校,本质上属于财团法人财产,剩余财产应由教育主管机关统筹安排,继续用于民办教育事业或其他相近的社会公益事业;对出资人不要求取得合理回报的民办学校,允许出资人从剩余财产中收回投资,仍有结余的,也由审批机关予以安排,用于民办教育事业或相近的社会公益事业的发展;对于完全由企业或自然人出资举办并要求取得合理回报或带有营利性质的民办学校,本质上属于企业法人,可按照公司法、企业法的要求,给予出资人剩余财产分配请求权;对于部分出资、部分捐资设立的混合性质的民办学校,可根据其是否以营利为主要目的以及尊重出资人个人意愿等因素,对剩余财产分配问题作出制度安排。一些地方政府,比如陕西省政府在其出台的《关于进一步支持和规范民办高等教育发展的意见》中规定,③ 学校终止办学,按法律法规和国家有关规定进行资产清算,清算和安置方案报审批机关确认后实施。捐资举办的学校终止办学,剩余财产用于公益性事业;出资举办不要求取得合理回报的学校终止办学,按投入额取得补偿后,其余剩余资产用于公益性教育事业;出资举办要求取得合理回报的学校终止办学,剩余资产按有关法律、行政法规的规定处理。举办者、出资者变更,原始出资额须按原值计算,营利性学校的剩余资产按《中华人民共和国公司法》的规

---

①② 张利国:《民办学校破产退出的若干法律问题》,载《现代教育管理》2011年第11期,第56~59页。

③ 陕西省教育厅:《陕西省人民政府关于进一步支持和规范民办高等教育发展的意见》(2013年)。

定处理。

四是破产别除权问题。别除权在大陆法系中一般指债权人因其债权上设定有物权担保，可不依照破产清算程序，主张就破产人特定的担保财产享有优先受偿的权利。英美法系没有"别除权"之概念，但有类似的规定，即"有担保的债权"。① 我国新《企业破产法》第一百〇九条规定，对破产人的特定财产享有担保权的权利人，对该特定财产具有优先受偿权，实质上承认了别除权，该规定是否可以适用于民办学校的破产案件呢？实务界有这样一种认识，即民办学校破产清算案件在当前没有具体明确的法律对破产清算案件处理的情况下，可参照适用企业破产清算的一般性规则。对于在民办学校特定财产上设定担保的担保权人，可以主张优先受偿的权利。我们认为，在充分保障学生、教职员工等群体利益的基础上，在债权人之间民办学校的别除权人可以行使别除权，但相对于债权人利益，民办学校破产案件还是应当优先保护社会弱势群体和社会公共利益，对别除权的适用要坚持审慎的态度。

（二）健全民办学校清算制度

财务清算制度关系民办学校变更、终止等重大事项，是民办教育理论和实践中亟待解决的重要问题。我国《民办教育促进法》第五十三条（民办学校分立、合并）、第五十四条（民办学校举办者的变更）、第五十八条（民办学校终止）中对财务清算制度做了规定。然而由于相关条文规定过于简陋，立法的逻辑性不够严密，缺乏操作性，特别是相关重要制度存在明显的缺陷，导致民办学校在财务清算时实际处于"无法可依"的状况，也给相关机关的有效监管带来不便。由于民办学校在退出和清算制度方面的立法不够完善，缺乏可操作性，使得我国很多民办学校采取"自灭式"的退出方式。

1. 相关立法的检讨

第一，关于合并、分立财务清算制度的检讨。关于合并、分立规定的法律程序过于粗糙，难以操作，即在民办学校合并或者分立的情况下，由谁来组织清算、如何开展清算、清算后的法律后果是什么，我国《民办教育促进法》均没有做出明确规定，导致理论和实践中存在诸多困惑。

第二，关于清算人任职资格与条件的检讨。

一是关于清算人的任职条件。按照各国相关法律的规定，清算人的任职条件一般包括积极条件和消极条件。积极条件是指清算人所应具备的基本条件，一般要求清算人要具备专业知识和技能，并需要具备一定的职业资格方能任职。消极

---

① 齐树洁：《破产法研究》，厦门大学出版社2004年版，第405页。

条件主要指清算人具有法律规定的消极条件时，不得担任清算人，已经担任的应予以解任。一般的清算人的消极条件主要包括：无民事行为能力或限制民事行为能力人；有违法、破产记录或个人高额债务的人；违反诚实信用的人等。

二是清算人的选任。由于公司解散的原因以及清算类型的不同，清算人的选任也存在区别。公司立法对清算人的选任，一般均要考虑公司具体的组织形式，对不同性质的公司作出不同的规定。对于法定的清算人一般由两种不同的主体担任：出资人担任法定清算人，主要是针对独资公司和人合公司，包括具有人合属性的有限责任公司；董事担任法定清算人，主要是针对资合性质的公司，此处的董事包括由法院选任的行使临时董事职务的假董事，在依照解散命令或者解散判决而解散的情形下，公司董事不能担任清算人。

我国公司法没有明确规定公司的法定清算人，根据《公司法》第一百八十四条之规定，有限责任公司由股东组成清算组，股份有限公司的清算组由董事会或股东大会确定的人员组成。逾期不成立清算组进行清算的，债权人可以申请人民法院制定有关人员组成清算组进行清算。由此可以推定，有限责任公司的股东、股份有限公司的董事、有关机关或专业人员应为法定的清算人。

根据我国《民办教育促进法》以及相关法律制度的规定，对民办学校的清算人、董事、理事的任职条件几乎未作出任何规定，当民办学校自己要求终止的，民办学校可以组织清算；被审批机关依法撤销的，由审批机关组织清算；因资不抵债无法继续办学而被终止的，由人民法院组织清算。上述规定，十分简陋和模糊，难具操作性。首先，在民办学校自行终止时，如民办学校因合并或分立而终止时，究竟由原民办学校还是由拟合并或分立的学校来组织清算，应该组织哪些人参与清算，对于对学校终止负有一定责任的董事和有关人员能否参与，均难以做出科学的界定。其次，在强制终止的情况下，由审批机关组织清算，则审批机关需要组织哪些人员进行清算，是否被审批机关依法撤销的民办学校的股东、债权人要绝对地被排斥在清算组之外？最后，因资不抵债无法继续办学的，该事实应该由谁来认定，"终止办学"的决定应该由谁来作出等问题都没有明确的规定。

第三，清算义务的履行，缺乏相应的法律责任作为保障。清算义务人，是指基于其与公司之间存在的特定法律关系而在公司解散时对公司负有依法组织清算义务，并在公司未及时清算给相关权利人造成损害时依法承担相应责任的民事主体。① 由于清算义务人是公司清算的组织主体，授以其必要的义务和责任是维护社会交易安全、保障清算秩序稳定与健康的重要基石。

清算义务人的义务一般包括以下内容：一是做出清算决议；二是委任清算

---

① 刘敏：《公司解散清算制度（修订版）》，北京大学出版社2012年版，第215页。

人；三是监督清算事务。我国《民办教育促进法》规定民办学校、审批机关和人民法院分别在民办学校自行终止、行政终止以及民办学校因资不抵债无法继续办学三种情形下担任清算义务人，负责组织清算。然而对于其应当履行的义务，以及需要承担的责任却没有做出规定，极大地制约了清算事务的顺利展开，也不利于民办学校的合法退出。

2. 完善立法的路径

第一，树立程序公正理念，完善清算的相关程序。民办学校终止清算制度本质上是一种程序性制度，要在民办学校清算过程中树立程序公正理念，保障清算结果的公平。具体在终止解散清算阶段，要适当扩大申请清算的权利主体范围，与清算相关的主要利益主体只要符合法定事由均可以申请启动清算程序。同时应积极建立清算公示、登记等制度；明确清算事务的决定机制、清算人调查制度、报告制度等；赋予各相关利益主体对清算的监督权和必要的诉权。

第二，强化民办学校终止清算的政府职能。不同于普通企业法人，民办学校强调社会公益性，因此，应强化政府相关部门在终止清算中的地位和作用，这对于保障民办教育的稳定、健康发展至关重要。民办学校终止清算中的政府干预主要体现在以下方面：一是对于重要决定或重大事项的干预，包括对学校无法继续办学状况的认定，对学校作出的终止办学的决定书或者已经刊登的终止办学公告等，这些对人民法院受理民办学校清算案件具有重要的证明力。二是在清算过程中的主导作用，包括政府相关部门在行政终止中组织清算，以及在其他情形下对清算活动的参与和指导等。三是政府相关部门对民办学校对在读学生作出的安置的审查和监督，对民办学校已经清退了受教育者的学费、杂费和其他费用的证据或相关退费预案的审查和监督；对民办学校教职工安置方案的审查和监督，以及政府部门维护因民办学校终止或退出导致的突发事件的应急预案等。

第三，完善民办学校清算人的选任制度。民办学校清算人选任制度主要包括两方面的内容：清算人的任职资格和清算人的选任方式。我国《民办教育促进法》应从几个方面对民办学校清算人的任职资格和选任条件进行全面、合理的规范。一是在民办学校自行终止的情况下，规定民办学校解散后原民办学校的董事会或理事会成为民办学校的清算人会议，原学校董事或理事成为民办学校的清算人执行有关的清算事务。如果民办学校章程对清算人的人选另有规定，可以不受前款规定的限制。二是民办学校在行政终止的情形下，审批机关组织一定比例的人员作为清算人，包括一定的专业技术人员，作出撤销决定的审批机关相关人员以及包括债权人在内的利害关系人，但对民办学校的撤销负有主要责任的相关人员不在清算人之列。三是基于一定的原因致使民办学校的清算人不能产生或者难以产生的，经民办学校自身或利害关系人的申请，可以由人民法院指定清算人并组成清算人会议。因此，我国《民办教育促进法》可以参照我国《公司法》中对公司董事任职的相关规定，对民办学校清算人的任职资格进行规定。一方面，规定清算人任职的积极条件，既要考虑清算活动本身的专业性和法律性，又要考虑民办学校本身的社会公益性，适当吸收有利于对师生安置和权益保障提供政策支持的政府主管部门的人员。另一方面，规定清算人任职的消极条件，这些条件包括：无民事行为能力或限制民事行为能力人；因经济原因受到过刑事处罚的；因违法或违反职业规定被吊销办学许可证的；对民办学校的终止负有直接责任或主要责任的；教育主管部门或人民法院认为不适宜担任清算人的其他人员。

第四，明确清算人的相关权利。未来我国《民办教育促进法》的修订应吸收和借鉴有关公司、企业解散清算中的相关制度规定，明确清算人的相关权利，清算人的相关权利主要包括：提议召开学校代表大会的权利；学校诉讼的代表权；学校清算事务的执行权。

第五，明确清算义务人的义务和责任。一是明确清算义务人的义务内容。主要包括：作出清算决议、委任清算人、监督清算事务。二是建立清算义务人相关责任制度。应结合不同的情况，对清算义务人的相关责任做出如下规定：清算人的清算责任，即民办学校或审批机关等机构承担的对已经终止的学校应当进行清算的责任；清算义务人的侵害债权的责任，即由于清算义务人的作为或不作为，导致其对债权人所应承担的民事责任。

四、对策建议

民办学校是一个典型的利益相关者组织，而且利益相关者涉及的范围更广，利益诉求更加多元化。引起的民办学校临时或永久终止其民事主体资格的结果，对各利益相关者影响甚大，建立和完善民办学校退出利益相关者的保护机制尤为重要。

（一）明确民办学校利益相关者的分类标准

目前对利益相关者分类研究的方法较多，其中美国学者米切尔的分类对学界影响较为广泛。他认为判断是否为企业的利益相关者，需要考量三个要素：一是合法性，即利益相关者是否为法律或道德确认或认可；二是权力性（影响力），即利益相关者是否具有影响组织的地位、能力和手段；三是紧急性，即其要求或主张能否立即引起组织决策者的关注。在对上述三个属进行评分后，米切尔将企业利益相关者划分为三类：一是确定型利益相关者。这部分人或群体同时拥有上述三种属性,属于利益相关者中最权威、最重要的部分,是第一个层次,典型的包括股东、雇员和消费者。二是预期型利益相关者。他们拥有其中的两种属性,属于利益相关者的第二个层次,典型的如投资者、供应商、政府部门等。三是潜在型利益相关者。它们一般只具备三种属性当中之一种,属于边缘型、蛰伏型的利益相关者。①

结合米切尔对利益相关者的划分,我们认为民办学校的利益相关者主要可划分为以下三类:一是核心利益相关者。主要包括投资者、受教育者、教职工等。我国民办学校具有投资办学的本质特征,在当前教育资源相对缺乏,国家投入较为有限的情况下,这种特征仍将长期存在。因此,投资人或出资者(主要包括个人、企事业单位、社会团体、银行或其他组织等)是民办学校的首要利益相关者。教职员工特别是广大教师向学校投入了一定人力资本和非人力资本,其人力资本作为一种专用性资产投入到学校后对学校的发展和壮大具有举足轻重的作用,他们理应是民办学校的首要利益相关者。受教育者(主要是学生)是民办学校存在和发展的基础,他们是教育服务的消费者以及民办学校学费的主要提供者,民办学校一旦退出不仅影响到他们的受教育权,而且还可能因为教育经历被中断而遭受物质和精神的损失。二是重要利益相关者。主要包括政府以及银行等债权人。政府是民办学校重要的利益相关者。这是因为政府作为政策制定者、管理者和监督者,影响甚至决定着民办学校发展的方向、性质、规模和运行。此外,作为一种特殊的投资者,政府还通过税收优惠、经费资助和补偿、土地使用等方式对民办学校直接或间接地发挥着重要影响。民办学校承担着政府向社会公众提供教育公共产品的任务,具有一定的社会功能和文化功能。民办学校的退出不仅会冲击我国本就薄弱的民办教育,也会对国家教育政策产生不利影响。因此,政府是民办学校重要的利益相关者。民办学校基于借贷或者建设工程等契约关系必然与银行、企业等产生一定的债权债务关系,特别是我国的民办学校的资本结构一方面依赖于学生收费,另一方面主要依靠银行的贷款。② 一旦民办学校主动或被动地退出将直接影响业已存在的债权债务关系,在这种意义上,债权人是民办学校重要的利益相关者。三是间接利益相关者或边缘利益相关者。主要包括民办学校所在社区和社会公众等。民办学校往往对其所在社区提供多方位的益处,如增加就业、促进当地经济发展、提升城镇文明等。同时,民办学校所在社区也会为学校提供咨询建议、治安保障、实习平台、锻炼机会等多方面的帮助,从这个意义上讲,民办学校所在社区是民办学校的利益相关者。同理,民办学校

---

①② R. K. Mitchell, B. R. Agle, D. J. Wood. Toward a Theory of Stakeholder Identification and Salience: Defining the Principle of Whom and What Really Cournts. Academy Management Review. 1997 (22): 853 – 886.

的存在和发展也会对当地的社会公众产生多方面的影响,社会公众是民办学校的另一个利益相关者。

(二) 建立两类学校出资人的利益保护机制

对于出资人利益的保护问题,我们主要以营利性和非营利性民办学校的分类管理为预设前提。对于营利性民办学校来讲,出资人的利益一般包括自益权(典型表现为合理回报权、股权转让权以及剩余财产分配请求权)和共益权(典型表现为出资人的表决权、知情权、监督权等)。① 由于研究的需要,我们重点探讨出资人自益权的保护。

1. 营利性民办学校出资人利益的保护

第一,出资人的合理回报权(某种意义上的利润分配请求权)。我国《民办教育促进法》第五十一条规定了"合理回报"制度。尽管该制度从产生之日起,对其法律性质就争议不断,但学者普遍认为,"合理回报"制度实际上使得民办学校的出资人获得了对其出资享有收益权(剩余索取权),"合理回报"实际上演变为民办学校剩余利润的事后分配。②

我们认为,"合理回报"制度是政府鼓励投资办学又担心违背教育公益性特质的"无奈选择"和"制度妥协"。长期来看,随着我国民办学校分类管理制度的建立和完善,"合理回报"制度必将退出历史的舞台。但目前来讲,作为一个过渡时期的政策,它仍有存在的合理性和必要性。当前应重新界定"合理回报"制度的性质,并将合理回报由奖励性的单一性质变更为兼具奖励性和收益性双重性质的提法。③ 即奖励性回报主要由政府相关机构来推动,不与出资者的个人出资以及民办学校的校产增值额挂钩,其考察的标准主要为民办学校的社会声誉、社会效益以及社会贡献程度等因素。收益性回报主要由民办学校自身行为来推动,是基于出资人的出资行为而派生出的收益权,其与出资者的出资额、出资比例以及校产增值数额挂钩。一般来讲,除学校章程另有规定的除外,出资额越多,校产增值额越大,出资人所获得的收益性回报可能越大。

第二,出资人的出资转让权。当出资人退出学校时,如果本人不愿意捐献自己在民办学校投入的财产,并且希望尽可能减少自己的出资损失时,可完全遵照公司法人财产权制度思维,即按照公司法人财产权与出资人股权分离,一旦公司成立,不允许出资人随意抽回出资的做法并不可取。鉴于我国民办学校本质上以

---

① 张利国:《民办学校退出法律问题研究》,西南政法大学博士学位论文,2013 年。
② 曹淑江:《民办教育法律中几个问题的探讨》,载《教育科学》2005 年第 10 期,第 14~18 页。
③ 肖晗:《民办学校财产权之法律问题研究》,载《时代法学》2007 年第 3 期,第 42~47 页。

投资办学为主，在严格约束出资人任意撤资的同时，赋予出资人以股份转让权，允许其以所持有的学校股权转让给他人，并有权通过获取股权转让金收回出资。

民办学校股东股权的转让应坚持鼓励和引导原出资人向教育领域转让的原则。具体有几点做法：一是出资人履行向原有股东和从事教育事业的组织和个人的告知义务。规定原出资人可以向其他人转让出资，但原出资人应当先就股权转让事项通知其他股东（原学校内部）或以公告等方式向从事教育的其他组织和个人表明，并提出是否购买的要求。对于在合理期限内，其他股东或从事教育的组织和个人明确表示放弃的或在该期间内未予答复的，视为同意转让。二是赋予其他股东从事教育的其他组织和个人在同等条件下的优先购买权。可以比照《公司法》的相关规定，在出资人股权转让时，原学校其他股东或从事教育的组织和个人具有优先购买权，享有在同等条件下优先于其他潜在购买人购买的权利。

此外，如何对出资人的股权进行合理评估、如何完成股权转让后的变更登记等问题都将是出资人顺利实现股权转让的条件和基础。

第三，出资人的剩余财产分配权。按照《公司法》《破产法》的相关规定，民办学校以其全部财产清偿债务和应付账款后尚有剩余，出资人理应享有剩余财产分配权，它是出资人的固有权利。即出资人有权按照各自的出资比例对这部分剩余财产进行分配。《民办教育促进法》第五十九条对民办学校的财产清偿顺序以及有关剩余财产的分配进行了规定，指出"民办学校清偿上述债务后的剩余财产，按照有关法律、行政法规的规定处理。"该规定一方面没有明确规定出资人享有剩余财产分配请求权。另一方面，对于"剩余财产"要"按照有关法律、行政法规的规定处理"，难以适用，对出资人权利的保护难以实现。我们认为，对民办学校出资人的剩余财产分配请求权不能搞"一刀切"，应视资产来源方式区别对待（详见前文相关论述）。

2. 非营利性民办学校出资人利益的保护

我国非营利民办学校主要由捐资举办的民办学校以及出资人不要求取得合理回报的民办学校两种形式组成。为维护非营利性民办学校的公益性、切实保护包括出资人的利益，我们认为，主要应该着力构建以下制度：

第一，建立禁止个人利益的规则体系。一是建立禁止个人图利规则。该规则是美国联邦税法中规定的一项重要的规则，该规则规定非营利法人不能将净收入分配给创立人、理事、官员等内部成员。如果一个非营利法人图利于个人，它将被终局性地取消免税地位。二是建立理性薪酬规则。该规则规定，非营利法人的成员其薪酬要被限制在合理范围之内，以维持非营利性。对于何种薪酬范围为合理，法国、意大利、美国均有不同的规定，但有一个目的性原则就是限制并规定非营利法人内部人的薪酬，即绝不能让支付薪酬成为分配利润的幌子。三是建立禁止自我交易规则。为防止非营利法人内部控制人与法人从事自我交易，谋取不当利益，各国均重视对非营利法人内部控制人自我交易规则的制定。如美国税法上的"无资格人"制度规定，与私人基金会有特别的、紧密联系的自然人、法人或其他机构，不能从事与私人基金会有关的交易或活动。①

根据美国《国内税收条令》，无资格人与私人基金会从事下列交易活动应被严格禁止或限制：不得进行财产的销售、交换和租借，除非无资格人免费让私人基金会使用其财产；不得进行信贷，除非无资格人向私人基金会提供无息和无手续费贷款；不得进行物品、服务或设备交易，除非是无资格人向私人基金会无偿提供；私人基金会向无资格人支付的报酬、报销的费用必须合理，私人基金会不得向政府官员支付任何费用，或者向其转移任何资产。②

第二，限制商业活动的规则体系。非营利性法人并不排斥一定条件下的营利活动，各国一般通过税法手段来调整和限制非营利性组织的商业活动，并形成了如下规则：一是专有目的规则。按照美国税法的规定，非营利性法人设立的目的和运行目的都应该符合《美国国内税收条令》501（c）(3)条款之规定，否则其不能享有免税资格。该规则有利于避免非营利法人借非营利法人之名行营利法人之实的现象，对维护非营利性法人起到了安全阀和保护墙的作用。③ 二是非关联性商业活动限制规则。该规则诞生于美国，指在非营利法人开展的商业活动中，其进行的与免税目的没有实质性关联的贸易或商业。对于非营利法人开展的非关联性商业活动赚取的收入不能享有税收上的豁免，需要被征收非关联商业所得税。

第三，强化信息披露义务。捐资人与非营利性法人订立的捐赠合同是典型的不完备合同，捐资人与非营利性法人具有信息上的不对称性。因此，如何有效监督非营利法人严格按照合同约定支配和适用捐赠款项成为各国规制的重点之一。除一般性信息需要向公众披露外，对于非营利性法人开展的一些重要活动或者立法者认为需要了解的其他重要信息，非营利法人有向特定机构报告或向公众披露的义务。倘若非营利法人违反此项义务，将被吊销许可证，甚至相关责任人员会面临被追究刑责的风险。

第四，强化非营利法人的董事义务。为防范非营利法人滥用组织形式，增加社会公众对非营利法人的公信度，各国亦通过强化非营利法人的董事义务来规制非营利法人的行为。非营利法人董事义务（衡平法国家称之为信义义务）一般细分为董事的注意义务和忠实义务。所谓董事的注意义务是指非营利法人应像"一

---

①② 税兵：《非营利性法人解释：民事主体理论的视角》，法律出版社2010年版，第75页。
③ James J. Fisherman, Stephen Schwarz, Nonprofit Organizations: Cases and Materials, New York: the Foundation Press.

般谨慎之人"一样去履行自身的职责，其关键在于为非营利法人董事的职务活动提供行为标准，防止董事的滥权行为。所谓董事的忠实义务，是指董事的行为应将法人利益置于个人利益之上，特别是当出现利益冲突的时候，董事应忠实于法人利益。该规则并不要求非营利董事在发生利益冲突时牺牲个人利益，而是不允许董事所获取的个人利益超过正当的市场利益，或超过市场中的竞争者所能获取的正当利益。

（三）完善民办学校退出时的学生权益保护机制

近年来，因民办学校退出导致学生相关利益受损的事件屡见不鲜。最近《山东商报》报道了一则消息，山东烟台建文学院由于运营不善面临倒闭，数千名学生被学校除名，学生及其家长找到学校，希望为自己讨个说法，但令家长们气愤的是，校方一直没给家长和学生一个满意的答复或解决方案，千余学生面临"被退学"的处境。[①] 因此，如何保障退出学校学生的受教育权和财产权，是民办学校有序退出的重要内容之一。

1. 加快相关立法工作

第一，完善我国破产立法或制订专门的《民办学校变更退出法》。严格民办学校的退出标准、退出程序、退出条件、责任机制以及清算程序等问题。如在清算制度中应适当拓展清算启动申请权的权力主体范围，保障主要相关利益主体均能为自身合法利益申请启动清算程序，并应当规定清算中的登记与公示制度；在清算运行阶段，应当明确清算事务的决定机制，以及清算人调查、报告等程序制度。此外，还应当赋予各类利益主体对清算过程的监督权和相应的诉权。

第二，建立健全学生受教育权的司法救济机制。建立学生受教育权纠纷替代解决机制，除传统的司法诉讼解决机制外，逐渐建立和引入包括行政调解、行政仲裁、民办教育协会等中间机构调解以及教育行政主管部门积极介入的行政裁决机制等。发挥这些机制简便快捷的特性，及时化解矛盾，维护学生的合法权益。

2. 建立学分互认制，实现学业衔接

可借鉴美国、我国台湾地区私立学校法的相关规定，建立学分互认制度。保证民办学校不因变更或退出影响所在学校学生的学业继续权。对因民办学校退出而涉及学生转退学问题，相关部门应临时成立关于学生转退学问题的专门机构。人员主要包括相关教育主管部门、学校所在社区代表、教师代表、学生

---

① 颜昊、王经国、顾烨：《民办高校破产危机吹响教育改革号角》，2010年。

家长代表以及学生代表等组成。对于可能发生倒闭学校，允许已取得一定学分但未完成学业的学生选择不低于原学校基本教学质量的学校继续完成学业，也可通过网络教学、在线教学等方式继续完成学业。教育主管部门以及学生所在原学校共同向学生签发转学证明书，转学他校。学生转退学原则上坚持就近原则和不低于原学校基本教学质量的原则。政府应在其中发挥主导作用，教育主管机关可在必要时向其他学校分发学生，而其中产生的必要费用应由原民办学校承担。

3. 保障学生相关财产性权益

第一，设立学费补偿储备金、学校保险等制度，实现学费保障。可借鉴有关国家学费保障计划的相关制度规定，即当私立教育机构由于某些原因陷入倒闭境地，无法返还学生学费时，可通过启动学费保障计划保障学生的权益。例如美国、日本、澳大利亚等国家通常通过建立学费补偿金制度、实行学生保险制度来实现。我国某些地方立法规定建立"风险保证金制度"，由民办教育机构（一般为每年）从办学经费中拿出专门资金并存入指定账户，这也是规避民办学校办学风险或经营风险的一种积极尝试。

从当前民办教育风险保障金制度的改革现状来看：一是不能搞"一刀切"，应根据民办学校办学规模、实际发展水平合理确定风险保证金的提取比例、金额，政府应基于对社会力量办学的引导给予民办学校风险保证金一定的政府补贴。二是优化风险保障金的管理和使用，改变当前很多地方习惯将风险保障金用于学校停办、关闭或意外事故处理等情况。应在保证教育公益性和严格用于教育投入的前提下，临时用于银行的抵押和教学设备购置等，政府也应积极尝试风险保证金的投融资渠道，保证风险保障金的保值增值。同时，应加强对风险保障金的风险管理，强化风险识别、风险预测、风险评估、风险控制以及应急处理等环节的管理和应对。

第二，明确学生学费在破产财产分配顺位中的优先地位。我国《民办教育促进法》第五十九条对民办学校财产的清偿顺序与《企业破产法》第一百一十三条关于破产财产清偿顺序的规定不一致。在《民办教育促进法》中排在第一序位的是教育者学杂费以及其他费用，然后是教职工工资、应予缴纳的社会保险费用等。而根据《企业破产法》第一百一十三条的规定，破产财产主要按以下顺序清偿：首先是破产人所欠职工的工资和医疗、伤残补助、抚恤费用，所欠的应当划入职工个人账户的基本养老保险、基本医疗保险费用，以及法律、行政法规规定应当支付给职工的补偿金。其次是破产人欠缴的除前项规定以外的社会保险费用和破产人所欠税款等。这就产生了一个新疑问，即两部法律之间的规定如何适用？笔者认为，可以借鉴美国学费清偿优先的法律规定，并且根据特别法优于一般法之规定,在法律上优先适用《民办教育促进法》第五十九条之规定,保障学费的优先受偿权。

4. 完善学生权利保护的法律救济机制

第一,明确民办学校的告知义务。根据我国相关立法,法人因不履行告知义务可能承担民事、行政、甚至刑事责任。对于退出时民办学校未履行或怠于履行告知义务的,应将其作为民办学校擅自合并或恶意终止办学的一种情形,明确其应当承担的民事、行政和刑事责任。

第二,扩大清偿责任人的范围。对学校违法退出负有责任的董事、理事、校长、举办者、投资人等应纳入清偿责任人的范围,并应当对因学校退出而致学生损失的行为承担连带赔偿责任。

第三,建立契约性保护机制。民办学校以及包括学生、债权人在内的利害关系人可以在不违反法律的情况下,基于一定的目的达成一定权利义务合一,使其成为规范学校与利害关系人之间的准据。当学校出现违约行为时,利害关系人可以根据事前的协议约定,行使民法或普通法上的契约性请求权,要求违约一方承担相应的违约责任,以达到保护利害关系人利益的目的。

(四)健全民办学校债权人的保护办法

在民办学校退出过程中,如何及时清理既有的债权债务关系,保护相关债权人利益成为影响民办学校能否顺利退出的关键因素之一,具有重要的理论和实践价值。我们以民办学校合并为视角,对债权人权益的保护进行探讨。①

1. 法律的一般保护

第一,强化不履行告知义务的责任。民办学校在合并、分立或组织机构发生重大变更时负有必要的告知义务,即应当全面、及时准确地向相关利益关系人履行告知义务。《民办教育促进法》明确规定,民办学校因不履行告知义务(典型的如擅自合并或恶意终止办学),可能承担民事、行政甚至刑事责任。然而实践中却存在大量民办学校不履行或不全面履行相关告知义务而擅自合并的情形,典型的有:担心告知会引起相关利害关系人如债权人、师生震荡而不敢公告;出于提高合并效率需要而不愿公告;重视对银行等大债权人公告而忽视对小债权人的公告等。

我们认为,对于民办学校合并时未履行或怠于履行告知义务的,应将其作为民办学校擅自合并或恶意终止办学的一种情形,明确其应当承担的民事、行政和

---

① 张利国、张成山:《民办高校合并对债权人利益的保护》,载《现代教育管理》2014年第4期,第110~114页。

刑事责任。对于因债权人未履行告知义务是否必然导致合并合同的无效或撤销，需要认真分析。一般来说，债权人未履行告知义务并不必然导致合并合同的无效或撤销。①一是因为我国立法对合同无效或撤销持审慎的态度。根据《合同法》相关规定，债务人将合同义务全部或部分转让给第三人的，应当经债权人同意，但未经债权人同意也并非意味着合同的必然无效或撤销。因为相对于个别债权人来说，合并合同的无效或撤销不仅对各方面影响甚大，而且不利于市场资源的合理流动和优化配置。二是主张合并无效或撤销并不能达到保护债权人利益的目的。公司的合并与公司资产的减少并没有直接的关联性，有时公司合并恰恰为处于经营困境的民办学校提供了摆脱困境、重获新生的机遇。此外，公司合并往往导致合并各方资产的重组、盈余亏损以及组织机构等发生了重大变化，债权债务关系也会发生重新划分组合，很难因合并无效或撤销而恢复原状。

第二，对于民办学校不能履行清偿义务、担保义务的保护。我们认为，在当前我国对民办学校合并问题没有专门法律给予明确规定的情况下，其仍可参照《公司法》合并的相关法律规定，对民办学校不履行清偿、担保义务而违法合并的并不当然认定为合并行为无效或撤销。对该种情况最有效的保护方式可采取以下两种方式：一是补充提供担保。即在民办学校不履行清偿、担保义务而违法合并后，债权人可在一定期间内要求相关学校在其债权可能受损的范围内提供补充担保；二是扩大清偿责任人的范围。债权人可要求对学校合并的违法行为负有责任的合并各方的董事（理事）、校长、举办者、投资人等对因学校合并而受到的损失承担连带赔偿责任。如德国《公司改组法》规定，合并公司的董事会和监事会成员作为连带债务人有义务对因公司合并而对公司股东或债权人造成损失的承担赔偿责任。

第三，学校合并法律效力的概括承受。为维护债权人利益，促进民办学校合并的顺利开展，对学校合并所致的结构性变更的法律效力应贯彻民法上的概括承受的原则，即由合并后存续的学校或者合并后新设立的学校承续被合并学校的权利和义务，债权人有权请求合并后存续的民办学校或新设的民办学校承担债务清偿责任。

2. 契约性保护

意思自治原则是民法的基本原则，该原则强调个人得依其自由的意思形成私法上之权利义务关系。②民办学校以及包括债权人在内的利害关系人可以在不违反法律的情况下，基于一定的目的达成一定权利义务合意，该合意成为规范学校

---

① 赵万一：《商法基本问题研究》，法律出版社2002年版，第358页。
② 李开国：《民法总则研究》，法律出版社2003年版，第71页。

与利害关系人之间的准据。当学校出现违约行为时,利害关系人可以根据事前的协议约定,行使民法或普通法上的契约性请求权,要求违约一方承担相应的违约责任,以达到保护利害关系人利益的目的。为防止合并可能对债权人利益的侵害,可着重在以下方面进行事前的契约安排:

第一,有关学校资产保障的相关契约安排。如对抽逃出资、恶意转让学校财产等可能导致学校资产不当减少的行为的规范;关于学校重大资产使用的约定;关于学校资产抵押、担保的约定;对学校财务状况等公示的约定等。

第二,有关债权人适度参与学校治理的约定。长期以来,我国民办学校由于产权规定不明,学校治理机构某种程度上处于"失衡"状态,出现了很多举办者或投资人恶意侵犯债权人利益的事件。对此可在事前以契约方式约定在学校重大事项(如学校合并、分立、解散或重要资产转移或人事变动等)时,民办学校的债权人具有参与权和监督权。

第三,关于权利义务以及相关责任问题的约定。民办学校可以与债权人事前约定有关合并、分立或终止等方面的相关事宜,并明确规定双方的权利义务关系和责任机制。例如,双方可以协议约定,学校合并之前应当经过银行同意;否则,所有未到期债权全部立即到期,并承担相应的责任。倘若未来民办学校发生合并事实并出现有损债权人利益的情形时,债权人有权迅速启动相应的自我保护机制,基于事前当事人双方达成的协议主张赔偿责任。

参考文献

[1] 周海涛、闫丽雯：《我国民办教育发展的动向和思考》，载《教育发展研究》2016年第17期，第74~78页。

[2] 邬大光：《投资办学：我国民办教育的本质特征》，载《浙江树人大学学报》2006年第6期，第1~4页。

[3] 周海涛、施文妹：《完善民办高校法人治理结构的难题与策略》，载《江苏高教》2005年第4期，第13~16页。

[4] 施文妹、周海涛：《落实民办高校办学自主权的地方实践与创新发展——基于六省区民办高等教育政策的分析》，载《教育发展研究》2014年第Z1期，第86~91页。

[5] 巩丽霞：《公共财政扶持民办高等教育政策研究》，载《教育发展研究》2012年第23期，第33~37页。

[6] 栗红：《我国民办高等教育若干问题研究》，大连理工大学学位论文，2004年。

[7] 沈剑光：《中国公共经济管理转型对民办教育影响研究》，武汉大学学位论文，2011年。

[8] 全国人大教科文卫委员会：《民办教育研究与立法探索》，广东高等教育出版社2001年版。

[9] 柏士兴、谷贤林：《美国联邦政府对私立高等教育的管理》，载《外国教育研究》1997年第1期，第14~17页。

[10] 李芳：《在同样的舞台上竞争：俄公立、私立高校权利均等》，载《中国教育报》2004年5月14日。

[11] 王晓辉：《法国私立教育的基本特点》，载《比较教育研究》2002年第9期，第41~46页。

[12] 张为宇：《法国政府购买私立学校教育服务解析》，载《世界教育信息》2013年第21期，第51~57页。

［13］祝怀新：《澳大利亚私立高等教育的发展及启示》，载《教育发展研究》2001年第10期，第68~70页。

［14］李虔：《国外私立学校分类管理怎么做——世界主要国家的改革经验与启示》，载《教育发展研究》2015年第13期，第103~107页。

［15］刘翠荣：《私立学校在日本学校教育中的地位和作用》，载《日本教育情况》1980年第4期，第3页。

［16］张兴、欧阳小华、习萍：《国外资助私立学校的理念与模式》，载《外国中小学教育》2002年第6期，第26~28页。

［17］戴成林：《澳大利亚私立高等教育发展研究》，四川师范大学学位论文，2008年，第48~49页。

［18］张爱华：《战后日本私立高等教育法研究》，山东师范大学学位论文，2005年。

［19］王广辉：《比较宪法学》，武汉大学出版社2010年版，第239~240页。

［20］米切尔·鲍尔森、约翰·舒马特：《高等教育财政：理论、研究、政策与实践》，北京师范大学出版社2008年版，第409页。

［21］王炳照：《中国私学·私立学校·民办教育研究》，山东教育出版社2002年版，第743页。

［22］谢安邦、曲艺主：《外国私立教育》，中国社会科学出版社2003年版，第183~184、第298页。

［23］汪霞：《发达国家义务教育发展现状》，南京大学出版社2012年版，第137页。

［24］王桂：《日本教育史》，吉林教育出版社1992年版，第29页。

［25］许可昭、石鸥：《差距与超越：中美教育管理比较研究》，湖南师范大学出版社2000年版，第342页。

［26］U. S. Department of Education, National Center for Education Statistics, Private School Universe Survey (PSS), 1995 – 1996 through 2011 – 2012. Digest of Education Statistics 2013, table 205. 20.

［27］U. S. Department of Education, National Center for Education Statistics, Integrated Postsecondary Education Data System (IPEDS), Fall 2000 and Fall 2013, Institutional Characteristics component. Digest of Education Statistics 2014, table 305. 30.

［28］U. S. Department of Education, National Center for Education Statistics, Integrated Postsecondary Education Data System (IPEDS), "Fall Enrollment Survey" (IPEDS – EF：90 – 99); and IPEDS Spring 2001 through Spring 2014, Enrollment component. Digest of Education Statistics 2014, table 303. 70.

［29］Smole D. P. & Loane S. S. A brief history of veterans' education benefits and their value，CRS Report for Congress［R］. Congressional Research Service，2008.

［30］Jones J. H. Proprietary schools as a national resource［C］. Vermile D. W. (ed.) The Future in the making. San Francisco：Jossey-Bass，177 – 181.

［31］ABS. Stratistics of students，2015.

［32］ISCA. Independent Schooling in Australia Core Messages，2014.

［33］学校基本调查报告书（文部科学省生涯学习政策局），2015 年。

［34］Zajda，J. I.，& Geo-JaJa，M. A.. The politics of education reforms. Springer，2010，46 – 50.

［35］中共中央、国务院：《国家中长期教育改革和发展规划纲要》（2010 年）。

［36］全国人民代表大会：《中华人民共和国教育法》（1995 年）。

［37］全国人民代表大会：《中华人民共和国高等教育法》（1998 年）。

［38］国家教委：《社会力量办学条例》（1997 年）。

［39］全国人民代表大会：《中华人民共和国民办教育促进法》（2003 年）。

［40］教育部：2013 年全国教育事业发展统计公报（2015 年）。

［41］国务院：《关于鼓励和引导民间投资健康发展的若干意见》（2010 年）。

［42］国务院：《〈关于教育法律一揽子修订草案（征求意见稿）〉公开征求意见的通知》（2013 年）。

［43］国务院：《民办非企业单位登记管理暂行条例》（1998 年）。

［44］全国人民代表大会：《中华人民共和国民法通则》（2015 年）。

［45］国务院公报：关于修改《事业单位登记管理暂行条例》的决定（2004 年）。

［46］温州市人民政府：《关于实施国家民办教育综合改革试点加快教育改革与发展的若干意见》（2011 年）。

［47］王善迈：《民办教育分类管理探讨》，载《教育研究》2011 年第 12 期，第 32 ~ 36 页。

［48］邬大光：《我国民办教育的特殊性与基本特征》，载《教育研究》2007 年第 1 期，第 3 ~ 8 页。

［49］董圣足：《民办学校分类管理的制度构架：国际比较的视角》，载《教育发展研究》2013 年第 9 期，第 14 ~ 20 页。

［50］卢威：《民办学校分类管理的现实基础与基本路径》，载《现代教育管理》2016 年第 9 期，第 53 ~ 58 页。

［51］高晓杰：《美国营利性私立高等教育与资本市场》，广东高等教育出版社 2008 年版，第 28 ~ 29 页。

[52] 韩梁：《毕业才知营利性大学文凭如废纸》，载《新华每日电讯》2010年09月11日。

[53] 吴华：《选？还是不选？——民办学校分类管理的困扰》，载《中国教师报》2011年1月19日。

[54] 中国民办教育协会：关于民办教育十大问题与对策建议的报告，2011年1月10日。

[55] 民办高校分类管理项目组：民办高校分类管理研究报告，上海杉达学院，2012年。

[56] 上海市教育委员会：探索营利性和非营利性民办学校分类管理办法——国家教育体制改革试点项目汇报材料。

[57] 吴霓等：《民办教育分类管理研究报告》，中国教育科学研究院，2014年。

[58] 上海市教育委员会：上海推进民办教育分类管理情况汇报，2014年4月10日。

[59] 江苏省政府办公厅：《关于进一步促进民办教育发展的意见》（2010年）。

[60] 陕西省教育厅：《陕西省民办高等学校（教育机构）分类登记管理实施办法》（2013年）。

[61] 陕西省教育厅：《陕西省人民政府关于进一步支持和规范民办高等教育发展的意见》（2013年）。

[62] 上海市教育厅：《上海市经营性民办培训机构管理暂行办法》（2013年）。

[63] 陕西省教育厅：《潍坊市人民政府关于进一步加快发展民办教育的意见》（2013年）。

[64] 潍坊市人民政府：《市人民政府关于加快民办教育改革与发展的若干意见》（2013年）。

[65] 广东省人民政府办公厅：《关于促进民办教育规范特色发展意见》（2013年）。

[66] 浙江省人民政府：《关于促进民办教育健康发展的意见》（2013年）。

[67] 潍坊市：《潍坊出台民办教育发展10条创新举措》（2013年）。

[68] 河南省教育厅：《民办教育发展专项资金使用管理暂行办法》（2013年）。

[69] 湖北省人民政府：《关于进一步促进民办普通高等教育发展的若干意见》（2013）。

[70] 温州市：《"民校改企"开全国先河扫除不能营利禁忌》（2013年）。

[71] 广州市人民政府：《关于促进民办教育发展的意见（征求意见稿）》（2013年）。

[72] 温州：《探索"民校改企"新路径》（2013年）。

[73] 新疆维吾尔自治区人民政府:《关于进一步促进民办教育发展的意见》(2013年)。

[74] 陈宝瑜:《民办学校需要建立多元化的产权关系——谈民办学校的筹资立法问题》,载《北京成人教育》1997年第11期,第38~40页。

[75] 徐冬青:《办学体制多元化的产权关系与运行机制研究》,载《教育评论》2000年第5期,第13~14页。

[76] 王一涛:《论我国民办高校的公益性》,载《教育发展研究》2010年第18期,第6~10页。

[77] 石猛:《当前我国民办高校产权问题探析》,载《中国成人教育》2012年第13期,第42~44页。

[78] 巩丽霞:《民办高校法人属性研究——基于"民办非企业单位"法人登记的分析》,载《教育发展研究》2010年第18期,第11~15页。

[79] 刘侠:《我国民办高校产权管理研究》,北京师范大学学位论文,2013年。

[80] 郭艳平:《民办高校产权归属的国际比较及对我国的启示》,载《高等教育研究(成都)》2009年第1期,第17~20页。

[81] 孟繁超、胡慧萍:《论我国民办学校的产权归属及其法律规制》,载《河海大学学报(哲学社会科学版)》2005年第1期,第16~19页。

[82] 刘侠:《我国民办高校产权管理的困境及策略》,载《高校教育管理》2013年第4期,第43~47页。

[83] 国务院:《中华人民共和国民办教育促进法实施条例》(2005年)。

[84] 深圳政府在线:深圳市教育局深圳市财政委员会关于印发《深圳市民办学校义务教育阶段学位补贴试行办法》3个配套文件的通知(2012年)。

[85] 宁波教科网:关于印发《宁波市民办教育培训机构审批与管理规定》的通知(2009年)。

[86] 徐汇区教育局:《上海市教育委员会上海市财政局关于加强扶持民办中小学发展的通知》(2010年)。

[87] 中共中央:《关于全面深化改革若干重大问题的决定》(2013年)。

[88] 瓯海区教育局网:《关于下达2014年政府购买民办教育服务专项资金的通知》(2014年)。

[89] 宝鸡市人民政府:《宝鸡市人民政府办公室关于政府向社会力量购买服务的实施意见》(2015年)。

[90] 湖北省教育厅:《省教育厅国家开发银行股份有限公司湖北省分行关于做好2013年生源地信用助学贷款工作的通知》(2013年)。

[91] 财政部、教育部:《关于印发生源地信用助学贷款风险补偿金管理办

法的通知》(2014年)。

[92] 湖南省招生考试信网:《关于明确民办高校国家助学贷款工作有关事项的通知》(2008年)。

[93] 湖南省人民政府办公厅:《湖南省人民政府关于促进民办教育发展的决定》(2013年)。

[94] 国务院:《中华人民共和国营业税暂行条例》(2008年)。

[95] 国务院:《中华人民共和国增值税暂行条例》(2008年)。

[96] 国务院:《中华人民共和国耕地占用税暂行条例》(2007年)。

[97] 江西省第十届人民代表大会:《江西省民办教育促进条例》(2007年)。

[98] 黑龙江省人民政府:《关于加强民办学校规范管理引导民办教育健康发展的意见》(2007年)。

[99] 辽宁省教育厅:《辽宁省民办教育促进条例》(2015年)。

[100] 山东省人民政府:《关于加强民办教育规范管理引导民办教育健康发展的意见》(2009年)。

[101] 四川省人民政府:《关于大力促进民办教育发展的决定》(2011年)。

[102] 温州市人民政府:《关于实施国家民办教育综合改革试点加快教育改革与发展的若干意见》(2012年)。

[103] 上海浦东模式:多渠道、多形式购买教育服务,2014年8月13日。

[104] 方芳、王善迈:《我国公共财政支持民办高等教育研究》,载《北京师范大学学报(社会科学版)》2011年第5期,第23~29页。

[105] 方芳:《分类财政扶持营利性和非营利性民办高校的问题研究》,载《教育与经济》2016年第2期,第68~73页。

[106] 义乌市人民政府:《关于促进民办教育健康发展的实施意见》(2014年)。

[107] 贵阳市人民政府:《关于加快民办教育改革与发展的若干意见》(2013年)。

[108] 潍坊市人民政府:《关于进一步加快发展民办教育的意见》(2013年)。

[109] 周口市人民政府:《关于促进民办教育健康快速发展的若干意见》(2013年)。

[110] 广东省人民政府办公厅:《关于促进民办教育规范特色发展的意见》(2013年)。

[111] 厦门市人民政府:《关于进一步支持和规范民办高等教育发展的实施意见》(2013年)。

[112] 济源市人民政府:《关于大力促进民办教育发展的意见》(2013年)。

[113] 四川省广安市人民政府:《关于进一步促进民办教育快速健康发展的

意见》（2013年）。

[114] 广州市人民政府：《关于贯彻落实"强师工程"加强教师队伍建设的意见》（2013年）。

[115] 开封市人民政府：《关于促进民办教育发展的若干意见》（2014年）。

[116] 重庆市教育委员会：《关于进一步促进民办中小学发展的意见》（2013年）。

[117] 全国人民代表大会：《中华人民共和国教师法》（1993年）。

[118] 教育部：《关于鼓励和引导民间资金进入教育领域促进民办教育健康发展的实施意见》（教发〔2012〕10号）。

[119] 教育部：《具有教授或者副教授评审权的高等学校名单》，2012年。

[120] 景安磊：《民办高校教师权益实现的问题、思路和措施》，载《国家教育行政学院学报》2014年第12期，第63~67页。

[121] 徐雄伟、高耀明：《民办高校学术职业现状的调查分析》，载《高等教育研究》2013年第1期，第62~69页。

[122] 赵和平：《学术水平才是职称评审的核心》，载《中国社会科学报》，2012年12月28日。

[123] 张旭勇：《"法律上利害关系"新表述》，载《华东政法学院学报》2001年第6期。

[124] 张建邦、白岩：《论教师权益的法律保护》，载《高等师范教育研究》2000年第5期，第112页。

[125] 高家伟：《论行政诉讼原告资格》，载《法商研究》1997年第1期。

[126] 张文姝：《我国民办高校教师权益维护研究》，湖南师范大学学位论文，2011年。

[127] 景安磊：《我国民办高校教师权益实现研究》，北京师范大学学位论文，2014年。

[128]《现代汉语词典》，商务印书馆1983年版。

[129] 刘翠兰：《民办高校教师薪酬制度与薪酬激励研究》，山东大学出版社2011年版。

[130] 陈永明：《教师教育研究》，华东师范大学出版社2002年版，第98页。

[131] 巴纳德：《经理人的职能》，中国社会科学出版社1997年版，第59页。

[132] 郭咸纲：《西方管理思想史（第四版）》，世界图书出版公司2010年版。

[133] 爱德华·弗里曼：《战略管理：利益相关者方法》，上海译文出版社2006年版，第37页。

[134] 爱德华·弗里曼，盛亚等译：《利益相关者理论现状与展望》，知识

产权出版社 2013 年版，第 21 页。

[135] 杨瑞龙、周业安：《企业的利益相关者理论及其应用》，经济科学出版社 2000 年版，第 129 页。

[136] 胡赤弟：《教育产权与现代大学制度构建》，广东高等教育出版社 2008 年版，第 160~161 页。

[137] Freeman R. Edward. Stockholders and Stakeholders：A New Perspective on Corporate Governance [J]. Califonia Management Review，Vol. 25 No. 3，1983.

[138] 全国人民代表大会：《中华人民共和国公益事业捐赠法》（1999 年）。

[139] 王骥：《非营利组织视角下的民办高校筹资》，载《理工高教研究》2003 年第 3 期，第 8~10 页。

[140] 姜华：《现代民办大学制度研究》，载《辽宁教育研究》2006 年 11 期，第 11~15 页。

[141] 占盛丽、沈百福：《2004 年全国民办教育经费分析》，载《教育发展研究》2007 年 6 期，第 80~86 页。

[142] 孟婧：《中美大学教育捐赠基金运作的比较与启示》，载《教育财会研究》，2011 年第 5 期，第 16~20 页。

[143] 王莹、王彤：《运用成本分担理论分析我国高等教育费用问题》，载《教育学术月刊》2010 年第 4 期，第 38~39 页。

[144] 洪柳：《学费对我国高等教育个人投资的现实影响》，载《高等财经教育研究》2013 年第 1 期，第 1~5 页。

[145] 周海涛、张墨涵：《如何突破民办高校筹资的困境》，载《国家教育行政学院学报》2015 年第 2 期，第 7~8 页。

[146] 龙晓玲：《关于建立我国民办高校会计制度的思考》，载《黄河科技大学学报》2005 年第 3 期，第 24 页。

[147] 周继红：《我国 BOT 投资发展特点与前瞻》，载《深圳大学学报（人文社会科学版）》2000 年第 5 期，第 22~27 页。

[148] 王勇：《美国典型研究型大学经费管理研究》，载《科技管理研究》2007 年第 9 期，第 158~162 页。

[149] 周国平：《社会资本与民办高校资源整合研究》，厦门大学学位论文，2008 年。

[150] 徐少君：《我国民办高等教育政府资助研究》，浙江师范大学学位论文，2006 年。

[151] 叶常青：《基于投入产出理论的水上货运企业管理应用研究》，北京交通大学学位论文，2008 年。

[152] 李洁：《大学捐赠基金运作问题研究》，华中科技大学学位论文，2010年。

[153] 张红星：《我国高校科技产业对高校科研的拉动研究》，东北大学学位论文，2008年。

[154] 刘耀胜：《民办高等教育投资效益研究》，武汉理工大学学位论文，2005年。

[155] 周玉容：《民办高校定位、特色与资源配置研究》，华中科技大学学位论文，2008年。

[156] 王梓：《民办高校融资问题研究》，华中师范大学学位论文，2004年。

[157] 宋常：《财务风险防范》，中信出版社2012年版，第142页。

[158] 福建省教育厅：《福建省民办教育收费管理实施细则》（2013年）。

[159] 浙江省教育厅：《关于进一步扩大民办高等学校办学自主权若干意见》（2012年）。

[160] 教育部：《关于进一步促进民办教育发展的意见》（2013年）。

[161] 张慧英：《我国中小学自主办学的权限及存在问题》，载《教学与管理》2009年第4期，第31~33页。

[162] 马露奇、杜继军：《民办高校办学风险之内因与出路探析》，载《当代教育论坛》2010年第7期，第33~36页。

[163] 袁东敏：《西方教育市场化理论对我国高教体制改革的启示》，载《邵阳学院学报》2005年第3期，第119~120页。

[164] 韩喜平、曲海龙：《教育领域寻租特征、原因及其治理》，载《东北师大学报（哲学社会科学版）》2014年第4期，第153~157页。

[165] 林毅夫、蔡昉、李周：《国有企业改革的核心是创造竞争的环境》，载《改革》1995年第3期，第17~28页。

[166] 黄新宇：《我国高校办学自主权实现的障碍及其法律对策》，湖南师范大学学位论文，2004年。

[167] 徐冬青：《市场引入条件下的政府、学校和中介组织》，华东师范大学学位论文，2005年。

[168] 亨利·汉曼斯、于静译：《企业所有权论》，中国政法大学出版社2001年版，第332页。

[169] 王昆来：《民办高等教育管理研究》，西南财经大学出版社2012年版，第43、176页。

[170] 徐绪卿：《我国民办高校内部管理体制改革和创新研究》，中国社会科学出版社2012年版。

[171] 湛中乐：《大学章程精选》，中国法治出版社2010年版，第369页。

[172] 罗纳德·G·埃伦伯格、沈文钦等译：《美国的大学治理》，北京大学出版社2010年版，第3页。

[173] 李奇：《美国大学治理的边界》，载《高等教育研究》2011年第7期，第95~97页。

[174] 王昆来：《民办高等教育管理研究》，西南财经大学出版社2012年版，第176页。

[175] 吴涛：《我国高校办学自主权的保障机制研究》，浙江大学硕士学位论文，2008年。

[176] 彭宇文：《中国高校法人治理结构研究》，中国社会科学出版社2006年版，第151~152页。

[177] 教育部人事司组：《高等教育学（修订版）》，高等教育出版社1999年版，第141页。

[178] Richard T. Ingram and Associates. Governing public colleges and universities: a handbook for trustees, chief excusive, and other campus leaders [M]. San Francisco: Jossey-Bass Publishers, 1993: 339-342.

[179] The Yale Corporation. The Yale Corporation By-Laws. [EB/OL]. 2014-06-09.

[180] 刘振天：《从象征性评估走向真实性评估——高等教育评估制度的反思与重建》，载《高等教育研究》2014年第2期，第27~32页。

[181] 刘小燕：《民办教育中的信息管制研究》，载《民办教育研究》2009年第3期，第38~41页。

[182] 王新明：《内涵发展时期我国的高等教育中介组织》，载《国家教育行政学院学报》2013年第12期，第57~61页。

[183] 方建华、邓和平：《困境与出路：民办幼儿园发展问题探究》，载《中国教育学刊》2014年第10期，第45~49页。

[184] 王一涛：《民办学校财务风险及其防范——由华茂学校资金链断裂所引发的思考》，载《教育发展研究》2008年第24期，第25~28页。

[185] 谈松华、夏鲁惠：《适龄人口下降对我国高等教育的影响》，载《中国发展观察》2011年第9期，第17~19页。

[186] 肖军虎、王一涛、李丽君：《民办中小学"非常规扩张"现象透视及对策建议——以山西省Y县为例》，载《教育发展研究》2015年第3期，第26~31页。

[187] 王云儿：《美国私立大学基金会最新发展及管理特色研究》，载《教

育与经济》2012年第3期,第68~71页。

［188］康伟:《我国非营利组织财务风险识别与控制》,载《会计之友》2008年第10期,第30~31页。

［189］李钊:《防范办学风险:政府和民办高校的责任》,载《高等教育研究》2007年第11期,第49~55页。

［190］田建桥:《企业全面风险管理中风险收集及评估取得成功的关键因素分析》,载《生产力研究》2012年第2期,第212~214页。

［191］冼永光:《高校财务风险预警指标的建立及运用》,载《财务会计》2011年第3期,第165~167页。

［192］王一涛:《我国民办高校董事会实际运行及优化路径》,载《教育研究》2015年第10期,第30~36页。

［193］菲利普·阿特巴赫、贾米尔·萨尔米:《世界一流大学:发展中国家和转型国家的大学案例研究》,上海交通大学出版社2011年版,第18页。

［194］W. 理查德·斯科特、杰拉尔德·F. 戴维斯,高俊山译:《组织理论》,中国人民大学出版社2011年版,第100页。

［195］文东茅:《走向公共教育——教育民营化的超越》,北京大学出版社2008年版。

［196］黄达人等:《大学的治理》,商务印书馆2013年版,第8页。

［197］民办院校生源锐减折射生存困境［EB/OL］.2013 - 09 - 26。

［198］The World Bank. The Evolving Regulatory Context for Private Education in Emerging Economies, World Bank Working Paper No. 154, 17 - 18.

［199］Kee-Hong Bae, Seung-Bo Kim, Woochan Kim. Family Control and Expropriation at Not-for-Profit Organizations: Evidence from Korean Private Universities［J］. Corporate Governance: An International Review, 2012, (4): 388 - 404.

［200］Freeman, R. Edward. Strategic Management: A Stakeholder Approach［M］. Pitman Publishing Inc, 1984.

［201］陈春建:《对市场主体退出制度中几个基本问题的思考》,载《工商行政管理》2004年第12期,第22~28页。

［202］郭瑞、陈秀良:《法院组织民办学校清算若干问题研究》,载《法律适用》2006年第7期,第15~19页。

［203］解艳华:《日本私立高等教育变革时期的应对策略及对我国的启示》,载《国家教育行政学院学报》2008年第5期,第93~96页。

［204］周国平、谢作栩:《我国民办高校倒闭问题之思考》,载《高等教育研究》2006年第5期,第35~37页。

[205] 张利国、严翔:《民办学校退出形式的类型化研究》,载《浙江树人大学学报(人文社会科学版)》2014年第2期,第1~7页。

[206] 董圣足、忻福良:《民办高校重组与退出路径探讨》,载《教育发展研究》2007年第5期,第13~15页。

[207] 孙佑海、吴兆祥、孙茜:《关于因资不抵债无法继续办学被终止的民办学校如何组织清算问题的批复》的理解与适用,载《人民司法》2011年第5期,第32~34页。

[208] 张利国:《民办学校破产退出的若干法律问题》,载《现代教育管理》2011年第11期,第56~59页。

[209] 张利国、张成山:《民办高校合并对债权人利益的保护》,载《现代教育管理》2014年第4期,第110~114页。

[210] 曹淑江:《民办教育法律中几个问题的探讨》,载《教育科学》2005年第10期,第14~18页。

[211] 肖晗:《民办学校财产权之法律问题研究》,载《时代法学》2007年第3期,第42~47页。

[212] 张利国:《民办学校退出法律问题研究》,西南政法大学学位论文,2013年。

[213] 教育部:《教育部决定推动大学进退场机制》,载《中国时报》2005年7月15日。

[214] 许巾荣:《浅论行政指导》,载《法制与社会》2009年第2期,第33~34页。

[215] 卢彩晨:《危机与转机:从民办高校倒闭看民办高等教育发展》,广东高等教育出版社2009年版,第191~192页。

[216] 王欣新、尹正友:《破产法论坛》,法律出版社2009年版,第359~361页。

[217] 张弛、韩强:《学校法律治理研究》,上海交通大学出版社2005年版,第224页。

[218] 刘敏:《公司解散清算制度(修订版)》,北京大学出版社2012年版,第215页。

[219] 税兵:《非营利性法人解读——民事主体理论的视角》,法律出版社2010年版,第75页。

[220] 赵万一:《商法基本问题研究》,法律出版社2002年版,第358页。

[221] 李开国:《民法总则研究》,法律出版社2003年版,第71页。

[222] 董圣足、忻福良等:《民办学校退出机制研究(结题报告)》,上海建

桥学院高教所，2012年。

[223] 颜昊、王经国、顾烨：《民办高校破产危机吹响教育改革号角》，2010年。

[224] R. K. Mitchell, B. R. Agle, D. J. Wood. Toward a Theory of Stakeholder Identification and Salience: Defining the Principle of Whom and What Really Cournts. Academy Management Review, 1997 (22): 853-886.

[225] James J. Fisherman, Stephen Schwarz, Nonprofit Organizations: Cases and Materials, New York: the Foundation Press.

后 记

本书系 2011 年度教育部哲学社会科学重大课题攻关项目"民办学校分类管理政策研究"（11JZD043）的主要成果，也是课题组致力于系统探讨民办学校分类管理政策的集成之作。

从立项到结题历时 4 年多，课题组先后实地调研了上海、陕西、重庆、广东、湖北、河南、吉林、宁夏、江苏等 24 个省（直辖市、自治区）的 500 余所民办学校（幼儿园），组织行政管理者、民办学校举办者（出资人）、校（园）长、师生座谈 100 多场次，涉及 2 000 余人次，系统收集了 3 204 所学校、21 696 名教师、158 647 名学生的数据，召开专题研讨会 20 余场，收集充分的资料，掌握可靠的情况，打下了坚实的研究基础，并形成了数据共享的长效机制。

课题组通过咨询报告、学术论文和著作的形式，在民办教育的诸多领域产生了一系列成果，在核心期刊发表学术论文 32 篇，出版著作 3 部，向国家有关部委提交并被采信的咨询报告 10 余份。相关文章的观点得到学界同行的认同和引用，为推进各界形成分类管理改革共识、构建民办学校分类管理框架体系提供了学理基础。2012 年、2013 年、2014 年中国民办教育发展报告等 3 部著作收集我国民办教育发展的重要数据，梳理我国现行的民办教育相关政策，分析相关法律法规的不足以及冲突之处，为诊断我国以及各省（直辖市、自治区）民办教育发展状况奠定基础，并为调整和出台我国民办教育发展法规支撑提供重要依据。《从法律上明确民办学校法人属性是民办教育健康发展当务之急》《民办学历教育收费市场化改革势在必行》《民办学校分类管理到底面临哪些难题》《国外私立学校分类管理的主要做法》等政策建议，得到了国务院领导、教育部领导和相关部门的重视，推进了涉及民办教育的教育法律"一揽子"修订进程，服务于国家民办教育宏观管理需求，为出台鼓励社会力量兴办教育的政策文件、研究制定民办学校分类管理配套政策提供了重要参考和支撑。

本书是在钟秉林教授悉心指导和直接点拨下完成的，本书凝结了研究团队成员的集体智慧和共同心血。研究团队研讨确定框架和提纲后，初稿由我和方芳、景安磊、李虔、刘侠、卢威、史少杰、朱玉成、施文妹、王一涛、闫丽雯、张墨涵、张利国等撰写；此外，原由马艳丽撰写的"当前民办学校存在的突出问题"，成书前融入了相关章节。全书由我修改、统稿，李虔、张墨涵、史少杰、闫丽雯、景安磊等先后参与了部分修改、统稿工作，最后由我定稿。

本书在撰写和出版过程中得到了教育部、发改委、财政部等部委和上海、重庆、广东、陕西、湖北、江苏、吉林、甘肃、河南、四川、宁夏等省市教育部门与民办学校的大力支持，文中也汇集了许多同行专家的慧见，谨向有关单位、专家学者和民办教育同行表示衷心感谢。还有许多未一一述及的领导、师长、同事和朋友施与无法言表的恩惠和帮助，感念之意敬存心底。

本书付梓出版前，十二届全国人大常委会第二十四次会议于2016年11月7日表决通过了关于修改民办教育促进法的决定，其最大的亮点是明确规定实行非营利性和营利性民办学校分类管理，确立了分类管理的法律依据，这给予我们极大的鼓舞，我们怀揣初心，求索前行。由于识见、资力所限，本书欠妥之处定存在不少，恳请同行批评指教。

周海涛

2016年11月

教育部哲学社会科学研究重大课题攻关项目成果出版列表

序号	书 名	首席专家
1	《马克思主义基础理论若干重大问题研究》	陈先达
2	《马克思主义理论学科体系建构与建设研究》	张雷声
3	《马克思主义整体性研究》	逄锦聚
4	《改革开放以来马克思主义在中国的发展》	顾钰民
5	《新时期 新探索 新征程——当代资本主义国家共产党的理论与实践研究》	聂运麟
6	《坚持马克思主义在意识形态领域指导地位研究》	陈先达
7	《当代资本主义新变化的批判性解读》	唐正东
8	《当代中国人精神生活研究》	童世骏
9	《弘扬与培育民族精神研究》	杨叔子
10	《当代科学哲学的发展趋势》	郭贵春
11	《服务型政府建设规律研究》	朱光磊
12	《地方政府改革与深化行政管理体制改革研究》	沈荣华
13	《面向知识表示与推理的自然语言逻辑》	鞠实儿
14	《当代宗教冲突与对话研究》	张志刚
15	《马克思主义文艺理论中国化研究》	朱立元
16	《历史题材文学创作重大问题研究》	童庆炳
17	《现代中西高校公共艺术教育比较研究》	曾繁仁
18	《西方文论中国化与中国文论建设》	王一川
19	《中华民族音乐文化的国际传播与推广》	王耀华
20	《楚地出土戰國簡册［十四種］》	陳 偉
21	《近代中国的知识与制度转型》	桑 兵
22	《中国抗战在世界反法西斯战争中的历史地位》	胡德坤
23	《近代以来日本对华认识及其行动选择研究》	杨栋梁
24	《京津冀都市圈的崛起与中国经济发展》	周立群
25	《金融市场全球化下的中国监管体系研究》	曹凤岐
26	《中国市场经济发展研究》	刘 伟
27	《全球经济调整中的中国经济增长与宏观调控体系研究》	黄 达
28	《中国特大都市圈与世界制造业中心研究》	李廉水

序号	书名	首席专家
29	《中国产业竞争力研究》	赵彦云
30	《东北老工业基地资源型城市发展可持续产业问题研究》	宋冬林
31	《转型时期消费需求升级与产业发展研究》	臧旭恒
32	《中国金融国际化中的风险防范与金融安全研究》	刘锡良
33	《全球新型金融危机与中国的外汇储备战略》	陈雨露
34	《全球金融危机与新常态下的中国产业发展》	段文斌
35	《中国民营经济制度创新与发展》	李维安
36	《中国现代服务经济理论与发展战略研究》	陈宪
37	《中国转型期的社会风险及公共危机管理研究》	丁烈云
38	《人文社会科学研究成果评价体系研究》	刘大椿
39	《中国工业化、城镇化进程中的农村土地问题研究》	曲福田
40	《中国农村社区建设研究》	项继权
41	《东北老工业基地改造与振兴研究》	程伟
42	《全面建设小康社会进程中的我国就业发展战略研究》	曾湘泉
43	《自主创新战略与国际竞争力研究》	吴贵生
44	《转轨经济中的反行政性垄断与促进竞争政策研究》	于良春
45	《面向公共服务的电子政务管理体系研究》	孙宝文
46	《产权理论比较与中国产权制度变革》	黄少安
47	《中国企业集团成长与重组研究》	蓝海林
48	《我国资源、环境、人口与经济承载能力研究》	邱东
49	《"病有所医"——目标、路径与战略选择》	高建民
50	《税收对国民收入分配调控作用研究》	郭庆旺
51	《多党合作与中国共产党执政能力建设研究》	周淑真
52	《规范收入分配秩序研究》	杨灿明
53	《中国社会转型中的政府治理模式研究》	娄成武
54	《中国加入区域经济一体化研究》	黄卫平
55	《金融体制改革和货币问题研究》	王广谦
56	《人民币均衡汇率问题研究》	姜波克
57	《我国土地制度与社会经济协调发展研究》	黄祖辉
58	《南水北调工程与中部地区经济社会可持续发展研究》	杨云彦
59	《产业集聚与区域经济协调发展研究》	王珺

序号	书　名	首席专家
60	《我国货币政策体系与传导机制研究》	刘　伟
61	《我国民法典体系问题研究》	王利明
62	《中国司法制度的基础理论问题研究》	陈光中
63	《多元化纠纷解决机制与和谐社会的构建》	范　愉
64	《中国和平发展的重大前沿国际法律问题研究》	曾令良
65	《中国法制现代化的理论与实践》	徐显明
66	《农村土地问题立法研究》	陈小君
67	《知识产权制度变革与发展研究》	吴汉东
68	《中国能源安全若干法律与政策问题研究》	黄　进
69	《城乡统筹视角下我国城乡双向商贸流通体系研究》	任保平
70	《产权强度、土地流转与农民权益保护》	罗必良
71	《我国建设用地总量控制与差别化管理政策研究》	欧名豪
72	《矿产资源有偿使用制度与生态补偿机制》	李国平
73	《巨灾风险管理制度创新研究》	卓　志
74	《国有资产法律保护机制研究》	李曙光
75	《中国与全球油气资源重点区域合作研究》	王　震
76	《可持续发展的中国新型农村社会养老保险制度研究》	邓大松
77	《农民工权益保护理论与实践研究》	刘林平
78	《大学生就业创业教育研究》	杨晓慧
79	《新能源与可再生能源法律与政策研究》	李艳芳
80	《中国海外投资的风险防范与管控体系研究》	陈菲琼
81	《生活质量的指标构建与现状评价》	周长城
82	《中国公民人文素质研究》	石亚军
83	《城市化进程中的重大社会问题及其对策研究》	李　强
84	《中国农村与农民问题前沿研究》	徐　勇
85	《西部开发中的人口流动与族际交往研究》	马　戎
86	《现代农业发展战略研究》	周应恒
87	《综合交通运输体系研究——认知与建构》	荣朝和
88	《中国独生子女问题研究》	风笑天
89	《我国粮食安全保障体系研究》	胡小平
90	《我国食品安全风险防控研究》	王　硕

序号	书 名	首席专家
91	《城市新移民问题及其对策研究》	周大鸣
92	《新农村建设与城镇化推进中农村教育布局调整研究》	史宁中
93	《农村公共产品供给与农村和谐社会建设》	王国华
94	《中国大城市户籍制度改革研究》	彭希哲
95	《国家惠农政策的成效评价与完善研究》	邓大才
96	《以民主促进和谐——和谐社会构建中的基层民主政治建设研究》	徐 勇
97	《城市文化与国家治理——当代中国城市建设理论内涵与发展模式建构》	皇甫晓涛
98	《中国边疆治理研究》	周 平
99	《边疆多民族地区构建社会主义和谐社会研究》	张先亮
100	《新疆民族文化、民族心理与社会长治久安》	高静文
101	《中国大众媒介的传播效果与公信力研究》	喻国明
102	《媒介素养：理念、认知、参与》	陆 晔
103	《创新型国家的知识信息服务体系研究》	胡昌平
104	《数字信息资源规划、管理与利用研究》	马费成
105	《新闻传媒发展与建构和谐社会关系研究》	罗以澄
106	《数字传播技术与媒体产业发展研究》	黄升民
107	《互联网等新媒体对社会舆论影响与利用研究》	谢新洲
108	《网络舆论监测与安全研究》	黄永林
109	《中国文化产业发展战略论》	胡惠林
110	《20世纪中国古代文化经典在域外的传播与影响研究》	张西平
111	《国际传播的理论、现状和发展趋势研究》	吴 飞
112	《教育投入、资源配置与人力资本收益》	闵维方
113	《创新人才与教育创新研究》	林崇德
114	《中国农村教育发展指标体系研究》	袁桂林
115	《高校思想政治理论课程建设研究》	顾海良
116	《网络思想政治教育研究》	张再兴
117	《高校招生考试制度改革研究》	刘海峰
118	《基础教育改革与中国教育学理论重建研究》	叶 澜
119	《我国研究生教育结构调整问题研究》	袁本涛 王传毅
120	《公共财政框架下公共教育财政制度研究》	王善迈

序号	书名	首席专家
121	《农民工子女问题研究》	袁振国
122	《当代大学生诚信制度建设及加强大学生思想政治工作研究》	黄蓉生
123	《从失衡走向平衡：素质教育课程评价体系研究》	钟启泉 崔允漷
124	《构建城乡一体化的教育体制机制研究》	李 玲
125	《高校思想政治理论课教育教学质量监测体系研究》	张耀灿
126	《处境不利儿童的心理发展现状与教育对策研究》	申继亮
127	《学习过程与机制研究》	莫 雷
128	《青少年心理健康素质调查研究》	沈德立
129	《灾后中小学生心理疏导研究》	林崇德
130	《民族地区教育优先发展研究》	张诗亚
131	《WTO主要成员贸易政策体系与对策研究》	张汉林
132	《中国和平发展的国际环境分析》	叶自成
133	《冷战时期美国重大外交政策案例研究》	沈志华
134	《新时期中非合作关系研究》	刘鸿武
135	《我国的地缘政治及其战略研究》	倪世雄
136	《中国海洋发展战略研究》	徐祥民
137	《深化医药卫生体制改革研究》	孟庆跃
138	《华侨华人在中国软实力建设中的作用研究》	黄 平
139	《我国地方法制建设理论与实践研究》	葛洪义
140	《城市化理论重构与城市化战略研究》	张鸿雁
141	《境外宗教渗透论》	段德智
142	《中部崛起过程中的新型工业化研究》	陈晓红
143	《农村社会保障制度研究》	赵 曼
144	《中国艺术学学科体系建设研究》	黄会林
145	《我国碳排放交易市场研究》	赵忠秀
146	《人工耳蜗术后儿童康复教育的原理与方法》	黄昭鸣
147	《我国少数民族音乐资源的保护与开发研究》	樊祖荫
148	《中国道德文化的传统理念与现代践行研究》	李建华
149	《低碳经济转型下的中国排放权交易体系》	齐绍洲
150	《中国东北亚战略与政策研究》	刘清才
151	《促进经济发展方式转变的地方财税体制改革研究》	钟晓敏

序号	书　名	首席专家
152	《外资并购与我国产业安全研究》	李善民
153	《近代汉字术语的生成演变与中西日文化互动研究》	冯天瑜
154	新时期加强社会组织建设研究	李友梅
155	民办学校分类管理政策研究	周海涛
	……	